本书获“暨南大学研究生教材建设项目”资助

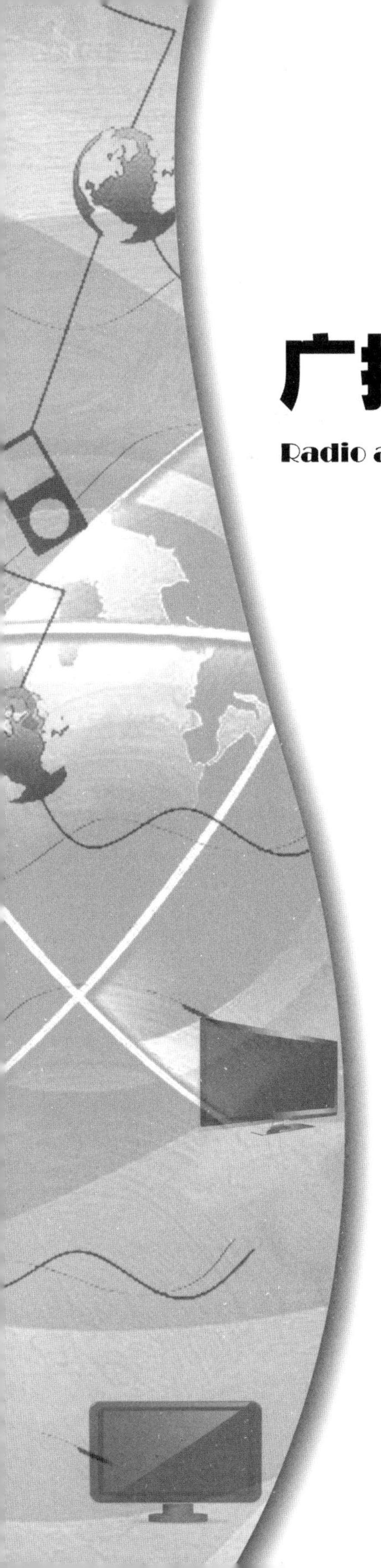

高等院校新闻传播学研究生教材

广播电视新闻研究

Radio and Television Journalism Research

谭 天 著

暨南大學出版社
JINAN UNIVERSITY PRESS
中国·广州

总　序

由暨南大学新闻与传播学院主编的新闻传播学研究生系列教材——《新闻传播学》、《媒介经营管理》、《国际传播学》、《新闻报道学》、《广播电视新闻研究》、《传播学研究方法》、《传播学专业英语》等，即将陆续出版。这是一种尝试和探索，我们没有足够的经验，质量如何、价值如何，有待实践检验。

为什么说是一种探索？研究生毕竟不是本科生，更不是中小学生，他们在课堂上无须使用正正规规的教材，尤其是新闻传播学专业更不需要这样做。媒体自身的变革日益加快，决定媒体生存和发展的生态环境变化也很大，尤其是当今新媒体、泛媒体时代，技术、形态、内容、产品、营销方式变幻莫测，有些技术甚至一年一个样。在这样的环境下，别说硕士生、博士生，就是本科生也不会守着课本或教材死读书、读死书；老师绝不照本宣科，而是会尽量脱离课本讲授新鲜活泼的内容。也许有人会问：出版新闻传播学研究生教材还有意义吗？

现实的情况是，即便没有固定的教材，作为老师、学生也需要看一些有价值的辅导教材和书籍，哪怕有些观点并不一定为大家认同，但若能引发思考、探索、争议，那也是好事。如果从这个角度来考虑，就不应该把出版新闻传播学研究生教材看成多余的事。

其实，出版教材的事情不是不能做，而是要出版有一定借鉴意义、有自己特色的教材。

与北京、上海等高层次的新闻院校相比，暨南大学新闻与传播学院的研究条件和能力显然有较大差距，但我们有自己的优势。广东地处改革开放前沿，又是传媒大省，我们沐浴在领风气之先的环境中，享受着优质的业界资源，这些资源对新闻教育的发展起到了支撑作用。我们已清醒看到，学界与业界结合所发挥的对传媒教育发展的巨大作用。我们已通过建立“训练营”、“特训营”等，在广东业界建立创新基地。我们坚持通过举办“传媒学术大讲坛”、“传媒领袖讲习班”等方式，请传媒精英上课，吸取学术前沿和创新实践的营养。因此，我们的教材应该有较强的针对性和实用性。当然仅此还不够，还应该有宽阔的视野，包括具有一定的国际视野。尽管随着时间的推移，未必能适合将来变化的情况，但期待能做得更具前瞻性一些，以延伸教材的生命力。即便将来不太适合了，其作为历史阶段的认识也有存在的历史价值。本系列教材力求做到这一点。就现阶段来说，也尽量做到像侯东阳老师在写作《国际传播学》时所说："本教材结合一些热门的理论和现象，根据一个个专题进行深入研究，在体例和内容方面有别于其他著作和教材，有助于更深入、更系统的研究。"如果整个系列教材都能做到这一点，则既具有一定的前瞻性，又具有一定的时代价值。

范以锦
暨南大学新闻与传播学院院长、教授、博士生导师
2012 年 6 月

目　录

第一章　中国电视与新闻演变

广播电视研究可以有多种视角和方法，宏观视角和系统方法是首要的。研究电视，可以通过电视信号传输网络的视角，从无线到有线，从单一网络到三网融合，中国电视正从市场割据走向网络融合，它在融合中湮没还是涅槃，值得研究。研究电视，还可以通过系统方法，思考如何转变发展方式，实现中国电视的转型升级和价值重构。本章分别从新闻业务和新闻理论两个维度展开讨论，透过拐点分析电视新闻30多年的发展历程，从而促进新闻定义的再思考和新媒体语境下新闻的重构与界定。

第一节　中国电视的网络涅槃

一、视听传播的源流

人类的视听传播活动源远流长，在古代，先辈不但筑起抵御外敌的万里长城，而且发明了用于报警的烽火台。当匈奴进犯的时候，驻守长城的士兵就在烽火台点燃报警的烟火，向后方报信，请求增援部队。在电视纪录片《望长城》里，人们做了一个实验，用烽火与报信的驿马做比较测试，结果证明烽火传播信息的速度比驿马要快。烽火报警恐怕是最早的视觉传播方式之一。这样的信息传播在一马平川的华北平原上可以做到，但如果在非洲的热带雨林中就不行了，茂密的树林挡住了人们的视线，也切断了视觉传播的通道。于是，聪明的非洲黑人用节奏变化的鼓点传递信息，用于协调部落战争和狩猎攻略，“非洲战鼓”恐怕是最早的听觉传播方式之一。

尔后，舞蹈、演唱、戏剧等各种对人类劳动生活活动进行艺术加工的表现形式相继诞生，然而它们的传播方式基本是通过广场围观和口耳传播。随后，光电媒介应运而生：电影把人类活动通过艺术加工后搬上了银幕，从而形成了新的艺术类型和视听传播；广播把各种信息通过无线电波传遍全球，这种听觉传播可以长距离传播；电视的出现更紧密地把视觉与听觉结合起来进行传播，而且表现形式更为丰富逼真，传播范围更加广泛，使人类居住的地方变成了“地球村”。

1920年11月2日，在美国宾夕法尼亚州的匹兹堡市，领取了美国商业部执照开办的第一家正规广播电台——西屋电器公司创办的KDKA电台，利用美国总统竞选的大好时机开始了定期广播。这一天被认为是世界广播事业的诞生日。1936年11月2日，BBC在伦敦郊外的亚历山大宫以一场规模盛大的歌舞开始了电视的正式播出。这一天被认为是世界电视事业的诞生日。从广播电视的诞生中我们可以看出它们身上特有的基因：广播的信息传播功能，电视的娱乐功能。广播电视的出现迄今不到百年，然而他们的传播方式和传播载体都发生了很大的变化，相关的研究逐渐形成一门综合性学科——广播电视学。

在此，让我们聚焦中国电视。1958年5月1日，北京电视台（中央电视台前身）成立。当时整个北京只有50台从苏联进口的黑白电视机，那时的电视都是直播的，所以那些宝贵的影像史料都无法保存下来。有一次，电视台的记者去采访，当他出示电视台的工作证时，接待单位的人一脸茫然："电视台？这是一个什么单位？你们跟邮电局是什么关系？"电视作为鲜为人知的奢侈品而长期存在，一晃就是二十年。中国电视真正的发展还是最近30多年的事。1978年1月1日，中央电视台开办《新闻联播》。中国电视的发展伴随着中国的改革开放而逐步走上了"快车道"。

二、中国电视34年

要在一篇文章里或一次演讲中把中国电视34年的演变说清楚很不容易，于是笔者想用一根线把它串起来，这根"线"可以理解为电线，电波传输的载体，有线和无线。不是一根线而是无数根线，这无数根线形成了一张网——一个由有线、无线和卫星传输所形成的电视传输网络。电视是依靠网络生存和发展的，中国电视也因网络的演化而演变。笔者曾在多次学术讲座上作了题为《从割据走向融合——中国电视的网络涅槃》的演讲。"涅槃"为佛教用语，原指超脱生死的境界。凤凰经历烈火的煎熬和痛苦的考验，获得重生，并在重生中达到升华，称为"凤凰涅槃"。笔者把中国电视34年的发展粗略地分为以下三个阶段：

1. 起步期（1978—1997年）

我国的改革开放拉开了电视事业建设的序幕。当时的电视主要是无线传输，电视信号的覆盖范围取决于电视塔的高度，因此每一个电视台的覆盖范围都很有限。同时，当时的电视制作和播出设备全部依赖进口，价格十分昂贵。由于电视是一种重装备、投入大的媒介，对于计划经济年代的中央财政而言是一个很大的负担。于是，为了推进我国电视事业的迅速发展，1983年3月31日至4月10日，国家广播电视部召开了第十一次全国广播电视工作会议，确定"四级办广播，四级办电视，四级混合覆盖”的方针政策。“除了中央和省（自治区、直辖市）办广播电视外，凡是具备条件的省辖市（地、州、盟）和县（旗），都可以根据当地的需要和可能开办广播电台和电视台。市、县广播电台、电视台的任务，主要是转播中央和省两级广播电视节目，也可以播出自办的节目，共同覆盖该市、县。这一方针极大地调动了地方办广播电视尤其是办电视的积极性。”① 但也存在资源浪费和重复建设的问题，为后来中国电视做大做强进行的整合设置了障碍。

有一次一位日本同行来到广州，当他路过广州中山大道的时候，发现路的两旁各有一座电视发射塔，相隔不过一千米。这位工程师百思不得其解：为什么相隔这么短的距离要修建两座电视发射塔呢？中国同行给他解释，左边那座是广东电视台的，右边那座是广州电视台的。他追问道：他们为什么不能合用一个电视塔呢？中国同行不得不费力地给他解释中国电视的行政区域割据。“条块分割、以块为主”的管理体系造成了我国电视的重复建设和资源浪费。

2. 发展期（1988—1997 年）

“20 世纪 90 年代，在世界范围内，电视传播技术发展迅猛，除了传统的无线传输外，有线电视和卫星电视技术迅速普及，网络电视技术也显现出特有的优势。”② 常识告诉我们，玻璃是不导电的，但如果把其中所有的杂质都去掉的话，那么它就有良好的导电性能。然而，要把所有杂质去掉谈何容易，很多人都不相信可以做到，但有一位年轻的科学家坚持认为真理有时候是掌握在少数人手里，他经过无数次实验终于做到了，他的名字叫高锟。2009 年 10 月 6 日，被誉为“光纤之父”的英籍华裔科学家高锟获 2009 年诺贝尔物理学奖。一根比头发丝还细的光纤可以传输上百套电视节目。光纤的发明和应用大大促进了有线电视的发展。有线电视是以电缆、光纤为信号接收、传递载体，向用户传送电视节目的电视广播系统。1991 年 3 月 15 日，我国第一家省级有线电视台——湖南电视台开播，从此，我国各地迅速掀起兴建有线电视台的热潮。20 世纪 90 年代完成了全国有线电视网络的铺设，促进了电视产业化的同时也加剧了市场的分割，形成了有系无统、条块结合的割据局面。

早在 20 世纪 80 年代，卫星电视就出现了。卫星电视是指卫星电视系统，它通过地面发射站将电视信号传递给卫星上的接收机，然后再利用卫星上的发射机将接收到的电视节目信号发回地面。1985 年 8 月 1 日，我国为传送电视节目租用的国际卫星转发器开始使用，中央电视台首先通过通信卫星传送电视节目。

---

① 刘习良．中国电视史．北京：中国广播电视出版社，2007. 134.

② 刘习良．中国电视史．北京：中国广播电视出版社，2007. 392.

1986 年 7 月 1 日，新疆电视台借用中央电视台卫星转播的间隙，传送该台节目。1989 年 11 月 1 日，西藏电视台的藏语节目首次使用卫星传输。“我国无线电视、有线电视的发展都是从我国经济发达的中央直辖市和东南部省份开始的，而我国卫星电视的传送则与之相反，首先是从新疆、西藏、云南、贵州等经济欠发达省份开始的。”① 这不仅体现了国家对老、少、边、穷地区人民群众的关怀，也出于国家文化安全的战略考虑。1991 年 9 月 1 日，中央电视台《新闻联播》通过国际卫星频道走向世界，覆盖全球。1997 年 1 月 1 日，湖南电视台第一套节目“上星”。1997 年起，我国出现省台“上星”热。到 1999 年 10 月，海南卫视开播，这标志着全国 31 个省级电视台全部“上星”。

各省都有了卫视，有了展示自己的窗口，可谓皆大欢喜。从理论上来说，卫视信号可以覆盖全国甚至境外部分地区，但这只是物理覆盖。卫视要进入家庭，还须进入有线电视网，因此它的命运掌握在网络接入用户的最后一千米的网络管理者手里。有线电视网一般可以接收和传输数十套节目，因此卫视要进入有线电视网一般要交一笔落地费。可以说，以行政区域划分的卫星电视和有线电视加剧了中国电视的市场分割。只有一个例外——根据国家广电总局的规定，全国各级地方电视台必须无条件转播中央电视台《新闻联播》。面对中央电视台的垄断和重压，民生新闻成为地方电视台突出重围的选择。

3. 转型期（1998 年至今）

进入世纪之交，在全球化、产业化、数字化、网络化的背景下，中国电视面临前所未有的挑战。首先是全球化。加拿大的马歇尔·麦克卢汉（1911—1980）在传播学领域留下了一笔丰富的遗产，尤其是他的“地球村”理论，卫星电视的全球传播印证了他的理论。美国的托马斯·弗里德曼（Thomas L. Friedman）在他的专著《世界是平的：21 世纪简史》里进一步诠释了世界全球化的理论，全球经济一体化的进程印证了他的观点。暨南大学支庭荣教授则认为：“世界是平的，传媒是凹的。”信息全球化、经济全球化不等于文化全球化，文化的多样性和复杂性使其全球传播困难重重，作为文化信息载体的电视传播更非一帆风顺。

凤凰卫视于 1996 年 3 月 31 日正式开播，这是一个身处香港且由美国新闻集团控股的卫视中文台。此前，香港两家电视台无线（TVB）和亚视（ATV）已经通过“边境渗透”进入了广东珠三角地区。这里还有一段“猫捉老鼠”的段子：当时毗邻香港的广东居民只要拥有全频道电视接收机和定向接收天线（俗

---

① 刘家林. 新中国新闻传播 60 年长编（1949—2009·下）. 广州：暨南大学出版社，2010. 239.

称“鱼骨天线”)，在天气晴朗并且没有高大建筑物阻碍的条件下，就能清晰地收看到香港无线和亚视的 4 个频道。政府严禁收看境外电视并经常派人查处，但老百姓抵挡不住香港电视节目的诱惑，于是他们采用了可以收放自如的接收天线，有人来检查时他们就收下来，检查人员走了天线就自动伸出去。由此可见，人民群众的需求和智慧是管制不了的。于是，政府开始改变管制方式。1994 年 6 月 1 日，广东有线广播电台正式成立，在所属省有线光纤网中开始传输经过过滤（过滤当局认为有害的政治内容）的香港无线、亚视的 4 个频道。这样，香港电视台就由“边境渗透”变成了事实落地。

2001 年 12 月 11 日中国加入 WTO（世界贸易组织），境外电视通过对等落地的方式进入中国境内，由事实落地变为合法落地。加入 WTO 之后，相继有 9 个境外电视频道获得合法落地的资格（见表 1－1），广东成为中国内地唯一允许境外电视频道落地的省份。

表 1－1　获得合法落地资格的境外电视频道

序号	境外电视台	合法落地时间	归属	语言
1	香港翡翠台	2004 年 8 月 27 日	香港无线电视	粤语
	香港明珠台			英语
2	华娱电视台	2001 年 9 月	美国时代华纳集团	普通话
3	凤凰卫视中文台	2001 年 10 月 19 日	美国新闻集团	普通话
4	星空卫视	2002 年 3 月 28 日	美国新闻集团	普通话
5	香港亚视本港台	2002 年 7 月	香港亚洲电视公司	粤语
	香港亚视国际台			英语
6	音乐电视亚洲频道（MTV）	2003 年 4 月 26 日	美国维亚康母公司	普通话
7	澳亚卫视	2006 年 4 月	澳亚卫视有限公司	普通话

在 10 余年前，进入广东的香港电视，几乎在一夜之间就虏获了 80% 的收视市场。自此境内外电视逐鹿珠三角，广东电视绝地反击，在“与狼共舞”中“强身健体”，经过 10 余年的努力，广东电视逐步收复失地。内地电视的不断发展也逐步扩大了广东境内的收视份额，广东电视相继超越名列前茅的亚视和无线。2010 年 12 月 27 日，珠江频道在第四届“TV 地标”、“全国最具实力省级地面频道十强”评选中名列榜首，并在广东城乡、广东城域和广州地区全面超越无线电视。

与此同时，为了塑造和传播国家形象，2001 年 12 月 24 日，国家广播电影电视总局提出实施广播影视“走出去”战略。截至 2007 年底，CCTV－4 通过多颗国际卫星传输，在亚、欧、美、非、大洋洲等多个国家和地区有效落地，海外签约用户超过 1 500 万。CCTV－9 覆盖全球 98% 的国家和地区，并经有线电视网络实现海内外 2.8 亿观众的有效到达。然而，这样的覆盖和落地与西方国家电视媒体相比仍有较大差距（见表 1－2）。

表 1－2　CCTV 与 CNN 在全球传播的比较

电视媒体	覆盖的国家与地区	用户数量	观众数量
CCTV	136	6 500 万	5.7 亿
CNN	212	1.5 亿	10 亿

这里说的覆盖是指物理覆盖，即电视信号到达那些国家和地区的上空，在国外的落地和到达更多还是通过有线付费电视，收视群还十分有限。有覆盖不等于有接收，有接收不等于有效果，我国对外传播的实际效果仍未可知。为此笔者曾撰文提出“走出去”更要“走进去”的观点。

随着我国经济逐步进入市场经济，中国电视也开始步入市场化、产业化进程。然而，我国电视的产业规模和市场化程度与西方发达国家相比仍有较大差距。著名电视人夏骏曾在《十字路口的中国电视》一书中写道：“中国电视观众数量世界第一，中国电视台数量世界第一，中国电视频道数量世界第一，但是全中国 3 000 多家电视台的年广告总产出还不到美国时代华纳一家的 60%。”为了抵御境外的跨国传媒大鳄，我国提出要把广播电视做大做强的口号。2001 年 12 月 6 日，中国广播影视集团在北京成立，其整合了中央电视台、中央人民广播电台和中国国际广播电台，成为中国传媒的“巨无霸”。各省也纷纷成立广播电视集团，然而要把各地电视台收编谈何容易。而收编的关键是有线电视网的整合，因为这些有线网都是由地方投资的，谁投资谁拥有谁管理，投资主体的多元化使得广播电视集团化十分困难。这些广播电视集团大多是行政集团而非企业集团，因此，做大以后难以做强。

著名电视人崔永元曾直言不讳道：“如果我们的电视台都是公共电视台的话，那我们的电视台就是全世界最脏的公共电视台；如果我们的电视台都是商业电视台的话，那我们的电视台就是全世界最差的商业电视台。”这话或许过于偏激，却道出中国电视发展面临的困难和窘迫。我国电视台都有三种属性：一是喉舌性，作为党和国家的宣传机器和舆论工具；二是商业性，由事业单位企业管理，没有了财政拨款就成了商业台；三是公共性，电视台作为社会公器，还要承担提供公共服务的义务。可以说，我国电视台基本上属于国有商业台，在宣传任务和创收任务的双重压力下，地方电视台往往难以顾及公众利益。结果往往是喉舌性和商业性的强化，公共性的弱化。加上地方利益和体制束缚，中国电视的规模扩张和系统优化举步维艰。

三、是湮没，还是涅槃？

就在中国电视发展步履艰难的时候，一个强大的对手出现了，那就是互联网。互联网始于1969年，其最初设计是为了给计算机专家、工程师和科学家提供一个即使一些地点被核武器摧毁也能正常工作的通信网络。1983年，美国国防部将阿帕网分为军网和民网，尔后渐渐扩大为今天的互联网。之后有越来越多的公司加入。1994年4月20日，在中科院计算机网络信息中心，中国实现了与国际互联网的全功能连接，成为国际互联网大家庭的第77个成员。中国从此进入了网络全球化时代。分布型网络结构使得互联网成为一种去中心化、分权的新兴媒体，这种结构与封闭的电视网络系统形成强烈的对照，广播电视网的传播优势相形见绌了。

1999年9月国务院下发的《关于加强广播电视有线网络建设管理的意见》（“82号文件”）明确划分了“势力范围”：电信部门不得从事广播电视业务，广播电视部门也不得从事通信业务。自此两大行业“井水不犯河水”，各自发展。通信行业要打造下一代通信网NGN，主攻方向直指媒介化；广播电视系统则发展下一代广播网NGB，核心是双向全业务。此时，国外的媒介融合由于没有行业壁垒，早已如脱缰的野马般向前迅速发展，人类已经可以想象并描绘出一幅幅新媒体新电视的未来图景：新媒体之于电视，既是机遇也是挑战。传媒业内正在悄然变革：传输方式的多样化、参与者的多样化、接收终端的多样化、商业模式的多样化。这些变革将形塑新型电视的未来：受众什么时候看，通过什么方式看，看什么内容，以什么看，全部由受众自己决定。

2001年，“十五”计划纲要第一次明确提出“促进电信、电视、计算机三网融合”。面对严峻的形势，2010年1月13日，国务院总理温家宝主持召开国务院常务会议，决定加快推进电视网、广播电视网和互联网的“三网融合”。“三网融合是指电信网、广播电视网、互联网在向宽带通信网、数字电信网、下一代互联网演进过程中，其技术功能趋于一致，业务范围趋于相同，网络互联互通、资源共享，能为用户提供话音、数据和广播电视等多种服务。”（2010年1月21日《国务院关于印发推进三网融合的总体方案的通知》）2010年7月1日，12

个试点城市名单出台，“三网融合”的实质性推进阶段终于开启。虽然好处多多，但“三网融合”想要真正实现仍将是一个很长的过程，眼下只是迈出了第一步。你的手机 SIM 卡不可能插进计算机里立马就能打越洋视频电话。同样道理，“三网融合”的实践进程是与政策法规的相应变革互相促进的，现有的《中华人民共和国电信条例》也不会一蹴而就成为《电信法》。有人认为如果用五年时间能走完“三网融合”的“初级阶段”就已经很了不起了。

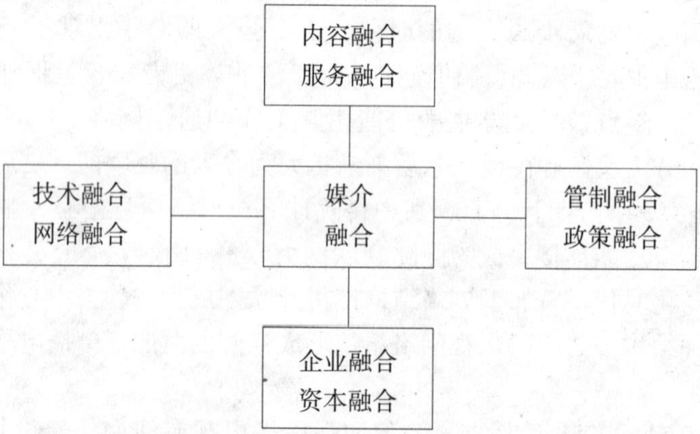

媒介融合的四个层面

2009 年，中国电视开始了跨界行动：新华社大踏步进军电视新闻领域，成为新晋内容生产商和提供商；中国网络电视台（CNTV）正式开播，被称为中央电视台向互联网扩张的重要一步；湖南卫视和青海卫视、上海电视与宁夏电视的跨省合作，打破了地方电视台原有的行政区域限制；由 42 家区域媒体联合组建的城市联合网络电视台（CUTV）开始运作。

然而，互联网发展的势头更猛。2010 年属于史蒂夫·乔布斯和他的苹果公司。苹果创造的“新手机”已经不仅仅是手机，还是照相机、摄像机、游戏机、收音机、个人计算机甚至是移动商务万能机。从“三网融合”到“三屏融合”，融媒体已从“可看”向“可用”发展。2011 年 7 月 19 日，中国互联网络信息中心（CNNIC）发布的《第 28 次中国互联网络发展状况统计报告》显示：我国网民规模达 4.85 亿，宽带网民达 3.9 亿，手机上网用户达 3.18 亿。中国现有网站 183 万个。2011 年上半年我国微博用户数量为 1.95 亿，半年增幅达 208.9%；手机网民使用微博的比例也从 15.5% 上升至 34%。社交媒体与移动互联的结合、网络视频与传统电视的对接，标志着互联网步入 Web3.0 时代。

“三网融合”实质上是“两网融合”，是物理网与虚拟网的融合，广播电视网和电信网都是物理网，互联网是虚拟网。在这个融合过程中，中国电视亟待转型升级，亟待系统再造，亟待价值重构。中国电视不在网络融合之中涅槃，就在网络融合之中湮没！

第二节　转变电视发展方式

近年来，随着互联网等新媒体的迅速崛起，广播电视、报纸杂志等传统媒体的传统发展模式面临着巨大的挑战。展望未来，中国电视正孕育着一场深刻的变革，正面临着一次重大的转型。这是一个艰难而必需的转身，问题是该向哪里发力？新的着力点在哪里？严峻的挑战令中国电视必须认真思考，尤其需要检讨习惯的发展方式，转换固有的思维模式。

一、转型要从转变发展方式开始

近十年来，互联网的迅速崛起引发了包括电视在内的整个媒介生态的巨变。据中国互联网络信息中心（CNNIC）发布的统计报告显示，截至2010年6月底，中国网民规模达到了4.2亿，突破了4亿大关，较2009年底增加3 600万人，互联网普及率攀升至31.8%；手机网民规模为2.77亿，半年新增手机网民4 334万，在整体网民中的占比攀升至65.9%，相比2009年底增加了4 334万人，增幅达18.6%，成为拉动中国总体网民规模攀升的主要动力。安吉斯媒体集团自2006年起在全球范围内启动的消费者沟通研究（CCS）的研究结果显示：2010年，中国消费者每天接触网络的时间已经超过他们接触广播、报纸和杂志的时间，并基本等同于接触这三种媒体的时间总和。虽然网络接触时间并未超越电视媒体，但从趋势上来看，这一天也不会太远。与此同时，国内主流互联网企业，包括人民网、新华网、凤凰网等均已推出微博服务。截至2010年8月，共有466家主流新闻机构开通了新浪微博，其中包括118家报纸、243家杂志、36家电视台和69家广播电台。来自首届“中国媒体融合与发展论坛”的数据统计显示，目前我国有1亿微博用户。微博与社交网站的新媒体地位渐已确立。这些数据与变化充分表明了媒体的受众和用户都发生了根本性的变化，中国电视的生态也相应发生了巨大的变化。

我国电视的改革与发展，在过去30年所获得的成就是有目共睹的。既然媒介生态已经发生如此大的变化，那么中国电视的发展方式是不是也会随之发生根本性的改变呢？中央电视台的广告投放在经历了2006—2008年平均每年超过25%的增长之后，在2010年达到历史最低点，相比2009年仅增长约2.5%。2010年报纸广告同比增长率只有2.98%。与这些传统媒体形成鲜明对比的是，2010年互联网广告投放花费增长接近50%，是所有媒体投放中增长最快的，且投放总量也达到了140亿元。透过这些数字和表象，我们更应看到传统电视发展中潜伏的危机。正如喻国明教授所说："就其实质而言，迄今为止的发展在基本面上还只是一种要素增长型的发展。"① 过去我国传媒业改革是在尊重国情、尊重媒介已有种种功能的基础上，顺应时代和社会的发展来适应老百姓对媒体的要求，通过"增量"的方式来实现的。这个所谓的"增量"，指的是对固有现实的一种有限的调适，往往是通过吸收新的要素、新的功能、新增加的各种各样的成分，来使整个传媒业跟社会发展、时代发展与人民群众的要求相吻合。但在媒介大融合的今天，这些要素的添加已趋近一个饱和点，不断叠加的"增量"亟须实现由"量变"到"质变"的飞跃。

变革是毫无疑问的，关键是如何变。国家"十二五"规划纲要明确提出"转变方式，开创科学发展新局面"。与此同时，国家广电总局也提出"六个重大转变"（以传统媒体为主向传统媒体与新媒体融合发展转变，农村广播影视由工程建设向公共服务体系建设转变，内容生产由以数量扩张为主向以质量提高为主转变，广播电视网由传输覆盖向全功能、全业务转变，管理由以行政手段为主向综合运用法律、经济、行政、科技等手段转变，以国内发展为主向统筹国内国际发展转变）。体育比赛中的跳高有两种方式，一种叫"跨越式"，是脚先过；一种叫"背越式"，是头先过。后者的技术更先进，屡屡打破跳高世界纪录。转变发展方式首先需要转变思维方式，也就是从"头"开始，观念先行。中国传媒业不仅要在管理、改革、内容、经营和技术等方面进行创新，更需要理论创新和观念创新。另一个改变是从"产品为王"向"关系为王"的转变。有学者认为传媒作为产业的经济本质是一种关系经济形态。这里的"关系"即事物之间的联系。就新闻传播和传媒产业而言，关系主要有两个方面：一是新闻传播系统内各构成要素之间的关系，主要是生产关系；二是新闻传播与社会系统之间的关系。从而形成一张从微观、中观到宏观的关系网络。当下新旧媒体的博弈和竞争中，"关系模式定位与选择对传媒产业发展具有决定性意义，关系竞争的主要方面将体现为关系模式的优势比拼"②。然而，真正的问题是如何建构一种具有产

---

① 喻国明. 传播规则变革背景下传媒竞争力构建. 新闻与写作，2008（4）.

② 麦尚文. "关系"编织与传媒聚合发展——社会嵌入视野中的传媒产业本质诠释. 国际新闻界，2010（1）.

业优势的关系模式。中国电视要以开放的思维建立基于“三网融合”的全新关系模式。

二、拓展平台，打造新业态

中国电视的第二个转变是从“产品为王”向“平台为王”的转换。我国电视先后经历了“渠道为王”—“内容为王”—“产品为王”的不同发展路径，对传媒产业发展模式的讨论成为业界最热门的话题。与此同时，学界则先后提出传播即博弈、传媒竞争力等观点和理论，把媒介关系视为博弈的关系。笔者认为，媒介即竞合，即既有竞争（冲突）也有融合。博弈论是解决传播冲突的理论，平台论则是解决传播融合的理论。“平台为王”的思维模式呼之欲出。

应对媒介融合过程中的博弈关系，一个战略性的解决方案就是构筑一个全媒体的服务平台。平台本来是一个工程学的概念，指的是为了便于生产或施工而设置的工作台。带有“某种活动和工作得以运行的支撑”的含义，后来引申到经济学领域并构建平台经济学：“平台实质上是一种交易空间或场所，可以存在于现实世界，也可以存在于虚拟网络空间，该空间引导或促进双方或多方客户之间的交易，并且通过收取恰当的费用而努力吸引交易各方使用该空间或场所，最终追求收益最大化。”① 这实际上是一个服务平台，无论是工程技术还是经济管理，平台都具备一些最主要的特征：第一，它不直接生产实体产品，而是为生产某种产品提供某种服务；第二，它的服务功能是集成各种生产要素；第三，它是在一定的空间（场所、系统、环境）里集成生产要素，优化生产关系，从而达到最优化。

在我国“三网融合”的主导权之争中，播控权是核心诉求，电信部门坚持无播控无融合，但播控权最终仍然掌握在广电部门手中，偏偏广电部门自身的网络未能实现整合，而且没有独立的国际互联网出口，宽带网络双向改造的基础也十分薄弱，这让“三网融合”陷入了僵局。在“IT 领袖峰会”上，TCL 集团董事长李东生直言，“广电是三网融合的最大阻力”。李东生认为在三网当中，电信网、互联网都运营得很好，但是广播电视网并非如此。在“三网融合”的进程中，广电部门既觊觎运营商的数据及互联网业务，又担心利益得失，以此心态进入竞争市场，于自身发展、于“三网融合”、于移动互联网的发展，皆有害而无利。

长期以来，中国电视既得益于注意力又得益于影响力，拥有一个强大的媒介

---

① 徐晋．平台经济学——平台竞争的理论与实践．上海：上海交通大学出版社，2007．

平台。其实，从传媒经济的视角来看，传统电视的平台优势正在逐渐减弱。传媒产品与一般产品不同，它除了自身效用外，还有公共性和文化性，这就要求媒介不能用狭隘的行业视角看待整个传媒业的社会价值和意义建构，而要借助一种超越传统内容产业的关系视角和媒介平台。中国人民大学彭兰教授认为，媒介融合的推进正是从“内容平台”到“关系平台”的转变。

媒介平台作为一种新媒介组织形态，其出现标志着媒介融合时代的到来，单一媒体、单一产业已不能适应发展的需要。传统媒体须加紧建设全媒体数字化运营平台，加快由单一媒体向全媒体的转型。与此同时，媒介平台不仅成为传媒综合服务提供商，而且正在形成传媒新业态。互联网自身并没有进行更多的内容生产，但其生命力却愈发旺盛，原因是什么？因为它实际上是一个平台的概念。它以一种实现双方（或多方）主体互融互通的“通用介质”（标准、技术、载体、空间等）的形态实现着聚合。笔者认为传媒经济的本质是意义经济，“意义经济是指媒介产品通过传播过程并使人们产生生产、流通和消费行为从而实现其商业价值的活动。它包括三个组成部分：意义消费、意义影响、意义服务”①。一般来说，媒体主要生产意义消费和意义影响，而媒介平台只是提供意义服务。例如，搜索引擎作为一种网络技术产品，其本身并没有提供任何信息和内容，但人们可以通过它迅速地找到想要消费的传媒产品，从而获得所需的信息和内容。社交网络、微博等也具备这种意义服务的特征。意义服务就是通过各种技术手段、服务产品和聚合平台，为传媒经济提供运行的基本条件，并在此基础上形成各种商业模式和经济形态。媒介平台就是通过某一空间或场所的资源聚合和关系转换为传媒经济提供意义服务，从而实现传媒产业价值的媒介组织形态，同时也形成传媒新业态。

平台思维是一种开放的思维，而非唯我独尊、食古不化。因循守旧，不敢求变，不研究新技术、新知识、新理论，把握不住时代脉搏和政策精神的传统电视平台，只能用简单、陈旧、低俗的办法来延缓不可避免的陨落。问题是，当互联网凭借技术和服务的优势迅速蚕食传统电视领域的时候，中国电视已形成一种唯我独尊的优越感和根深蒂固的习惯性，在媒介融合中要实现华丽的转身，首先要从思想意识和发展方式上进行根本性扭转。那么，中国电视如何能够做到这一点呢？

三、重塑中国电视价值体系

编织关系也好，拓展平台也罢，都是建立在其赖以生存和发展的价值观之

① 谭天. 传媒经济的本质是意义经济. 国际新闻界，2010（7）.

上。中国电视的转型与涅槃，需要重构一整套与之相适应的价值体系。那么，中国电视需要哪些价值创新呢？我们需要从技术、经济和社会三个维度上加以考察和思考。

1. 技术革命引发服务革命

移动网和物联网的加入推动了互联网迈向 Web3.0 时代的步伐，人类社会与物质世界更紧密地联系起来，而关系视角和平台理论等都将有助于增进我们对媒介新关系、融合新结构的认知和应用。对此，我们要实现从技术创新到科学发现的转变，这些科学发现不仅来自自然科学方面，而且还须结合人文社会科学。近年来，业界和学界都对媒介融合进行了积极的研究。电视是技术媒体，传统电视的发展经历了多次技术革命——从无线到有线、从地面到卫星、从模拟到数字，始终不变的是它的接收终端——摆在客厅里的电视机。家庭媒体、客厅文化成为传统电视的基本特征。在《即将消亡的电视——网络化与互动视频时代的到来》一书中，作者指出，IPTV、P2P、视频分享网站、手机电视、下载技术等悬在传统电视上方，形成多个“堰塞湖”。[①] 其实何止于此，iPhone 和微博掀起的终端革命和“微革命”，告诉我们技术平台已跃迁到服务平台。如今还出现一个新词：Solomo，它取 Social（社交）、Local（本地化）和 Mobile（移动）的前两个字母而成，即社交服务移动化。新技术、新产品和新用户正在给新媒体创造无限的需求和商机，技术革命的背后正孕育着传媒产业中一场服务革命。

2. 传媒经济激活制度创新

当今媒介融合已从业务层面进入产业层面，由此将撬动资本市场，改变产业结构，促进制度创新。要实现从业务融合到产业融合的转变，还需要制度的安排。电视剧抢播和“3Q 大战”都折射出传媒市场的无序竞争。随着互联网和手机通信技术的快速发展，互联网的版权保护问题已经成为国内外关注的焦点。我国传媒产业的迅速发展亟待建立完善的市场秩序和健全完整的传媒法规，相应的政策法规也要陆续推出。一方面，政府的作用举足轻重；另一方面，市场这只“无形之手”无处不在。近年来，我国新闻传播学界不断地进行公共媒体和公共服务的积极探索。广播电视业先后推动“村村通工程”、“农村数字电影放映”等惠民工程。但要把这些公共服务落到实处并取得成效，仍须做大量的工作。与此同时，我们也不能不看到在市场大潮的冲击下，传媒业出现的各种乱象：“内容产业中‘泛娱乐化’倾向、目标追求的‘GDP 崇拜症’、乱用概念的‘泛产业化’，以及文化创意产业园区中的‘三要’（官员要政绩、商人要地皮、学者

---

① 王明轩. 即将消亡的电视——网络化与互动视频时代的到来. 北京：中国传媒大学出版社，2009.

要课题），等等。”而在这一片迷失的背后则是文化功能的失位和媒体责任的失职，本质上就是中国传媒核心价值的缺失。

3. 电视转型需要价值创新

基于技术融合和产业融合，我们更需要人文学科的价值判断与社会学科的理论建构，以利于人们更好地了解媒介融合给社会发展和电视转型带来的各种影响和变化。中国电视如何面对传统电视转型所带来的冲击与阵痛？对此，笔者曾以“面对新媒体，中国电视最大的危机是什么？”为题在微博上发起过一场小小的讨论。有人一针见血地说：“最大的危机是中国电视是什么？”就是说，中国电视是一个开放创新的系统，还是一个封闭保守的行业？有人尖锐地指出：“技术和速度都不是重点，缺少的是胆识和担当。”更有人偏激地直指：“最大的危机是中国电视！”直言思想僵化、观念落后的现有体制是阻碍中国电视转型的最大危机。不管怎么说，这些激烈的言论都直指中国电视的症结所在。面对新媒体，传播观念落后、核心价值缺失而导致在传媒市场上竞争乏力是悬在电视人头上的“达摩克利斯之剑”。变还是不变？哪些该变？哪些不该变？电视人应该清醒地看到。从“7·23”甬温线特别重大铁路交通事故的报道中，人们通过微博这个高度开放的媒介平台形成一股强大的舆论力量，充分表达对某些传统主流媒体不作为的强烈不满。当今，一个主流媒体如果不能与时俱进，承担起社会责任，终究会沦为非主流媒体。因此，在社会发展与媒介融合中，中国电视的转型始终需要坚持公众利益至上和观念价值创新的原则。

《十二五纲要》是未来五年我国推进经济社会发展的基本依据，也是推进全面建设小康社会，使人民生活得更加幸福、更有尊严的行动纲领。《十二五纲要》以科学发展为主题，贯穿了“更加注重以人为本，更加注重全面协调可持续发展，更加注重统筹兼顾，更加注重保障和改善民生，促进社会公平正义”的精神。这是“十二五”规划的精髓和灵魂，重构中国电视的价值体系必须紧紧把握这一精髓和灵魂。同时，在开放式创新中实现价值重构，开放式创新体现在价值识别、价值创造与价值获取三个方面。价值识别就是要突破封闭式创新下的传统战略思维，价值创造就是要寻找媒介融合的新路径，价值获取就是要在创新中改变获利逻辑，从排他性的占有制度转变为建立促进合作与分享的占有制度。唯有新思维、新路径、新制度，才是中国电视的转型与重构之路。

第三节　透析电视新闻34年

1958年5月15日，北京电视台（中央电视台前身）成立，迄今中国电视已经走过了半个世纪。然而，说起中国电视新闻的真正发展还是始于1978年党的十一届三中全会，中国改革开放的34年也是中国电视新闻改革发展34年。在这一历史进程中，中国电视新闻取得了哪些改革成就，又遇到哪些问题和障碍，这是一个值得认真总结和研究的课题。本文从中国电视新闻34年的发展中，挑选出若干重大事件，透过这些影响中国电视新闻发展走向的拐点，通过分析影响中国电视新闻发展的各种因素，思考中国电视新闻未来的改革方向与创新路径。

一、聚焦：十大拐点

中国电视新闻34年的发展显然无法在一篇短文中尽墨，于是笔者选择了能够勾勒出其发展轨迹的若干拐点。“拐点”是一个数学术语，引申开来就是指事物发展过程中运行趋势或运行速率变化。这些拐点就是中国电视新闻改革发展的34年中具有深刻影响的十件大事，它们分别是《新闻联播》开办、第十一次全国广播电视工作会议、《东方时空》开播、“香港回归”直播、“凤凰”说新闻、“9·11”失语、《南京零距离》开播、SARS报道、央视新闻频道改版和汶川地震报道。这些拐点（事件）分布在中国电视新闻发展的三个阶段（见表1－3）：起步阶段、发展阶段和转型阶段。诚然，拐点的选取是仁者见仁，未必能够涵盖34年的方方面面。但是，通过聚焦十大拐点，确实可以让我们领悟和反思良多。影响我国电视新闻发展有各种动因，既有外因也有内因。对于电视媒体所处的宏观环境，我们可以采用PEST分析法，即分析中国电视新闻发展所处的政治环境、经济环境、社会环境和技术环境。中国电视新闻发展34年是与中国的改革开放、社会变迁、经济建设、科技进步乃至国际环境变化紧密相关的。

同时我们也应当看到，新闻传播理论的研究、国外电视新闻的实践以及我国新闻规制的变革，直接影响了中国电视新闻的改革与发展。中国电视新闻发展34年，也是传播学发展34年。在传播学理论的推动下，电视新闻界积极探讨视听传播规律。新闻传播理论给中国电视新闻展现了一幅理想图景，然而要实现它并不容易。当今世界电视新闻发展很快，从美国的三大电视网、CNN到BBC、半岛电视台，都在重大新闻事件中展示了电视新闻报道强大的传播力。受其影响，中国电视新闻报道开始回归新闻主体，在电视观念和传播技术上日趋成熟。中国电视新闻改革开始触及更加广泛的领域：从报道方式、新闻理论到运作机制、新闻管制。与此同时，全球化、数字化的浪潮加快了中国电视新闻改革的步伐。

表 1-3　中国电视新闻发展的三个阶段

时间	中国电视新闻发展的三个阶段	十大事件
1978 年	起步阶段（1978—1991 年）。党的十一届三中全会拉开了中国改革开放的序幕，同时也吹响了中国电视新闻发展的号角。从《新闻联播》到“四级办电视”，中国电视新闻的起步主要体现在基础的建设和规模的扩大上，这是一个从无到有的过程	开办《新闻联播》
1983 年		第十一次全国广播电视工作会议
1993 年	发展阶段（1992—2000 年）。随着电视机的普及，电视超越报纸和广播跃居为第一大媒体。邓小平“南巡”也给中国电视新闻发展带来春天，从《东方时空》到《焦点访谈》再到香港回归直播，是一个深化改革、全面发展新阶段	《东方时空》开播
1997 年		“香港回归”直播
1998 年		“凤凰”说新闻
2001 年	转型阶段（2001 年至今）。中国“入世”预示着在全球化、数字化、产业化背景下，电视新闻面临更多的挑战，从《南京零距离》到汶川地震报道，展现了中国电视新闻发展从观念创新迈向制度创新，这是一个由传统电视新闻转向现代电视新闻的转型阶段	“9·11”失语
2002 年		《南京零距离》开播
2003 年		SARS 报道
2006 年		央视新闻频道改版
2008 年		汶川地震报道

二、改革：与时俱进

我们先来看看中国电视新闻发展前两个阶段的五个拐点。

1. 开办《新闻联播》

1978 年 1 月 1 日，中央电视台开办了《全国电视台新闻联播》节目，简称《新闻联播》，标志着以首都为中心的全国电视广播网的初步形成。“作为中国广播电视新闻节目代表的《新闻联播》集中体现了国内新闻的优点和缺点。中国的广播电视新闻倾全力于传达党和政府的方针、政策、指令、号召，反复宣传政治性的内容，参与统一幅员辽阔的中国及其十多亿人民思想的巨大工程。”① 同年，党的十一届三中全会召开，预示着中国电视新闻发展与中国的改革开放息息相关。一方面，《新闻联播》作为党和政府最重要的舆论工具，全国各级电视台必须无条件转播；另一方面，《新闻联播》也如实地记录了中国的改革开放，成为中国政治生活的一面镜子。时至今天，《新闻联播》几经“变脸”，节目形态

① 郭镇之. 中外广播电视史. 上海：复旦大学出版社，2005. 273.

与报道风格基本保持不变，但随着分众时代的到来和网络媒体的出现，其影响力已今非昔比。在2008年6月21日公布的《中国电视网络影响力报告（2008）》中，一直高居收视率榜首的中央电视台《新闻联播》居然没有入围“最具网络影响力的央视十大栏目”。

2. 第十一次全国广播电视工作会议

1983年3月31日至4月10日，广播电视部召开第十一次全国广播电视工作会议。这次会议一是提出以新闻改革为突破口，推动整个广播电视宣传的改革；二是确定“四级办广播，四级办电视，四级混合覆盖”的方针政策。前者为电视新闻事业的发展奠定了思想基础；后者在四级办广播电视的方针政策推动下，充分发挥地方办广播电视的积极性，中央、省、市、县四级电视台形成了一个庞大的电视新闻联通网，实现了全国电视新闻资源的共享。“我国电视台确立新闻立台的理念，固然取决于电视人对电视传播规律的认识和探索；同时也有赖于各级政府的高度重视。”① 然而，四级办广播电视也为后来中国电视的资源整合带来了极大的困难，并形成了当今中国电视新闻的基本竞争格局。但是不管怎么样，以新闻为龙头的指导思想和后来的“新闻立台”理念在推动中国电视新闻的发展过程中起到了积极作用。

3.《东方时空》开播

1993年5月1日，中央电视台将一档40分钟的杂志型新闻节目——《东方时空》推到了全国观众面前。《东方时空》不仅改变了中国人的收视习惯，而且成为中国电视改革的“试验田”，此后，《焦点访谈》、《面对面》等优秀电视新闻栏目相继诞生。尤其是1994年4月开办的《焦点访谈》，“用事实说话”的新闻舆论监督不但深得民心，而且得到三届总理的高度评价，朱镕基总理为《焦点访谈》题词：“舆论监督，群众喉舌，政府镜鉴，改革尖兵。”《焦点访谈》的舆论监督标志着中国的民主法制建设迈上了一个新的台阶，其在中国电视新闻发展史上的地位和影响迄今难以被超越。《东方时空》的改革不仅体现在新闻理念和节目创新方面，而且体现在机制和体制方面的诸多突破上，使之成为20世纪90年代中国电视新闻改革的中心，尽管这种改革还是有其局限性，但那种激情澎湃的时代精神仍然感召着后人。

4.“香港回归”直播

1997年6月30日至7月2日，中央电视台进行连续72小时的“香港回归特别报道”，现场直播香港回归的整个过程。这一年，中央电视台共进行了8场重

---

① 刘习良．中国电视史．北京：中国广播电视出版社，2007. 262.

大新闻事件的直播，如香港回归特别报道、“十五大”召开、海尔·波普彗星与日全食、黄河小浪底工程、长江三峡顺利实现大江截流等，这一年因此被称为“中国电视直播年”。尔后，现场直播逐渐成为电视新闻报道的重要方式，电视转播车似乎也成为各电视台报道实力的一个象征。然而，新闻报道在电视传播上的优势还没有充分发挥出来。尽管如今电视新闻直播日趋常态化，但仍然是仪式性新闻直播报道较多，而事件性新闻直播报道较少。在确保安全播出的新闻管制下，灾害性新闻的直播更是少之又少。

5. “凤凰”说新闻

1998年4月起，陈鲁豫担任凤凰卫视《凤凰早班车》主持人，在温和与轻松的气氛中，将世界最新消息和财经资讯向观众娓娓道来，变“播新闻”为“说新闻”。尔后，凤凰卫视在重大新闻报道中的出色表现及对传统电视新闻理念的颠覆，给内地电视新闻带来了极大的冲击和影响。新锐的“凤凰”，成为中国电视新闻改革与开放的一道亮丽的风景线。中国的对外开放是从沿海到内地，中国电视的对外开放始于毗邻港澳的广东。中国加入WTO之后，相继有9个境外频道批准在广东落地，中国电视新闻在竞争与开放中学到不少东西，也增强了深化改革的决心和加大开放的信心。

在改革开放的前20年里，中国电视新闻的改革可谓与时俱进，服务经济改革和节目观念创新成为其发展的两大主题。尤其在观念创新方面，先后确定了电视纪实观念、电视栏目化观念、电视直播观念等。然而，当电视新闻改革深入到攻坚阶段的时候，体制的束缚、管制的落后等深层次的矛盾逐渐显露出来。为了确保改革开放和经济建设有一个安定团结的社会环境，对于中国电视新闻来说，围绕党的中心工作做好宣传和坚持正确的舆论导向，始终是电视新闻压倒一切的大政方针。然而，进入21世纪，电视新闻改革面临前所未有的巨大挑战。

三、开放：直面挑战

“进入21世纪以后，世界形势变化加剧，国际新闻秩序重新组合，传播手段花样翻新，一系列突发事件、创新思维不断冲击新闻界。在新事物、新问题、新技术的拷问下，理论界汗流浃背。”① 我们再来看看中国电视新闻进入转型阶段的一些拐点。

1. “9·11”失语

2001年9月11日，美国遭遇了前所未有的恐怖袭击，中央电视台作为国内

① 刘东华. 当代电视报道理念与技巧. 北京：新华出版社，2004.4.

唯一的国家级电视台，面对正在发生的震惊全球的事件，表现出让人难以理解的气定神闲，一直等到24时的整点新闻时，才以播音员口播简要新闻的方式报道了撞机事件。然后直到次日早晨，《东方时空》才在早新闻时段第一次作了比较详细的报道。后来业界和学界便把国内电视媒体在“9·11”事件中的不作为戏称为“集体失语”。“整个‘9·11’期间，中国的民众选择了把目光投注到境外媒体，投注到其他信息来源。网络、电话、短信，仅仅凭借民间传播的方式，‘9·11’的消息也瞬间传遍了各地。政府可以控制媒体，却阻隔不了传播，舆论的阵地不会坚贞地等待哪一家媒体，声音缺失的后果直接伤害的是媒体的权威性。”①

2. 《南京零距离》开播

2002年1月1日，江苏广播电视总台城市频道《南京零距离》开播。它以“打造中国电视新闻新模式”为口号，在贴近性上迈出了一大步，中国电视新闻由此出现了“民生新闻”这一新概念，同时也拉开了地方电视台与中央电视台新闻竞争的序幕。这是一种策略性的选择。当时政新闻改革遭遇瓶颈的时候，民生新闻的兴起让平民百姓有了更多的声音管道。面对中央电视台的垄断和重压，民生新闻不失为地方电视台突出重围之路。当然，随之而来的琐碎化、娱乐化和低俗化也让人们思考：民生新闻到底能走多远？

3. SARS报道

2003年2月至4月，中国遭遇SARS（非典型性肺炎，简称“非典”）疫情。由于开始时媒体的失声而导致各地政府和群众疏于防范，给SARS肆虐创造了良好的土壤和时机。4月中旬，中共中央不惜断然撤掉一批玩忽职守的高官，并于4月20日公开宣布北京SARS发展的实际情况。4月26日，中央电视台《新闻调查》播出新闻专题《北京：“非典”阻击战》，这是电视媒体第一次在电视屏幕上对SARS疫情进行全面报道。此时，以中央电视台为代表的电视媒体迅速找准了媒体应有的角色定位，无论从内容还是形式上都切实做到了为满足人民知情权而战，成为了抵抗SARS斗争中的中坚力量。2007年，中国电视观众总数为12亿人，比20年前增加了一倍多。由于电视的巨大影响，政府在电视新闻管制方面仍然十分谨慎，面对自然灾害和社会弊端，平面媒体往往可以报道，而电视媒体却要严格加以限制。

4. 中央电视台新闻频道改版

2006年6月5日，中央电视台新闻频道进行了自2003年5月1日开播以来

---

① 孙玉胜. 十年——从改变电视的语态开始. 北京：三联书店，2003.

的第四次改版。一批新栏目从传统的新闻播报方式转变为新媒体报道的链接解读，从深入的新闻评论转变为实时的记者连线报道，大大丰富了报道手段和传播方式。《朝闻天下》整合了早间时段资源，通过长达3个小时的直播，从国际新闻到国内时政、从文化消息到体育报道、从天气信息到民生新闻，跨度广、时间长，丰富了信息量，使新闻的滚动优势得到很好的发挥。面对地方电视台民生新闻的兴起，中央电视台也以加大电视新闻改革力度来应对；而随着中央电视台新闻频道舆论引导能力的提高，地方电视新闻也开始了栏目品牌和频道建设的全面竞争，中国电视新闻竞争呈现良性的互动。

5. 汶川地震报道

2008年5月12日，我国汶川发生了大地震，中国各大媒体均以不同形式，及时、透明、全面、深入地报道了地震所造成的巨大灾难及救灾工作。5月24日，温家宝总理在映秀镇地震废墟上主持记者招待会时强调："我们在处理这些突发事件以及国内其他问题上，坚持以人为本的原则不会改变，坚持对外开放的方针，永远不会改变。"①

中国领导人开始意识到，要"把坚持正确导向和通达社情民意统一起来，尊重人民主体地位，发挥人民首创精神，保证人民的知情权、参与权、表达权、监督权"②。从"9·11"中国媒体的集体失语到SARS公开报道的先抑后扬，再到汶川地震的及时、全面、公开报道，世人终于可以看到中国电视新闻真正承担起大众传媒的社会责任，而这正是建立在对外开放的基础上。

中国电视新闻转型期的变革源自社会变迁与科技进步两个方面。一方面，改革开放20余年后，党的十六大确定全面建设小康社会的奋斗目标（2002年），尔后又作出构建社会主义和谐社会的重大决定（2006年）。"我国社会发展的目标已经从过去的以解决'吃饭'问题为第一要义转变为今天的以解决'说话'问题为第一要义的基点上，如何通过传播话语的多元参与和表达，增进社会成员之间的沟通与理解，以最大限度地消除隔阂、减少偏见，进而降解社会冲突发生的可能性。因此，改变既往'舆论一律'的单极化倾向，建立多元和谐、彼此尊重、畅所欲言的舆论氛围就成为新的媒介'语法'规则应当致力于实现的情境和目标之一。"③ 另一方面，数字技术和网络技术的迅速发展不仅给电视新闻带来业务层面的变革，而且给新闻理论带来了颠覆性的革命。网络、手机等新媒

---

① 《南方周末》编辑部. 将开放透明进行到底. 南方周末，2008-05-29.

② 胡锦涛. 在人民日报社考察工作时的讲话. 人民网. http://politics.people.com.cn/GB/1024/7408514.html，2008-06-20.

③ 喻国明. 中国传媒业30年：发展逻辑与现实走势. 青年记者，2008（4）：21.

体的出现，使我们清醒地认识到掌握传统的舆论工具并不能确保控制新闻舆论。在今天，更多的热点话题发自于互联网，更多的社情民意传递于新媒体，电视新闻如何在当今激烈的媒介竞争中取得主导地位，议程设置能力和舆论场构建至关重要。在新的媒介技术环境下，已经无法做到内外有别，报喜不报忧。

四、展望：为公众而开放

在今天，“中国电视从本质上说已经开始走向一个大众做主的时代了”[①]。但中国电视新闻改革与发展仍面临诸多问题和困难，如何在新世纪新形势下前行？笔者认为：必须进一步解放思想，以开放思维和制度创新来推动电视新闻的深化改革和持续发展。如何进行制度创新？李良荣教授认为：“传媒业的制度创新必须确立一个原则：公共利益至上。”[②] 那么，在电视新闻业务层面，我们应如何去做呢？胡锦涛总书记在视察人民日报社时指出：“要认真研究新闻传播的现状和趋势，深入研究各类受众群体的心理特点和接受习惯，加强舆情分析，主动设置议题，善于因势利导。要完善新闻发布制度，健全突发公共事件新闻报道机制，第一时间发布权威信息，提高时效性，增加透明度，牢牢掌握新闻宣传工作的主动权。”[③] 显然，以人为本的科学发展观和开放透明的公众立场正成为中国电视新闻服务大众和走向世界的基石。

第四节　新闻的重构与界定

不可否认，新媒体的出现，导致新闻传播呈现出碎片化、聚合化、泛在化等特点，这些都指向“什么是新闻”这一最根本问题，由此也引发学界对新闻定义的重新讨论。以客观、发展、全面的视角来探讨新媒体语境下的新闻定义，不仅可以让人们对新闻有一个越来越清醒的认识和科学的界定，更能推动新闻传播学的进一步发展，科学地指导人们的新闻实践活动。

---

① 夏骏．十字路口的中国电视．北京：清华大学出版社，2006. 229.

② 李良荣．论中国新闻改革的优先目标——写在新闻改革30周年前夕．现代传播，2007（4）：3.

③ 胡锦涛．在人民日报社考察工作时的讲话．人民网．http：//politics. people. com. cn/GB/1024/7408514. html，2008 -06 -20.

一、新闻定义众说纷纭

近年来的新闻定义研究已经摆脱了前些年“报道说”与“信息说”的单纯争论，而呈现多元化、规范化的趋势。

20世纪80年代兴起的“新闻作为框架”理论，为新闻定义提出了与众不同的思考角度，黄旦教授在对这一理论进行归纳时指出：“1. 框架理论的中心问题是媒介的生产，即媒介怎么反映现实并规范人们对之的理解；2. 怎样反映现实，如何建构意义并规范人们的认识，最终是通过文本或话语——媒介的产品得以体现；3. 框架理论关注媒介生产，但并不把生产看成一个孤立的过程，而是把生产及其产品（文本）置于特定语境——诸种关系之中。”①

李希光教授从新闻采写的角度指出：“新闻是经过媒体报道的对不同人有不同兴趣的最新的信息。新闻应该包含‘读者需要知道’和‘读者想要知道’两个方面的内容。”②

尹连根博士依托于英国学者斯图尔特·霍尔的“呈现说”，提出：新闻是“现实权力关系新近变动的建构性呈现”③。

近年来，“新闻理论研究开始从政治化走向学术化，从较为浮躁转向相对严谨，把研究的规范化提上日程。”④ 迄今为止，学界对“事实说”、“报道说”和“信息说”基本形成比较客观、一致的评价，越来越多的学者接受了新闻是一种信息的观点，新闻从种属上讲属于信息的范畴。新闻定义的研究仍然侧重对新闻本体的研究。但是，新闻本体的研究也有其局限性。陈力丹教授认为，“要想真正探讨什么是新闻，必须探究具体传播新闻的社会文化背景、时效条件。对于日常新闻工作而言，有一个简单的定义是方便的，但是任何一种所谓定义都会将新闻传播现象简单化。在‘新闻’一词之前或之后不断地增减定语或状语，这已经谈不上学术了，应结束这种游戏”⑤。

从发展趋势来看，互联网将成为互动性最强、受众最广、信息承载量最大的传播媒体，新的传播方式将促使人们对新闻定义重新解读。新闻定义的研究离不开与新闻实践的结合，只有将新闻定义研究置于当前新媒体语境下，才有现实指导意义。遗憾的是迄今尚无基于新媒体语境新闻定义研究的相关论文。

---

① 黄旦．传者图像：新闻专业主义的建构与消解．上海：复旦大学出版社，2005．
② 李希光．关于新闻的定义与新闻写作．新闻与写作，2012（3）．
③ 尹连根．现实权力关系的建构性呈现——新闻定义的再辨析．国际新闻界，2011（4）．
④ 陈力丹．近年来我国新闻理论研究概述．新闻界，1999（6）．
⑤ 陈力丹．近年来我国新闻理论研究概述．新闻界，1999（6）．

既然一时很难说得清楚“什么是新闻”，不如我们换一个思路，调转过来问一下“新闻是什么”，从客体的角度来审视“新闻”，这种客体性是指与主体相对应的客观存在。笔者认为在新媒体语境下，新闻是一个相对模糊的概念，新闻是一个集成的概念，新闻是一个过程的概念。

二、新闻是一个相对模糊的概念

在传统媒体语境下，报纸新闻、广播新闻、电视新闻泾渭分明、边界清晰，我们已经习惯了一开始就对研究对象进行严格界定，即研究的对象具有确定性。然而，在新媒体中，新闻形式的边界开始变得越来越模糊，“模糊概念的内涵和外延是确定性和不确定性的统一”①。目前，人们普遍认为模糊概念有明确的内涵却没有确定的外延。

一方面，新闻概念具有一些基本属性，这些基本属性反映新闻概念处在变化过程中的相对静止状态，例如，大家普遍认同的新闻是一种信息，新闻必须具有真实性，违背了这些基本条件，就不能被称为新闻；另一方面，随着新媒体的发展，各种新的新闻形态层出不穷，传受关系的改变引发新闻观念的改变，新闻定义的内涵更加丰富，外延在不断地扩展。例如，来自社交网站上的信息算不算新闻？微博上的评论算不算新闻？

这样一来，对新闻的内涵和外延的认知就不是一目了然，而是存在各种不确定性，甚至会产生很大的模糊性。在新媒体语境下，新闻、资讯、信息的边界日益模糊。信息是物质的一种普遍属性、本质属性。资讯是用户因为及时地获得它并利用它而能够在相对短的时间内给自己带来价值的信息。从严格意义上讲，新闻是一种资讯，资讯是一种信息，其涵盖的不只是新闻，还可以包括其他媒介，如专家讲座、供求、动态、技术、政策、评论等。尤其是随着社交网站的发展，这种重新建构资讯的方式让受众可以客制化个人的信息来源。只要是新的，与受众生活相关的信息都会在社交网站上以最简单的格式呈现。个性化信息对一部分受众来说可能没有新闻价值，但这些信息却会被另一部分受众视为新闻。

在新媒体语境下，新闻与评论的边界也会模糊。在传统媒体语境下，新闻与新闻评论有着严格的分工。但在新媒体语境下，因为新媒体注重信息反馈、新闻传受关系发生了改变，所以意见的传播能形成新闻价值。新闻评论往往能够迅速形成舆论，舆情成为一种信息并且被迅速传播。这种公开传播的舆情信息的巨大影响力，使得媒体不得不引起重视，有的甚至改变媒体预想的报道议程，甚至能

---

① 石开贵．模糊概念的特点及其作用．四川师范大学学报（社会科学版），2000（9）．

反过来影响新闻事件的进程。

更为严重的边界模糊还出现在对立的概念之间。如传者与受者、公共领域与私人领域、真实与虚拟等概念。“网络技术带来的网络新闻文化是一个丰富的新闻信息源，是一个没有把关人的自由信息时代，是一个任何人都可以解释新闻的时代。”① 新媒体语境下，新闻是一个相对模糊的概念，因此，集成大量有效信息才能帮助我们辨析什么才是新闻。问题是怎样才能将模糊的新闻变得清晰？那就要看如何聚合它。

三、新闻是一个集成的概念

传统媒体时代，新闻的六大要素以传统线性文本内容方式传播。这是一种适应语言文字的线性特征、根据编辑意图、按照事件发展或时间顺序自然展开的文本。这种新闻文本发展出了语言精美、结构严谨、情节连贯、鸿篇巨制的叙事风格，形成了注重严密推理，追求终极价值和深刻社会意义、整体化的思维模式和审美意识的新趋势。

在新媒体语境下，新闻呈现超文本传播。超文本以其鲜明的非线性特征，倡导一种多元、对话、互动的文本理念，网络的超文本结构和超链接组织导致了信息传播碎片化。这些作为新闻要素的信息碎片，还算不上严格意义上的新闻，只有当其被按照一定逻辑进行组织、集成后，才能算是新闻。

一条微博所传播的信息往往是残缺的新闻。在这样的微博信息中，只有时间和地点是确定的，但是人物身份、事件原因往往缺失，这样的信息在新媒体语境下比比皆是。彭兰教授认为：“虽然每个网民只是提供一些零散的‘碎片’，但是，当关键的碎片拼贴在一起时，当它们与专业媒体所提供的图景组合在一起时，最终呈现出来的景象，会比仅仅由专业媒体所描绘的景象，要更为丰富、立体、真实。”②

然而，多条关于同一事实的微博聚合起来，需要通过解读分析才会形成一条完整的新闻。一个热点事件在当前最常见的传播模式是：目击者（往往是普通网友）发布只言片语的信息—引起网友关注—具有公信力的机构（传统媒体、政府）—个人（如微博上的公共知识分子、企业家）或信息聚合工具（如 RSS 阅读器、维基百科、互动百科等）进行组织—聚合并传播，从而生产出新闻。正是基于微博上大量的爆料和推测，使得之前的碎片细节被集成、放大、加工、

---

① 李希光. 转型中的新闻学. 广州：南方日报出版社，2005.

② 彭兰. 碎片化社会背景下的碎片化传播及其价值实现. 今传媒，2011（10）.

传播，事件真相才渐渐为人所知。尤其在中国当前的新闻审查制度下，有些信息还不能被公开报道，公众对于真相的渴求与主流媒体的缺位使得信息供需不平衡，而这种不平衡在互联网上得到缓冲，尤其是在微博上，存在大量的娱乐化和历史隐喻，这使得很多相关微博看起来只是信息碎片。因此，只有对碎片化的信息进行聚合，才会生产出能被读懂的新闻，从而还原出较为完整的新闻事实全景。

传统媒体语境下，传播方式主要是点对点或者点对面的传播，传统媒体的把关在新闻生产过程中起着至关重要的作用，新媒体语境下，传播方式的去中心化，使得把关人的作用更加明显地体现在信息的聚合上。可以说，新媒体时代是一个信息碎片化时代，在这个时代，新闻存在于信息的集成过程中。

四、新闻是一个过程的概念

对碎片化的信息和内容进行聚合、筛选、甄别，从而发现新闻。可见，新闻是一个逐步接受、辨析的过程。从文化消费和意义生产的方面说，新闻作为媒介组织的产品，乃是社会过程的产物。要判断新闻价值、专业主义和文化观念如何影响新闻内容，还须在新闻生产、信息集成的过程之中加以考察。传统媒体环境下，新闻的生产和传播掌握在媒体从业人员手中，传播过程是以媒体为中心，自上而下的或从中心向四周的辐射状模式。

王立军事件的传播是2012年初的一个重要媒介事件，这一事件在其初期的传播过程可以分解为如下步骤：人际传播—隐喻式网络流言—微博现场报道—重庆官方回应—美国国务院问答—新华社通报。在事件演进期间，传统媒体罕见地失去了主动权与报道垄断地位。而微博却大放异彩，此事件在新浪微博的即时更新可谓24小时滚动进行，网民在重要新闻缺失的饥渴状态下，对与此相关的每一个细节都给予了高度关注。可见，新媒体环境下，互联网已经改变了新闻的生产、传播和消费的各个环节。

传统媒体时代，报社、电视台是专业新闻生产机构，新闻的生产有着组织化的特点。而新媒体时代，以社交网站和微博为代表的基于社会关系的传播工具，构成了一种不同于以往的新媒体形式。具备互联网媒体自身的迅速、多元、个性、交互的特性，生产者和消费者的界限变得模糊，在新媒体语境下，信息向新闻转化的过程从源头便已开始。受众能通过新媒体深入地参与到信息的组织、生产和传播的过程中来。随着社会化媒体如博客、社交网站尤其是微博在中国的迅速发展，新闻信息的来源已经从单一、固定的渠道转变为多元、分散的信息传播主体。

受众的视野日渐开阔，眼界越来越高，他们不再满足对一时一事的了解。受众越来越多地探求事件背后的根源，目光开始更多地转向全球的政治、经济与社会的变革和发展上，渴求新闻的广度与深度。因此，目前传统媒体的新闻传播正呈现出多维度主导新闻的格局，信息总量丰富，新的样式、报道方式层出不穷，社会热点广受关注，产品亲和力增强，透明度越来越高、公共性越来越大。

在受众的接收过程中，新闻的交互性和议论性增强，促使新闻成为了一个发现的过程。新闻可能不在大众媒体中产生，而在反馈、交互和议论中逐渐产生，二次发现新闻，再次进行传播，从而形成新闻。在这一过程中，需要受众提高媒介素养，对新闻进行筛选、聚合，在从生产到传播的过程中，一旦失真和失范，则会出现谣言。

新媒体最具影响力的变革除了用户可以生产内容，还在于信息转发以及由此衍生出的虚拟人际关系。当今新媒体传播结合了人际关系的因素，其新闻传播形态不同于传统媒体的大众传播，而是呈现出一种自发意识、自我增强、裂变式的传播，人际关系大大改变了传统的新闻传播模式。新闻生产与传播方式的变革，造成网络上新闻的生产成本近乎于零，从而带来了新闻供需关系的急剧失衡，进而形成网络上的海量信息，为受众提供了广阔的选择空间，传统媒体时代的新闻消费方式也随着受众地位的提升而发生变化。

总之，在新媒体语境下，多元化的生产主体、社会化的生产形式、多样化的产品形态，更加体现了新闻的过程性。

依据辩证唯物主义认识论观点，人们对自然事物的属性的认识和研究，完全是从自觉或不自觉地对具体事物的观察开始的，认识规律是从感性到理性。因此，对新闻定义的科学认知，需要我们对新媒体环境下人们的新闻传播活动进行多次反复的考察，才能从中抽象出新闻的特有属性及本质属性。虽然，说到这里我们仍然无法清晰地界定“什么是新闻”，但是我们还是尝试从多个维度描述“新闻是什么”。从理论研究的角度来看，“新闻是什么”不重要，“新闻是什么”的讨论却很重要。这些讨论必定推进我们对新闻定义这一基本概念的深化认识，从而对新闻理论的建构和创新作出新的贡献。

第二章　新闻调查与新闻策划

新闻报道讲究技能和技巧，更讲求理念与创新，这对于电视新闻尤其重要。除此之外，电视新闻报道还需要提高叙事能力，讲究叙事方式，运用限知视角设置悬念、制造卖点是加强电视新闻传播效果的重要手段。在这一章里，笔者通过中美电视调查性报道的比较，通过不同制度、不同文化背景下的名牌栏目分析，提出了中国特色的调查性新闻理论。新闻报道可以策划，新闻事实可以策划吗？电视记者为何频频冒险“钓鱼”？暗访的“度”该如何把握？这些新闻伦理法规问题值得认真对待和深入研究。

第一节　电视调查性报道比较

调查性报道起源于20世纪六七十年代的美国，如《华盛顿邮报》对水门事件的揭露，是一种以调查、揭丑、批判为主要特征的深度新闻报道。它首先产生于平面媒体，美国哥伦比亚广播公司（CBS）的名牌栏目《60分钟》第一次将调查性报道运用在电视媒体上。《60分钟》不仅成为美国同类电视节目中的佼佼者，同时，其开创的报道风格、节目样式乃至新闻理念对其他国家的电视调查性报道都产生了重大的影响。中央电视台的《新闻调查》无疑是电视调查性报道在中国特有的社会背景和政治制度下的一种勇敢探索。10余年来，其制作播出的调查性节目无论数量还是质量都堪称我国电视之最，并带动了一批地方电视台同类节目的出现。

本研究主要运用平行比较和影响比较这两种比较研究的方法，通过对《新闻调查》和《60分钟》这两个中美电视调查性报道的代表栏目展开电视批评，进而提出适合我国国情的电视调查性报道理论。

一、《60分钟》与《新闻调查》的对比

平行比较研究方法包括两方面的内容：一是探讨节目形态、栏目运作、节目理念上表现出来的类同现象；二是将节目《60分钟》和《新闻调查》进行对

比，找出异同点。

1. 节目形态与内容取材

《60分钟》由片头、具体报道和评论员评论这三个板块组成，每个板块都有自己相对固定的主持人。第一则报道是当晚的重头戏，一般都是较有时效性的硬新闻故事，仅为20分钟左右；第二则报道略短，但仍然较为严肃；第三则报道的风格往往比较轻松，多半是影视或体育明星的访谈。节目最后还有几分钟的新闻评论。近40年来，《60分钟》的核心内容集中在对犯罪指控以及企业财团、政治人物及其他公共机构高层人士的贿赂犯罪行为等的调查上。

《新闻调查》节目每期45分钟，每期播出一个故事。首先，演播室中主持人用一分钟的导语或交代播出由头，或简单勾勒背景，或关注人物命运，或预先提出问题，但不作评论；紧接着是出镜记者的现场调查，以悬念重重的结构引人入胜；结尾时，一般在现场调查内容结束后，主持人作一分钟的总结，或报告事态最新进展，或表明媒体立场，或提醒继续关注，但不下结论。它以记者的调查行为为表现手段，以探寻事实真相为基本内容。

"《新闻调查》节目形态定位上借鉴《60分钟》'调查性纪录片'的形态，用纪实的方式拍摄，展现对新闻事件的调查和采访过程，把新闻当成故事来讲，事件中应有悬念和冲突，情节应当跌宕起伏。"① 但与《60分钟》每个故事十几分钟不同，《新闻调查》每一期节目时长45分钟，要在一个相当于单集电视剧长度的时间里把一个非虚构的新闻故事讲得有声有色，这不但是对记者、编导能力的考验，同时也给选题带来很大的困难和限制。

但《新闻调查》与《60分钟》同样以作真正的调查性报道为追求目标，崇尚理性、平衡和深入的精神气质。

2. 调查记者与节目运作

《60分钟》并不称呼那些出镜主持的记者为主播（Anchorman）或是主持人（Host），而是直接叫记者（Correspondent）。《60分钟》没有专门的主持人，每个板块的主持人讲自己找来的故事并将自己的个人特性表现出来。他们在自己的节目中既是记者又是节目主持人，即中国新闻界所说的"记者型主持人"。《60分钟》的主持人都是资深记者出身，如莫利·塞弗在进入《60分钟》前因为对越战击中要害、激发情绪的出色报道而闻名；丹·拉瑟则是因为当时报道肯尼迪总统被杀，以及在对尼克松采访中言辞犀利而闻名全国。他们中每一位都功勋卓著，是美国新闻界的"大腕"，做过16年记者的已故著名NBC新闻主播彼得·

① 《新闻调查》栏目解析. http://www.cctv.com/program/xwdc/20050520/102483.shtml，2005-05-20.

詹宁斯说："我是主播还是主编都不重要。一旦做过记者，就永远是一名记者。一旦做过记者，你就永远明白新闻实践的最佳途径是告诉人们你碰见的人的生活和态度。"①

中国调查记者吃的是"青春饭"，很难看到40岁以上还在从事调查性报道的一线记者，绝大多数的调查记者都因种种原因，在从业约三年后逐渐淡出。在中国的电视台体制中，多年来节目运作推行的是编导中心制，以编导为中心来配置资源。编导拥有本节目的人、财、物等支配权利。以中央电视台的《新闻调查》为例，长期以来，以编导作为节目创作的核心，记者围绕着编导转，编导把什么都安排好了；编导找到感兴趣的选题后，看看哪个记者合适，被指定的记者到时候采访就行了，每一个编导可以轮换使用记者，记者的主动性、创造性及品牌效应被抑制住。

要真正做成中国的《60分钟》，还要拥有一批迈克·华莱士、丹·拉瑟那样的记者，否则，最多只能成为培养出镜记者的摇篮，而不可能积蓄持续发展的力量，故而也难以打造出名牌栏目。在美国，优秀的出镜记者就是节目运作的核心，从而形成记者中心制或新闻明星制。一旦出镜记者或主播形成了自己的特点并有了突出表现，电视台就会给予他们充分发挥的空间，整个节目根据出镜记者来配置班子及其他资源，以《60分钟》为例，5位出镜记者都有自己的制作队伍，他们自己找选题然后向执行制片人申报。

对于《新闻调查》与《60分钟》来说，没有名记者就没有名牌栏目。问题是，如何造就这些名记者？

3. *新闻理念的差异*

中美电视调查性报道最根本的差别还是在新闻理念上。所谓新闻理念，是指对新闻的基本认识和价值取向。这种差异从中美调查性报道的不同定义中可以看出。

密苏里新闻学院《新闻写作教程》的定义是："调查性报道指的是一种更为详尽、更带有分析性、更要花费时间的报道"，"调查性报道目的在于揭露被隐藏起来的情况"。②

《美国新闻史》对"调查性报道"的解释是："挖掘五角大楼、中央情报局、联邦调查局、卡车司机工会、犯罪集团和腐败活动的，是1960年代和1970年代所谓的调查性新闻记者。调查性报道（Investigative Reporting）是指利用长时间

---

① 钟新．彼得·詹宁斯与美国电视新闻．国际新闻界，2005（5）：34.

② ［美］密苏里新闻学院编写组．新闻写作教程．范红等译．北京：新华出版社，1986. 384.

内积累起来的足够的消息来源和文件，向公众提供对某一事件的强有力解释。”[①]

在美国，调查性报道是黑幕揭发报道的延续。1902—1912 年的黑幕揭发报道，集中揭发了美国社会的腐败现象，被时任美国总统西奥多·罗斯福称为“扒粪者”。调查性报道的最大成就是 20 世纪 70 年代，《华盛顿邮报》对水门事件的揭露。其后，普利策新闻奖自 1985 年设立调查性报道奖。《60 分钟》认为调查性报道是“对某人或某集团力图保密的问题的报道”，“报道的事实必须是你自己发掘出来的”。[②]

以上是西方新闻界对于调查性报道比较典型的定义，虽然表述方式各有不同，但归纳起来不外乎三条：第一，它是揭丑质疑性的，一些人或集团企图掩盖真相，调查记者就要将其内幕揭露出来，告知公众并解释事件发生的前因后果；第二，它是由记者通过自己的努力主动挖掘而独立进行的调查，具有原创性和相对独立性；第三，它所调查的一定是势力集团对公众利益构成了损害的事件，题材是重要的和公众所关心的，调查内容可涉及政治、经济等多个领域。

我国电视调查性新闻节目起步较晚，在这众多调查性节目中，中央电视台的《新闻调查》被公认为是影响力最大、节目水准最高的调查性电视新闻栏目。因此，我国新闻界在如何定义电视调查性报道时，无一例外地建立在对该栏目的研究基础上。《新闻调查》的选题主要分为四类：主题性调查、舆情性调查、事件性调查和内幕性调查。在这四种选题中，只有内幕性调查才符合西方对调查性报道的定义。其他三种选题的大量存在，让我们质疑《新闻调查》是否属于“调查性报道”？如播出少女怀孕题材的《长大未成人》、反映农村医疗状况的《农民看病现状调查》等都是非揭露性报道。于是，有人因此提出了“中性调查性报道”、“非揭露性调查报道”等概念。而针对在《新闻调查》中出现的《宏志班》、《生命的救助》等节目，有人甚至提出了“正面性调查性报道”的概念，认为“西方的调查性报道定义过于严格，限制了调查性报道在题材上的广泛性[③]”，中国的调查性报道本身“在题材上有更大的包容力和内涵[④]”。

针对这些定义，《新闻调查》制片人张洁并不认同：“国内对调查性报道和调查性节目经常混为一谈，我们叫新闻调查，并不意味着我们做的节目都是调查性报道。”[⑤] 他不认为存在“正面调查性报道”这样一个概念，为了厘清这个概

---

① ［美］迈克尔·埃默里．美国新闻史．展江等译．北京：新华出版社，2001. 493.

② ［美］特德·怀特，埃德里安·默本，史蒂夫·扬格．广播电视新闻报道写作与制作．温国华，于桓申译．北京：中国广播电视出版社，1987. 294.

③ 穆冰．试论中国特色的调查性报道．军事记者，2003（10）：12.

④ 曹培鑫等．电视新闻调查性报道探析．现代传播，2000（6）：33.

⑤ 《新闻调查》制片人张洁访谈．http：//news. sohu. com/2004/06/26/79/news220767905. shtml.

念，他提出了“调查性节目”的概念，《新闻调查》中有大量节目使用了调查求证手法。他进一步指出：“正面报道如果用调查的手法来做的话，它可能是调查节目，但它不是调查性报道。而调查性报道，只是调查节目中的一个部分，它就是揭露黑幕和内幕，就是一个独立调查，并且这个调查有一个完整的过程。”①

中央电视台的孙玉胜则强调揭秘性：“调查性报道以展示为主，选题注重事件性、趣味性、揭秘性，主要采用记者亲身调查的方式来完成对新闻事件的叙述。调查性报道更强调记者的主动参与。”② 由此可见，国内新闻界目前对于调查性报道的定义更多是从报道方式上去界定的，与西方新闻界的调查性报道定义并不是一回事。

由于传媒制度和新闻理念的差异，《60 分钟》和《新闻调查》的话语空间和传播效果大不一样。

二、《60 分钟》对《新闻调查》的影响

影响比较研究方法就是考察事物之间相互联系的方法，影响的对象是影响者和被影响者。对于一个电视节目来说，它既可以是影响者也可以是被影响者。

1. 《60 分钟》和《新闻调查》的影响

《60 分钟》成为美国新闻史上进入尼尔森（Nielsen）收视率排行榜前十名的第一个电视新闻节目，并创下了至今无人打破的连续 23 个年度进入尼尔森收视率前 10 位的纪录，被人称为是尼尔森收视率排行榜的宠儿。《60 分钟》不仅成为黄金时间节目网络播出次数最多的电视节目，而且是美国新闻史上最赚钱的新闻节目。《60 分钟》在过去的 30 多年里，大约为 CBS 赚了 20 亿美元。

《60 分钟》成为美国电视史上最长寿、最成功的调查类新闻节目。其影响主要体现在三个方面：一是《60 分钟》代表精品节目，是历年美国获艾美奖最多的电视节目，到 1998 年止，《60 分钟》荣获时事类艾美奖 68 次；二是对行业的影响，《60 分钟》成为不同电视网的类似节目的模仿对象，世界各国电视台纷纷开办了自己的《60 分钟》；三是对社会的影响，在收视率巅峰时期，《60 分钟》甚至主导了社交议题。周一上班后，同事之间往往以前一天晚上的《60 分钟》为话题，没有看过节目的观众，根本无法与同事交流，因此，下个周日务必看了节目才敢上班。马里兰州立法机关把星期一早晨收集到的提案叫做“《60 分钟》提案”，因为其中的一些提案是某些人看到星期日晚间的《60 分钟》节目后，

---

① 张洁．从调查节目到调查性报道．新闻记者，2005（10）：38．

② 陈作平．新闻报道新思路．北京：中国广播电视出版社，2002.148．

想到了某些问题，因而在星期一早晨提出来的。

虽然《新闻调查》在节目形态和新闻理念上都借鉴了《60分钟》，但其影响力还是无法与《60分钟》相比，甚至无法与同台的另一档新闻节目《焦点访谈》相比。《新闻调查》收视率在1998年有了显著提高，平均收视率一直列于中央电视台晚上9点时段前茅，80%的节目进入当年全台收视率排名前15名。但随着新闻传播渠道的剧增和民生新闻的出现，《新闻调查》的收视率每况愈下。2003年5月8日，中央电视台第一套（CCTV－1）节目改版，由于《新闻调查》并不擅长在黄金时段拉动收视率，中央电视台出于经济压力的因素，《新闻调查》的播出时间从周六晚21：15挪到周一晚22：35，由于播出时间的改变，这一调整使收视率立刻由3%下滑到1%，造成了《新闻调查》2 000多万观众的流失。即使是现在，它的播出时间依然被放于CCTV－1的22：39，新闻频道则放在接近午夜的23：10。作为一档高品质的新闻栏目，《新闻调查》也同样在坚守品位和抓住观众的眼球之间挣扎。据2004年的统计，《新闻调查》正常的收视率在0.5%～1%左右，相对于节目的投入来说，这样的收视率显然是不理想的。

2.《60分钟》对《新闻调查》的影响

《60分钟》对《新闻调查》的影响首先表现在节目运作方面。从20世纪90年代末，中央电视台开始在编导中心制的框架内培养一批优秀记者和主持人，如王志、柴静、白岩松、水均益等。但是我们有了明星，却没有明星制。目前的机制有能力迅速培养一个"名嘴"，却没有能力让他们转化为节目的品牌。从中央电视台到地方台，有一个不成文的规矩，但凡优秀的记者或主持人成名了，马上升官，摇身成为编导或制片人，尤其是地方台的主持人在成名或得奖后被提拔为领导而退居幕后，之前在专业上的积累突然间丧失了意义。如白岩松在成名后曾经同时担任《央视论坛》、《中国周刊》、《时空连线》和《新闻会客厅》四个栏目的制片人，当了"官"的他常抱怨自己忙碌到只有进了演播室才有时间看稿子并考虑节目的录制问题。主持人中心制变成了"主持人行政中心制"。看来，《新闻调查》要像《60分钟》那样有力量，恐怕需要改变其节目运作机制。

《60分钟》最有影响的还是它的独立调查和批判精神。多年来《60分钟》一直致力于报道负面新闻，揭露丑行，通过独立的调查来挖掘故事，伸张正义，从而闻名遐迩。节目的前制片人唐·休伊特说："我们做得最好的事情是用探照灯照亮黑暗的角落。如果躲在黑暗中的人正在做着他们不应该做的事情，我们能做的即将探照灯照过去。"[①] 近40年来，大胆坚定的节目立场以及敢于碰硬的对抗精神使得该节目一度成为正义的化身，赢得了"美国检控官"的称誉。这一点可以从莱内尔·格特的案件中得到印证。这个被错判终身监禁的黑人工程师因为《60分钟》播出了记者莫利·塞弗对该案件的分析和调查而后获得自由。在《60分钟》历史上，最具揭露性的节目还包括对抗美国伊利诺电力公司、奥迪汽车、烟草公司、联合化工公司、美国陆军、收养机构以及土地开发公司等的调查性报道。

所有的商业电视机构无一例外都会面临经济利益和独立新闻立场的二元冲突，按理说，《60分钟》在吸引了大量有实力的广告商后，节目的独立性和言论自由相对也会受到限制。让《60分钟》新闻人最为自豪的恰恰是他们对自己节目广告赞助商的揭露报道和向自己的高层开火的勇气。用休伊特的话来说："《60分钟》不怕威胁、不受诱惑；无论这些威胁和诱惑来自报道对象，还是来自我们的雇主。"[②] 为了维护节目独立的价值立场，《60分钟》甚至不惜向CBS高层开火。

《新闻调查》从1996年创办到定位做"真正的电视调查性报道节目"用了8年，中间的艰辛和曲折可以想象。"'探寻事实真相'的道路并不好走，从节目播出的现实情况来看，只能达到百分之五十的播出率。尤其在2002年，'有真相被隐藏的地方就应该有新闻调查'变得更为艰难，有十多期节目被毙……竭尽全力调查真相的《新闻调查》发现'一期一个真相'在当时的环境下几乎是一个不可能完成的任务。"[③] "《新闻调查》每期节目的"内容数量"问题在栏目开播前就已经解决，而选题的方向问题却始终缠绕着《新闻调查》的创作者们，给他们带来了许多烦恼和痛苦，成为这个栏目长期思考难以突破的一个难解的'死扣'。"[④]

《新闻调查》有着严格的选题标准和报题程序，选题申报所要走的路线很漫长，必须到达中央电视台行政最高层的主管副台长。《新闻调查》严格的审片制度更是导致节目的"腰斩"率和"枪毙"率提高，在客观上再一次缩窄和限制了栏目的话语空间。《60分钟》的选题申报程序相对要简单得多，只需要CBS新闻部审核，目的只是为了确定选题是否与新闻部其他节目冲突。

---

① [美]唐·休伊特. 60分钟，黄金档电视栏目的50年历程·序言Ⅷ. 北京：清华大学出版社，2004.

② [美]唐·休伊特. 60分钟，黄金档电视栏目的50年历程. 北京：清华大学出版社，2004.

③ 《新闻调查》栏目解析. http://www.cctv.com/program/xwdc/20050520/102483.shtml，2005-05-20.

④ 孙玉胜. 十年——从改变电视的语态开始. 北京：三联书店，2003. 226.

三、电视调查新闻理论

1. 比较的结论

（1）媒介制度的不同导致话语空间的不同。中国媒介“事业性质，企业管理”的双重属性决定了新闻媒介在政治上不具有相对的独立性，而只是党政权力的延伸和补充。媒体对政府的依附关系还决定了它在对权力实施舆论监督方面处于天然的劣势地位。中国传媒大学郭镇之教授对此指出：“媒体与政府合为一体的体制为世人所诟病，媒体对政府的依附，降低了媒体的公正性和可信度，影响了新闻传播和舆论监督的效果。中国新闻舆论监督只打苍蝇、不打老虎的问题就是由此而生。中国的新闻媒介从来没有独立揭发出真正重大的政治经济问题，披露严重的社会问题常常受到压制，面对铺天盖地的腐败现象少有作为。同时，由于监督对象及其上级部门越来越老练的抵制与干预，新闻媒介的舆论监督处于十分困难的境地。”①

（2）媒体的功能不同导致新闻理念的不同。调查性报道从它产生的那天起，就决定了它肩负着针对势力集团的监督责任，寻找真相以唤起社会公众的注意。“社会守望”本应为大众传播媒介的首要功能。由于是以揭露性题材为核心，调查性报道的记者被称为“扒粪者”，相对于中国现时的“喜鹊”型记者而言，他们是一群“乌鸦”。但正是这些“乌鸦”守望者可以成就调查性报道，从而让“无力者有力，让悲伤者前行”。但是，我国新闻报道的功能是作为党和政府的喉舌而存在，向来奉行“以正面宣传为主”的方针，这种方针决定了揭露性报道的数量相对偏低的现实。据统计，即使是以舆论监督为己任的《焦点访谈》，批评报道的比例也不到其中的两成，监督性报道要从非常态走向常态，举步维艰。

（3）一个开放、独立的公共领域并未真正建立。哈贝马斯的“公共领域”概念本质上是一个对话性的概念（Dialogical Concept），即公共话语空间。公共话语空间里的三个角色——政府、媒体、公众，形成了话语权的三权分立。在中国媒体中，“话语权”主要掌握在媒介资源的控制者手中，传媒表达得更多的是经过筛选后的“公共意见”，或者说是与官方一致的主流意见。媒体拥有绝对的话语权，作为媒体所有者的政府也通过媒体间接获得了话语权。媒体与政府在很大程度上是处于利益和话语一致的状态。两者联手传递着居高临下的精英话语和

① 胡桂林. 我们仍在探寻的路上. http://www.whradio.com.cn/col95/col97/col139/article.html? id=1592.

主流新闻。因此，在《新闻调查》这样一个平台上，许多声音被淹没在精英和主流的话语中，公共领域的缺失，导致传媒监督社会的功能不可能实现。

2. 中国特色的电视调查新闻理论

对比是为了构建。那么，我们能否构建一个适合中国国情并与国际对接的电视调查新闻理论呢？张洁将调查性报道分为两种：狭义的调查性报道以及广义的调查性报道或所谓高级形态的调查性报道。他认为狭义的调查性报道就是西方定义的揭黑式调查性报道。他还提出了广义的调查性报道，就是对复杂问题的深层次探究、对尘封历史的揭秘和对未知世界的探寻。如《新闻调查》2003 年制作的《双城的创伤》，是关于青少年自杀原因的心理问题的调查性节目。

在西方，调查性报道已经有 100 多年历史，从它的定义、理念到实践、经验，再到职业道德和法律规范，都已经有了一套比较完整的体系。我们应该接受这一定义，调查性报道就是调查性报道，不应该有广义和狭义之分。但是如何涵盖目前我国各种调查类新闻节目呢？在此，我们提出电视调查性新闻这一概念。

电视调查性新闻包括三个层面：一是调查性报道；二是调查性节目或栏目；三是广泛应用调查方法的各类电视新闻节目。在这三个层面里，调查性报道是核心。

（1）调查性报道。中国社会正处于转型期，问题和“黑幕”不少，正好给调查性报道提供了源源不断的题材。国外同行认为，中国是调查性报道的资源大国。中共十六大提出的“三个文明”协调发展的科学发展观，不仅提升了人们对政治文明建设重要意义的认识，而且提高了人们对传媒业在政治文明建设中地位与作用的认识，还提高了人们对新闻舆论监督和调查性报道重要性的认识。当今中国的“电视制度变迁是一个从政治权力领域走向‘具有政治功能的公共领域’的过程”①。在我们构建和谐社会的时候，难道不能对一些不和谐的甚至是丑恶的现象进行曝光吗？难道不能对这些文明社会的“毒瘤”实施“外科手术”吗？

尽管作“真正的调查性报道”之路艰难而漫长，《新闻调查》毕竟开始向梦想一点点靠拢。他们认为“我们的使命就是，既要超前，还要保险，既要往前推进，又不能冒进”②。2002 年，《新闻调查》一整年只播出了《与神话较量的人》、《“东突”揭秘》这两期真正意义上的调查性报道节目，但是到了 2003 年，舆论监督报道达到了 16 期，超过了整年报道量的 1/5。随着中国政治文明建设

---

① 钱蔚. 政治、市场与电视制度——中国电视制度变迁研究. 郑州：河南人民出版社，2002. 5.

② 张志安. 张洁：调查性报道是奢侈品、易碎品. http://www.oursee.com/html/renwuft/2006_03_12_14_56_164_8.html.

的推进，权利意识和社会公正显得越来越重要，而这就意味着调查性报道有更大的生存空间。

（2）调查性节目或栏目。在我国，调查性报道在节目中还是要有合适的比例，虽然这类报道数量不多，但传播能力极强，同时它也会成为电视新闻人的理想追求。新闻的理想主义和传媒的现实主义总是结伴同行的。揭黑式调查性报道和揭秘式调查性报道依然会共生并存。调查性节目，就是指所有使用了调查求证方法的深度报道，这类节目往往主题先行，再找素材印证，它包括《新闻调查》等调查性节目中的所有非调查性报道，如主题调查、舆情调查、事件调查、揭秘调查等。目前，调查性节目依然占《新闻调查》中的绝大部分。

（3）广泛应用调查方法的各类电视新闻节目。如中央电视台的《焦点访谈》、《每周质量报告》，武汉台的《都市写真》，成都台的《今晚8：00》等。这些节目往往将调查方法和新闻评论结合起来使用，以短、平、快的方式实现即时的舆论监督功能。在这些节目中，调查是为评论服务的。调查只是一种采访取证的方法，也许有揭黑性和曝光性，但不一定有完整的调查过程，大多数时候只选取调查结果以作为评论的依据。实际上，调查方法可以广泛应用于各种电视新闻报道里，充分发挥电视传播的实证优势。

当今新闻传播已进入数字时代，仅靠单一频道或单一媒介，无论是新闻资源还是传播影响都是十分有限的。下面我们以读报读网节目切入，从信息整合和媒介融合的视角展开讨论。

第二节　策划新闻与钓鱼行为

新闻可不可以策划？这在新闻界一直存有争议。新闻策划源于公共活动，是指通过挖掘组织自身的新闻点，提升品牌影响力，追求发展新空间，从而达到营造组织软环境的目的。新闻策划有两层含义，狭义的新闻策划专指新闻报道的策划与组织；广义的新闻策划是指新闻传媒的形象策划，它包括传媒发展战略、传媒营销策划、内部管理机制策划、广告策划以及媒体风格和定位策划等媒体自身策划和新闻报道策划两方面内容。笔者仅从新闻实务出发，由分析个案入手，试图解析在新闻实践中遇到的具体问题。

一、新闻的策划

新闻的策划包括两层含义：一是新闻报道的策划，二是新闻事实的策划。对于前者，新闻界有比较统一的认识，而对于后者则分歧很大。特别是在新闻改革中提倡精品意识后，新闻报道的策划成了一个热门话题。因此，人们谈论新闻的策划往往专指新闻报道的策划。尽管这个提法不够严谨，但是工作在新闻第一线的记者、编辑们已普遍接受这样一个观点：新闻（报道）的策划不仅是可行的，而且是应该的，是打造新闻精品的重要手段。这种共识对于新闻改革是有积极意义的。但是我们也应该注意到，过分强调新闻策划会陷入一个误区，即基于事实第一性、新闻第二性的原理，发现应该是第一位，策划才是第二位。新闻策划是手段、是技巧，没有发现何来策划？柯受良飞跃黄河是一个壮举，很有新闻价值，但在中央电视台的特别节目中，却没有把它作为新闻节目来策划，而是把它作为文艺节目来策划，虽然在一定程度上满足了观众的审美要求，却远远满足不了观众的认识需求。尽管在精心策划下，调动了先进的拍摄和传播手段，场面壮观，画面优美，却未能提供给观众足够的新闻信息量，因此这个节目是失败的。当然，也有人认为"飞越黄河"不是"英雄壮举"，而是"商业炒作"。那样的话，就涉及另一个问题的争论，即到底什么是策划出来的新闻，策划出来的算不算新闻？

什么是策划的新闻呢？这也有两层意思，到底策划的是新闻事实，还是新闻报道？通常人们指的是策划出来的新闻事实，当然也包括它的传播，但侧重点还是新闻事实本身。有不少人反对策划的新闻，认为新闻事实是客观存在的，怎可以人为地去策划它呢？然而奇怪的是，世界上每天发生的许许多多新闻竟有不少是人类自己策划出来的，当然，他们大多并不是以新闻作为目的来策划的，但也有不少人是蓄意谋求新闻效应的。据说美国总统里根被刺，就是一个美国青年为了取悦他的偶像——一位好莱坞女影星而精心策划并实施的。在西方国家，政客和财阀通过制造新闻事端来左右政局和股市的情况并不罕见。当今世界已进入信息时代，信息是生产力，新闻既然是信息的一种，自然也是一种生产力（当然也有它意识形态的另一面），如果是生产力，必然有人去开发和利用它，去谋求某种利益和效益。"大众媒体对现实的描述是经过价值标准的选择的，新闻事实必然是价值事实。价值背后是利益原则，资本和政党作为商业利益的代表，对西方大众传媒的渗透和影响早已是不争的事实。"① 在进入市场经济的中国，新闻的价值和效应越来越被商家看好，他们知道新闻的影响要比广告的影响大得多，于是出现了"新闻炒作"，产生了中国特色的"有偿新闻"，被称为"新闻大炒家"的原新华社记者王志刚，其精心策划的"碧桂园神话"把新闻传媒搅得沸

---

① 谭天．新闻的策划与策划的新闻．南方电视学刊，1997（6）．

沸扬扬，同时也为企业获取了十分可观的经济效益。你还能对“策划的新闻”熟视无睹吗？

“存在就是合理的”，按照实用主义的观点来看，问题便变得简单多了。然而，实际上问题要复杂得多，正如“克隆羊”、“克隆人”，这种“克隆”出来的新闻所产生的种种副作用令人不无担忧。有一位城市女教师自愿到农村去工作，一位记者为了把稿子写得更漂亮些，竟动员这个女教师表态要扎根农村一辈子。这不是违背客观事实吗？也许有不少人认为策划的新闻与制造的新闻不一样，后者是无中生有，前者是有中生好，两者有着本质上的区别。事实又是怎样的呢？1997年元旦，湛江市开设了“110”报警服务，“110”向市民承诺，接到报案后警察可在五分钟内赶到现场。为了让市民见证这一快速反应的过程，湛江电视台一名记者在报道这一新闻的节目里做了一个测试，向“110”谎称发生一起绑架案。由于是重大恶性案件，在短短的五分钟内一下子来了四批警察，一时间警车呼啸，观众看了十分过瘾。但这也把记者推到一个两难的境地，要么告诉观众这次测试是预先征得公安部门同意的，这样的话，观众可能认为这只不过是一场导演好的戏，是假的！要么不告诉观众实情，让观众认为这是真的报警，真的“谎报警情”，那样的话也许就会有人动念头，你记者可以骗警察那我也可以骗警察，这样一来会造成负面影响。因此笔者认为有警醒的必要：策划的新闻要慎用。因为它极易在不同程度上产生某种不良作用，搞不好还会误导受众，有损新闻媒介客观公正的形象。

策划的新闻里有许多动机是不那么单纯的。例如，某保健食品企业为了树立其关心人民健康的公众形象，让记者给他们策划了一个新闻活动，在纪念毛泽东同志发出“向雷锋同志学习”30周年的时候，组织了逾百名医学专家、教授上街为群众义诊。当然，在这过程中也附带宣传企业品牌，树立企业形象。尽管动机不那么单纯，但社会效果还是好的（当然也间接为企业带来经济效益）。这种策划的新闻该不该报道呢？笔者认为判别是不是新闻的标准，不在于它是不是策划出来的，也不在于它是不是有偿的，而在于它有没有新闻价值。

综上所述，笔者认为对待策划的新闻应该有一个明确的态度，即正视现实，承认存在；认真研究，加以利用；辨别真伪，严格把关。对于新闻的策划，也要在尊重客观事实的基础上，侧重内涵的发掘，而不是靠玩弄技巧，只在形式上做文章。新闻策划剑走偏锋，甚至走进策划新闻误区主要因为以下四个方面：

（1）新闻策划目的混淆。混淆报道与宣传、报道事实与策划事实的界线。

（2）新闻策划尺度不当。刻意炒作，追求卖点；过度介入，刻意操纵。

（3）策划主体身份不明。媒体越位代行职责，媒体与商家合谋利益。

（4）新闻策划概念不清。策划对象是新闻活动策划还是新闻事实策划混淆不清。

2002年，中国人民大学蔡雯教授的博士论文《新闻传播的策划与组织——宏观新闻编辑研究》被评为第四届“全国百篇优秀博士论文”，这是我国新闻传播学界第一篇全国优秀博士论文。该论文对我国新闻界争议已久的“新闻策划”等热点问题进行了学术分析，对媒介定位、产品设计、新闻报道策划等进行了系统研究，创立了新闻传播策划与组织的理论体系。

二、隐性采访

电视采访包括明访和暗访两种。明访包括记者、通讯员以及普通公民的采访，如DV记者的采访；暗访包括记者的秘密采访（隐性采访）以及监控录像提供的影像素材，在香港，人们把这些记者称为“狗仔队”。

然而，隐性采访行走在法律与道德之间，尤其是电视中的隐性采访带来很多的争议。为弥补电视新闻叙事断点的隐性采访面临法、理、情的挑战。从法律角度来看，它涉及知情权与隐私权的矛盾，公权力与私权力的冲突，而由于我国尚未有新闻法，记者在进行隐性采访时缺乏法律依据和保障；从伦理角度来看，康德的“动机论”认为隐性采访要看记者是否出于公心，斯马特的“效果论”认为隐性采访要看其社会效果，但两者都不易评判；从情感角度来看，记者的职业勇气与公众的知情需求往往与媒体的市场利益纠结在一起，在利用采访这一手段时往往感性取代理性。笔者认为对隐性采访的态度取决于传媒取向：注意力与公信力的博弈。

1992年，美国广播公司（ABC）为了调查北卡罗来纳州食品连锁巨头食狮公司的卫生情况，派出采访人员到该公司求职，隐瞒工作经历、背景和调查意图，利用任职包装工人和售货员的身份，秘密偷拍了公司食品的储运和存放过程，然后把这些食品不卫生的镜头在电视上播出，致使该公司股票暴跌、销售锐减，全国88家连锁店面临倒闭危险。于是食狮公司以“非法侵入”和“对雇主有不义之举”为理由向法院提起诉讼，并要求ABC支付巨额赔偿。这一案例的奇怪之处在于食狮公司并不追究新闻的真实性（因为是难以辩驳的），而只对新闻的取材方式提出异议。1997年地区法院竟然判处食狮公司胜诉，因ABC采访手段欠妥，要求它支付食狮公司巨额赔偿费。为此，1998年美国调查性新闻记者和编辑协会（IRE）支持ABC上诉，理由是宪法第一修正案第一条保证大众媒介不受阻碍地从事新闻采集的宪法权利，这种权利包括抵制国家强制新闻记者披露身份、所属媒介和调查目的的权利。1999年，美国上诉法院第四巡回法庭推翻原判，只象征性地保留了2美元的赔偿费。经过一番斗争，新闻界虽然赢回自己的采访权利，但 ABC 却为应付诉讼耗资上百万美元。

类似的案例在中国也有，只是结果大相径庭。2001 年 9 月 3 日，中央电视台《新闻 30 分》播出了新闻《南京冠生园：年年出炉新月饼，周而复始陈馅料》，尽管这则新闻选择午间新闻时段播出，但中央电视台强大的传播力和巨大的社会舆论还是迫使这家百年老店倒闭。或许由于国家电视台的强势，或许由于中国的司法制度，冠生园不敢起诉。但就小媒体和记者个体而言，此类官司往往是输多胜少。“尽管隐性采访往往是为了披露与重大公共利益相关的信息，往往是为了守护公众福祉，但是有‘原罪’的，即是一种隐蔽乃至伪装身份、目的之采访手段。它天然地和‘诚实’、‘尊重他人’这些道德准则相冲突，因而常常让记者与媒体陷入两难境地中，即为了道德的目的，是否可以用不合道德的手段来实现?”① 对此，学界和业界都进行了广泛的讨论，中央电视台总编室研究处还专门组织学者专家进行课题研究，并录制了课题演示会《隐性采访——法律意识与行为规范》。2006 年，郭镇之教授和展江教授编著出版了《守望社会——电视暗访的边界线》一书，现将书中记者和学者的观点抄录如下：

1. 暗访与正义——记者的视角

李文学：中国市场的监督与规范需要隐性采访。

曲长缨：隐性采访可用，但不能滥用。

陈响园：隐性采访——重在实现正义。

李大同：隐性采访——不能说不需要。

2. 秘拍与自律——记者的反思

张洁：新闻记者要审慎使用偷拍。

王壮：暗访不能作为节目的生命线。

何抒玫：暗访——并非必然手段。

3. 道义与动机——学者的审慎

龚群：暗访——不等于手段恶劣。

喻国明：暗访——只是采访手段。

周汉华：要一分为二看待隐性采访。

周泽：隐性采访——在法律和道德之间。

4. 尺度与范畴——学者的考量

崔卫平：隐性采访要有底线。

王东成：在法律和正义的名义下。

---

① 傅剑锋．隐性采访何处是界．新闻实践，2010（4）：22.

徐友渔：偷拍的制度监督和程序监督至关重要。

陈卫星：隐性采访与社会秩序的冲突。

魏永征：偷拍暗访——权利的冲突与“退缩”。

5. 近期与长远——学者的警示

何怀宏：隐性采访——义务的冲突。

毛寿龙：偷拍须慎行。

贺卫方：隐性采访——“毒树之果”。

徐迅：获取新闻素材的手段同样需要真实。

综上所述，学界和业界既没有完全否定隐性采访，也没有全面肯定隐性采访。无论是记者还是学者，大多认为须慎用隐性采访。

三、钓鱼行为

随着电视台和电视新闻的竞争日趋激烈，电视记者仍经常使用隐性采访。近年来，一种报道形式为传媒所看好，这便是“体验式报道”，又称为“参与式报道”或“介入式报道”。隐性采访与体验式采访结合起来，形成了行走法律边缘的“钓鱼采访”。笔者认为不能为了吸引眼球而以身试法，设局下套已触及道德法律的底线。

2010 年，广东电视台《社会纵横》记者接到群众举报，得知广州市地质调查研究院有人出售虚假地质灾害调查报告单。于是，记者凑了 2.5 万元去诱使该院质量审核部副部长罗锦华出售假报告单，由此掉进犯罪的陷阱里。3 月 3 日上午，此案在番禺区人民法院沙湾法庭开庭审理，围绕记者暗访偷拍是否属于钓鱼执法问题，辩护律师和公诉人展开激烈交锋。这是一个非常典型的案例，笔者为此在研究生课堂上组织了一次学业对话的学术讨论。以下是研究生王晶晶和马海江对这场学术讨论的报道：

2010 年 3 月 29 日晚七点，教学楼 A1203 室座无虚席，讲台上摆放的四把椅子正等待着今晚的座上客。这是报告会还是讲座？答案皆为否。这里实际只是新闻与传播学院的研究生必修课广播电视新闻研究的课堂。但此次授课又更像是一次新闻访谈节目，主持人为广播电视系主任、高级记者谭天教授，嘉宾则为广东电视台新闻中心副主任、高级记者周晓瑾，新闻学院教授、博士、新闻法专家林爱珺，广电系主任助理邱一江副教授，此次“节目”的主题为“隐性采访的法、理、情”。台上老师做嘉宾，台下学生为观众，研究生课堂变成了一个另类演播室。

"节目"一开场，大屏幕上播出了央视主持人敬一丹主持的《隐性采访——法律意识和行为规范》课题演示会。在屏幕上，敬一丹邀请四位嘉宾——北京广播学院教授郭镇之、《焦点访谈》制片人再军、中央人民广播电台法律专家徐迅、央视社会新闻部主任记者骆汉城——共同讨论隐性采访的案例及存在的问题，为屏幕之外的课堂讨论作了预热和铺垫。

"节目"正式进入现场讨论阶段，周晓瑾是广东电视台名牌栏目《社会纵横》的总监，有着丰富的从业经验。这次"节目"就是从《社会纵横》以广州市地质调查院工作人员编造买卖地质灾害调查报告事件为焦点而展开讨论的。周晓瑾为大家介绍了当时节目拍摄过程中所遇到的困难，采取隐性采访的难言之隐，记者受到的威胁以及最终完成节目拍摄的勇气和责任感。林爱珺教授则从法学界的角度提出了"记者行为是否为钓鱼采访"的话题，引得在场"观众"议论纷纷。邱一江副教授以其业界和学界的双重身份，提出了如何完善隐性采访的举措，得到了周晓瑾的赞同。"嘉宾"与"观众"就记者是否应介入隐性采访、记者的自我保护、隐性采访的使用范围等问题展开讨论，气氛热烈。

这次别开生面的研讨会收到了积极的回响，同学们纷纷反映，这种新颖的研究生课堂形式有必要坚持开设下去。韩同学认为，周主任和她的部下奋不顾身揭露黑暗，为百姓代言，却常常遭到打压或阻拦，强烈的社会责任感和高尚的敬业精神使她十分感动，并更加坚定了自己的新闻理想。匡同学激动地说："这是目前为止研究生课程中最充实和最富有意义的一堂课。"他表示，新闻学作为一门应用性很强的学科，就应该和业界加强联系，获取最新的动态信息，而不是拘泥于课堂。而曹同学则认为，通过讨论课了解到学界和业界对待问题不同的思维，相信对今后的学习、工作等都有一定的启发和帮助。"希望今后多开展类似的活动，让大家在参与交流中更好地学习知识。"

暨南大学新闻与传播学院广电系主任、教授谭天指出，研究生不应仅仅埋头于理论学习，要具备对时代敏锐的思维和开阔的视野，加强对业界的了解。对高校来说，探索合理的课程体系，改革现有的教学模式，采取灵活多样的教学方法，发挥研究生的主体作用，培养学生的创造性思维和创新能力，是今后研究生教学创新发展的一个趋势。

2012年2月6日，广州发生了一宗邮包炸弹案，犯罪嫌疑人为情报复，利用快递公司把关不严，没有仔细检查便接收包裹的漏洞，把炸弹送到受害者手里并引发爆炸。针对这一事件及影响，广州电视台记者对快递公司和邮政局的把关能力进行了一次测试和报道，制作了一期节目《危险邮包两破防线　后续检查能否起效?》。然而，这条新闻两次在播出前被枪毙，无法"出街"。后来笔者把这条新闻的视频放在微博上（当然是加了密码），请教专家和同行。如下是一些有代表性的意见：

A：片子很精彩，本身能说明一些问题，但手法上有不妥，拿法律明令不能寄出的东西做测试本身就是违法！

B：难得一见的好新闻！建议邮政局领导将此片用作邮政系统的反面教材，举一反三堵漏洞，加强安全知识教育。

C：你的努力大家都看得到的，不要气馁。这条新闻最终播不了，可能真的是担心一些不法分子依葫芦画瓢。

D：很成功的质疑，只是没有什么人有很好的方法解决这样的操作风险，相对于解决问题，它带来的可能是一种恐慌，或者对某一撮人来说是提示。

E：其实最重要的是采访整个投递过程有无规范操作，如有无严格检查的相关规定，有无执行，如何监督和处罚等。我觉得此类节目要看记者的旨趣，即是为了节目好看，还是旨在说明问题。

《南方周末》资深记者傅剑锋提出，暗访要坚持一个中心（以公共利益为中心），四个基本点（四大原则）①：

第一是“最后选择原则”或“不得已原则”，即暗访只能作为次优考虑。由于这是一种天然带有道德过错的权变之策，只有在其他采访手段都可能无法获取新闻信息的情况下使用。

第二是“合法性原则”。暗访的道德过错尚在受众与法律容忍范围内，但法律过错是不可能享有赦免权的。

第三是“最小伤害原则”。由于暗访是天生带有道德过错的权变之策，所以其要注意降低对被访者的伤害。暗访记者应当尊重受访人，即使被暗访者事后发觉被“骗”了，也要让其明白记者确是出于公心和公共利益之需。

第四是“公开回应原则”。相对于其他采访方式，暗访获得的信息容易单面化和片断化。所以，如果条件允许，在暗访之后还需公开采访，采写明暗结果相互印证与平衡的报道。应该允许被暗访对象申诉，对其言之有理的观点与解释应给予更正和纠错。

“钓鱼采访”相比一般的隐性采访走得更远，甚至可以说已经踩到法律的红线上。然而，为什么还是不断地有记者甘冒风险，频频出此险招呢？笔者认为不

---

① 傅剑锋．隐性采访何处是界．新闻实践，2010（4）：24.

完全是电视记者出于“铁肩担道义”的社会责任感，也有不少记者是在收视率重压下的利益使然。笔者认为无论如何，记者都不能为了吸引观众眼球而以身试法，因为设局下套已触及道德法律的底线。

第三节　电视新闻的最大卖点

2004年，笔者从媒体调入高校。在宁静的校园里，笔者从电视上看到遥远的俄罗斯校园枪战，看到凤凰卫视直播的别斯兰人质解救。由此写下《“不可预知”：电视新闻的最大卖点》，该文收入《中国新闻年鉴》。2008年，西藏“3·14”事件和“5·12”汶川地震所引发的新闻战从两个方面验证了笔者的观点，以下便是研究的内容。

当今世界已进入注意力经济时代。就拿电视来说，2004年，我国约有3 000个频道，观众平均每天看电视的时间是180分钟，其中更换100次频道，这就意味着观众注意力高度分散。电视媒体竞争，新闻无疑是主战场。那么，电视新闻大战，何以取胜？有什么东西能把观众的注意力吸引到电视新闻上呢？当然有许多东西、许多办法，但有一种稀缺的新闻资源很值得我们去开发利用，那就是重大新闻事件中的“不可预知性”。

一、以悬念建立“新闻引力场”

2004年9月发生的俄罗斯别斯兰人质事件，凤凰卫视对整个事件的发生过程进行了现场直播。尽管前方记者拍摄的图像并不太理想，但仍然引起了观众极大的关注，人们不断地猜测：俄罗斯特种部队到底能否顺利解救人质？在营救过程中到底有多少平民被害，是几百人还是一千几百人？因为直接关系人的生命安全，而且是儿童、学生，所以，观众一方面是猜测，另一方面会更关注事态的发展，关心人质的安全。这充分说明了观众对信息的选择取向。“猜测是直播过程中的卖点。”凤凰卫视中文台副台长刘春如是说。而猜测源自新闻事件发生过程的不可预知性，建立在重大新闻价值上的这种不可预知性大大地提高了观众的关注度。他们的目光紧紧追随着现场直播，锁定在凤凰卫视的新闻节目上，电视频道形成了一个吸引观众聚集人气的“新闻引力场”。

我国电视新闻报道的改革，就是变“过去完成时”为“现在进行时”。而要做到这一点，最好的报道方式就是跟踪报道。跟踪报道，即连续报道，现场直播实质上也是一种不间断的现场感更强的连续报道。但遗憾的是，在我国电视新闻里，此类报道太少了，仅以2002年度中国广播电视新闻奖为例，参评的33件电视连续（系列）报道作品中，连续报道只有3件，只占1/11。评委章壮沂指出："从电视新闻的特性看，跟踪重大事件、突发事件发展变化过程的连续报道应当成为主要报道形式之一，这是媒体竞争的需要，也是观众的迫切需求，现在连续报道太少，值得引起电视人的重视。"① 即使目前我国电视现场直播日益增加，笔者认为仍普遍存在三方面的滞后：一是有直播没报道，只是简单的影像直播，没有报道策划和深度报道；二是有直播没卖点，即没有重要的新闻价值；三是有直播没悬念，不能以展现从未知到已知的过程来调动观众收看的兴趣。因此，往往为一项毫无悬念甚至与普通百姓关系不大的政绩工程，兴师动众来一场现场直播，观众对此当然兴致索然。再看别斯兰人质事件，它有两大卖点：第一，它是一次震惊世界的恐怖袭击（新闻价值）；第二，事件如何解决是一个悬念（不可预知）。前者各类媒体都可报道，后者则可充分显示电视媒体的优势——目击人质的解救现场与动态过程。

我们的电视新闻为何缺少悬念式的跟踪报道呢？最主要的是落后的新闻观念作祟。我国新闻长期以来强调宣传功能，以宣传代替新闻，强化主题性新闻，弱化事件性新闻，强调传者的主观意图，忽略受众的收看需求。能否把这两者统一起来呢？香港《文汇报》社长张云枫认为："内地的新闻强调社会效果，强调集体对国家利益的充分考虑；香港比较强调资讯的丰富，满足读者的需求。这些有所侧重，有所不同，也有共同之处，就是都以事实为依据，都强调发挥舆论监督的作用。这是个新课题，我希望将来把两种制度的长处都吸收过来，那就最理想。"② 连续报道和现场直播中的"不可预知性"正是丰富资讯的有效手段，也是构建"新闻引力场"的有效方法。

二、不确定的事也可以报道吗

新闻事件发展的"不可预知性"同时也表现在新闻事实的"不确定性"上，这种"不确定"也就是未经证实的新闻信息。未经证实的信息也能够成为新闻吗？未经证实的信息当然不能成为完整的、合格的新闻，但它可以成为新闻报道中的一部分。如《焦点访谈》的舆论监督就是用镜头去追寻一个个未知和疑问，通过逐一采访查证，最后揭开整个事实真相。猜测、分析与查证构成了现场直播的全过程，而且过程比结果更有看头。

---

① 江欧利，张君昌，吴煜．中国广播电视新闻奖2002年度新闻佳作赏析．北京：新华出版社，2004. 276.

② 李扬，胡伟平．话说香港．长春：长春出版社，北京：五洲传播出版社，1997. 498.

当然，对不可预知新闻事件的报道是需要极大的勇气的，记者要冒着报道失实的风险。对于重大新闻的发生，过去我们是像司机开车“一等二慢三回头”，等所有的情况都清楚了再去报道。如美国导弹袭击我国前南斯拉夫大使馆，以美国为主导的西方媒体皆报道是误炸，但迟迟听不到我国媒体的声音，让我们在新闻大战中处于被动的守势，第一话语权就在等待与核实中失去了。其实，我们完全可以边报边核，知道多少报多少，抢先报道就能抢得先机，报比不报好。加大对不可预知事件报道的力度，不但能够赢得新闻大战的主动权，还可以提高新闻舆论监督的透明度，加大新闻媒体国际竞争的开放度。

诚然，我们的电视新闻报道也是要考虑宣传效果的，是不是所有不可预知的事件都值得报道呢？有些新闻事件的报道也许会产生负面作用，这就要求媒体工作者权衡利弊。对于不可预知的突发性事件，不少属于危机性事件，大致可分为天灾、人祸两类，前者如SARS报道，已还老百姓以知情权；后者如别斯兰人质事件，俄罗斯政府对境外媒体的报道采取开放的态度。这到底是利大还是弊大呢？弊：人质营救的失败暴露了俄罗斯国家机器的低效与无能，有可能影响反恐士气和普京的威信；利：向世界特别是西方展示了恐怖分子的凶残，他们不是什么车臣分裂分子，而是跟“9·11”劫机分子一样的亡命之徒，不但不应该支持，而且应该是全世界人民共同打击的目标。两者相比，从俄罗斯的反恐大局来看，是利大于弊。因此，普京政府采取了对国内外媒体全面开放的政策。在资讯十分发达的今天，不管是“坏消息”还是“好消息”，都难以封锁。你不报道人家就不知道了？不报道就能瞒天过海了？SARS前期的不报道所造成的被动不是给我们上了一课吗？其实，任何报道都会产生积极和消极的影响，就看你如何把握正确的舆论导向，这才符合马克思主义新闻观。报喜不报忧，群众反而易产生抗拒和逆反心理，甚至社会上还会因盲目猜测而造成流言不断、谣言四起。

一个新闻事件值不值得报道，首先要看它有没有新闻价值。李良荣教授认为：“新闻价值就是事实本身包含的引起社会各种人共同兴趣的素质。”① 不可预知的重大新闻事件无疑会引发社会的广泛关注和受众的极大兴趣，对此，难道我们的新闻记者不该全力以赴去追踪报道吗？

三、不可预知能策划吗

不可预知事件的报道也是可以策划的。不少不可预知的新闻事件大多属于突发事件、危机事件，现场采访有相当难度，组织报道要精心策划，报道时机要当

① 李良荣. 新闻学导论. 北京：高等教育出版社，1999. 170.

机立断。1998年2月，在伊拉克武器核查波谲云诡、一场新的海湾战争一触即发的紧急情势下，中央电视台“CCTV”台标的话筒出现在巴格达的现场直播中。中国观众为之精神一振。在随后的十几天里，到底是打，还是不打？人们守候在电视机前追看着前方记者发回来的报道。可惜这样充满悬念的报道太少了，特别是国内新闻。

虽然我们不能预知新闻事件将如何发展，但我们可以预测新闻事件发展的可能走向，从而为新闻报道策划进行定位。比如湛江电视台的连续报道《救助贫病儿童王振龙》，记者在策划时分析：虽然我们不知道社会各界有多少人捐多少钱，但我们预感到一定会有人资助；虽然不能百分百保证一定会救活这位患先天性心脏病的贫穷人家的孩子，但我们知道这类手术风险较低、成功率较高。结果与我们的预见性定位是吻合的，社会各界捐助了足够的款项，医院成功地进行了手术，孩子健康地成长……观众感受到了这一曲爱心交响乐的美好乐章，真善美在猜测中得到了潜移默化的升华。然而，并不是所有的跟踪报道都会有皆大欢喜的大团圆结局。但有时一个开放式的结局或许更能引起观众的关注和思考，并为下一个报道设置新的悬念。这就涉及另一个问题，策划总赶不上变化，除了预见性，还要有灵活性。

其实，不少主题性的系列报道可以策划成事件性的连续报道。如黑龙江电视台的《关注农民工讨回打工钱》就是一个很不错的系列报道，但如果做成连续报道的话更能紧扣观众心弦。农民工王玉兴的命运就是千千万万农民工的遭遇，他到底能否讨回打工钱？政府职能部门的帮助是否有效？这个巨大的悬念就是一个“新闻引力场”，把观众紧紧吸引在电视机前，而且体现着一种深深的人文关怀。这样的报道是不是正面宣传？当然是正面宣传！记者既站在群众的立场上来报道——诉说农民工的现状，同时也站在政府的立场上来报道——记录政府职能部门的努力。这样的跟踪报道老百姓更愿意看。

四、从稀缺信息资源中发掘“卖点”

蔡雯教授在她的《新闻报道策划与新闻资源开发》一书中，把新闻信息资源定义为：“新闻媒介所拥有的新闻信息渠道及其产品，包括新闻提供者、新闻合作者、新闻线索、新闻稿件、新闻资料等。”① 笔者认为这个划分不太合适，新闻提供者和新闻合作者应该属于新闻人力资源，新闻稿件和新闻资料则属于新闻信息资源加工出来的新闻产品或半成品。笔者认为新闻信息资源应该是可供新

---

① 蔡雯．新闻报道策划与新闻资源开发．北京：中国人民大学出版社，2004.7.

闻报道的信息资源，即新闻事实和新闻事件。由此，我们把新闻信息资源分为三种：第一种是显性新闻信息资源，大多数动态报道属于此类；第二种是隐性新闻信息资源，需要我们去发掘，是深度报道的取材范畴；第三种是稀缺的新闻信息资源，例如充满悬念的突发性新闻事件。大千世界充满着各种各样的信息，但有新闻价值的只是一部分，有重大新闻价值且适合电视报道的新闻信息就更加稀缺了。那什么是既有新闻价值又适合电视报道的信息呢？那就是不可预知的重大新闻事件。第三种与前两种有重叠交叉，有时它是显而易见的，就看你想不想报道，敢不敢报道；有时它需要你去发掘，没有强烈的社会责任感就会视而不见，如电视新闻《南丹“7·17”初露端倪》。长期以来，我们的电视新闻报道主要依赖前两种新闻信息资源，甚至更多的是显性新闻信息资源。

如今在竞争日渐激烈的电视新闻争夺战中，前两种已成为常规武器，唯有稀缺的新闻信息资源能够成为最具“杀伤力”的武器。为什么呢？首先，它是不可预知的重大新闻事件，是观众关注的热点；其次，要对这类新闻信息及时、连续地进行报道，必须要有足够的投入：需要前方记者和机器设备到现场，需要租用卫星线路回传现场信号，还要连续作战能力及后方支援。这不是随便哪家电视媒体轻易就能做得到的。“人无你有”，如果你做到了，那就成为你的独家报道，成为你的最大卖点。

电视新闻改革的方向就是新闻节目的动态化、实时化以及新闻直播的常态化，而“不可预知”正是电视新闻报道的有力支撑点，由它构成的连续报道和现场直播必将成为最重要的电视新闻节目形态。电视新闻报道不但需要改革，更需要开放，我们的电视新闻工作者应该及时转变观念，以观众需求为己任，以敏锐的眼光和高度的责任感抢占新闻大战的制高点。

在电视新闻报道中，人的因素最为重要。这里的“人”广义地说是电视新闻工作者，狭义地说就是电视记者。电视记者在新闻报道中的角色定位是需要我们深入研究的下一个问题。

第三章　新闻播报与电视记者

记者和新闻主播是电视新闻中两个十分重要的角色，但长期以来的研究多在操作层面和案例分析上，很少对基本概念和基本理论进行讨论。本章分别从实践和理论两个维度讨论电视记者的内涵和外延，提出名记者战略和角色定位理论。此外还探讨了新闻主播的定义、源流以及培养模式改革。这些研究虽然较为全面地论及媒介界面人物的本质定义、角色定位以及培养模式，但在理论深度和研究方法上还有待提高，而且随着电视新闻的不断发展，相应研究也须与时俱进。

第一节　中国电视呼唤名记者

凤凰卫视的成功一定程度上取决于他们的“三名战略”（名记者、名主持人、名评论员），然而在此之前，笔者就展开这一前瞻性研究，并于1998年发表了这一研究成果。

一、电视新闻节目由谁来当主角

自20世纪90年代以来，我国电视新闻节目发展很快，可谓成绩斐然：中央电视台《新闻联播》采用了直播方式，对香港回归成功地进行了连续72小时的现场直播；全国众多电视台纷纷成立新闻中心，办起了电视新闻评论节目……有关电视新闻改革的话题及相关的理论也呈现出百家争鸣的新局面，而其中一个热点话题就是关于电视新闻节目主持人。

记得有一位美籍华人电视节目主持人曾断言：中国没有真正意义上的节目主持人！此话令中国同行很不服气。此后，许多播音员勇敢地走上了节目主持人的舞台，一时间，节目主持人在荧屏上频繁亮相，关于节目主持人的讨论更是热闹非凡。然而，当我们冷静下来环顾四周，却发现我们的主持人大多数还是活跃在社教、文艺和综艺等节目里，而在电视台的主干节目——新闻节目（少数新闻专题评论节目除外）里面还是坐着那些中规中矩的播音员。于是有人大喝一声：所谓“电视新闻节目主持人”纯属子虚乌有！呼吁重新审视这个“舶来品”的定义，认为这个词准确的翻译应该是“主播”或“新闻报道员”（黄匡宇）。一时间，电视理论界为之哗然，新的一轮争论又开始了：到底有没有“电视新闻节目主持人”这个词呢？谁是谁非一时难下定论。这里，笔者想先把这个问题搁在一边，换一种思维方式来思考，即从整个电视新闻改革的宏观大局出发，首先反思一下我们理论探索的方向有无偏差，视点放在哪里才最具现实性；我们的新闻改革当务之急在什么地方，重点该放在哪里才最具紧迫性。这样，也许我们就能够避开理论研究上的误区和空谈。

当中国的电视新闻节目主持人千呼万唤不出来的时候，人们忽然惊讶地发现：坐在邓小平面前进行采访的竟是一位其貌不扬、满脸沧桑的美国人——美国哥伦比亚广播公司《新闻 60 分》节目主持人迈克·华莱士。美国同行为什么不选一位年轻貌美、莺歌燕语的女主持人呢？此事让我们领悟到：我们也许被那些娇艳可爱的面孔迷住了，为那五光十色的荧屏所困扰了。中国电视还很年轻，这种外在的追求是否有点舍本求末？由此，我们提出第一个问题：在电视新闻节目中，到底该由谁来当主角？是直接采访新闻事实的记者，还是间接播讲新闻事实的播音员或者主持人？很明显，这个主角应该是也只能是站在新闻报道第一线的电视新闻记者。但是令我们困惑的是，为什么这个主角在荧屏上总是模糊不清呢？于是，这里我们又提出第二个问题：电视新闻记者在电视新闻节目中该如何扮演这个重要角色？

二、电视新闻节目改革中的记者

有句行话：电台有声，电视有影。此话道出了各类新闻媒介自身的特点。然而长期以来，人们在电视屏幕上却很少看到电视新闻记者的身影，这到底是怎么一回事呢？这要从电视的发展历史说起。自 1947 年美国 NBC（全国广播公司）开始采用 16 毫米电视摄影机拍摄电视新闻以来，电视记者长期是“采摄合一”。ENG 的问世和普及，解决了拍摄中的声画同步问题，把电视记者推上屏幕，记者采访与摄影就开始分家了。从“采摄合一”到“采摄分家”，可以说是电视新闻节目制作的第一次革命。而在最近 10 年，随着摄录技术和传送技术的迅速开展及设备的改进，为增强电视新闻的时效性和现场感，大量采用了现场报道和现场直播这些新的形式，站在镜头前的记者更多地拿起话筒，由“采播分家”逐渐走向“采播合一”，这是电视新闻节目制作的第二次革命。这次革命有一个很鲜明的特点，就是把节目制作和播出更紧密地结合起来，这就要求报道新闻的人既是采访者，又是播讲者。

然而出现了一种怪现象：站到新闻报道现场镜头前的往往不是一名记者，而是一名播音员！那些从演播室匆匆忙忙走到报道现场的播音员突然变成了“主持人”。这合适吗？叶子的《电视记者的工作》一书是这样说的：“由记者担任主持人和由播音员充当客串主持人，从表面上看似无多大区别，其实质却是不同的。……播音员的业务技巧侧重于吐字发声、语言调整及播讲时表情神态的掌握上，而主持人的业务技巧则在发现和挖掘有价值的新闻信息，在于采访提问的技巧和对新闻事态进行分析评述的口头表达能力上。”播音员客串做主持人，往往在报道时出现了两个“话筒”。一个“话筒”是播音员的大脑，它输入记者撰写的新闻报道词，另一个话筒才是真正的话筒——输入主持人的声音。这简直是鹦鹉学舌！这样的制作方式体现出来的播音效果就是：一慢二假。

那么，电视新闻记者为什么不能勇敢地站到镜头前来呢？这有其历史原因。一是因为人们的认识和观念问题。为什么我们国家领导出访总要带着播音员呢？他（她）除了说明某某电视台到此一访之外并无更多的作用；如果出镜的是一名熟悉国际问题的新闻记者一定更棒。二是目前电视记者的素质使然。过去我们挑选电视记者是先看笔头（跟报纸或电台记者无异）后看个头（要的是活动的摄像机脚架），并不考虑外形和语言条件，这就造成了记者的素质不能适应现代电视新闻节目发展的需要。

三、当代电视新闻记者的角色定位

那么，当代电视新闻记者该是什么样子的呢？我们先给它下一个明确的定义：“一切从事电视新闻采访、编辑、制作的专业人员，统称电视记者。”（叶子《电视记者的工作》）这个说法似乎有些笼统。那么，扛摄像机的算不算记者？拿话筒的算不算记者？在外国，电视记者和摄像师是分开的。是不是电视新闻记者，关键应该看其是不是在电视新闻报道中处于主导地位。那么，怎样才算是优秀的主角呢？笔者认为应该具备三种能力：一是一般的新闻业务能力；二是运用电视语言的能力；三是视听表现能力。首先，跟电台新闻记者与其他媒介如报纸的新闻记者一样，电视新闻记者应具有捕捉新闻、及时报道的新闻素质和业务能力。其次，与其他媒介新闻记者不同的是，电视新闻记者应能够充分发挥电视媒介声画双通道的特点和优势，即能够熟悉而且迅速地调动摄像机和话筒进行新闻报道，也就是具有驾驭和运用电视语言的能力。电视新闻记者不一定非要自己扛摄像机，但一定要懂得镜头语言。再次，与传统的电视新闻记者不同的是，电视新闻记者应具备视听表现能力，也就是面对镜头用自己的形象和语言（包括声音语言和非声音语言，如形象、神态和手势等）进行现场报道。当然，他（她）也许还不能像播音员那样字正腔圆、训练有素，但至少要能够流畅自如地进行口头表达。在我们的许多电视新闻理论研究中，对电视新闻记者的论述很少谈到后两种能力。而这三种素质和能力就是我们对电视新闻记者这个角色的重新定位。

这样的要求是不是太高了？是的，电视新闻记者这个角色确实不好当，但要适应电视这一现代大众传播媒介的发展就不得不高标准、严要求，否则电视新闻如何能在与其他新闻媒介的竞争中取胜？电视新闻记者要达到以上三个要求，客观上还需要创造三个条件。第一个条件是转变观念，就是重新认识电视新闻记者这个角色的内涵。为什么重大新闻报道一定要上播音员呢？难道我们的电视新闻记者不能胜任吗？观众更想看到的是来自前方记者的报道。不能正确地认识什么是电视新闻记者该干的工作，又怎能充分地发挥他们的作用呢？第二个条件是电视新闻报道的分工还需要明确。电视新闻报道是一项协作性很强的集体活动，如果没有其他制作人员的配合和支持，电视新闻记者将一事无成。如果电视新闻记者采访时还要考虑技术设备等问题，那必然不能专心致志地采访新闻事实。第三个条件就是我们对人才的发掘和培养以及电视新闻记者的自身修养。首先是选才不要再用过去的眼光，电视新闻报道不是简单的“枪杆子”加“笔杆子”，要认识到电视新闻记者应该是一个综合素质很强的“全才”。同时，由于电视媒介具有强大的传播优势和视听冲击力，很容易使电视新闻记者产生一种优越和浮躁的情绪，但是如果不能清醒地认识自己肩负的重任和自身的不足，那么也很容易在竞争中败落。

四、电视记者不但要当主角，而且要当名角

进入改革开放和信息时代的中国，新闻媒介之间的竞争日益激烈，不同媒介之间和同类媒介之间，可以说新招迭出、新人辈出。那么，作为电视新闻记者，应该以什么样的面貌出现呢？是默默无闻，还是先声夺人？我们设想美国的NBA，如果没有乔丹等大牌球星的出现，它能如此火爆吗？如果没有球星的甲A联赛，怎么能托起整个球市呢？体育界的名人效应和“球星战术”实际上是一种品牌战略。作为新闻工作者，更应该懂得名牌战略所带来的巨大的新闻效应。那么，栏目是品牌，栏目制作人也可以成为品牌，就像电影和电视剧的导演和名演员那样。

当年我们羡慕法拉奇、华莱士等外国名记者采访邓小平，如今我们欣喜地看到中央电视台的水均益对联合国秘书长加利先生进行了采访，这说明电视新闻需要名记者！名记者的名人效应也应该是新闻效应的一个重要部分。过去我们有一个误区，就是在强调新闻媒介的喉舌作用和公众形象的同时，掩盖了记者的个人

创造和个性表现。其实，观众不但想了解新闻事实本身，记者独特的个人魅力也是联系观众的纽带和桥梁，名记者的形象、风度和权威更能吸引观众。个性使新闻节目走近观众，贴近现实。

当然，培养一个名记者是很不容易的，需要一定的土壤和气候。除了他（她）自身的努力外，作为电视台本身更有责任，需要为其创造更多的机会和条件。如重大采访任务给予优先安排，配备好的设备和助手，提供好的播出时间等。但更重要的还是在报道题材上分工负责，如水均益一出来，观众就知道是关于重大国际问题的报道；而观众一看到广东电视台的《社会纵横》里周晓瑾的报道，就知道一定会有社会关注的法制问题。记者就时政、经济、文教等方面进行分工，便于深入采访和研究，成为某一方面的专家，从而使其报道更具权威性。此外，为造就名记者，还可以进行适当的包装和宣传，我们要认识到这不是为了让他（她）个人出名，而是让节目出名，让电视台出名。当然，在电视新闻中，名记者的产生还有赖于电视新闻改革这个大气候，如主持人新闻节目的产生和完善等。

电视新闻节目直播是电视新闻改革的必然，因为录播不仅是电视资源的一种浪费，而且是对电视新闻报道的时效性和真实性的一种消解。直播，尤其是现场直播，光靠少数几个播音员或主持人是不能应付大量的现场报道工作的。中央电视台的三峡大江截流现场直播的成功，就在于有一批记者在各个报道点上进行大量采访，然后作深入浅出的现场报道。那么，记者是不是将取代主持人呢？或者说主持人是否将在电视新闻节目中消失？回答是否定的。电视新闻记者并不排斥新闻节目主持人，电视新闻节目主持人仍然是电视新闻节目改革的一个追求，他与记者是一种不可替代的分工合作关系。记者和主持人将轮番出现在荧屏上，记者侧重现场的报道，主持人侧重串联和评论。名记者和名主持人同是荧屏上耀眼的明星。

那么，为什么我们不在呼唤名记者的同时呼唤名主持人的出现呢？不是不想，而是不能，不能一蹴而就。现在我们产生主持人的生产线很简单：播音员—主持人—名主持人。其实，培养一个电视新闻节目的名牌节目主持人是一个十分复杂的系统工程。它的生产流程是一个漫长的过程，即记者—名记者—播音或编辑—主持人—名主持人。主持人要兼具播音员、编辑和新闻评论员的素质，要求更高，而更重要的是还需要设立和完善“主持人新闻节目”。这样，我们就不难理解为什么外国的大牌主持人大多是年过半百，并在新闻报道第一线摸爬滚打半辈子的资深记者。因此，要产生新闻节目的名牌主持人，首先要培育名牌记者。换句话说，就是未来的电视明星必将产生于记者之中。所以中国电视新闻改革的当务之急，就是培养和造就大量优秀的电视新闻记者，尤其是更多的名记者。

对于电视新闻记者这一研究对象，以上属于新闻学和电视业务层面上的探讨，我们还可以用传播学和符号学理论来进一步研究它，以揭示更为复杂的新闻传播现象。

第二节　记者角色的符号解读

2005年7月11日，广东的南方电视台《今日一线》正式改版，增加了《记者跑腿》板块，记者接到群众报料后即前去为他们排忧解难，名曰“鞍前马后、服务到家”，强调电视新闻记者对新闻事实的积极干预，记者角色由“代言”变为“代劳”，甚至有“秀新闻”之嫌。其实，《记者跑腿》的创新不足为奇，我们可以发现，当今荧屏上，新闻记者的身影异常活跃：有的在现场直播中滔滔不绝，有的在调查黑幕中乔装打扮，更多的是在舆论监督中“替天行道”。电视新闻记者扮演的这些角色到底意味着什么呢？从符号学角度来看，如果说整个电视新闻是一个符号系统，那么电视新闻记者就是其中的一个符号。我们试图用符号学的方法来探讨当代电视新闻记者的角色变化与定位，进而正确认识和充分发挥电视新闻记者在新闻报道中的作用。

一、电视记者的角色符号

20世纪90年代以前，电视新闻记者承担的是在屏幕上看不见的幕后工作，很少在镜头前出现，更难得在电视里与观众见面，这是传统电视新闻报道的分工。然而，近10年来，随着电视新闻业的蓬勃发展，大量采用的现场报道和现场直播等新形式，要求电视新闻记者大胆地从镜头后走出来，勇敢地拿起话筒，不再拘束于肤浅、常规的电视新闻报道，而是对新闻事件的背景材料、最新动态和未来走势，提供更快捷、更直接、更生动的新闻报道，这就是出镜记者。

电视新闻记者出镜源于西方广播记者在新闻现场直接录音报道。第一次世界大战中，美国哥伦比亚广播公司记者爱德华·莫罗首创了现场报道《这里是伦敦》，对德军轰炸英国作了生动的描述。电视新闻记者在现场录音的基础上增加了图像信息传播，形成了今天电视新闻报道中记者经常采用的报道形式。1996年中央电视台《新闻调查》开播，这一具有历史意义的新闻栏目催生出了我国第一批真正意义上的出镜记者。2002年下半年，北京广播学院筹办第一期“出镜记者”班，它的目标直指2008年北京奥运会。在当今电视屏幕上，无论是中央电视台还是地方电视台，电视记者出镜已不再是稀罕事，许多电视台在招聘新的电视新闻记者时，也把是否能够出镜作为甄选标准之一。“采摄分离”成为当代电视新闻报道的专业分工，电视记者就是要出镜、能出镜。

在激烈的电视新闻竞争中，记者不仅从镜头后走到镜头前，而且在镜头前已不满足于简单的播报，纷纷扮演起各种各样的角色来，从“播新闻”到“说新闻”甚至于“秀新闻”。正如本文开头所提到的，如果说整个电视新闻画面是一个符号系统，那么它的界面人物——电视新闻记者就是其中的一个符号。语言学之父索绪尔将符号的基本构成分为能指和所指，他把符号比喻为一张白纸，“能指和所指就是纸张的两面”①。能指构成表达面，所指构成内容面。由此可见，出镜记者及其所扮演的角色形成相对应的能指和所指关系。那么目前活跃在屏幕上的电视新闻记者都承担了哪些角色，这些角色又有什么含义呢?

（1）角色一：现场报道的记者——证人。电视新闻报道的精髓在于现场报道，特别是现场直播。对于站在新闻现场的记者来说，他的能指是现场报道记者或叫“前方记者”；而他的所指就隐含着证人的角色，他代替观众的眼睛，充当起新闻事件的现场目击证人。

（2）角色二：主题性新闻的记者——导游。目前，我们的报道中还有许多主题性新闻。出镜记者引领观众将新闻的各个部分串联起来，由现象真实进入本质真实，逐步领会新闻的主题。此时，他的能指是主题性新闻的出镜记者；所指则是“导游”。这个导游角色的使命在于：一方面是引导受众在所述事物间建立起内在联系，降低受众接受难度；另一方面是适时提供新闻背景信息，为受众释疑解惑。例如，中国广播电视新闻奖2003年度电视专题类获奖作品《云南农村征地调查》，该节目划分为四个环节：农民土地无偿被征、失地农民生活困难、盲目征地土地荒废、征地矛盾如何解决。记者像一个导游，引导观众从一个环节进入另一个环节，对云南农村地方政府违规征地现象有一个清晰完整的认识。

（3）角色三：调查性报道的记者——侦探。调查性报道起源于20世纪70年代美国的应用新闻学派，它认为新闻记者应当直面社会黑幕，勇于深入调查，敢于揭露丑闻背景，闻名于世的“水门事件”报道就是其代表作。新闻调查的选题往往涉及黑幕，记者要如同警察办案一样，追踪侦查，调查出新闻表层背后的隐情和真相。此时，出镜记者的所指又变成侦探。如2006年6月《焦点访谈》的《王子鞋城税案调查》，记者如同侦探一样，深入王子鞋城，对整个鞋城的纳税情况进行推理、调查、印证。当记者充当侦探这一角色时，他的调查活动也变成了新闻事实的一部分。

---

① 李彬. 符号透视：传播内容的本体诠释. 上海：复旦大学出版社，2003. 53.

（4）角色四：隐性采访的记者——演员。在隐性采访中，记者常常根据新闻拍摄的需要假扮成其他社会身份，以便深入新闻事实当中，取得大量令人触目惊心的事实信息。在这种隐性采访中，电视新闻记者的所指又变成演员，他像演员一样根据“剧情”需要变换身份。例如中国广播电视新闻奖2002年度新闻专题类获奖作品《鲜火腿遭遇污染》，两名记者假扮成火腿采购商，深入金华市的一家火腿生产厂，为取得对方信任，两名记者甚至准备好了名片、介绍信等。由于有火腿采购商的身份作掩护，他们顺利拍到了工人往火腿浸泡池里添加敌敌畏的关键镜头。

（5）角色五：为民跑腿的记者——公仆。在民生新闻栏目中，记者在接到观众投诉后，往往带着投诉人来往于各个职能部门间，帮助其解决一些难题，如消费维权、邻里纠纷等。在这里，记者角色的所指又变成公仆。例如，在《记者跑腿》里，记者有时像是民政部门人员，照顾被遗弃在路边的孤儿；有时像是居委会人员，解决邻里纠纷；有时又像是卫生部门人员，将堵在小区门口的垃圾处理掉。我们说的公仆有广义和狭义之分，广义的公仆就是为人民服务，记者无论是代言还是代劳，都是在为公众服务。狭义的公仆是指国家机关工作人员，如果记者过分介入到新闻事件中，行使政府职能部门的职责，那就是越俎代庖了。

在电视新闻报道中，记者扮演的角色可能并不是单一的。在各种新闻报道中，记者常常交叉扮演着多个角色，有时是把观众带到新闻现场的证人，有时又是一个如数家珍的导游，或演技出色的演员，或破解悬案的神探，当代电视新闻记者已经是一个多元化的角色。那么，在新闻报道中，记者扮演这些角色合适吗？下面我们再进一步解读这一问题。

二、角色符号的深层表意

哲学家拉康认为：“依据解构主义的看法，意义却是可望而不可即的‘海市蜃楼’，因为能指总是流动不居，漂浮无定，在意指过程中能指与其说指向一个所指，不如说是带出另外一个能指。”① 这就是符号的浅层表意和深层表意问题。在对电视记者角色的符号解读中，我们也可以构成两个符号系统（见下图）。

① 李彬. 符号透视：传播内容的本体诠释. 上海：复旦大学出版社，2003. 150.

<table>
<tr><td>能指 1</td><td>所指 1</td><td></td></tr>
<tr><td colspan="2">符号 1（浅层表意）</td><td rowspan="2">所指 2</td></tr>
<tr><td colspan="2">能指 2</td></tr>
<tr><td colspan="3">符号 2（深层表意）</td></tr>
</table>

在第一层次（浅层表意）的符号系统中，由“能指 1”和“所指 1”共同构成“符号 1”，由“能指 1”指向“所指 1”的意指作用已经建立，它指向一种知识、一段历史、一个事实、一种理念、一个意象。但当它进入第二层次（深层表意）的符号系统时，“符号 1”便变成了“能指 2”，这时它抛弃了自己内里的知识、历史、事实、理念和意象，除了可见的外壳外，一无所有，并且义无反顾地奔向一个新的能指。“这个过程可以无限地进行下去，形成符号在能指和所指方面的延伸和拓展。”① 例如，《新闻联播》的片头画面构成两个符号系统：在第一层次的符号系统里，画面中各种人物与景物是符号的能指，所指代表我国各民族、各地区、各社会阶层，其浅层表意是《新闻联播》的广泛性和代表性；在第二层次的符号系统里，这一全国电视新闻信息总汇（能指），加上含有国家和社会主义意味的五星红旗，所指就是对国家各阶层团结和社会主义性质的强调，其深层表意是《新闻联播》的政治性和权威性。

下面我们再用符号学的双层表意理论来解构电视新闻记者这一角色符号。按符号学理解，浅层表意层次是能指与所指之间，以及符号和它所指涉的外在事物之间的关系，如“玫瑰”意指一种“落叶灌木……刺很密……花多为紫红色，也有白色”及“这种植物的花”。即浅层表意层次是符号明显的意义，是大众文化和视觉传播中的一般常识。具体到前文所讨论的记者角色上来，对于现场报道的记者来说，他的所指是证人，他代替观众来到新闻现场，见证在新闻现场所发生的新闻事件以及进展状况，见证重大新闻事件发生的历史时刻，满足受众第一时间见证新闻事件发生的心理，此时，它的浅层表意就是新闻现场的目击者；而对于主题性新闻的记者来说，他扮演的是导游角色，浅层表意就是新闻故事的讲述者；对于调查性报道的记者来说，他扮演的是侦探的角色，浅层表意就是新闻事实的揭示者；而对于隐性采访的记者来说，他像演员一样根据“剧情”需要变换社会身份，虽然他们尽量不出镜，却能把黑幕掀开，取得铁证，此时其浅层表意是新闻内幕的演示者；对于为民跑腿的记者来说，他扮演的是公仆的角色，

① 曾庆香. 新闻叙事学. 北京：中国广播电视出版社，2005. 160～161.

在这类节目中，记者不再只是记录事实的旁观者，而是要参与到新闻事件中，此时他的浅层表意就是新闻事件的参与者（见表3－1）。

表3－1 电视新闻记者角色符号的浅层表意解构

记者角色	能指1	所指1	浅层表意
角色一	现场报道的记者	证人	新闻现场的目击者
角色二	主题性新闻记者	导游	新闻故事的讲述者
角色三	调查性报道记者	侦探	新闻事实的揭示者
角色四	隐性采访的记者	演员	新闻内幕的演示者
角色五	为民跑腿的记者	公仆	新闻事件的参与者

根据符号的双层表意理论，第一层次即浅层表意系统又为第二层次即深层表意系统提供了新的能指：记者角色符号的浅层表意分别为——新闻现场的目击者、新闻故事的讲述者、新闻事实的揭示者、新闻内幕的演示者、新闻事件的参与者，均成为第二层次的符号系统即深层表意系统的能指。

那么，在第二层次的符号系统中，这些新能指和所指及其深层表意又是什么呢？用符号学解释，符号的深层表意是一种文化意义，即符号的意义不再单纯地来自符号本身，有时甚至与符号的第一层意指本身毫无关系，而是源自对符号的一种社会使用与社会评价，即第二次符号化、第二次意指化。如玫瑰第二次所意指的爱情就与它所表示的“落叶灌木……刺很密……花多为紫红色，也有白色”及“这种植物的花”这一物体毫无联系。具体到电视记者角色：

对于角色一即新闻现场的目击者来说，他置身于新闻发生的真实场景中，见证在新闻现场所发生的新闻事件以及事件的最新进展状况，此时，他意指为一种以现场目击的视角，引领观众了解现场实况。同时，记者出现在新闻现场，本身就证明了新闻的真实性，而记者的现场解说，与现场画面相配合，也大大提高了电视画面的可视性。这一符号系统的深层表意是充分展示电视视听传播的特点。

对于角色二即新闻故事的讲述者，则通常站在完全知情人的角度、广度上，或纵横天下，或俯仰古今，深入新闻事实本质，甚至巧妙地加入叙述者的主观看法和主观情绪。此时，他意指为一种全知视角的叙事，对于一些具有重大意义和深远影响的事件，他从全知视角进行全方位、全景式的扫描，并根据观众收视兴趣巧妙地加以编排和发挥，从而激发观众对新闻主题的关注。同时，电视新闻记者还可以通过改变播报语态，变严肃庄重的“播新闻”为娓娓道来的“说新闻”。此时，记者新闻故事讲述者的作用是通过故事性，增强观众阅读力，其深层表意是解读电视新闻。

对于角色三即新闻事实的揭示者来说，他与角色二即新闻故事讲述者不同的是，在节目一开始，或记者进行新闻调查前，事实真相和新闻事件的发展走向对他和观众而言都是不可预知的，随着记者采访的深入，事件的进展，新闻真相层层揭开，观众的好奇心得到极大的满足，这就是限知视角的叙事。这种限知叙事的方法增强了节目过程的悬念感，利用不可预知性来吸引观众注意力，其深层表意是解密电视新闻。

对于角色四即新闻内幕的演示者来说，记者通过暗访，揭开重重黑幕，体现了媒体的舆论监督功能，此时，他指向舆论监督的焦点。同时，由于记者是借助另一社会身份进入到新闻现场的，采访对象、采访环境完全真实，记者起到提高舆论监督、增强公信力的作用，其深层表意是行使媒体监督权利。

对于角色五即新闻事件的参与者来说，他的“跑腿”行为，不是一种个人行为，而是代表他所在的媒体和栏目。这里回到前面所说的“秀新闻”，什么是“秀新闻”呢？如果说“播新闻”是对新闻事实的报道，那么“秀新闻”就是对新闻事实报道的报道，它展现的是记者活动和报道的过程。对“过程”的报道是符合电视传播特性的，由于有记者的参与，形成了记者、观众、节目的三方互动，记者这一行为具有提高服务性、增强互动性的作用，体现了媒体的人文关怀，其深层表意是树立媒体形象（见表3-2）。

表3-2 电视新闻记者角色符号的深层表意解构

记者角色	能指2	所指2	深层表意
角色一	新闻现场的目击者	真实时空的视点	展示电视特点
角色二	新闻故事的讲述者	全知视角的叙事	解读电视新闻
角色三	新闻事实的揭示者	限知视角的叙事	解密电视新闻
角色四	新闻内幕的演示者	舆论监督的焦点	行使媒体监督权利
角色五	新闻事件的参与者	服务受众的亮点	树立媒体形象

三、电视新闻记者的角色错位

通过对电视新闻记者符号学的深层解读，可以发现，在记者扮演的角色表层背后，透露出完全不同的信息，电视新闻记者角色不仅仅代表个人，同时也是媒体的形象符号。然而，在不少电视新闻报道中，由于对符号意义认识上的误区，往往产生各种错位，由此影响了电视新闻的传播效果，影响了出镜记者作用的发挥，甚至会影响电视新闻的舆论导向。因此，电视新闻记者如何正确把握自己的角色就成了一个重要课题。对于电视新闻记者来说，无论扮演哪种角色，都应该把握以下三个原则：

1. 做报道员不做评论员

在电视记者的角色符号中，不论是新闻现场的目击者，还是新闻故事的讲述者，都是电视新闻的报道员，而非评论员。刘其中教授认为："新闻就是新闻，言论就是言论。记者不宜在新闻里发表个人见解；如果真有个人意见发表，请你写在评论、述评或个人署名文章里。"① 那么，这两者有什么区别呢？前者主要是传递事实性信息，后者主要是传递意见性信息。在报道中，这两者往往不好区别。问题就出在全知视角与限知视角的运用上。

根据法国结构主义批评家热奈特的三分法，新闻报道的叙事角度可分为如下三类：①零度焦点叙事。又称为全知视角，其特点是叙述者并无固定视角，像一个全知全能的上帝，洞察一切。②内焦点叙事。又称限知视角，采用一个人物的角度表现事件，作品叙述受到叙述者视域的限制。③外焦点叙事。叙述者像摄像机一样只客观地记录事情的表象，排除一切人物思想感情的传达。其中，全知视角是目前我国新闻报道常用的叙述方式。但是一方面，全知视角缺乏对新闻来源的交代，会影响读者对新闻材料的判断，模糊事实与评论之间的界限；另一方面，全知视角会越界演变成"合理想象"，从而出现一种情况：看似记者在叙述事实，实际上是在进行"合理想象"的评论。因此，应慎用全知视角，多用限知视角，这样不仅可以清楚交代新闻来源，而且以"某个人讲的"角度叙事，可有效避免记者直接评论。

2. 做监督员不做审判员

在电视记者的角色符号中，不论是新闻事实的揭示者，还是新闻内幕的演示者，都可以行使舆论监督的权利，做一个监督员，但绝非审判员。对传播系统而言，它主要是依靠舆论的力量来协调社会关系，传播的"协调"功能英语原文为 Communication Management，Management 有"管理、支配"的意思。可以这样理解："人类社会正是通过传播系统来管理、统一社会成员的不同意见，形成舆论，达成共识，用舆论引导社会成员，以使其行为趋近协调和平衡。"② 在现代社会中，被大众传播放大了的舆论力量无处不在，使传播对社会的协调功能表现

---

① 李希光．畸变的媒体．上海：复旦大学出版社，2003. 38.

② 刘兢．解读新时期的"新闻审判现象"．五邑大学学报，2004，2（6）．

得空前强大。在这种背景下，电视新闻记者要更加慎用自己的话语权，防止滥用舆论力量，形成社会对该新闻事件的舆论偏见，甚至出现“新闻审判”。早在1998年“张金柱案”判决之前，传媒界声势浩大的讨伐已形成了“大众审判”，以致张金柱在死前哀叹，他是“死于传媒而不是死于法律”。事实上，“新闻审判”不仅限于法制新闻报道中，在其他新闻类型中，记者如妄下断言，也会造成新闻审判。因此，对于电视记者在新闻报道中扮演的角色，无论是证人、演员、导游、侦探还是公仆，他都可以行使舆论监督权力，但是必须站在中立而无主观价值判断的立场上，要牢记你是记者，而不是法官。

3. 做参与者不做制造者

问题又回到本文开头，即如何解读《记者跑腿》上。在电视记者角色符号的浅层表意里，记者可以参与到新闻事件中去，扮演公仆角色。但这与政府部门的公务员是不同的，记者不是行使行政权利，而是提供资讯服务。在《记者跑腿》里，记者的行为实际上是在“秀新闻”，它隐含着新闻策划。新闻策划与策划新闻是两个完全不同的概念。前者是有中生好，后者是无中生有。近年来，电视新闻记者加强新闻策划，关注民生，参与民事，这是好事。但“秀新闻”要把握好“度”，不可走得太远，不能为了吸引观众眼球，追求戏剧效果，而直接和过分地干预新闻事实。例如，为了让市民见证“110”报警服务快速反应的过程，湛江电视台一名记者在新闻节目里做了一个测试，向“110”谎称发生一起绑架案，由于是重大恶性案件，迅速来了四批警察，一时间警车呼啸，观众看得十分过瘾。事实上，该节目播出后出现多起“110”骚扰电话，负面效应出来了。这个新闻的制造，显然违背了新闻事实第一性、新闻报道第二性的原则。电视新闻记者可以参与到新闻的策划中来，发挥主观能动性，但绝不能制造新闻，而应回归到新闻本性上来，依靠新闻自身的魅力赢得观众。这样才不会造成电视新闻记者的角色错位。

在电视新闻屏幕上，除了现场报道的记者外，还有一个很重要的角色，那就是新闻播音或新闻主播，这也是值得我们研究的对象。

第三节　中国电视呼唤新闻主播

“2005年中国电视主持人论坛暨颁奖盛典”上首次设立了“年度最佳新闻主播奖”。中央电视台康辉、湖南电视台张丹丹和上海东方卫视劳春燕获此殊荣。在2007年2月举行的“第50届纽约国际电影电视节”上，凤凰卫视的胡一虎获得“最佳新闻主播奖第三名”（第一名空缺，第二名是CNN的一位主播）。目前在网络上搜索到的“新闻主播”词条有二三十万条。这些都说明了新闻主播正日益得到关注，中国电视呼唤新闻主播。然而，到底什么是新闻主播呢？目前人们的认识还相当模糊。因此，理清新闻主播相关概念和建立相关的理论，对我国电视新闻改革与发展显得尤为重要。

一、新闻播报的源流

一般认为新闻主播是来自于英文“Anchorman”，先是港台地区将其翻译成“主播”，之后经内地引进逐渐形成了我们今天所说的新闻主播。“主播”的引进绝不只是称呼的改变。要理清它的内涵和特征，还得从与之相关的播音员和节目主持人入手。

1. 播音员

关于播音员的定义，在张颂主编的《中国播音学》一书中给出了较为详细的解释：“传统播音”是一个广泛的概念，凡是在电台、电视台的专业工作者，在话筒前、屏幕前所从事的活动，都是直接向听众、观众传播信息的有声语言活动。播音员的主要任务是把编辑部门采访编写的各类节目的文字稿转化为有声语言向受众传播。

可见播音员更多的是以“传话筒”的身份出现，在节目的播出中处于第三人称的地位，他们的任务主要是忠实地表达作者在稿件中所反映的主题思想，准确地表达每一个字。美国学者海德在《广播电视概论》一书中曾说：“作为一名播音员，最难对付的工作之一是以有效的方式朗读他人撰写的稿件，在以撰写为起点，听众为重点的传播纽带中，你起的是桥梁的作用，你的职责是把作者的思想忠实地传递给听众、观众。”①

播音员除了作为“话筒”忠实地把稿念好之外，他们一般不参与采访、编稿等工作。一般也不会固定在某个节目中，与具体的节目没有固定的联系，只负责最后一道工序——播报。同时，基于我国特有的国情，我国的播音员直接代表国家在新闻媒体中的权威形象。如大家所熟悉的中央电视台《新闻联播》的播音员，他们直接以第三人称的形象代表着国家政府的形象向观众传达新闻信息。

2. 节目主持人

与播音员相比较，节目主持人的发展要曲折一些。1981年元旦，中央人民广播电台从对台宣传的实际情况出发，开办了由徐曼主持的《空中之友》节目，

---

① 陆锡初. 节目主持人概论. 北京：中国广播电视出版社，1991. 89.

从此，在中国广播史上，徐曼成为了第一个正式以主持人名义出现的节目主持人。节目主要策划者兼负责人于礼厚撰文回忆《空中之友》筹办的经过：我们请袁相隆先生（台湾归来的船员）介绍台湾的广播电视节目形式和他在西方各国看到的广播电视节目形式，当他介绍完节目主持人的形式时，我马上意识到这就是改革我们广播电视的一个突破口，之后，我便在中央人民广播电台对台广播中力主开办主持人形式的节目。

发展到今天，我们对电视节目主持人有了更多的理解，但主要还是指在有明确的节目定位、有固定时间的广播电视节目中，较为固定的以第一人称出现的直接面对受众引导节目进程的传播者，他们多以谈话体的状态播出节目。也就是说，主持人更多的是一种以真实的个人身份在节目中使用第一人称的传播者。

本研究主要探讨的是有关新闻性节目的播报者，因而将着重于对新闻性节目的分析。学界对于到底该不该称谓“新闻节目主持人”一说还存有很大的争议。有些学者认为，主持人与美国的“Host”相对应，而“Host”在美国主要是指称娱乐类节目的传播者，进而认为主持人就是专指娱乐类节目的传播者，而对于新闻类型的节目则不能称之为主持人，而应该称之为“Anchorman”，也就是“新闻主播”。暨南大学的黄匡宇更直言道：“‘新闻节目主持人’这一说法纯属子虚乌有!”

与此相反，更多的业界人士则认可“新闻节目主持人”这一说法。著名节目主持人白岩松就曾说：“新闻是社会的良知，主持人若不具备认识的高度及健康的良知，就无法传递出对社会及观众有益的信息。”① 从这段话中可见他是把主持人归为新闻类节目的。对于到底何谓电视新闻节目主持人，有很多的学者对此下过定义，总体来看，主要是将新闻节目主持人看作是众多节目主持人中的一类，他们的主要任务是将节目中的各类新闻串联起来，将节目内容顺畅地组合起来，在规定的时间内按顺序播出。他们的工作范畴包括新闻串联、现场采访、即兴评论、现场调度、把握时间等。

二、新闻主播的起源

目前，我国对新闻主播的认识皆源自国外，尤其是美国的电视新闻播报。在国外，与新闻主播相关的主要称谓有：Announcer（播音员）、Presenter（报道员）、Host（节目主持人）、Moderator（原意是仲裁人、协调人，借用到电视节目中，特指游戏、竞赛类型节目的主持人）和Anchorman（一般译为新闻主播，

---

① 李立. 尴尬与超越. 北京：北京广播学院出版社，2006.4.

源于美国）。

从1955年开始，美国哥伦比亚广播公司（CBS）一直保持全国电视收视率第一的位置长达21年之久。它的成功来自于高质量的新闻节目。而这种高品质的新闻节目的风格和特性是由最具有影响力、最经常同观众见面的记者（或主持人）的个性风格来决定的。CBS充满个性风格的主持人是从第一代的默罗开始，接下来是克朗凯特，然后是丹·拉瑟。克朗凯特曾说，CBS的新闻特征是由“对个性的崇拜”为基调组成的。个性风格是主持人或主播的重要特征。

人们最早熟悉默罗是从广播开始的，1938年的《慕尼黑危机》报道和1940年的《这里是伦敦》的广播，使他成为一名“那个年代像艾森豪威尔一样的英雄和人物”。直到1951年11月18日，《现在请看》节目第一次播出，默罗才真正开始在电视观众面前展示他独特的个性风格和表达方式。默罗的另外一个颇具风格的节目是著名的访谈节目《面对面》，默罗先后邀请了500多位嘉宾，在他平和的发问下，和观众一起去追究并思考生活中被忽略的问题。我们必须看到，此时的默罗还不是真正意义上的新闻主播，他更像是一名新闻节目主持人。主持人的存在首先依赖于与之相对应的节目形态的存在，也就是所谓的主持人节目。陆锡初的《节目主持人概论》一书曾这样定义：所谓主持人节目，是相对于播音员播出的节目而言的，是指有固定的真实的人，以个人的身份与受众直接交流并主持的固定的广播电视节目。在节目中与嘉宾交流是主持人的重要特征。

真正意义上的新闻主播当属CBS的第二代当家人克朗凯特。美国传播学者布耶（Boyer）曾经说：“沃尔特·克朗凯特虽然在美国最躁动不安、最是多事之秋的60年代和70年代担任哥伦比亚广播公司的新闻节目主持人，但他始终保持着沉稳、自信、忍耐、执著、持之以恒和严肃认真的品质。”[①] 克朗凯特在一系列重大历史事件中——总统选举、越南战争、种族冲突、暗杀事件、水门事件及阿波罗号登月等——扮演着通告消息、揭示事实和解释事实的角色。在1952年冬天，他已经不再是一般的Announcer，而被CBS称为“Anchorman”。查阅《新英汉词典增补本》，我们发现“Anchor”的第一个义项是“锚”，第四个义项便是“团体比赛中位置（或顺序）排在最后的运动员”。休伊特曾明确地告诉中国记者，“Anchorman”与船锚没有任何关系。他说“Anchorman”是借用词，来自体坛，借用了某一接力赛运动队最佳选手的名字。进而解释说，在田径接力赛中，跑最后一棒的，总是最强最棒的人，这个人就叫“Anchorman”。

但是此时的克朗凯特既无内容主控权，又无高薪收入，只是在声名上显得耀

---

① 王纬. 镜头里的“第四势力”——美国电视新闻节目. 北京：北京广播学院出版社，2000. 26.

眼，在公众心目中像一个权威。所以，20 世纪 50 年代的克朗凯特并不是现在意义上的新闻主播。整整 10 年之后，CBS 才推出《克朗凯特晚间新闻》，任命休伊特担任执行制片人，克朗凯特担任主播。这一次，克朗凯特才提出他必须拥有“managing editor”职权，即对新闻报道的选题和新闻制作过程具有决策权。自 1963 年开始，克朗凯特作为主播，同时也是主编。但是，他的薪金并未随之增加，因而克朗凯特并不富有。

然而就是这个变化，让“主播”概念从此有了属于自己的更为准确的含义。即不仅在演播室现场负责组织新闻报道的串联，而且从头至尾要在节目制作流程中起内容主导的作用，主播即主编，是栏目内容的最高领导。也就是在此时，才产生了真正意义上的新闻主播。之后进一步发展，逐渐进入了电视新闻明星制时代，而这个时代最大的受益者是丹·拉瑟。

1981 年，克朗凯特退休，丹·拉瑟继任，他继承了克朗凯特拥有的一切，但权力更大。他不仅控制着自己栏目的内容，而且在 CBS 制定新闻制作政策的时候也有发言权。他无须通过制片人，可以直接给记者部署报道任务。他甚至有权调用一切他所需要的人员——列出新闻部所有一流记者、一流摄像师、一流灯光师、一流录音师的名单，这些人必须随时听命于他，而其他制作人如果需要这群人，必须得到拉瑟的首肯。

此外更重要的是，拉瑟得到了克朗凯特从来没有得到过的高薪——年薪 220 万美元！ABC 和 NBC 很快知道了这个消息，觉察到全新的新闻主播时代来临了，他们也必须给自己的主播大幅度提薪。这消息拉瑟很快知道了，他觉得自己和其他主播不应该等同，自己是灯塔，所以他要 CBS 追加薪俸。结果，CBS 给拉瑟每年加了 80 万美元，并且签下延续雇佣合同，保证拉瑟担任晚间新闻主播直至 1990 年。事实上，拉瑟一直做到 2004 年，最终因为“小布什案”才被拉下马来。

可见，到了 80 年代的拉瑟时代，电视新闻主播才开始集内容控制权和巨薪于一身，并最终确定其基本属性，形成电视新闻主播的三大特点：言论权威、内容大权、高薪收入。准确地说，这是超级新闻主播的特点。

三、中国特色的新闻主播

如上所述，新闻主播与播音员有很大的区别，与新闻节目主持人却十分相似，这也是业界常常把两者混为一谈的主要原因。其实，新闻主播还是有其独特的传播功能和工作职能的。他在新闻播报中的作用与地位是播音员和主持人都不可替代的，他将在我国电视新闻改革中扮演重要的角色。我们认为新闻主播有三个主要特征：

首先，新闻主播是新闻节目的主要播报者，他与新闻节目主持人的区别在于：前者的传播语态是播报，主要是一个人播讲消息类节目或杂志型节目；后者的传播语态是谈论，主要是通过与嘉宾和评论员的交谈，主持谈话类新闻节目。同时，为了形成个人风格和节目品牌，新闻主播所在的栏目是相对固定的，并对其进行包装推介，在国外甚至以名主播的名字来命名栏目。

其次，新闻主播与播音员的区别在于：新闻主播除了播报之外，还负责新闻内容的选择和编排，实际上行使主编的职能。丹·拉瑟的工作是这样的：每天上午11点钟，新闻中心根据采集到的所有重要新闻打印出一个目录。编辑经过初选后，在12点钟时，打印出第一张节目单。节目单下方画一条曲线，线上面的新闻目录是《晚间新闻》准备采用的，线下面的新闻目录是备选的。这张节目单打出来之后，丹·拉瑟就和他的三位主要助手开会，讨论并确定《晚间新闻》上哪些新闻，哪条新闻上头条，等等。由此可见，作为主播的丹·拉瑟拥有新闻内容控制权。“新闻节目竞争在于新闻‘含金量’的竞争。未来将是一个信息资源共享的时代，几乎没有什么信息可以独家占有，唯一可以追求的是独家的视角，主播将对共享资源中的独家视角发挥至关重要的作用。”①

再次，为了确保对新闻内容传播的掌控，他还要负责调度和指挥一个工作团队。这里要指出的是，我国的新闻主播与国外的超级主播不同，他主要拥有内容控制权，而不一定拥有行政控制权。因此，还需要制片人和监制给予配合支持。当然，对于一些名主播，也应让他拥有一定的行政控制权，让他掌握更多的节目资源，以打造节目品牌。

综上所述，我们可以给新闻主播作一个较为严格的界定：新闻主播就是新闻内容的编播者，他不仅是新闻栏目相对固定的播报者，而且拥有播出内容的控制权，为了确保这一控制权他还享有一定的行政权力。这与目前我国业界习惯称谓的新闻节目主持人还是有较大区别的，一般来说，所谓的“新闻节目主持人”并不完全具备以上特点，除了播报语态之外，其与播音员并无多大差别，且带有一定的表演成分。因此，笔者认为还是叫“新闻主播”更准确一些，也更符合电视新闻的传播规律。

然而，集编播于一身的新闻主播，目前在我国还比较匮乏，优秀的新闻主播就更是寥若晨星了。如何培养和造就更多优秀的新闻主播？笔者认为应从以下三个方面去努力：

---

① 叶璐. 透视我国新闻主播的发展及问题. 当代电视，2005（7）：31.

1. 转换机制，创造良好的外部环境

郭镇之教授曾经指出：媒体与政府合为一体的体制为世人所诟病。这一体制的确制约着新闻主播的话语空间，然而体制改革的确不是一件一蹴而就的事。在现行的新闻体制下，我们首先要更新观念，正确认识新闻主播的自身价值。其次要转换机制，为新闻主播提供最多的新闻采访、编辑和播出的权利。变行政中心制为制播中心制，让他们拥有更大的新闻内容掌控权、制作资源掌控权，从而为新闻主播提供更大的发展空间。

2. 改革高等院校的专业设置

我国高校的播音主持专业教育存在一种畸形现象：一方面报考播音主持专业的学生挤破了门槛；另一方面无法满足业界对这类专业人才的需求。目前，我国大部分高校是将播音员、新闻主播和节目主持人这三种专业人才培养统统放在一个播音主持专业里，这种教育模式的弊端就是除了播音技能和理论外，学生无主专业，根本满足不了电视新闻传播的需要。因而，我们认为应该把该专业一拆为三：一是播音专业，属于应用语言学；二是将节目主持人作为影视艺术专业的一个方向；三是将新闻主播作为广播电视新闻学专业的一个方向。从学科性质和专业分工的角度来看，这样的专业设置更为科学。

3. 转变新闻主播的培养模式

实际上许多新闻主播或新闻节目主持人并非来自播音主持专业。反观国外，根本就没有播音主持专业。不仅美国没有，世界上所有传媒大国都没有。无论是CBS的默罗、克朗凯特、丹·拉瑟，还是ABC的约翰·达利、弗兰克·雷纳兹、彼德·詹宁斯，抑或是NBC的约翰·钱塞勒、汤姆·布鲁考等大腕，这些新闻一线的“老记”，无不是经过摸爬滚打半辈子才坐上新闻主播的宝座。新闻主播的产生和培养不是一朝一夕就可以完成的，在我国，正如胡一虎所说，“新闻主播路还很长”。如某新闻频道选拔新闻主播，却要参赛者进行才艺表演比赛，这无疑是将新闻主播等同于娱乐节目主持人，这样能选到优秀的新闻主播吗？优秀的新闻主播不是来自于播音员，也不是来自于节目主持人，更不是来自于刚刚走出校门的学生，而是来自于新闻一线的资深电视新闻记者。

第四节　主持人培养模式改革

“现在我们的主持人是又多又少。多是指总量上，现在估计全国主持人恐怕不少于5万人，电视恐怕得有两三万人，但有影响的、观众喜欢的主持人少。主持人看着多，但用的时候嫌少。”① 这是中国广播电视学会节目主持人委员会理事长白谦诚对我国主持人现状的一番准确分析。

“主持人多”的结果是大量播音主持专业的学生毕业后找不到专业对口的工作，我国播音主持教育呈现出供大于求的局面。“主持人少”的原因在于高校教育培养出来的主持人不能很好地满足业界要求，而优秀主持人在业界供不应求。为什么会同时出现供大于求和供不应求的尴尬局面呢？中国高校的主持人培养模式到底出了什么问题？我们又该如何解决这一问题？以下逐一对这些问题进行分析。

一、现状与问题

1. 招生过热，主持人专业发展过快，且为我国独有

现在高校播音主持专业成为众报考者的热门专业，中国传媒大学播音主持艺术学院 2007 年招生已呈现“千里挑一”的局面，“该校播音专业今年计划全国招生 60 人，报考该专业的人数已超过 6 000 人。”② 全国各播音主持院系的招生情况也大多如此。

报考者多带来播音主持专业的蓬勃发展，“据不完全统计，现在全国开办‘播音与主持’专业的院校约有 200 多家……其学历有职高、大专、本科、双学位、研究生等多个层次，参与这场办学竞争的，既有普通高校，也有众多民办院校，还有国家重点大学”③。

目前仅本科层次就有 45 所院校开办了播音主持专业。从 1960 年北京广播学院（即现在的中国传媒大学）第一个开办主持人专业到 2000 年，整整 40 年间我国一共只开办了 5 个主持人专业。其后开始了大跃进式的发展，2003—2005 年的三年里共有 30 个学校迅速开办了主持人专业，这样的发展很难说是成熟稳健的，事实上有很多院校的主持人专业都是仓促上马，办学条件相当不成熟。2005 年国家公布的《中国高校本科教育总览》已经将播音与主持艺术调整为“需一般控制设置的专业，由教育部负责审批”。

同时“中国的主持人教育可谓世界首创，绝无仅有”，“在主持人的故乡美国，根本没有专门培养电视节目主持人的专业教育，不仅美国没有，世界上所有

---

① 白谦诚访谈录．央视国际网．http：//www. cctv. com/anchor/special/C10554/20040601/101422. shtml，2004－06－01．

② 艺术院校招生继续升温　北影表演系首日报名过千．http：//news. sohu. com/20070226/n248352799. shtml，2007－02－26．

③ 陆锡初．主持人教育新构想．声屏世界，2005（2）：36．

传媒大国一概没有”①。在这种没有主持人专业的情况下，美国却涌现出了大批优秀的主持人。而我国主持人专业教育发展至今已有47年，并没有出现如默罗、克朗凯特、丹·拉瑟、拉里·金、奥普拉·温弗丽这样众多的成功主持人。

2. 学生专业对口就业难，业界缺合适主持人

播音主持教育虚火太旺导致供大于求局面的出现：毕业学生太多，主持人岗位有限。“根据国家广播电影电视总局人事教育司的统计，截至2003年底，全国播音员、主持人是22 600人（岗位）。就总体情况来说，中央、省及省辖市广播电视机构的主持人就业岗位目前已经处在基本饱和的状态。”②

“现在每年都有主持人专业毕业大学生到电视台寻找工作机会，但能够上岗的机会几乎没有。”“由于招生周期与就业周期存在着很大的矛盾，现在一些大学的主持人专业毕业生绝大多数面临待岗、转行的境地。”③

一方面是学生找不到专业对口的工作，另一方面是电台、电视台总为找不到合适的主持人发愁。中国主持人专业发展50多年，中国电视观众10多亿，有影响力的优秀主持人却不多。

3. 许多优秀主持人出身于非主持人专业

国外很多优秀的新闻主持人都是资深记者或者编辑出身，而娱乐节目主持人很多由演艺明星担纲。2006年，世界品牌实验室编制了一份《中国最具价值主持人》榜单，在10位品牌价值最高的主持人中，播音专业科班出身的只有李咏一人（见表3－3）。

表3－3 2006年度“中国最具价值主持人”专业出身

排名	主持人	品牌价值	所在媒体	专业出身
1	李咏	5亿元	中央电视台	中国传媒大学播音系
2	王小丫	3.4亿元	中央电视台	经济学专业
3	窦文涛	3.2亿元	凤凰卫视	武汉大学新闻系
4	陈鲁豫	3亿元	凤凰卫视	中国传媒大学国际新闻系
5	汪涵	2.4亿元	湖南卫视	湖南广播电视学校

① 孙祖平．中国主持人专业教育问题探究——兼上戏主持人专业十年办学思考．上海戏剧学院学报，2005（4）：74.

② 毕一鸣．播音主持人艺术专业教育忧思录．传媒观察，2004（8）：39.

③ 李成家，韩喆．艺术类高考考场面对面　播音主持　广播电视编导专业．沈阳：春风文艺出版社，2007.

（续上表）

排名	主持人	品牌价值	所在媒体	专业出身
6	许戈辉	2.3亿元	凤凰卫视	北京外国语大学英语系
7	白岩松	2.1亿元	中央电视台	中国传媒大学国际新闻系
8	朱军	1.5亿元	中央电视台	战士、演员出身
9	袁鸣	1.2亿元	东方卫视	上海外国语大学对外汉语专业
10	庞晔	1.1亿元	中央电视台	中国传媒大学编导专业

从表3-3可见，新闻类和语言类是两大主要专业构成，播音专业毕业的仅一人，这说明了优秀主持人来源的多元化和非播音主持专业化。

二、学者、业界对播音主持专业的反思

在笔者之前，已经有很多学者和业界人士对我国播音主持教育提出了质疑，他们对播音主持专业质疑的程度和所持态度各有不同。

1. 认可播音主持专业的基本方向，主张调整教学细节

中国传媒大学播音主持学院付程教授在2001年指出，学校的专业教育使得培养出来的人才基础扎实，学养丰厚，业务方面也有相当的优势。但毕业生基础相对薄弱，知识面偏窄，后劲不足；课程设置不合理，教学方式主要是“单向式”、“灌输式”，专业教师不足……①付程老师肯定了学校专业教育在培养播音员、主持人上的优势和方向，认为需要调整的只是专业教育中的具体问题。

2. 主张控制播音主持专业规模

南京师范大学毕一鸣教授在2004年指出：“目前这项专业教育处在低水平盲目扩张的状况，总体规模已经是供大于求，今后的就业形势不容乐观。”在分析了盲目扩招的原因后，毕一鸣认为应当“遏制那种盲目办学的势头，认真审查各校办学、办专业的资质”②。

3. 提出改变播音主持专业的办学思路和方向

2004年，上海戏剧学院主持人专业创始人孙祖平教授根据其10年办学经验指出：“节目主持人不是一个纯粹统一的职业，而是一个由不同职业构成的工种概念，而我们却把这些从事各种不同职业的人士看成纯粹的同一种人。”“十年

① 付程．21世纪对播音主持艺术教育专业的要求．现代传播，2001（1）：115~120．

② 毕一鸣．播音主持人艺术专业教育忧思录．传媒观察，2004（8）：39~41．

主持教育的最大失误在于没有分门别类地培养电视节目主持人。"[①] 孙祖平的观点较单纯地控制规模又进了一步。

2006 年，北京师范大学博士生马莳提出要对主持人进行类型化培养，他指出按照节目类型属性，主持人有"八分法"、"五分法"和"四分法"三种分类，但没有明确提出按哪一种分法分类培养主持人，也没有考究现有播音主持专业是否有能力来进行分类培养。即他指出了问题，提出了一个模糊的解决方向，但没有提供真正的解决方案。[②]

4. 认为主持无艺术，动摇了播音主持专业存在基础

在业界，主持人杨澜认为"主持无艺术"。1996 年，她在《凭海临风》中写道，"在哥伦比亚大学期间我主修国际传媒专业。作为常青藤名校之一的哥伦比亚大学的藏书量不可谓不丰，我却没有查找出一本有关所谓主持人理论方面的书籍。有关主持人的著作除名人传记外，只有一本名为《采访的艺术》的书带有一些理论色彩"[③]。

"主持无艺术"观点的提出引起业界和学界一片侧目，"我们私下有过不少议论，有的觉得困惑，甚至对'播音与主持艺术'这个专业的规范性产生怀疑"[④]。的确，如果主持没有艺术可言，如果国外没有播音主持专业，那么我国的播音主持专业是否还有存在的必要呢？尽管争议众多，但 2005 年杨澜在首届金话筒论坛上再次表示"主持不能算是艺术"[⑤]。

我国高校教育很少有哪个专业像播音主持专业一样受到这么大的质疑，播音主持专业到底存在什么问题，又该如何去解决这些问题？

三、播音主持专业受质疑的原因所在

1. 受利益驱动办学，教学质量难以保证

播音主持院系发展迅猛的原因令人深思。首先，办播音主持院系可以提高学校知名度，多年来，中国传媒大学成功地向全国各级广播电视媒体输送了很多播音员和主持人，他们成名后提升了中国传媒大学的知名度和影响力，引得不少学

---

① 孙祖平. 中国主持人专业教育问题探究——兼上戏主持人专业十年办学思考. 上海戏剧学院学报，2005（4）：73，76.

② 马莳. 论节目主持人类型化培养. 现代传播，2006（2）：131～133.

③ 杨澜. 凭海临风. 上海：上海文艺出版社，1996.

④ 应天常，陶曼. 杨澜还是别这么说——关于《主持无艺术》的对话. "中国电视"博客. http：//ytv. blog. hexun. com/2711619_ d. html，2006－03－11.

⑤ 杨澜. 主持不能算是艺术却是我的人生. 人民网. http：//media. people. com. cn/GB/40701/3535381. html，2005－07－12.

校艳羡不已，也纷纷开办主持人专业。

其次，受经济利益驱动。2005 年，国家在调整高校专业名目时把播音主持专业从新闻类专业调到了艺术类，这样就降低了考生在高考分数上的门槛，可以广收学生，同时又可以按艺术类专业的标准收取高额学费，开办主持人专业和大量招生就变成了一件赚钱的事情。

明星效应—生源充足—赚钱专业—供大于求，在名和利的驱动下，在学生的盲目追捧下，形成了一条播音主持生产线，导致的结果就是该专业毕业的学生太多，想找到专业对口的工作很难。

目前播音主持专业的学生不仅数量多，质量也难以保证。由于办学仓促，很多播音主持院系根本无法保证教学质量的师资。学生多，老师少，专业课教师匮乏。很多专职教师往往是别的相关专业出身，如语音、中文、表演、新闻等，没有受过专业训练也缺乏播音主持实践经验；有的院校办主持人专业主要依靠外聘的在职播音员主持人，但他们很难保证教学时间，由于教学方法等问题也未必能保证教学质量。

2. 主持人选拔方式的变化使播音主持专业学生不具备必然就业优势

过去，电台、电视台招聘主持人主要是去知名播音主持专业挑人，而现在选拔主持人的途径更加多元化了，可以通过公开招聘、举办主持人大赛或者挑选主持人的常规节目等途径来进行。

如撒贝宁、沈冰在分别获得中央电视台 2000 年“荣事达杯”金奖和银奖后进入中央电视台工作，此前撒贝宁就读于北京大学法学系，而沈冰在新加坡《联合早报》工作。河北大学计算机系 2002 级学生尉迟琳嘉在参加《挑战主持人》节目成名后，被包括中央电视台在内的多家电视机构青睐，现在他已经成为了凤凰卫视的主持人。就读播音主持专业和成为主持人之间不再必然划上等号，当很多其他专业毕业的学生也来抢主持人饭碗的时候，播音主持专业的学生想找到满意的工作就更难了。

3. 主持人专业难以培养主持人所需综合素养

白谦诚指出：“有些学校培养播音员有办法，而培养主持人没多少办法，因为培养播音员和主持人是不一样的。”① 播音员所需技巧比较单一，主要是规范的语音、科学的发声方法和播读新闻以及配音的技巧等，这些都可以通过播音主持专业教育掌握。中国传媒大学播音主持艺术学院最早就叫北京广播学院播音系，为全国各级广播电视机构输送了很多优秀的播音员。

---

① 白谦诚访谈录. 央视国际网. http://www.cctv.com/anchor/special/C10554/20040601/101422.shtml, 2004-06-01.

优秀的主持人应当具备新闻素养、逻辑思维能力、知识素养、分析判断能力、场面驾驭能力、艺术表现能力等。这些素养或是通过常年学习获取，或是在生活经历中积累，并不是几年主持人专业教育能够提供的。孙祖平教授说："节目主持人不是一个纯粹统一的职业，而是一个由多种不同职业构成的工种概念。所谓主持能力，不是一种纯粹统一的技能，而是由职业的学识能力和多种技术能力多维集束支撑的综合力。"① 从理论上来说，学校教育很难培养出优秀的主持人；从实践来看，很多优秀的主持人也并不是毕业于播音主持专业，这一点已经从表 3 - 3 中得到证明。

很多时候，优秀的主持人是社会而不是播音主持专业培养出来的，凤凰卫视主持人杨锦麟就是一个突出的例子。杨锦麟如果按播音主持专业的标准来衡量是不合格的，有人笑评杨锦麟"口音不那么正常，英语说得更恐怖，闭着眼睛也能把他和北广播音系千百名毕业生区分开来"②。但杨锦麟依靠《有报天天读》节目依然成为备受欢迎的主持人，观众喜欢他的原因在于他对新闻的独到分析。这种分析能力来源于他历史专业出身的知识积累；得益于他曾先后在多家媒体担任记者、主笔、主编的媒体经历；也得益于他 50 多年来上山下乡、学工学农、求学教书、卖文为生，在底层苦过、上层混过、内地待过、香港漂过的复杂人生。

四、主持人培养模式改革方案

针对这些现状和原因，笔者认为应当尽快调整和改变我国主持人的培养模式。

1. 一分为三，拆分播音主持专业

笔者认为主持人应当分类培养，如果不分类培养，培养出来的人既无法播音，也无法主持好任何一类节目。但分类不能太细，分得太细会导致无法在实践中操作，或者培养出来的学生缺乏就业适应面。笔者认为可以把目前的播音主持专业拆成三个部分：播音专业、新闻主持方向（设在广播电视新闻专业）和娱乐主持方向（设在影视艺术专业）。

之所以是这三个部分而不是其他，得从播音员、主持人的源起和释名说起。最早出现在美国电视屏幕上播报新闻的媒介人物叫 Announcer，他们所承担的职能是直观地播报新闻，这种媒介人物对应于我国的播音员。后来 CBS 新闻制片

---

① 孙祖平. 中国主持人专业教育问题探究——兼上戏主持人专业十年办学思考. 上海戏剧学院学报，2005（4）：73.

② 杨华. 话说杨锦麟. 长沙：岳麓书社，2006.

人唐·休伊特对这种机械播读新闻的方式不甚满意，就安排克朗凯特在报道时组织串联起所有新闻，新闻中融入了播报者的主观因素，并用 Anchorman 一词来形容这一媒介新角色，这就是新闻主持人。除了 Announcer 和 Anchorman 两类与新闻类节目有关的从业者外，美国主持人中的另一大类是 Host，主持各类轻松搞笑的娱乐类节目。Announcer、Anchorman 和 Host 是美国主持人中三大主要类型，对应于我国的播音员、新闻主持人和娱乐主持人（如表 3－4 所示）。当然，主持可以细分为很多小的类别，但无论如何分类，大致都可以归为新闻主持人和娱乐主持人两个大的范畴内。那么相应的，我们应当按照这三大类来分别培养播音员和主持人。不仅要分类培养，更重要的是除了播音部分继续作为专业独立存在外，新闻主持人和娱乐主持人应该分别由广播电视新闻专业和影视艺术专业去设立相应的主持方向。

表 3－4　播音员、主持人三大主要类型

美国播音员、主持人主要类别	我国播音员、主持人主要类别	职业定位	所承担职能	代表人物
Announcer	播音员	播音员	直观播报新闻	邢质斌、罗京等
Anchorman	新闻主持人	记者	主持、分析、评论新闻	水均益、白岩松、敬一丹等
Host	娱乐主持人	艺人	主持各类娱乐节目	李咏、董卿、吴宗宪、小 S 等

播音应该作为一个专业独立存在，是中国传媒大学播音主持艺术学院等院系的传统强项，基本上可以沿袭原来播音专业的课程设置，主要是培养学生吐字发音、播读新闻和配音的能力，给各级广播电视机构输送播音员和配音人员。

主持这部分应该由一个专业变为新闻主持和娱乐主持两个方向，因为新闻主持人和娱乐主持人从本质上来说是“记者”和“艺人”两种截然不同的职业，不应该放在同一个专业用同样的课程设置和教学方法培养。在我国香港和台湾地区，新闻主持人属于媒体从业人员，而娱乐主持人则属于艺人的概念，在内地也开始出现这样的趋势。新闻主持方向应该设在广播电视新闻专业，学生在学习必要的语言表达技巧的同时，首先要成为一个优秀的新闻记者，毕业后也不应该直接去做主持人，而是先在业界实践，做好记者后再去做主持人。娱乐主持方向应该设在影视艺术专业，学生毕业后常常兼有艺人和娱乐主持人的身份。

在广播电视新闻专业中设新闻主持方向，在影视艺术专业中设娱乐主持方向，即是在这两个专业的主要课程设置中加入播音主持课程，让学生在掌握专业知识的同时，掌握基本的语言和形体表达技巧。这样可以改变我国主持人没有主专业的现状，避免培养出花瓶式的主持人。

播音专业和两个主持方向的要求及侧重点各不相同：播音专业对学生语音规范、科学发声以及外在形象等要求特别高；而广播电视新闻专业的新闻主持方向对形象和声音的要求不如播音专业那么高，但在应变能力和综合素养方面要求更高；影视艺术专业的娱乐主持方向对个人的才艺素养、现场气氛的调动和驾驭能力要求最高，但对新闻敏感等方面的要求不如新闻主持方向的高（见表3－5）。

表3－5　播音主持专业可分为一个专业＋两个方向

专业	隶属专业	课程设置	所需素养
播音专业	独立专业	基本沿袭原播音专业的课程设置	吐字发音、外在形象、播读新闻和配音的能力
新闻主持方向	广播电视新闻专业	广播电视新闻专业课程＋语言技巧、形体表达等	新闻敏感、逻辑思维能力、综合素质、应变能力、基本表达能力等
娱乐主持方向	影视艺术专业	影视艺术专业课程＋语言技巧等	才艺素养、场面驾驭能力、应变能力、综合素质、基本表达能力等

2. 降低学校在主持人培养中的权重，重在科学选拔主持人

主持人是否是艺术，这一结论并不重要，对艺术的不同界定会得出不同的结果。但国外没有主持人专业却有大量优秀主持人的现实，提醒我们考虑降低学校在主持人培养中的权重。播音员由学校专业教育培养是合适的，但主持人可以来自社会的各行各业，当他们在各自的生活经历、职业生涯中历练成为一个有魅力的人后再来主持节目，胜于让学生直接从学校走上主持人岗位。

因此，我们在反复思量如何改革播音主持专业人才培养模式的同时，不妨打破思维定式，考虑降低学校在主持人培养中的权重，由社会来培养主持人。所以我们应当着手控制播音主持专业的规模。那些出于功利目的仓促上马的播音主持院系，因为缺乏培养播音员和主持人的经验和师资，无法培养出业界所需人才，学生毕业后如果不能如其所愿担任播音员或主持人，那么必然带来后续生源的匮

乏。因此这类播音主持院系将来应当慢慢压缩规模，乃至取消这类院系。对于办学条件比较成熟、就业情况较好的播音主持院系来说，要避免盲目扩招。

和改革高校播音主持专业人才培养模式同等重要的是，在社会上建立一套公开科学的主持人选拔机制。参赛者只要有才华、有潜力，无论其学历、专业和职业如何，在通过这一选拔机制后就有机会成为主持人。目前这种选拔机制正在形成之中，比如电台、电视台面向社会的各类公开招聘，比如各类选拔主持人的节目和主持人大赛等，但这些选拔方式还没有制度化，更多的是一种偶然行为。当主持人选拔机制成熟、透明、公开化后，我们会选拔出更多的优秀人才，无论这一人才是来自学校还是社会。

第四章　中国电视的评论时代

评论，过去很长时间都是我国电视新闻的弱项，近年来，电视新闻评论有了很大的发展，相关的研究也不少。电视新闻评论一直是笔者的主要研究对象，本章分别从理论建构、电视实务、历史梳理、媒介融合等多个方面展开讨论：一是引进“场”的概念来构建电视新闻舆论场，探讨电视新闻评论的生产和传播机制；二是适时审势呼吁开创中国电视的评论时代；三是考察电视新闻评论这一话语方式的演进；四是探讨在媒介融合背景下如何通过有效措施加强新闻评论，以提升电视新闻的舆论引导力。

第一节　构建电视新闻舆论场

我国电视评论的迅速发展使它的理论研究总是显得滞后。问题首先出现在评奖分类的争论上，到底什么是电视评论节目？这是历届新闻奖评委都感到头疼的问题：“对象的界定：无法定义的电视新闻评论。”① 例如，在2002年度的中国广播电视新闻奖评选中，由湖北十堰电视台送评的节目《造林还是“造字”》获得电视评论一等奖。而湖北电台送评的节目《造林还是“造字”》却被评为广播专题一等奖。仔细比较两者并无大的区别，就连评委也认为：“湖北十堰电视台摄制的《造林还是‘造字’》就是这样一个比较典型的调查性报道。”② 须知，报道与评论是两回事。这就让我们糊涂了——《造林还是“造字”》到底是新闻评论节目还是新闻专题节目？也就是说，该如何界定电视评论节目？笔者在此引用一个新的概念——新闻舆论场——来对电视评论进行全新的剖析，下面让我们从头说起。

---

① 蔡照波，肖纵. 中国电视新闻评论类节目发生和发展探微. 北京：中国广播电视出版社，2003. 30.

② 江欧利. 中国广播电视新闻奖2002年度新闻佳作赏析. 北京：新华出版社，2004. 335.

一、节目分类的困惑

我们首先要明确这样一个前提，即电视评论是不是新闻评论？中国传媒大学王振业教授认为："电视评论是新闻评论。它不论以什么具体形式出现，都必须坚持新闻评论的体裁特征，特别是政论性特征；不论论述新近发生的新闻事件还是客观存在的社会现象、社会问题，以口播评论还是图像评论出现，以媒介还是个人的名义播发，都代表着本台对于有关事物的看法，体现着本台的基本立场、观点和评论宗旨。"① 大多数学者也把电视评论看作新闻评论。

中国人民大学涂光晋教授在其《广播电视评论学》中把电视评论的个性特征归纳为：一是视听结合的评论，二是形象化的政论。② 这仍然是一个很模糊的概念。首先要解释什么才是视听结合的评论；其次，引自列宁的"形象化的政论"很容易把新闻类的评论节目与社教类的政论片混淆起来。无论是涂光晋还是王振业，都只是讨论电视评论，而没有对电视评论节目进行划分和界定。

2004 年底，笔者主持中国广播电视学会课题"电视评论节目的基本特征及多样化发展研究"，试图对电视评论节目进行划分和界定。首先，研究划分了评论与专题这两种节目形态：新闻专题是对事件性新闻作直截了当的全程报道或调查性报道，传递的是事实性信息，不加意见和评说；新闻评论则是在事实性和调查性报道的基础上发表言论，阐述观点，传递意见性信息。其次，划分了评论节目和谈话节目：是否具有新闻性与政论性是区分谈话节目是不是新闻评论节目的一个重要标准。最后，对电视评论节目作一个新闻学上的界定：无论是属于深度报道的新闻述评，还是属于新闻评论的谈话节目，凡是电视评论节目都应具有新闻性与政论性这两个新闻评论的重要特点。③ 至此，我们似乎完成了对评论节目的划分，然而实际情况并非如此。我们发现在一些所谓的评论节目里，述多评少；而在其他新闻节目形态中却存在着大量的评论内容。与此同时，涂光晋教授在国外考察时发现，国外并没有电视评论这一节目形态。这令我们怀疑并反思作为节目形态来研究电视评论的路径是否正确。

其实，我们对电视评论的研究并没有跳出报刊评论的框框。上海电视台刘敬东在《电视新闻评论，还在路上》一文中指出，报刊这种"社论"模式在电视传播中产生了介质错位、文化逆差和策略乏术等困惑。他认为："评论必须观点清晰、透彻，旗帜鲜明；必须要非常理性，要字斟句酌、有严密的逻辑。这对完

① 王振亚，李舒. 新闻评论与电子媒介. 北京：中国广播电视出版社，2004. 109.
② 涂光晋. 广播电视评论学. 北京：新华出版社，1998. 70 ~ 83.
③ 谭天. 电视评论节目的划分. 电视研究，2005（9）：28.

全文字化的报纸而言是最为适合的，它可以将报道和评论泾渭分明地划开，读者可以反复推敲其中的道理。而在广播和电视中，尤其是电视中，信息可以说是转瞬即逝，观众留意更多的是绚丽多彩的画面，推拉摇移的镜头，以及一个个充满视觉冲击力的细节和故事。少了这些，只听主持人或评论员大发议论，效果可想而知。”[①] 中央电视台副台长、《焦点访谈》创始人孙玉胜的看法极有见地：“评论应该是一种内容，而不应该是一种形态。”[②] 笔者认为，我们应该彻底摆脱对节目形态的纠缠，从传播学视角来重新审视整个电视评论。

二、评论的视听传播

“新闻评论是专门传播意见性信息的一种重要文体，它首先发端于报刊。”[③] 那么，在电视评论中，意见性信息是如何传播的呢？20 世纪大众传播学传播效果研究中的一个重要进展“即从传播对大众或受众集合体具有的直接的、普遍的影响之理论，转向承认人际交往在传递和证实由媒介产生的信息和观念中扮演了中介角色”[④]。这就肯定了人际传播在大众传播中所发挥的作用。电视谈话节目中，主持人、嘉宾和现场观众之间的信息交流就是人际传播，而通过电视这一大众传播媒介传递给非现场观众则是大众传播。所以说，电视访谈就是一个将人际传播扩展为大众传播的过程，即人际传播的大众化过程。那么，在这个过程中，两者的关系是怎么样的呢？

首先，在电视访谈中，大众传播是人际传播的目的，为人际传播确定方向。电视访谈的人际传播不同于一般的人际传播。一般的人际传播仅止于小众，而电视访谈融合了人际传播与大众传播。虽然电视谈话节目紧紧围绕人际传播做文章，但其最终目的是为了能够在广大观众中产生反响与共鸣。因此，是否适于大众传播，是决定如何进行人际传播的关键，必须根据大众传播的要求来决定人际传播的内容。

其次，在电视访谈中，人际传播是大众传播的前提和基础，人际传播的效果直接影响并决定大众传播的效果。如电视谈话节目中的大众传播，可以看成是人际传播的延伸和拓展，只有现场的嘉宾谈得高兴，电视机前的受众才能看得尽兴。因此，现场人际传播的信息交流顺畅与否决定了大众传播的互动性效果；信

---

① 刘敬东．电视新闻评论，还在路上．现代传播，2002（3）：37.

② 孙玉胜．十年——从改变电视的语态开始．北京：三联书店，2003.

③ 曾建雄．中国新闻评论发展史．桂林：广西师范大学出版社，1996.

④ ［英］丹尼斯·麦奎尔，［瑞典］斯文·温德尔．大众传播模式论．祝建华，武伟译．上海：上海译文出版社，1997.11.

息交流的深浅程度决定了大众传播影响力的大小；信息交流方式是否多样决定了大众传播是否具有亲和力。只有将人际传播和大众传播的效果统一起来，才能增强电视谈话节目的传播效果。

印刷媒体只能以书面语言记录谈话内容，抽象而单向；广播虽然创造了谈话节目形态，但只能满足人的听觉感官，反映不了人际传播的本真状态；唯有电视能够以直播或直播形态的录播，声形具备、比较完整地还原日常人际传播中的谈话状态。也许，电视天生就是为谈话服务的。英国学者尼古拉斯·阿伯克龙比认为："电视的一个重要特征似乎是它引起交谈、鼓励谈话的功能。实际上，电视似乎常常是关于谈话的。作为一种媒体，它确实是由可视的谈话构成的。"① 电视访谈或谈话节目是以面对面的人际传播为方式，通过电视媒介再现或还原日常谈话状态的一种节目形态，通常由主持人、记者与嘉宾（有时还有现场观众）在围绕话题或事实展开即兴、双向、平等的交流，它本质上属于大众传播活动。在日常生活中，谈话是人际传播最有效的方式，它调动了涵盖语言、表情、动作、姿势、心态、氛围的整体感知，使人们获得超越语言之上的亲密感。当然，这种人际传播要转为媒体的大众传播，还需加以选择和控制。

在《央视论坛》2004年3月23日播出的《迷乱的星空：媚捧洋星》这一期节目中，主持人在介绍完相关新闻背景后，与两位专家就媚捧洋星这一现象展开讨论。两位嘉宾分别从文化与商业的角度提出各自的观点，交谈的欲望是在谈话者之间的互相激发之中不断升温的，这种激发有信息的传递与反馈，有情感的刺激与互动，有观点的对抗和附和，这一切因素综合地形成一个"谈话场"。主持人借助信息反馈，敏捷地抓取有价值的观点，顺势推动谈话，给参与者更大的展示空间，使现场有观点的碰撞。我们来看这一传播过程中意见信息的传递：

主持人与嘉宾之间的人际传播—形成一个吸引观众视线的"谈话场"—"谈话场"在受众中的传播，由此便形成了大众传播。可见，人际传播与大众传播相结合形成了电视评论的一个重要特点。这里需要指出的是，人际传播与大众传播的结合并不只是存在于谈话节目中，而是存在于一切有谈话或访谈形式的节目形态之中，如《焦点访谈》（新闻述评）、《伊拉克战争特别报道》（现场直播）。了解到电视评论的传播机理之后，下面我们再看看它所采用的传播特点。至此，我们可以看到人际传播与大众传播相结合的意见性信息传播，是电子媒介评论的共性特征，是包括广播评论、电视评论甚至网络评论在内的电子媒介评论的共性特征。那么，作为电视评论的个性特征又是什么呢？

---

① ［英］尼古拉斯·阿伯克龙比. 电视与社会. 张永喜，鲍贵，陈光明译. 南京：南京大学出版社，2001. 174.

三、寓思辨于形象

谈话节目源自广播。到了电视，变听觉单通道为视听双通道，增加了视觉传播。同时，作为电视评论，在整个视听传播过程中还要承载更多的抽象理性。在电视评论中，首先，它是属于电视新闻的，具有电视新闻的三种基本元素：解说、画面和同期声。其次，它是属于评论的，具有评论的三要素：论点、论据和论证方法。一个优秀的电视评论节目，就要把这两类要素或元素有机地结合起来、统一起来。而要做到这一点，就要找到它们的契合点。比方说，新闻评论的论证方法有许多种，哪些最适合电视表现呢？笔者认为最利于视听表现的论证方法主要有两种：一是例证法，二是比较法。

例证法即事例论证法。这是运用归纳推理进行论证的一种方法，是由个别到一般的方法。它往往通过揭示某些典型事例，并以此作为依据展开论证，从而证明自己论点的正确性。中央电视台的《焦点访谈》大多采用这种方法——“用事实来说话”。眼见为实，用记者的镜头和话筒采访到的新闻事实是极具视听冲击力的，它提供了确凿的证据和有力的论据。这种论证方法构成了新闻述评这一节目形态。有人说这种新闻述评述多评少，不像评论节目。如《焦点访谈》中许多舆论监督的节目，往往只摆事实不置评语，把评论的空间甩给观众。其实视听传播的实证性已足以造成很大的舆论空间，这就是电视评论所特有的论证方式。

比较法即比较论证法。它又分类比法和对比法。其中，反差巨大的对比法是最具视听震撼力的。例如，湛江电视台的新闻评论《两个“100 亿”引起的思考》，首先讲述了一年里发生的两件大事：一年前，当地政府发展思路不对，酿成轰动全国的湛江“9898”特大走私受贿案，案值高达 100 亿元；事隔一年，通过拨乱反正，经济发展走上正路，在经贸博览会上与海内外客商签订了超过 100 亿元的项目合同。“对比”是将两种性质截然相反或者有差异的事物进行比较，它又分“纵比”和“横比”。上面这个例子就是利用两个“100 亿元”这一巧合进行纵向述评。

评论三要素——论点、论据和论证，都是抽象而理性的。在电视评论中，这些要素都要通过各种形象的感性元素来表现，大致来分就是画面与声音，具体又可细分为现场画面、演播室画面、特技画面、字幕、解说词、同期声等视听元素。一个好的电视评论必须将评论要素与电视元素有机地结合起来，和谐地统一起来，才能做到既有严密的政论逻辑性，又有强烈的视听冲击力。那么，如何做到这一点呢？笔者在《寓思辨于形象之中——电视新闻评论节目创优谈》一文中归纳出一些规律，即访谈出观点、专家作点评、镜头抓视点、语言找亮点、字幕来点睛。①

在《造林还是“造字”》里，通过各种视听元素，我们看到了观点的碰撞、思想的交流和舆论的导向：

［同期声］记者：你感觉花这么大的代价值不值得呢？

［同期声］郧西县店子镇党委副书记吴在斌：花这个代价我们认为还是值得的。因为我们做这几个字不仅仅是为了我们这一座山，而且是为了整个镇的农民，为了增强他们的造林意识。

［解说词］那么村民们是如何看待这种造字运动的呢？

［同期声］村民：从（河）对岸看到这边一排字好看，它只能说在对面过车，当干部的看了好看。

［同期声］村民：要依老百姓说都不值得，那山上啥东西都不长，搞了没意思。

［同期声］郧西县景阳乡林业站干部余秀武：我认为造林应该是实打实地造林，不应该把这个造林运动变成一种造字运动。当时以为将来会有一个很好的宣传效果，可是四年过去了，荒山还是荒山，这么一看就是一个劳民伤财的工程，也是一种形式主义做法。

近年来，中国广播电视新闻奖中获奖的电视评论节目大多是新闻述评。其中不少精品能够很好地将评论要素与视听元素结合起来，从而产生了强大的视听冲击力和舆论影响力。由此可见，评论要素与视听元素的有机结合是电视评论另一个重要的特点，这也是电视评论的个性特征。思维抽象与视听形象的结合是为了增强视听传播效果，制造舆论和引导舆论，因为舆论导向才是电视评论的终极目的。

四、舆论场的构建

如果说电视评论是节目内容而不是节目形态，换言之就是电视评论有可能存在于一切节目形态之中，那么，如何判断它的存在及其影响呢？同时，由于难以用传递意见性信息与否来简单地区分电视评论，我们可否用意见性信息的集合——公共意见——来判断它的存在呢？在此，笔者引入一个概念——舆论场。

---

① 谭天，吴显德．寓思辨于形象之中——电视新闻评论节目创优谈．岭南新闻探索，2003（3）：36．

麦克斯韦提出了电磁场理论，物理学由此创立了“场”的概念。在社会学范畴，人们也从中得到了许多有益的启示：物质运动总是受制于一种无形的相互作用的力，只要找出这种力以及它的作用规律，就可以对物质现象作出合理的解释。而它们的相互作用总是局限在一定范围之内的，这样就形成了“场”的概念。德国心理学家勒温是社会场论的创始人，考夫卡进一步发展了他的心理场的理论，提出“环境场”、“行为场”的概念。用“场”的范式研究社会传播，能更好地认识信息产生的环境机制。“场”不仅是意见形成的条件、空间，而且是推动舆论发展的契机，甚至制约着它的正负方向。“场”便成为意见产生的社会共振圈。[①] 电视评论的谈话环境和交流特点营造出的正是这种典型场合。在这种场合下，激烈的观点碰撞，恰似一种此发彼应的公众论坛。在众意交错的情况下，主持人应该如何应对，发挥什么样的作用？从社会场论中我们可以找到判别电视评论特征的理论依据。

“所谓舆论场，正是指包括若干相互刺激的因素，使许多人形成共同意见的时空环境。”[②] 清华大学刘建明教授还论证了构成舆论场的三要素——“同一空间的人群密度与交往频率”、“舆论场的开放度”和“舆论场的渲染物和渲染气氛”。他指出，同一空间的人们的相邻密度与交往频率较高、空间的开放度较大，空间的感染力或程度较强，便可能在这一空间形成舆论场。无数个人的意见在“场”的作用下，经过多方面的交流、协调、组合、扬弃，会以比一般环境下快得多的速度形成舆论场，并有加速蔓延的趋势。这一研究成果很好地描述了电视评论的运行机理，而谈话类电视评论则呈现给人们一种更为典型的舆论环境。事实上，我们对评论类谈话节目的评论主体——主持人、嘉宾和评论员的所有要求都会归结到这样的认识上：就是如何运用自己的话语方式，去营造一个充满民主、平等、和谐氛围的舆论环境？他们三方如何调控并保持这种环境氛围，发挥出引发众意、循循善诱、达成共识的作用，这就形成了场效应。所谓场效应，正是电视评论最终所期望的舆论导向。

相对于文字符号的静态和预设的逻辑性，电视评论的叙述逻辑是一种动态的逻辑，主持人与嘉宾、记者和采访对象的相互沟通、相互补充形成一种合力，构建了一种流动的、开放的信息场，访问者循序渐进，以观众的视点，不断地向嘉宾和采访对象发问，谈话者的回答就是一个个论点和对一个个论点的论证，观点不是事先确定的，而是在相互碰撞、交锋中迸发出来的，意见性信息也就在这个“场”中源源不断地释放出来并传达给观众。一切都是动态的、随机的，在对话

---

① 刘建明. 社会舆论原理. 北京：华夏出版社，2002. 35.

② 刘建明. 社会舆论原理. 北京：华夏出版社，2002. 53.

过程中，评说者保持了解释、更正、退让甚至反驳的种种可能，使评论更加灵活、全面，评论过程是开放的，而不是封闭的。主持人和记者的问题决定着论点的推进和评述的节奏，问题不断提出的过程就是论证逐渐深入的过程。二者结合完成论据的展示和论证的逻辑。观众在观看过程中也逐渐地豁然开朗。由此可见，这个舆论场形成于人际传播与大众传播的整个感应过程中，是在一个由小到大、由里向外延伸的不断拓展的空间里。

现在，我们可以清晰地看到，在电视新闻节目中，舆论场的形成及运行机制：演播室或新闻现场里主持人与嘉宾、记者与访谈对象之间形成人际传播—在媒体构筑的这个特定话语空间里形成一个“谈话场”—这个“谈话场”透过荧屏传递给观众，它通过视听传播得到强化，通过大众传播得到放大，“谈话场”由此升级为“舆论场”。

五、公共话语空间

我们知道，在电视评论中由人际传播形成的话语空间影响着整个大众传播。这个话语空间由节目主持人和访谈嘉宾、记者和访谈对象组成。而这个话语空间往往是由意见领袖来主导的。按照舆论学原理，公众议论演化为社会舆论依靠舆论领袖的引导。舆论领袖也被称为“意见领袖”，在英文中它们使用同一个词语概念“Opinion Leaders”。[①] 这个概念指的是群体中热衷于传播消息和表达意见的人，他们或是比同伴更多地接触媒介或消息源，并热衷于传播消息和表达意见的人，或者同时是某一方面的专家，他们的意见往往会影响周围的人。意见领袖对于舆论的形成起着至关重要的作用。那么，在电视评论节目里的意见领袖是哪些人呢？我们知道在这个话语空间里，每个人都有话语权，但话语权是有级别的。这种级别不仅仅简单表现为行政级别，还在于其权威性，如谈话人的经历、谈话人的身份与谈话内容的贴近性等，比如说，他是一个平民百姓，还是一个专家学者？对象的选择形成了不同的话语级别。

长期以来，在我国的电视评论节目里，意见领袖都是有较高话语级别的精英人物，换言之就是电视评论的话语空间都是由这些社会精英所主宰的。因此，这种传播是俯视的、单向的、说教式的，带有强烈的官方色彩。然而，现在媒体的情况已有所变化。钱蔚博士认为，我国的电视制度已从一个政治权力领域走向“具有政治功能的公共领域”[②]。这让我们对电视评论的研究再次回到新闻学的框

---

① ［美］威尔伯·施拉姆．传播学概论．陈亮等译．北京：新华出版社，1984. 134.

② 钱蔚．政治、市场与电视制度——中国电视制度变迁研究．郑州：河南人民出版社，2002. 193.

架里。近年来，西方公共新闻理论开始引入我国，并影响着电视评论的话语空间和电视新闻的舆论场。

2004 年，江苏卫视的《1860 新闻眼》栏目，率先打出“公共新闻”的旗号。《绝对关注》是该节目中体现媒体与观众互动性的一个主要板块。它曾选取公共生活中这样一件小事情：每个人去看病，医院都会给你做一个例行的传染病检查，有的检查项目甚至还包括艾滋病在内，费用却由患者买单。医院这么做的目的是对患者负责，同时也是为自己降低医疗风险，可为什么这样一笔开支都要转嫁到患者身上呢？在《检查传染病该由谁买单》中，《绝对关注》不仅抓取了这种人们习以为常却并不公平的现象予以报道，而且用短信参与的方式，就费用由谁负担的问题，在节目中征询各方的意见，并展开医患之间的公开讨论。节目播出后，引起了社会的高度重视，目前这一现象已被政协委员写入提案并列入议事日程。通过这个例子可以看出，显然，《1860 新闻眼》为普通老百姓提供了一个公共论坛，并起到了一个舆论引导者的作用。媒体通过组织观众讨论形成舆论，自下而上地构建了有关医疗检查费用这个“公共话题”的议程，从而影响到有关政府机构。节目发挥双向互动的传播功能，同时建立在公共新闻理念上的大众话语比之精英话语，更大地拓展了它的评论空间和舆论影响，从而在公众与媒体之间产生一种“共振”现象。如果这个场效应是正向的话，那么这种共振就会促进社会主义和谐社会建设，与和谐社会形成更大的相互作用，进而形成更大的社会共振圈；反之，如果出现负效应的话，就会削弱这个共振，在和谐社会建设中产生不和谐的声音。

在物理学里，有一个测定电磁场强弱的单位叫“场强”。在电视新闻里有这样一个相互递进关系：公共话语空间决定舆论场的开放度，而舆论场的开放度决定新闻舆论场的场强。“场强”是电视评论的深度、力度和传播效果的测量单位，是电视评论的影响力表现。它具体由收视率、互动性和认知度等参数决定。需要指出的是，电视舆论场的形成不是孤立的，口头舆论场和网络舆论场也会与它产生交叉、重叠的相互影响。手机短信、网络传播等多媒体的出现，一方面大大地拓宽了意见性信息传播的管道，从而促进电视评论的多样化发展；另一方面，其他舆论场的出现也会影响或者干扰电视舆论场。

以上我们对电视新闻舆论场的多维解析，从电视评论出发，沿着新闻学—传播学—舆论学—新闻学这样一个否定之否定的思辨过程，重新阐述了电视新闻中无处不在的评论内容：在人际传播与大众传播相结合中传递意见性信息，以此为“经”；在评论要素与视听元素相结合中体现其政论性信息，以此作“纬”。电视新闻节目就在这经纬交织中构筑起一个舆论场，而其强度则由它的话语空间决定。舆论场应是电视新闻评论的表征。由此我们还可以推论出：

第一，电视评论存在于各种电视节目形态之中，新闻舆论场的广泛出现标志着中国电视新闻由报道时代走向评论时代。

第二，电视评论的强弱取决于舆论场的开放度，公共新闻拓展了电视评论的话语空间，增加了电视评论的深度和广度。

第三，电视舆论场可以产生一个和谐社会共振圈，它是媒体影响力的重要体现，同时也促进电视评论的多样化发展。

第二节 中国电视呼唤新闻评论

人们在批评电视新闻浅层化、简单化的时候，无不对深度报道和新闻评论寄予厚望。然而，从平面媒体搬来的救兵——新闻评论却没有在电视上展示出足够的威力。迄今为止，评论在电视新闻大家族中仍然是一个弱项，电视新闻评论节目的界定仍然是一个扯不清楚的问题。评论是一个媒体的旗帜和灵魂，评论在引导新闻舆论中举足轻重，难道中国电视能够缺失或弱化自己的新闻评论吗？显然不能。电视新闻评论要在社会发展和新闻改革中发出时代的强音。如何才能发出这一强音？这是下面所要探讨的。

一、化整为零，走出误区

新闻报道以传播事实性信息为主，新闻评论以传播意见性信息为主，这在报纸上是泾渭分明的，但在电视节目中却难以区分清楚。长期以来，我国的电视新闻评论基本上是《焦点访谈》式的，由于《焦点访谈》的舆论监督所产生的巨大影响力，人们早已习惯以这种节目形态来界定电视新闻评论，其实这是一个误区。从节目形态上来看，《焦点访谈》其实属于新闻专题，只是由于它的出生地在中央电视台新闻评论部，因此被贴上新闻评论性栏目的标签。然而，这种单一的述多评少的节目形态严重制约了电视新闻评论的发展。

近年来，人们发现电视上有影响力的新闻评论节目屈指可数，有时甚至湮没在网络舆论的喧嚣之中。事实上单独设立的新闻评论性栏目收视率并不高，传播效果也不好。近年来，我们发现此类评论节目悄悄地“关停并转”，化整为零是电视新闻评论走出误区的开始。一些电视台果断的撤并和周密的策划让新闻评论重新焕发出青春。江苏电视台《江苏新时空》和深圳电视台《第一现场》都把原来单独设立的评论节目打包进栏目，实现新闻评论与新闻报道的无缝对接，大大提高了电视新闻评论的传播效果。正如孙玉胜所说：“评论应该是一种内容，而不应该是一种形态。”① 电视新闻评论不应拘泥于单一节目形态，从新闻栏目中的互动板块到现场直播中的时空连线，评论无处不在，而且从荧屏内延伸到荧屏外。广西电视台《新闻在线》在60分钟的直播过程中，辟出四个时段供观众发表见解，名曰“新闻即时评”，观众在收看节目的过程中，通过短信平台即时对播出的某则新闻发表看法，点评事件。最高峰时，一则新闻有800余人参与评论。直播时评最典型的特征就是新闻报道与新闻评论的共生状态，受众在同一时间内接受现场报道与新闻评论，达到感性形象与理性思维的综合调动，加深对正在发生的新闻事件的理解。

近年来，民生新闻中的电视新闻评论开始大展脚拳，新闻主播也敢于“指点江山，激扬文字”。中央电视台《社会记录》的阿丘和广州电视台《新闻日日睇》的陈扬，都以他们的睿智与魅力在新闻报道中找到各自的评论天地，他们的点评言简意赅、幽默风趣，受到观众的喜爱。虽然时下大多数电视新闻评论还是浅尝辄止，一时难以满足观众解读新闻、评析事实的需求，但从长远来看，从敢于评论到善于评论是中国电视新闻评论发展的必然过程。

要加快这一进程，我们还要重新审视电视新闻评论的传播功能，由于《焦点访谈》强大的舆论监督及影响力，加上它贴上新闻评论节目的标签，所以长期以来人们误认为舆论监督就是电视新闻评论的主要功能，其实这是一个误区。对社会弊端和不良现象进行的批评报道主要是传播事实性信息，应该说新闻舆论监督是电视新闻报道的主要传播功能。如果在事实性信息的基础上，再加上意见性信息的传播，对新闻事实加以评论，亮出观点、表明立场，就会强化舆论导向，而加强舆论导向才是电视新闻评论的主要传播功能。或许有人会问，对新闻事实的选择和对批评报道的把握难道不是一种舆论导向吗？当然是。但在事实的基础上，意见性信息的传播对舆论导向的影响更大。因此，笔者认为舆论导向才是电视新闻评论的主要传播功能。

那么，如何发挥电视新闻评论的舆论导向作用呢？笔者认为：一要正确地把握舆论导向，二要遵循电视新闻评论的传播规律。电视新闻评论的传播机理是这样的：主持人与嘉宾、记者与采访对象之间的人际传播形成一个吸引受众注意力的“谈话场”，这个“谈话场”在观众中的传播便形成了大众传播。谈话类节目其实是一种很好的电视评论节目形态，它以平等对话的双向交流代替宣传教化的单向传播。国外并没有电视新闻评论这一节目形态，但无论是CBS的《60分钟》还是半岛电视台的《针锋相对》，都不难找到评论的痕迹。电视新闻评论的

① 孙玉胜．十年——从改变电视的语态开始．北京：三联书店，2003. 490.

传播特点之一，就是在人际传播与大众传播相结合中传播意见性信息。

二、大众话语，多元表达

当今电视，新闻报道与新闻评论、新闻评论与电视评论的界线日趋模糊。在这个模糊中产生了两个显著的变化：一个是话语方式的改变，一个是表现手段的丰富。长期以来，我国电视新闻评论更多的是传递一种居高临下的国家话语和曲高和寡的精英话语。然而在今天，我们高兴地看到在2007年的“两会报道”期间，更具平民色彩的崔永元又来到了中央电视台《新闻会客厅》。《小崔会客》让政府官员和平民百姓相聚一堂，江西省委书记孟建柱与江西资溪面包经营户王信文一家共话全民创业，电视评论就在这一对话中实现了精英话语向大众话语的转换。

作为软新闻的评论，它在表现形式上更能推陈出新。山东齐鲁电视台的《拉呱》和广州电视台《时事查笃撑》就在这方面作了积极的探索。《拉呱》创造性地采用老百姓喜闻乐见的曲艺形式进行民生新闻的播报和评说，具有很强的贴近性和娱乐性。或许《拉呱》不是地道的新闻评论，主持人小么哥说的一些事新闻价值也不大，但在山东省的乡村地区是一个收视率很高的节目。广州电视台的《时事查笃撑》是一档以情景短剧形式播出的时评节目，在极具广州地方风味的“TV 茶吧”中“嬉笑怒骂论时事”，节目中还加入了一些动画、漫画、MTV 等特技。《时事查笃撑》选取的题材多为与市民生活息息相关的社会热点，如《公交车乱改道，市民好难受》、《如何睇的士拒载》等，这些大众话题反映了市民的社会诉求。但由于节目表演大于评论，收视情况并不理想，这也说明了电视新闻评论还是有自己的边界的。

电视新闻评论的叙事方式也有不少创新。扬州电视台《时评新语》是一档以社会新闻评论为主的节目。这个节目有两大特点，即叙述方式的改变和多媒体的应用。《时评新语》的叙述方式受到了扬州评话的启发，其评论语态的改变是从人称开始的。传统的新闻叙事一般多用第三人称，但在《时评新语》中，第一人称和第二人称的使用频率很高。比如在《“圣诞”究竟是个啥?》中，主持人在描述了圣诞这一天的热闹之后说：“快乐归快乐，我倒想刨根问底地问一句，在咱们扬州人心目中，‘圣诞’究竟是个啥？要我说呀，圣诞就是‘贺卡节’。”“评论不仅要亮出矛盾双方的观点，更要旗帜鲜明地亮出媒体的观点，否则，就不能叫作评论，充其量只是深度报道。"① 或许有人担心，这种以"我"为主会不会带来主观和偏见。其实只要掌握分寸、不偏不倚，"我"的存在就不会影响新闻的客观公正。

如何让电视新闻评论过程化？戏剧冲突和悬念设置是实现过程化的重要手段。辩论就是一种充满强烈冲突的话语方式。美国电视观念认为："争论"是电视新闻的一种方式、一种语言。电视新闻的话语应该是多元的，形式应该是多样的，观点应该是相互不断地撞击的。凤凰卫视的《一虎一席谈》便切合了这样一种电视新闻传播观，以辩论的形式评论时事，以思辨的色彩引导观众，其创新之处就在于主持人和现场嘉宾之间舌剑唇枪、火花四溅的争论。不少辩题多为时下的社会热点，如《全国高考分省录取到底公不公平?》、《孔子究竟是圣人还是丧家犬?》、《房价只能由行政手段调控吗?》、《现在进入股市是风险大还是收益大?》等。然而，评论尺度难以把握，辩论似乎风险更大，如何拿捏？这是许多电视人所担心并为此裹足不前的原因。前中央电视台台长杨伟光在接受《南方周末》采访时指出："很多问题不在于能不能讲，而在于你怎么样讲。"② "怎么样讲"取决于电视新闻评论的准确表达。

电视新闻评论要在评论要素与视听元素相结合中发挥其政论性，寓思辨于形象之中是电视新闻评论的另一个传播特点。视觉化、过程化、多元化和碎片化是当今中国电视新闻评论呈现的基本走势。

三、迎接挑战，主导舆论

在急剧变革的转型社会和激烈竞争的媒介环境下，电视新闻评论如何才能发挥其强大的舆论引导作用呢？零敲碎打是不行的，要打"组合拳"，要形成一个电视新闻舆论场。"场"是一个物理学的概念，是指物质运动相互作用的空间。在电视观众和电视媒体之间也同样存在着这样一个相互作用的空间：电视新闻评论是在人际传播与大众传播相结合中传递意见性信息，在评论要素与视听元素相结合中发挥其政论性，并在这两个结合点上构建起一个电视新闻舆论场。然而，电视新闻舆论场并不是孤立存在的，在现实社会中还存在着人际传播的口头舆论场和网络传播的网络舆论场。

当今世界，中国已是手机用户第一大国，网络用户第二大国。手机短信借助传统媒体的平台，变点播为广播，个人媒体聚合成大众媒体。以新浪为首的门户

---

① 周明涛．叙述方式的改变与多媒体的应用——《时评新语》对电视新闻评论节目的创新．视听界，2007（4）：59.

② 赵华．前台长杨伟光解密央视幕后"新闻"．南方周末，2007－11－01.

网站，在没有新闻采编权的情况下创造了一种“新闻超市”。据2007年6月的有关统计，中国网民总人数已经达到1.62亿，仅次于美国，这为网络舆论场的形成提供了庞大的参与者。中国互联网的舆论平台已经十分发达，几乎每个门户网站都设有BBS论坛，中国目前约拥有130万个BBS论坛，数量为全球第一。博客虽然是小众的网络媒介，但越来越多的博客已经从心绪记录转变为时事评论，经常阅读博客的活跃读者已经超过5 000万。日益强大的网络舆论场正冲击着电视新闻舆论场。

从“最牛钉子户”到“华南虎照片”事件，形形色色的网络事件爆炒，传统媒体无不趋之若鹜，都想在这场视觉盛宴中分一杯羹。问题是，电视新闻就甘心做报纸新闻和网络新闻的“二道贩子”吗？电视新闻如何由跟风变为引导，关键在于有无独家新闻和权威评论，只有让更多的资深记者坐在新闻主播台上，让更多的意见领袖走到镜头前面，电视新闻才能在传媒新闻大战中争得第一话语权。凤凰卫视的影响力就在于它拥有一支人数不多但素质很高的评论员队伍。其实，近年来，中央电视台和地方电视台也出现了一些名牌主播和资深记者，完全可以也应该组成一支有影响力的评论员队伍。当然，电视评论员还包括话语级别较高的社会精英。作为网络舆论的制造与传播者，一些资深网友充当了“意见领袖”的角色，在一些复杂的辩论中，他们的观点往往能够左右网民的判断并最终引导网络舆论的走向。电视媒体只有汇集、引导和影响众多意见领袖，才能加大主流新闻的传播力，才能保持对舆论导向的影响力。

在新媒介生态环境下，面对更多的传播渠道，面对更开放的受众参与，一个严峻形势和重大课题摆在电视人面前：电视新闻如何主导新闻舆论的话语权？电视新闻评论如何有效地掌控正确的舆论导向？从电视读报到电视读网，从网络链接到短信互动，电视新闻评论吸纳各方言论，搭建起一个数字化多媒体视听传播平台。但是，我们也应该看到电视新闻节目如果过分倚仗读报和读网，必然会造成独家新闻和评论内容的缺失，从而丧失电视媒体自身的传播优势及对新闻舆论的影响力。面对网络这一最大的民意表达平台，电视新闻评论是随波逐流，还是主动出击？

我们高兴地看到中央电视台在媒介融合中加快了步伐。“两会”期间央视国际开创《名嘴两会博客》，囊括了央视主持人、记者和央视国际网络记者关于“两会”的博文。这一平台既充当了新闻传播渠道，又是影响广泛的意见互动空间，包括征集、评论、预告等，他们以网民留言为素材共推出10期特别策划，涵盖了网友对房价、教育、医疗等热点问题的建议和意见。王小丫在记者招待会结束后，将“网民建言册”递到总理手中。这一传递实现了新闻言论与公共事业的成功对接。

中央电视台新闻评论部和《焦点访谈》创始人孙玉胜在《十年——从改变电视的语态开始》一书中写道："还是在《焦点访谈》创办的初期，我就提出要'多报道、少评论'，其实这就是一种选择中的平衡。我一直坚持一个观点：中国电视新闻还只是处于报道阶段。分析与评论的时代还没有完全到来。"① 时至今天，中国电视新闻的评论时代还是遥不可及吗？处于转型期的中国社会面临着诸多问题和挑战，胡锦涛总书记在党的十七大报告中指出："积极探索用社会主义核心价值体系引领社会思潮的有效途径，主动做好意识形态工作，既尊重差异、包容多样，又有力抵制各种错误和腐朽思想的影响。"② 我们的电视宣传工作如何做到"有效"和"主动"？在新旧媒体相互竞争与融合的今天，电视人要清醒地认识到：传统电视新闻已进入转型期，中国电视必须走出认识的误区，充分发挥舆论导向的作用，必须构建一个强大的电视新闻舆论场。电视新闻评论不在媒介大融合之中涅槃，就在媒介大融合之中湮没！

第三节　电视新闻评论的演进路径

电视新闻评论是一个媒体的灵魂和影响力所在，是一种以电视为载体传播意见性信息的话语方式，而话语方式又是与话语主体和话语内容紧密联系的。评论能否强台，如何强台？这要从我国电视新闻评论发展历程中寻找答案，要从电视新闻评论的演进路径中思考其话语构建与传播形态。

一、奇特的话语方式

我国电视新闻评论真正的发展不过20年左右的时间。早期的电视新闻评论是从转载报刊评论开始的，这是一种文字改换成声画的传播形态与话语方式，其话语主体和内容均来自平面媒体。进入20世纪90年代，电视开始"走自己的路"，逐步形成具有电视新闻传播特点的报道方式。然而，在很长的一段时间，人们仍然看不到电视新闻评论独立的身影。

1994年4月1日，一个被誉为电视新闻评论的标志性栏目诞生了，它就是产生巨大影响的《焦点访谈》。然而，关于《焦点访谈》究竟是不是电视新闻评

---

① 孙玉胜. 十年——从改变电视的语态开始. 北京：三联书店，2003. 156.

② 胡锦涛. 高举中国特色社会主义伟大旗帜　为夺取全面建设小康社会新胜利而奋斗——在中国共产党第十七次全国代表大会上的报告，2007－10－15.

论节目却引起了很大的争议。它采用的是一种“用事实说话”的话语方式，而且我们仔细分析还是可以发现在事实性信息的传播过程中，它隐含着意见和观点，带有确定的立场和明显的倾向。简言之就是寓观点于新闻事实的报道之中。童兵教授认为：“用事实说话”是指在忠实地报道事实的基础上，通过对事实的适当选择与表述，让经过精心选择的事实，运用事实的逻辑说服力，充分而含蓄地表现作者的倾向与观点，巧妙地表达传播者的立场与观点的一种报道原则与报道方法，能够潜移默化地影响新闻的收受者，且具有说服力。[①] 对于“用事实说话”是否符合新闻写作规律也展开了争论，陈力丹教授从词义上进行了分析，“用事实说话”是个带有介词的动宾结构短语，核心是“说话”，“用事实”是方法。既然“用事实说话”的核心词是“说话”，那么这就是一种典型的宣传行为。因此“‘用事实说话’仍然是一种宣传话语”[②]。

新闻也好，宣传也罢，“用事实说话”就是一种把观点隐藏在事实里的话语方式。电视新闻评论为什么要采用这种话语方式呢？这是跟当时的社会发展和舆论环境相适应的。正如孙玉胜所言，在《焦点访谈》创办初期，“分析与评论的时代还没有完全到来”。由此可见，“用事实说话”实际上是一种为适应现实传播环境的策略选择。

然而，“用事实说话”这种话语方式还是有缺陷的，这种“隐性评论”除了隐蔽性，还有隐晦性，有可能会使一些观众错误理解其本意，也有可能由于论证不严密而导致说服力不足。这种话语方式使评论内容和报道内容常常混淆在一起，节目随着制作者事先的议程设置展开，声画的选择和处理都有明确的目的性，这对其他不同声音的发出实际上采取一种隐性的屏蔽。

引入人际传播无疑是电视新闻评论话语方式的一大改变，而这种话语方式却源自一个境外电视媒体——凤凰卫视。《时事开讲》是一个时评节目，也是第一个以谈话节目形态出现的电视新闻评论栏目。接着，中央电视台创办了论坛式新闻评论栏目《央视论坛》，其节目形态是设立一名主持人，并每期邀请2到3名嘉宾参与评论。后来中央电视台又创办了《新闻1+1》，设立一名主持人和一名评论员，以评论员风格独特的评论为主，而主持人则在评论中不时穿插一些意见和质疑，同时掌控节目的进行。此时，隐性评论变成了显性评论，评论员从幕后走到台前，旗帜鲜明地亮出观点。在这个电视“谈话场”中，主持人和评论员形成一种立体、互动的评论形式，人际传播和大众传播形成了良好的结合，从而增强了传播力和影响力，有利于电视新闻舆论场的形成。“演播室或新闻现场里

---

① 童兵. 理论新闻传播学导论. 北京：中国人民大学出版社，2003. 49.

② 陈力丹. 用事实说话不是新闻写作规律. 采写编，2002（4）.

主持人与嘉宾、记者与访谈对象之间形成人际传播—在媒体构筑的这个特定话语方式里形成一个‘谈话场’—这个谈话透过荧屏传递到观众，它通过视听传播得到强化、通过大众传播得到放大，‘谈话场’由此升级为‘舆论场’。”[①]

舆论监督和批评报道无疑是《焦点访谈》最出彩、最有影响力的一个表现。因此，《焦点访谈》的影响力和典范作用，让不少人误把舆论监督等同于新闻评论。其实，舆论监督是新闻报道的主要传播功能，而舆论导向才是新闻评论的主要传播功能。随着谈话节目的出现，尽管电视新闻评论的话语方式有了很大改变，但话语主体和话语内容并无多大变化，主要还是国家意志和精英话语。作为社会精英的嘉宾或者主持人，能更有代表性和更准确地表达出舆论关注点，同时也可用更为理性和权威性的声音通过电视传播辐射到更广泛的观众面前，表达、影响并且引导了舆论。“其典型特征是专业人士就具有较高新闻价值的事件发表看法，解释分析，借此反映和引导社会舆论，实行舆论监督，指导生活和工作。”[②]

然而，目前评论话语内容单一和传播方式单向的缺点显而易见。以《央视论坛》为例，一方面，“节目的‘宗旨要求主持人必须预设各种不同的观点对特约评论员的表述提出质疑’，但在节目过程中，主持人仅仅是发问，而没有预设与专家不同的观点与之对话”[③]，这样就导致节目互动性不强；另一方面，由于所请的嘉宾研究领域相近，这样虽然保证了评论的深度和专业，却难以体现评论的全面性和易受性，而时评色彩鲜明的国家话语也未能和观众形成良好互动，评论内容的单一和传播方式的单向导致“谈话场”未能升级为可以穿透电视屏幕影响观众的真正的舆论场，导致收视率和影响力不佳。

二、话语内容的拓宽

评论作为一种话语，成为“制造与再造意义的社会化过程”[④] 及社会化、历史化形成的产物，既由社会结构所决定，也构成社会结构的一部分。进入21世纪以来，社会环境的变化迫使电视新闻评论无论在话语方式还是在话语内容方面都发生了很大的改变。此时，媒介生态也发生了变化，电视新闻评论获得两股外推力，一是读报节目，二是民生新闻。

读报节目大大丰富了电视新闻评论的内容。读报节目源于凤凰卫视的《凤凰早班车》，但真正对电视读报节目发展起到推波助澜作用的是凤凰卫视的《有

---

① 谭天．试论电视新闻舆论场．华南理工大学学报（社会科学版），2007（5）：10．
② 张阳，王权．电视新闻评论发展历程概述．现代视听，2001（11）．
③ 赵振宇，王婧．电视评论该怎样做．中国广播电视学刊，2008（3）．
④ ［美］约翰·费斯克等．关键概念：传播与文化研究辞典．李彬译．北京：新华出版社，2004．

报天天读》，主持人杨锦麟那闽南口音的读报语言，幽默尖锐的评述论说再加以丰富感性的肢体动作，其独特的话语方式让人耳目一新。在《有报天天读》的影响下，内地也纷纷办起了读报读网节目，此类节目借力报刊评论和网络评论，使电视台成为各类媒介新闻评论集成的平台，大大丰富了电视新闻评论的话语内容。电视、报纸、网络媒体的结合起到了取长补短的作用："填补了电视新闻信息量不够丰富的缺陷。同时电视媒体借鉴了报纸和网络新闻评论分析独到犀利的长处，弥补了自身深度和理性不足的缺陷，增加了报道的深度。"① 但是，如果电视媒体过度依赖读报读网，就会让电视新闻评论沦为观点传播的"二道贩子"，让电视媒体因缺少灵魂而沦为"二流媒体"。

电视媒体自身话语内容的真正拓展还是源自民生新闻的诞生。2002 年 1 月 1 日，江苏广播电视总台城市频道《南京零距离》开播。中国电视新闻由此出现了"民生新闻"这一新概念和新节目，同时也给电视新闻评论开辟了一片广阔天地。电视民生新闻不仅使电视新闻评论的话语方式发生了变化，更重要的是拓宽了电视新闻评论的话语内容，从时政新闻到社会新闻，从服务政府到关注民生，从中央电视台到省市地方台都涌现了各式各样的民生新闻栏目，呈现了形形色色的评论内容和节目风格。尽管电视民生新闻还存在着浅层化、琐碎化等弊端，但它"以人为本"的话语内容和话语方式深受广大观众喜爱，收视率和影响力不断提升。此时，不少"关停并转"的电视新闻评论栏目也"打包"进入民生新闻栏目，重新焕发出青春活力。2010 年 9 月 3 日，江苏省广播电视总台城市频道《零距离》栏目面向全国招聘新闻评论员。这意味着"民生新闻 3.0 时代"的《零距离》题材范围更广，评论色彩更浓。中央电视台也加强评论力度，组建了一支专职和兼职评论员队伍，每天对 8 ~ 10 条新闻进行评论。台网互动构建新闻舆论场，同时更期望传统主流媒体发挥主导作用，而掌握强大话语权的中央电视台无疑更值得期待。

随着话语内容的拓宽，话语方式和节目形态也更加多样化。如齐鲁电视台的《拉呱》、河南都市频道的《打渔晒网》等，设置两名以上主持人，在播放新闻的过程中穿插主持人的交流和评论，并邀请观众发送短信参与互动，如广西电视台的《新闻在线》，最高峰时，一则新闻有 800 余人参与评论，可以看出，与相应话语方式配套的话语主体也在改变。"直播时评最典型的特征就是新闻报道与新闻评论的共生状态，受众在同一时间内接受现场报道与新闻评论，达到感性形象与理性思维的综合调动，加深理解正在发生的新闻事件。"② 微博的出现和微

---

① 谭天，易钟林. 读报读网增添电视新魅力. 传媒观察，2006（9）.

② 谭天. 电视新闻评论的涅槃之路. 视听界，2009（1）.

直播的运用更是大大丰富了电视新闻评论内容，但相伴而来的虚假新闻和极端言论也会消解和稀释电视新闻评论的权威性和公信力，因此在实际操作中，如何更好地做好各种信息和言论的筛选、把关和引导工作，是一个亟待研究的课题。

近年来，随着网络媒体的迅速发展、媒介生态环境的不断变化，电视新闻评论面临新的挑战：海量信息的碎片化和言论来源的多元化。正如尼尔·波兹曼在《娱乐至死》中所说，“媒介的变化带来了人们思想结构或者认知能力的变化”。有学者认为，“碎片化”是一个社会由传统向现代过渡时期的基本特征，表现在传播领域，一方面，传统媒体市场份额收缩，话语权威和传播效能不断降低；另一方面，新兴媒体的崛起，使人们表达意见更多元，生活和思考方式不再单一，价值观念和消费方式多样化。这就凸显出电视新闻评论对信息碎片化和观点多元化整合的重要性和必要性。广东南方电视台《今日最新闻》在“今日最争议”环节设置热点话题。例如，2009 年 10 月 28 日对“番禺垃圾焚烧厂选址”这一公共事件的报道，其中有主持人对新闻背景的介绍和出镜记者对新闻事件的采访，并发动观众进行短信投票，结合新闻事实和投票结果后加入主持人的个性评论，这样，节目通过整合多元化话语主体发出的声音，营造出电视新闻评论话语方式的多样性和话语内容的丰富性。

三、话语主体多元化

1999 年，基于传播环境的巨大变化，麦库姆斯和肖在提出“议程设置”之后对该理论重新进行了修改，提出了一个源于但又高于“议程设置”的新理论——“议题融合”。新旧理论的最大不同在于，“议题融合”理论研究的出发点是社会大众，着重研究社会大众为何使用各类传播媒介，如何使用传播媒介以及使用传播媒介所达到的社会效果，认为人们在使用和挑选传播媒介及其“议题”时是有意识、有目的的。个人首先有强烈加入团体的愿望，然后通过大众传播媒介和其他媒介，寻求与他们的需求、认知等一致的团体信息，避开与他们的需求、认知不一致的团体。因此，正是个人有强烈的融合于社会、加入团体的愿望，才促使人们使用包括大众传播媒介在内的各种传播媒介。人们选中某一种传播媒介，也是因为这一传播媒介的内容（即“议题”）同他们的志趣相符，可以从中得到自己想得到的信息。① 从引入人际传播开始，电视新闻评论话语主体开始趋向多元化。如湖南卫视的《岳麓实践论》2011 年 5 月 31 日的《“海归女博士”回家当农民》，围绕“社区支持农业”这一实践，评论的话语主体包括四

---

① 崔波，范晨虹．议程设置到议题融合——媒介议题内在运动的图景．今传媒，2008（10）．

部分："社区支持农业"实践者石嫣为主讲嘉宾、三位知名专家学者任评论嘉宾、八位研究生组成的亲历调查的"青年实践团"、现场观众。各话语主体背景不同，表达方式也有差异：石嫣介绍自己的实践经验、答复质疑；三位专家学者分别从自己的专业视角进行评论；研究生们利用实地调查的感受和第一手资料，如照片、文件、视频等形式佐证发表评论；现场观众在主持人的引导下用现场发言、举手表决等方式发表评论。由此可以看到，话语主体的多元化导致话语方式呈现多样化，整个评论由于思想碰撞、个性差异而精彩纷呈。

随着社会进步和媒介融合，电视新闻评论的话语重构有赖于营造一个相对宽松的舆论环境和一个畅所欲言的话语平台，"在多元社会中，人们关于基本价值观的争论，有权者对弱者的所作所为，多数人（政治、社会、道德、民族等）对少数人的所言所行，如果都是致力于建设一个公正的合作性体制的话，那就必须以政治宽容为基础"[①]，在满足社会公众深层次地理解新闻和发表自己观点的需要的同时，有效、和谐地完成舆论引导的任务。在这方面，笔者认为辩论型的电视新闻评论节目是一种很好的形式，如凤凰卫视的《一虎一席谈》等。目前，内地虽然还没有如此活灵活现的电视新闻评论，但已有一些评论性节目呈现较强的话语张力。如广东卫视 2011 年 5 月 10 日的《财经郎眼》，邀请著名经济学家郎咸平，《新周刊》主编肖锋参与讨论"菜贱伤农，菜贵伤民"的话题。两名嘉宾行业背景不同，各自从经济、传媒方面进行讨论和观点交锋，主持人王牧笛则担任"发球者"的角色，引导话题向深入发展。郎咸平的犀利、肖锋的睿智、王牧笛的灵活，三个话语主体利用个性鲜明的话语方式，打造了一期具有影响力的时评节目。

当然，电视新闻评论的话语主体还是主流媒体所构筑的。正如福柯所说"你以为自己在说话，其实是话在说你"[②]。实际上，话语主体的变化并非真正的多元化。一方面，"在任何社会中，话语具有权力机制，话语规则决定了什么样的说话和实践方式是合理的和正当的，而与之唱反调的话语实践则不是被拒绝就是被边缘化"[③]。另一方面，在媒介融合时代，新闻信息来源多元化也在影响着话语主体和话语内容。话语主体的性质决定话语方式的多样性和话语内容的广泛性，而后两个因素的实践又影响到话语主体的构筑，三者是由话语主体主导的互相联系的整体。一旦话语主体受到影响，话语方式和话语内容都会相应发生改变。由此可见，权力机制和新闻来源决定着电视新闻评论的话语主体，进而影响

① 李永刚．我们的防火墙：网络时代的表达和监管．桂林：广西师范大学出版社，2009．
② 李彬．符号透视：传播内容的本体诠释．上海：复旦大学出版社，2003.8．
③ ［法］福柯．性经验史·译者序．余碧平译．上海：上海人民出版社，2000．

其话语内容和话语方式。

我国内地电视新闻评论的演进路径，经历了从“幕后”到“台前”，从一元单向到多元双向的不断开放的变革过程。评论强台，始于话语方式改变，止于话语主体单一。“我国社会发展的目标已经从过去的以解决‘吃饭’问题为第一要义转变为今天的以解决‘说话’问题为第一要义的基点上，如何通过传播话语的多元参与表达，增进社会成员之间的沟通理解，以最大限度地消除隔阂、减少偏见，进而降解社会冲突发生的可能性。因此，改变既往‘舆论一律’的单极化倾向，建立多元和谐、彼此尊重、畅所欲言的舆论氛围就成为新的媒介‘语法’规则应当致力于实现的情境和目标之一。”① 在社会发展和媒介融合的背景下，电视新闻评论还会有更大的发展空间，期望它能够作为一种强势的公共话语打造出以电视新闻评论为主导的新闻舆论场。

第四节　如何提升舆论引导力

2008 年 6 月 20 日，胡锦涛总书记在《人民日报》创刊 60 周年之际，到人民日报社视察，并发表了重要的讲话，对新闻环境、舆论引导等理论作了最新阐释，着重强调了如何在新的、变化的舆论环境中提升舆论引导水平，增强舆论引导效果。本节主要对胡锦涛总书记讲话的精神以及指导原则进行解读，提出应该以更加开放的姿态，创新舆论引导策略，提升舆论引导水平，确保正确的舆论导向。

一、减少限制变“堵”为“疏”

舆论引导实质上是传播控制者通过对有关信息的组织、选择、解释、加工和制作来影响公众舆论的耗散状态，进而促使其向着自己希望的方向发展变化的一种社会过程。② 政府在舆论引导的过程中，担当总控制者、总策划师的角色，从而左右着社会舆论的走向。但是长期以来，我们有一种错误的思维惯性，习惯地认为舆论引导是一种单向的官方行为，政府是公众舆论的唯一掌控者。政府单维度地设定舆论引导的目标，充分调动一切媒介宣传机构，集中能够利用的一切资源，对公众发布具有明显倾向性和引导性的信息，以为这样，公众的思维与行动

① 喻国明. 中国传媒业 30 年：发展逻辑与现实走势. 青年记者，2008（4）：21.

② 喻国明. 喻国明自选集. 上海：复旦大学出版社，2004. 271.

自然就会紧跟舆论引导的方向，达成舆论引导的目标。

诚然，政府在舆论引导中具有绝对性的优势，享有充分的信息处理权，完全的信息控制权和绝对的信息发布权。但是，舆论是一个极为复杂的社会系统，在舆论引导的过程中，存在着多重易变的社会因素和心理变量。仅仅将政府的舆论引导议程机械地渗透进媒介的报道议程，单向地向公众灌输具有明显倾向性的、经过多次严格筛选的信息，已经不能很好地达成舆论引导的目标。机械的操作方式和简单的议程设置，与纷繁复杂的社会系统形成了强烈的矛盾和冲突，造成政府引导的舆论与公众中形成的舆论之间产生巨大的位差，而这种位差会直接损害舆论引导的效果。特别是通信技术高度发达、信源多元化和传输渠道多样化的今天，受众在一定程度上，越来越具有怀疑、修改甚至反抗政府议程设置的能力和倾向。

传统的以限制为主的舆论引导策略，在新的舆论环境中遭遇到了前所未有的尴尬和无奈。在这种环境下，笔者认为，与其无效地“堵”，不如有效地“疏”，减少政府对舆论引导的强制性干预，减少直接限制，在政策和制度层面上，给传媒以更多的开放空间。特别是在一些现实社会热点、重大突发事件和公共事件上，正如胡锦涛总书记的讲话中指出的那样，在第一时间发布权威信息，提高时效性，增加透明度，牢牢掌握新闻宣传工作的主动权。然后在信息顺畅流通的基础上，对舆论或者舆情进行有效的疏导，将舆论引导到正确的轨道上来。

近年来，政府在这方面作了巨大的改进，并收到了良好的舆论引导效果。首先，在法规政策层面上，2003 年 5 月，国务院颁布了《突发公共卫生事件应急条例》。但是《突发事件应对法》草案一稿曾经规定：新闻媒体违反规定擅自发布有关突发事件的信息或报道虚假情况，情节严重或者造成严重后果的，处 5 万元以上 10 万元以下罚款。这一规定广受各界人士诟病。2007 年草案二稿删除了此项规定，媒体欣喜地称赞为“解禁”。就在汶川大地震发生前 10 多天，《政府信息公开条例》正式实施，被媒体解读为“阳光政府”的重大举措。在《突发公共卫生事件应急条例》和《政府信息公开条例》的保障下，在汶川大地震中，信息特别是灾情信息真正做到了公开、透明、及时传播，在社会上形成了万众一心抗震救灾和各界全力支援前线的局面，舆论引导的效果十分明显。

其次，在制度层面上，新闻发布制度建立并日渐完备。中国以前的舆论引导，通常是通过对传媒的新闻管制来完成的。这种舆论引导的方法，提高了媒体报道议程控制的精准度，使政府的意志成为唯一的公众关注点，直截了当，但容易引起公众的逆反心理。在汶川大地震中，政府相关部门定期召开新闻发布会，发布具体灾情、党和政府指挥抗震救灾以及社会各界积极支援灾区的信息。不仅如此，针对社会上出现的各种传言和疑惑，政府迅速展开调查，及时召开新闻发布会，向公众澄清、粉碎谣言和解答疑惑。

新闻发布制度的建立，使新闻管制由直接变为间接，由被动变为主动。主动发布权威信息，因势利导地疏导舆论走向，遵循了新闻传播规律，契合受众心理。新闻媒体的报道，必须保证客观真实，必须依靠确切可靠的新闻来源。政府作为灾害性事件中的直接参与者，抗灾救灾工作的指导者，具有无可比拟的信息权威，其所占有的信息量也最大，这是其他信息源无法比拟的。另外，对受众来说，作为信息源的政府比作为信息限制者的政府，具有更强的亲和力和舆论引导力。

二、兼容新媒体合力引导舆论

舆论引导的过程实质上是一个科学选择和讲求兼容的过程。① 这反映在舆论引导的实际操作层面，就是科学的选择会演变成舆论引导的媒介组成单元的科学选择。在以前的舆论引导传媒构成中，网络、手机等新媒体往往被有意地忽略、防范。网络议程形成的突发性、快速性和随机性的特点，很容易被误认为是洪水猛兽，破坏社会安定，引发社会恐慌，对正确的舆论引导产生巨大的破坏作用。

但事实并非如此，正如胡锦涛总书记在人民日报社讲话中所说，“互联网已成为思想文化、信息的集散地和社会舆论的放大器”。互联网等新媒体的蓬勃发展，其海量信息、互动性强、自主性强、更新速度快等优点，使人们从对信息的依赖渐渐转变为对网络的依赖，互联网也成为民意表达空间的代名词。最典型的是厦门PX项目的叫停、“华南虎照片”事件、山西黑砖窑事件等，都是网上民众的声音形成了巨大的舆论压力，最终促使了问题的解决。很多时候，新闻事件首先在网络上被炒成热点，然后才引起传统媒体的关注，出现网络媒体报道议程领先传统媒体报道议程、引导社会舆论的情况。

特别是在汶川大地震中，网络引导舆论的能力和效力也十分突出，它与传统媒介合力，形成了多层级、立体式的舆论引导格局。在汶川地震报道中，网络媒体特别是新浪、网易、腾讯等大型门户网站，其设置的报道议程与传统媒体的报道议程出现了很大的重合度，对党和政府指挥抗震救灾、官兵奋战第一线以及社会各界守望相助、积极支援灾区的情况进行了积极而全面的报道，网络上充满了悲天悯人的呼喊、守望相助的号召、共同战胜天灾的誓言和对政府的由衷赞美，并且第一时间发布前线医疗救助信息，自发组织救援行动，捐款捐物，对灾区人民进行慰问，这不仅没有影响社会的和谐安定，引发社会混乱，反而凝聚人心，

---

① 喻国明．喻国明自选集．上海：复旦大学出版社，2004．269．

推动社会共同抗震救灾，事实上已经与传统媒体形成舆论引导合力，共同正确地引导了社会舆论。

网络、手机等新媒体，在事实上已经对舆论引导产生了不可估量的影响。面对这种无法回避、无法消除的强大影响力，明智而务实的做法，不是打压，而是宽待。“这个社会需要有资源的分享，就像一个正常的机体，除动脉、静脉之外，还需要有毛细血管，那么网络就是这个社会的毛细血管，它需要有自己的空间，需要有宽松的制度安排。”①

在这方面，中央和地方有远见的领导已经作出了表率，包括胡锦涛总书记与腾讯网友亲切交谈、深切互动，以及广东省委书记汪洋、省长黄华华在2008年初给网友写信，欢迎网友“拍砖”、“灌水”，并亲自接见了网友代表，倾听网友心声等。党和政府领导的实际行动，已表明网络、手机等新媒体在舆论引导上的重要地位与重大影响。

舆论引导是一个复杂的社会系统，要遵循系统开放性原理。系统的开放性原理是指系统向环境开放并进行交换以保证系统的发展。② 舆论引导作为一个系统，必须保持开放的姿态，及时吸收系统外的有益营养——网络、手机等新媒介，并转化为自身的有效组成部分，最终实现1+1>2的效果。

三、舆论引导眼睛“向下看”

如上所述，舆论引导需要遵循系统开放性原理，这种开放性，不仅仅表现在对自身组成的开放性，即接收新的元素，充实自身结构，更表现在以开放的姿态，积极地向外界发出信息，并积极地接受外界的反馈。确切地说，就是舆论引导，眼睛要“向下看”，坚持以人为本，尊重受众的知情权。

眼睛“向下看”，首先就要尊重人民群众的知情权。知情权，即公民或组织在从事或参与新闻传播活动中获取和交流信息的自由和权利。狭义的知情权仅仅是指公民获得、知悉官方信息的自由与权利；广义的知情权则指公民获得、知悉信息的自由与权利。③ 特别是在重大突发事件、灾难性事件中，要关注人民群众的生存状态和生活状态，关注他们的命运与安全，关注他们的心理状况和情感变化。

舆论引导，应当树立正确的受众观，用更加开放的姿态，为受众提供良好的信息服务，促进信息的及时、公开、透明传播。特别是在信息来源多样化、传播

---

① 肖欢欢. 媒体改革不能“进一步退两步”. 广州日报，2008-06-28（T3）.

② 胡钰. 新闻与舆论. 北京：中国广播电视出版社，2001. 249.

③ 郑保卫. 新时期我国新闻自由研究述评. 当代传播，2008（1）：8.

渠道多元化的今天，信息流通的速度已经较之以前大大提高，特别是网络的兴起，在很大程度上改变了传统的沙漏式信息传播模式，媒体信息把关人的角色能量大大降低。如果为信息的公开、透明、及时传播设置人为障碍，不但不会使社会舆论朝着预定的方向发展，反而会弄巧成拙，出现舆论的偏航发展。因为信息的短缺，会给社会流言提供诞生的机会和广阔的发展空间，最终造成恶劣的影响。SARS 报道就是一个反面例子。与此形成鲜明对比的是汶川大地震中的信息服务，真正做到了信息特别是灾情信息的公开、透明、快速传播。信息的公开，并没有造成舆论引导的失控；相反，社会舆论恰恰是向着正确舆论的方向发展，在社会上掀起了抗震救灾的全民性运动，对中国政府的指导抗震救灾、官兵奋战救灾第一线的行为给予了高度评价。

眼睛“向下看”，不仅是尊重受众的知情权，更是坚持以人为本，反映人民心声和需求。具体来说，就是如胡锦涛总书记讲话中指出的那样，把坚持好、维护好、发展好最广大人民的根本利益作为新闻宣传工作的出发点和落脚点，把党的主张和反映人民心声统一起来，坚持正确导向和通达社情民意统一起来，面向基层，服务群众。

正确的舆论引导，就是既要关注党和政府的政策意图和具体工作部署，更要了解民众的心理需求和生活需要，通过有效的议程设置，精心选择报道事实，将党的方针政策、工作部署稳稳地、有针对性地嫁接到人民群众的心理上、生活中，将党的工作部署融入一个个具体的生活细节、生活琐事中，增强新闻报道的亲和力、吸引力和感染力。

随着市场经济的深入和社会结构层次的增多，社会群体的利益和心理诉求也呈现出多元化的状态，分层情况十分明显，整齐划一的舆论引导方式，在新的舆论环境中，越来越显得缺乏针对性。因此，舆论引导要根据受众生活需求、心理诉求和接收习惯，向下进一步细分，充分利用各种媒体自身的区域覆盖特点和传播特色，分兵把守，形成特色舆论引导方式。

四、借鸡生蛋　借力打力

在全球化时代，我国舆论引导的对象，不仅仅是中国的民众，还有国外的民众。尽管当下中国经济飞速持续增长，中国综合国力大大增强，但是我国的软实力与经济地位是不相称的。

中国媒体在传播力、覆盖率和影响力上，与西方主流媒体相比，还存在着巨大的差距。据新华社新闻研究所对 28 个国家的 83 家主流报纸的调查，西方三大通讯社的覆盖率都在 80% 左右，新华社仅为 40%。据统计，在世界上，至少有

2/3 的消息是由占世界人口 1/7 的发达国家传播的，网络的产生进一步加剧了国际新闻传播的不平等状况。在国际互联网上，英语内容占 90%，法语内容约占 5%，包括中文在内的其他语种的内容只占 5%。①

正如胡锦涛总书记在讲话中指出，目前“西强我弱”的国际舆论格局还没有根本改变，新闻舆论领域的斗争更趋激烈、更趋复杂。但这并不意味着中国媒体就完全没有作为，没有引导世界舆论的能力。其中有一个十分有效的办法就是“借鸡生蛋”，利用西方的媒体，来引导世界舆论朝着有利于中国的方向发展。要达到这个目的，首先要促进信息，特别是关于中国的信息快速、透明、公开地传播，掌握信息的发布权和舆论的引导权，利用西方媒体强大的传播力，来引导世界舆论。世界大部分媒体在中国只派驻一到两名记者，却要报道整个中国，如果中国媒体能够快速、透明、公开地发布信息，使驻中国的国外媒体记者处于大量信息的包围当中，自然会将中国主动发布的信息作为信息来源，使西方新闻媒体按照中国预定的报道议程来报道中国，这样自然有利于舆论导向朝着有利于中国的方向发展。

例如汶川大地震报道便是一次非常成功的实战案例。地震发生后，中国大部分媒体，特别是中央电视台、新华社等中央级媒体，在第一时间，以多种形式、多个视角、多个维度对地震进行了全方位的立体式报道，真正做到了信息的公开、透明、及时传播，掌握了信息发布和新闻报道的优先权和主导权，进而获得了世界舆论的引导权。世界主要媒体如 CNN、BBC、《纽约时报》等，纷纷转载新华社等国内媒体的报道。目前已有 113 个国家和地区的 298 家电视机构转播或部分使用了央视的直播信号。②

信息的通畅流通和快速传播，“借鸡生蛋”的实现，不仅增强了中国媒体的国际传播力，而且对改善中国的国家形象具有非常重要的作用。针对汶川大地震，路透社发表评论说：“中国政府此次对灾情的信息没有任何隐瞒。中国政府的表现令人刮目相看。无论是反应的灵敏，还是应对的效率，都已与以前不可同日而语。更令人瞩目的，是信息披露的及时与充分。政府通过现代传媒手段，不但将整个灾情袒露在公众眼前，而且对救灾的进展进行了不厌其详的报道。在这一刻，政府的运作不再是幕后静悄悄的游戏。”③ 其对政府主动的信息发布，给

---

① 中共中央宣传部新闻局. 实践与思考——新闻媒体提高舆论引导能力论文集. 北京：学习出版社，2007. 13.

② 央视 24 小时不间断报道灾情 揭秘直播幕后的故事. 中国记协网. http：//news. xinhuanet. com/zgjx/2008 -05/16/content_ 8184651. htm.

③ 肖欢欢. 媒体改革不能“进一步退两步”. 广州日报，2008 -06 -28（T3）.

予高度的评价和赞赏。

综上所述，学习、领会和落实胡锦涛总书记的讲话精神，以开放的心态和创新的思维去引领舆论，才能提升舆论引导水平，才能在错综复杂的环境中，牢牢地掌握新闻舆论的制导权。

第五章 节目构成与电视传播

随着电视媒体的竞争加剧，业界形成了一股节目创新的狂潮，相关的研究也不断增多，但主要还是经验性描述，学理性研究仍十分欠缺。笔者多年潜心研究电视节目形态构成理论，建立了一种用于节目研发的理论模型。本章首先阐述电视节目形态构成；进而从时间产品维度探讨电视节目的传播和经营，分别讨论节目运营的五大要素：时长、时序、时段、时机和时效。电视节目研究既可以深入其内在构成，也可以拓展其外部联系，从电视读报读网节目看媒介融合，还可以探讨电视民生节目的扩容，研究节目理念如何在不同节目形态中穿越。

第一节 电视节目形态构成

近年来，电视界出现了一种对创新电视节目形态的狂热。“一是盲目迷信创新的力量，不计成本地大动干戈，导致大量优质的品牌节目无疾而终；二是把形态仿制视为形态创新，导致新一轮的同质化；三是无视电视节目形态发展的趋势，为创新而创新，只求与自己既往的节目不同，而不看创制的节目是否符合电视传播的规律。”[①] 那么，如何创新电视节目形态才是符合其传播规律的呢？那就要深入电视节目形态的内部结构中去进行研究。

一、电视节目形态的研究

国外电视节目形态的研究主要来自两个方面，一方面是电视传播研究的学理层面，如美国的《视觉传播形象载动信息》（保罗·M. 莱斯特著）、英国的《理解电视：电视节目类型的概念与变迁》（大卫·麦克奎恩著）等，他们分别从视觉传播、节目类型变迁等方面进行论述，为电视节目形态研究提供了理论基础；另一方面是拥有知识产权的节目模式研发的应用层面，如近年来大量的关于国外电视节目模式的译著，这些案例为学习和移植国外节目形态提供了参考。

---

① 张小琴，王彩平. 电视节目新形态. 北京：中国广播电视出版社，2007. 105.

当今国内对电视节目形态的研究十分火热，输入关键词“电视节目形态”，在期刊网上可以搜索到183篇论文。此外，有关电视节目形态研究的专著也有好几部。应该说这些论文和专著论述都较为全面，但似乎存在两大缺陷：一是基本上是针对电视节目类型的研究，二是研究方法以经验性描述为主。

类型研究是电影的研究方法。电影根据生产方式和欣赏习惯，逐步形成较为稳定的若干类型影片。然而，处于分众时代的电视承载着更多的传播功能，同时受众需求更加多元化。随着电视的发展，电视人不断地创造出丰富多彩的节目样式，开发出各种具有知识产权的电视节目模式，以满足更加多元化的电视观众和更具差异性的市场需求。笔者认为，电影是一种类型化生产，而电视应该是一种模式化生产。况且，如果沿着节目类型的思路去研究的话，或许有利于电视批评和节目分析，但无助于节目形态的探讨和节目模式的创造。

那么，研究的路径在哪儿呢？这就涉及研究动机和价值取向了。从电视业需求角度来看，电视节目形态的研究必须为内容生产和节目研发服务，其中，为电视节目创新和电视实务服务应该放在第一位。基于这种指导思想，电视节目形态研究始终要从节目制作和播出的角度来观照它。因此，对于电视节目形态的研究应该摈弃传统的节目类型分析法，另辟蹊径，采取一个全新的思路。笔者的《电视策划学》一书分别从电视节目的制作形态和播出形态切入节目研究，进行了一个初步的尝试。

要研究电视节目形态，先要理清节目形式与节目内容之间的关系。内容决定形式，形式服务内容。内容与形式（形态）似乎密不可分。然而，在电视节目形态理论模型的建构过程中，我们先要对二者进行剥离，通过简化和抽象到达事物的本质。而到了理论应用阶段，我们再考虑二者的结合。

对于电视节目形态研究，我们首先要建立一个理论框架。笔者借用物理学中的物质细分的层级结构原理，沿着宏观—中观—微观三个层次来建立理论模型，即沿着基本形态—模块（环节）—元素符号三个层级来构建电视节目形态理论体系。只要我们弄清楚这三个层面的构成要素及相互关系，就可以用它来构建各种各样的电视节目模式了，包括创造出新的电视节目形态和对旧的电视节目形态加以改造。电视节目形态的构成理论分为三个层面：

宏观层面：具体的电视节目形态都是由若干基本形态组成。

中观层面：电视节目模式都是由若干模块或环节构成。

微观层面：电视节目形态构成的最小单位是元素符号。

下面我们先从宏观层面开始讨论，即探讨电视节目的基本形态。

二、电视节目的基本形态

“研究节目实际上主要就是研究节目形态。我们现在回忆以往的节目，在脑子里留下的更多的是形态，而不是内容。对形态有感觉是一种职业素质，因为这种感觉对怎么做电视节目特别灵。”① 那么，什么叫电视节目形态呢？

关于电视节目形态的定义，以下几种说法比较有代表性：

“电视节目形态指的就是与电视节目内容相对应的电视节目表现形式，它是电视节目制作方式的核心，提供着适用于不同内容的电视处理方法。”②

“简单地说，电视节目形态就是电视节目的存在样式和运动状态。从传统意义上讲，节目形态，是指广播电视媒体组织传播活动的基本形式和播出方式。具体到电视节目的完整形态包括节目名称、内容、主题、形式和一定的时间长度。但电视节目形态在当代还被赋予了新的意涵——所谓电视节目形态，就是电视节目设计的基本模式，或者说‘节目形态是电视栏目的程序软件，提供着不同内容的电视处理方法’。”③

“电视节目形态是电视节目形式的自然延伸和个性化拓展，也即由电视节目的形式、内容、气质和神韵构成的电视节目设计模板。”④

这几种说法都从不同角度描述了电视节目形态的定义，但都比较模糊，不够准确、具体和科学。这里关键在于对“形态”一词的辨析上，“形态”与“形式”和“模式”有一定的相似性。在汉语词典中这样解释：形式，事物的形态、结构等；形态，事物的形态或表现；模式，某种事件的标准形式或使人可以照着做的标准样式。

李幸教授这样描述三者之间的关系：“形态应该是属于形式里的一个小元素，它比形式小，但它又比一个具体的样式大。是这样一个从大到小的关系：形式—形态—样式。”⑤

综上所述，电视节目形态有两个主要特点：第一，电视节目形态还是属于形式的范畴，它强调对电视节目内容的承载和传达，因此，它与内容既有独立又有关联度；第二，形态是一个介于抽象的形式和具体的样式之间的中间状态，它与具体的节目样式和结构方式关系密切，可以说，它是节目模式的基本构成。由

---

① 李幸. 电视节目形态之我见. 电影艺术，2004（1）：38.

② 王彩平. 电视节目形态创新方式探究. 声屏世界，2005（8）.

③ 李立. 认识当代电视节目形态. 新闻界，2006（1）.

④ 孙宝国. 中国电视节目形态研究. 北京：新华出版社，2007.2.

⑤ 李幸. 电视节目形态之我见. 电影艺术，2004（1）：40.

此，笔者给电视节目形态定义：电视节目形态是电视节目内容的形式载体和结构方式。它既是具体的节目形式，又是节目模式的基本构成。

要研究电视节目构成，首先要了解电视节目。约翰·菲斯克认为电视节目“是电视所输出的有明确界定与标识的部分，它是由电视业生产、发行和界定的。我们有必要把电视及其节目看成是意义的潜在体”①。这里的电视节目有两层意思：第一，它是由电视业产出、界定的物质产品；第二，它是“意义的潜在体”，即一种承载文化意义的内容产品。如何解读电视节目这一“意义的潜在体”呢？英国文化学者斯图亚特·霍尔提出的编码与译码理论给我们提供了很好的分析工具。他认为：“电视的播放机构必须生产出以有意义的话语形式出现的、经过编码的信息。”② 电视节目制作就是一个编码过程，观看电视节目就是一个译码过程。以什么样的编码规则来对电视信息（视听传播符号）进行编码，就能够形成什么样的电视节目形态。电视节目的编码规则大致有三种：纪录编码、组合编码和混合编码。

根据以上节目构成认识和影像编码理论，在考察了各种节目类型和大量节目样式后，笔者把所有的电视节目形态归纳为六种基本节目形态：纪录片、谈话节目、现场直播、电视剧、真人秀、动画。我们把这六种基本形态抽象为六种以单一节目形态存在的理论模型。

1. 纪录片

纪录片节目形态是指采用纪录编码制作的各种纪实性节目样式，它包括纪录片、专题片、电视消息、连续（系列）报道等。纪录编码是对被传播对象真实状态的建立在音像记录基础上的编码再现。“现在，典型的纪录片已经失去统治地位，让位给了比它新的节目形态，但是记录的表现方式却如同电视的基因一样，在所有电视节目中携带着。”③ 实际上，现在的纪录片节目形态往往不是单一存在的，如 VCR（视频片断）已广泛植入到谈话节目、现场直播等各种节目形态之中。

2. 谈话节目

谈话节目形态是由节目主持人和嘉宾围绕特定话题在特定时空中制作而成的一种节目样式。它的显著特点就是把人际传播引入大众传播中。英国学者尼古拉斯·阿伯克龙比认为：“电视的一个重要特征似乎是它引起交谈、鼓励谈话的功能。实际上，电视似乎常常是关于谈话的。作为一种媒体，它确实是由可视的谈

---

① ［美］约翰·菲斯克. 电视文化. 祁阿红，张鲲译. 北京：商务印书馆，2005. 21～22.

② 张国良，20 世纪传播学经典文本. 上海：复旦大学出版社，2006. 426.

③ 张小琴，王彩平. 电视节目新形态. 北京：中国广播电视出版社，2007. 92.

话构成的。”①

3. 现场直播

电视现场直播是对被传播对象现场实况信息进行录制并同步传播该信息的电视节目制播方式，它是最能发挥电视特有的传播特性和优势的一种节目形态。现场直播与其他节目形态的区别就在于，由于现场发生事件的不确定性，它可以不受各种编码规则的制约。不可预知的直播过程和多机拍摄的现场感给观众带来更多的期待和体验。

4. 电视剧

电视剧形态采用的是组合编码，这是一种传播者为传播其观念与想象的需要而自由组合影像的编码方式。“虚构类作品最花心思的事情就是创造出令人信服的符合生活逻辑的类生活，千方百计使剧中的生活具有真实感，令人信服。”②需要指出的是，虚构性不同于戏剧性，虚构是一种影像表意，一种编码方式；而戏剧则是一种叙事方式，一种结构方式。因此，我们要把故事情节虚构的剧情节目与含有戏剧元素的纪实节目区分开来。

5. 真人秀

真人秀是一种新的电视节目形态。“电视真人秀作为一种节目，是对自愿参与者在规定情境中，为了预先给定的目的，按照特定的规则所进行的竞争行为的真实记录和艺术加工。”③ 从制播方式来看，真人秀更接近纪录编码。然而，在游戏规则的作用下，真人秀产生了组合编码的戏剧效果。这种介于虚构与纪实之间的电视节目形态是由一套独特的游戏规则构成的。

6. 动画

动画是一种由计算机图像技术构成的数字电视节目形态，人们通俗地把这一数字影像称为动画。动画有两种编码方式：一种是模拟影像编码，即以假乱真，仍然是按真实影像规则进行编码；另一种是虚拟影像编码，即全部是动画制作，完全可以采用一种与真实影像不同的“语法”。作为单一形态存在的基本节目形态，我们主要是指后一种编码方式。

当然，在现实中，单一形态存在的节目并不多。实际上各种具体的电视节目形态往往由两种或两种以上的基本节目形态所构成。换句话说，就是所有的电视节目样式都可以由六种基本节目形态组合、融合和变异而成。如获 2002 年度中

---

① ［英］尼古拉斯·阿伯克龙比．电视与社会．张永喜，鲍贵，陈光明译．南京：南京大学出版社，2001. 174.

② 张小琴，王彩平．电视节目新形态．北京：中国广播电视出版社，2007. 30.

③ 尹鸿，冉儒学，陆虹．娱乐旋风——认识电视真人秀．北京：中国广播电视出版社，2006. 6.

国电视新闻奖现场直播一等奖的《三峡工程导流明渠截流特别报道》，里面就根据内容表达的需要整合了多种基本节目形态：大江截流实况（现场直播）、专家访谈（谈话节目）和介绍导流明渠作用（三维动画）。在这个节目形态里至少包括三个节目模块：现场直播模块、谈话节目模块和动画模块。由此可见，基本节目形态的融合和变异还取决于节目模块（环节）及其结构方式。

三、模块环节与元素符号

我们通常把一个具体的固化的节目形态称为节目模式，模式的外部形态又叫版式。“在结构主义看来，事物的本质不在于事物本身，而在于事物之间的关系，这些关系构成了一个有机的系统，这就是结构。”① 节目模式是由节目模块（板块）或节目环节结构而成的。不同的节目模块适合承载不同的传播功能。电视节目的模块可以分为制作和播出两大类来考察：按制作方式来看，有纪实模块和虚拟模块（电视剧、动画）；按播出方式来看，有录播模块、直播模块、互动模块和包装模块等。

模块（module；block），又称构件，是指能够单独命名并独立地完成一定功能的程序语句的集合（程序代码和数据结构的集合体）。它具有两个基本的特征：外部特征和内部特征。外部特征是指模块跟外部环境联系的接口和模块的功能，如一个纪录片模块接一个谈话节目模块，中间就要用转场或片花来串联。内部特征是指模块的内部环境具有的特点（即该模块的局部数据和程序代码），如电视节目的创意、规则和规范，以及制作的技巧、方法等就是节目模块的内部特征。

模块的组合总是以某种方式结构而成。模块的结构方式有链接式、嵌入式和混合式。有些“模块”的外部特征并不明显，称之为环节更为恰当。环节（link；sector）是指相互关联的许多事物中的一个。与模块不同的是，节目环节之间前后并无表现时空上的明显跳跃，彼此之间只存在着内在的逻辑递进关系，设计者按游戏规则把整个节目设计为几个环节。在每一个大的环节里又套着若干个小的环节，每个小环节都会根据游戏规则变换场景和内容，而每一期节目也通过这些变化进行微调。

归纳起来，电视节目模式和环节的结构方法主要有三种：拼盘式的模块组合、层递式的环节链接以及前两种结构方式的混合型。

模块的组合和环节的链接须遵循电视节目形态的限定性。“限定性是电视节

① 李彬．符号透视：传播内容的本体诠释．上海：复旦大学出版社，2003.101．

目形态的基本要义，没有限定性就谈不到节目形态，有什么样的限定，才会形成什么样的形态，所谓形态创新，其实也就是对限定方式的创新。”① 电视节目形态的限定性作用有两个：一是节目工业化生产的需要，有利于节目的标准化和大规模生产。因此，为了满足栏目的常态化播出和流水线生产方式，对于节目模块都有某种规范性要求，如叙事方式、主持风格、播报语态乃至包装标识等。二是在电视栏目化的今天，节目模块都是在特定的电视栏目内构成的，因此，都有时长的限定和制播的限定。这样有利于观众的辨识和记忆，也有利于节目品牌的塑造和积累，如 CBS《60 分钟》由四大板块（模块）构成，各个板块都有其独特的传播功能和节目风格。

电视节目模式的研发很大程度上是节目模块的设计，但电视节目形态的差异性更多地还是体现在微观层面的元素符号上。元素，又称要素，是构成物质的最小单位。“从理论上说，只要能够析出的元素，都可以成为变量，带来簇群与簇群的不同，带来个体与个体的差异。”② 电视节目元素是构成电视节目形态的最小单位。构成节目的元素分为内容和形式两大类元素，内容元素主要有经济、政治、文化、社会、情感、故事等元素；形式元素主要有视觉、听觉、时间、空间、刺激、技术等元素。构成电视节目形态的主要是形式元素。

如果说基本形态是电视节目形态的宏观构成，节目模块是电视节目形态的中观构成，那么节目元素就是电视节目形态的微观构成。基本形态的不同组合会创造出新的节目形态，节目模块（环节）的不同排列也会创造出新的节目形态，节目元素之间的差异和组合，那就更让节目形态千变万化了。当今，电视节目的竞争就是一种差异化的竞争。“差异化的关键在于节目元素的运用。”③ 如何更好地认识和运用节目元素，对于电视节目形态创新至关重要。然而，并非所有的节目元素都可以推动节目形态的演化和变异，只有那些有符号意义的元素才能起到这一作用。“这个信息传播过程是一个把信息符号象征化的过程，正是通过这个象征化过程才完成了传播行为。”④ 如果说电视节目构成是一个系统，那么电视节目的形态构成就是一个符号系统。作为符号意义的元素，其内涵可大可小，我们是根据它在电视节目形态中的传播功能和造型作用来选定其为构成要素。

语言学之父索绪尔将符号的基本构成分为能指和所指，他把符号比喻为一张白纸，“能指和所指就是纸张的两面”。能指一般可以理解为符号形式。所指表

---

① 张小琴，王彩平．论电视节目形态的限定性．现代传播，2006（6）：78.

② 张小琴，王彩平．电视节目新形态．北京：中国广播电视出版社，2007.67.

③ 张小琴，王彩平．电视节目新形态．北京：中国广播电视出版社，2007.66.

④ 陈卫星．传播的观念．北京：人民出版社，2008.19.

示语言符号和非语言符号所表述的概念，即符号的意义，一般可以理解为符号的内容。在电视节目形态构成中，就是借助视听元素特有的能指，利用其所指的符号意义，发挥元素符号在节目形态构成中的作用。形式元素与内容元素的结合，就形成其符号意义。例如听觉元素符号，电视节目里的主题词、片头音乐、特效音响等声音元素同样具有符号意义。又如电视栏目《生活空间》主题词“讲述老百姓自己的故事”，已成为凸显其节目宗旨的听觉符号。

无论是视觉元素还是听觉元素，单一运用效果不一定好，只有结合起来才能产生更大的传播力和影响力。如中央电视台《感动中国》的颁奖词诵读，主持人庄重地手捧一本打开的奖状证书（起表意作用的视觉符号），抑扬顿挫地宣读对感动中国年度人物的颁奖词（起叙事作用的听觉符号），由此体现了一种道德精神的弘扬，传递了《感动中国》的视听冲击力。

视听元素符号不仅可以表征内容，而且对形式也有很强的结构能力。如纪录片《幼儿园》中反复出现的插曲《茉莉花》，它有两层符号意义，一是表现风格和调动情绪，二是衔接节目段落（环节）。电视栏目中的片花和电视剧里的插曲都具有这种结构形式和强化记忆的功能。

如果电视节目的策划者懂得视听符号的结构作用，创造或置换一些能够成为符号的节目元素，就可以创造出任何一种新的电视节目形态。

四、电视节目的时空形态

前面我们讨论了电视节目形态的内涵，最后我们再来讨论它的外延。过去，我们推出一个新节目，往往审看样片就可以了，现在我们还要看看它的节目方案，不但要了解它是如何制作的，而且要了解它是如何播出和如何运营的。从电视节目的传播和运营的角度来看，时间是构成电视节目形态的一个重要变量。林少雄在论述电影与电视在时空营构上的差异时指出：“电影由于致力于对假定性的艺术空间的营构，且其跳跃式的网状形态，决定了其主要以空间性的特质来满足人们的审美需求；而电视由于致力于还原化的生活状态的表现，且其叙事性的线性结构模式，决定了其主要以时间性的特质来满足人们的认知需要。”① 当今电视节目形态既是形式产品，又是播出产品。“作为播出产品的电视节目还具有两种形态：第一，它是单一传播渠道的时间产品，如电视栏目化，栏目就是典型的时间产品；第二，它是跨越多个传播媒介的空间产品，如大型活动的多媒体运

① 林少雄．视像与人——视像人类学论纲．上海：学林出版社，2005. 45.

营、多媒体播出的视频节目。”①

1. 作为时间产品的节目形态

节目形态不仅是节目的制作形式，而且还是节目的播出形式，一个完整的节目模式应该包括节目的内容、版式和播出形态。作为频道的播出产品，它要根据观众的收视习惯、收视行为及受众构成来确定节目设置和时段编排，如美国NBC的早间新闻谈话类节目《今天》（The Today Show），每天上午7点到11点，时长4小时。在节目的前半段，内容通常以各种信息为主，如国内外新闻、气象预报和交通、财经信息等，因为这个时候大部分上班族还在家中；后半段主要以软性题材为主，因为这个时段上班族已经离开了家，主要收视群以家庭主妇为主，内容也主打生活休闲类。

除了日播、周播及插播的电视节目外，近年来我们还引进了美国的一种电视节目编排方式——“播出季”。这里的“季”并非自然界的季节，“电视里‘季’有两层含义：一是指电视行业中统一的节目编排周期，比如说‘NBC上一季的收视’；另一个是指电视剧或者电视栏目的制作、销售和播出单位，比如说《疯狂主妇第2季》”②。这里的电视节目显示出两大形态特点：第一，电视节目形态是一个立体的动态的时间产品；第二，电视节目形态与电视节目运营相关，它不仅要经营时间，还要经营观众。

2. 作为空间产品的节目形态

当今电视节目还是多个传播渠道、多种传播媒介互动的空间产品，如跨媒体传播的各类电视选秀活动。自湖南卫视《超级女声》起，林林总总的选秀活动得到电视媒体的青睐充分说明它所具有的巨大的传播潜能。一方面，手机短信、网络传闻都是选秀节目的延伸产品，它可以增加节目的附加值；另一方面，电视节目也可以提供给网络视频和移动电视。当传统的电视节目放到网络上和手机上播出时，还会沿用原来的电视节目形态吗？回答是否定的。对于新媒体，无论是传播特性还是受众行为，都与传统电视大相径庭。对此，笔者认为新媒体需要内容定制和形式创新，需要新的内容产品和形式产品。这种形式产品既是一种节目形态，也是一种媒介形态。

总而言之，在数字时代，电视节目形态不仅是形式产品，还是一种在时间上延伸和空间上跨越的媒介产品。

以上都是谈论内容与形式剥离后的电视节目形态构成，但在实际的节目模式设计和电视节目研发中，一定是形式为内容服务，一定是节目内容与节目形式的

① 谭天. 论电视节目形态构成——一种用于电视研发的理论模型. 现代传播，2009（4）：74.

② 徐立军，袁方. 电视播出季——频道编播创新前沿. 北京：中国传媒大学出版社，2007. 3.

紧密结合。同样是聊天式谈话节目（Chat Show），节目模式也十分相似，《鲁豫有约》与《奥普拉·温弗瑞秀》（The Oprah Winfrey Show）还是有较大差异的。节目内容与节目形态有三对互动关系：基本形态与基本定位；模块环节与传播功能；内容元素与形式元素。如果我们了解各个基本节目形态的编码规则和传播特点，那么我们就能更好地承载相关的节目内容。如谈话节目比较适合观念传播，而现场直播则能更好地进行信息传播。如果我们了解各类模块的传播功能，那么我们就能在节目模式构成中运用自如。内容与形式如何更好地耦合，这要另外撰文论述。

第二节 作为时间产品的电视节目

在当今激烈的媒体竞争面前，电视节目不仅需要从内容生产方面加以研究，还需要从传播形式和节目经营两个方面来考虑。喻国明教授认为："媒介产业是内容产业，它的核心产品是做内容。但是，这个内容产业在发展过程中的关注重心一直是按照'核心产品—形式产品—延伸产品'这样一种发展逻辑循序渐进的。"① 当今电视从"内容为王"向"产品为王"拓展，电视节目不仅是内容产品，还是形式产品、播出产品和时间产品。胡智锋教授等认为："电视传媒不仅仅是一个影像空间概念，也是一个时间的概念。电视播出时间与人们日常生活的自然时间具有同步性，所以电视的传媒特质就是'日常生活的伴生物'。这种特质体现为'时效性'或'及时性'，具体表现为时代性、时尚性、时下性、时机性、时段性。"② 笔者认为，"时代"和"时尚"是蕴涵在电视节目的文化内涵之中的。在时间产品的视阈下，电视节目中的"时间"主要体现为五大要素：时长、时序、时段、时机和时效。时间作为电视节目制作、传播和经营中不可缺少的一部分，正成为继"声音"和"画面"之后的第三大节目构成元素。本节将通过分析这些构成要素及相互之间的关系，为电视节目更好地传播和运营提供理论支持。

一、基本要素：时长

在电视节目制作、播出和经营中，给电视节目一个固定的时间长度，对节目

① 喻国明．2007：中国传媒产业的三种转型．传媒观察，2007（9）：8.
② 胡智锋，周建新．电视节目编排三论．现代传播，2006（5）：82.

的专业化生产、观众的收视习惯以及电视媒体的经营管理都有至关重要的作用。

首先，固定时长便于电视节目的标准化生产。随着商业电视的全面渗透和频道专业化的推进，种类繁多的电视节目必须遵循一个适应播出市场的制作标准。与此同时，电视节目的制作按照统一标准来生产，形成节目生产的流水线，这样有利于提高电视节目的生产效率和质量控制。从某种意义上说，节目时长的标准化体现了当今电视媒体的科学管理水平。时长标准化既能提升电视节目制作的专业性，同时也是电视节目运营规范化管理的重要标尺。与此同时，时长也是电视节目其他时间要素的构成基础，时机、时序、时段和时效无不与时长发生这样或那样的关系，可以说，时长是电视节目的基本构件。

其次，固定时长便于把握受众观赏心理。当今社会已进入注意力高度分散的时代。那么，节目时间大概需要多长才能切合观众的“注意”心理呢？央视—索福瑞收视数据表明，2008 年上半年全国电视观众日人均收视段数为 14.1 段，假定观众每段只收看不同频道，则观众指向选择收看的频道最多不过 15 个；数据还表明，2008 年上半年全国电视观众日人均每段收视时长为 14.9 分钟，这表明观众平均的收视注意集中程度为 15 分钟，我们称之为“双 15 现象”。因此，基于 15 分钟收视时长的相对稳定性，可以将这一时长视为电视节目的板块设计和节目编排的基本依据，节目时长设计最好为 15 分钟的倍数。电视节目有了固定的时长之后，电视媒体可以很方便地根据其时间长度来安排节目和广告的播出。同时，竞争频道之间的差异化编排也可以适当考虑 15 分钟的收视错峰，时长也是时段设计的基础，是节目和广告播出的重要参数。有固定时长和固定播出时间（包括广告时间在内）的电视节目，便于电视台依据观众收视规律制订科学合理的广告投放计划，有效提高广告到达率。

然而，我们对时长的认知并没有到此为止。雷蒙·威廉斯在《电视：科技与文化形式》中提出“流程”的概念，他认为：“过去，我们只关注‘节目’，以为广告、片花等是‘插入’的外来物，不能算‘节目’，被弃置一旁。现在，‘流程’的概念取代了‘节目’，也就是说，所有内容都被看成电视‘流程’中的一部分，共同构成一个整体。”① 雷蒙·威廉斯强调要考察节目与节目之间、节目内部各部分之间的关联。如此一来，电视节目就具有更丰富的内涵，节目时长也就更具弹性，电视节目中各时间要素之间的关系也变幻莫测。尤其在电视节目进入互联网及移动互联网之后，还会形成新的收视习惯和节目时长。同时，在非线性传播中，电视节目时长更具弹性。

---

① 易前良．美国“电视研究”的学术源流．北京：中国传媒大学出版社，2010.121.

二、播出要素：时机与时序

时机和时序是电视节目播出中的两个重要节点，也是电视节目构成在传播维度上的时间要素。

1. 时机

时机是指电视节目对制播时间（此处的时间亦可理解为情势和机会）的选择，是电视媒体进行传播活动时的一种策略选择。电视媒体作为意识形态和上层建筑之一，其传播活动明显地要受制于它所处的社会政治、经济、文化及舆论环境。能否有效取得电视传播效果与电视节目播出时机的选择有很大的关系。如果能够做到“此一时，彼一时”、“应时而动”，适应时下社会环境，那么，电视传播效果便会因此而得到一种外界环境的助推力，从而取得良好的社会效果；反之，如果电视传播与时下社会及舆论环境相悖，那么，其传播效果必然会受到外部环境的制约，甚至会遭遇停播或禁播的遏制。如何准确把握适应外部环境的播出时机，也是对电视节目传播者政治、文化、舆论等意识的综合考验。

那么，如何才能够做到电视节目制播当中准确的时机选择呢？这既需要电视从业者（尤其是决策层和制片人）具备良好的政治素养，也需要他们具备敏锐的专业素养。2008 年北京举行举世瞩目的奥运盛会时，电视媒体与奥运主题元素紧密结合的节目大量涌现，综艺节目当中收视率最好的要数湖南经视的《奥运向前冲》（后更名为《智勇大冲关》），这叫“顺势而发”。也有在“时间差”上做文章的，为了避开央视春晚的强档播出，2010 年元旦期间，全国 16 个省级卫视纷纷举办跨年晚会，争夺另一个收视市场。

然而，也有不少电视节目由于播出时机选择不当，不仅不能取得良好的传播效果，还大打折扣，甚至难以播出，如在深夜播出少儿节目、节庆期间播出悲情的节目。时机选择的参数包括政治、经济和文化诸多因素，既有意识形态的考量，也有媒体运营的考量。制作精良、时机准确的节目如果不能选择在合适的时间播出，同样也达不到预期传播效果，这就关系到时序安排了。

2. 时序

时序是节目元素、结构等在时间轴上的排列顺序。它包括节目在宏观上的结构编排和微观上节目内部各个元素及环节的排列组合。时序的设计是否科学直接关系到能否让观众完全置身于收看节目的“游戏规则”之中，并使其对节目收看欲罢不能，从而增强传播效果和用户黏度。时序又分为宏观时序和微观时序。

宏观时序是根据市场环境的需要、频道本身的资源以及受众特征来对节目结构进行排列组合。结构是电视频道的基础和框架，对节目的结构进行合理科学的构建，目的是追求频道整体收视的最大化。观众流理论认为，观众的收视过程是一个流动的过程，流向分为三类：观众持续收看某频道节目称为“顺流”；反之，当观众转向其他频道时，则称为“溢流”；若观众从其他频道转向本频道，则称为“入流”。观众流的核心理论就是保持频道观众流的顺畅流动，最大可能地实现“顺流”和“入流”，防止“溢流”。时序的安排是一种策略选择，它有多种方式：一是吊床式，即将一档较弱的节目安排在两档较强的节目之间，以拉抬中间这档较弱节目的收视。二是“搭帐篷”，即用强档节目拉动其前后节目的收视率。三是无缝链接，即在前一强档节目之后迅速播放另一节目，以便前面节目的观众顺利流入下一个节目。如中央电视台在《新闻联播》之后，随即播出《焦点访谈》，这是根据观众对节目需求和收视心理特征巧妙安排的播出方式，顺应观众的收看兴趣，形成“顺流”。

微观时序是指在一个具体节目模式设计上对节目内部各个元素和环节、板块等按照时间的先后顺序进行排列，使这种形式规则更加符合观众的收视心理，这是一种叙事学框架内的考量。微观时序也可说是节目的叙事时序，往往通过悬念设置和限知视角来进行时序上的设计。如真人秀就是通过一套游戏规则使业余的演员（节目参与者）有了专业的演技，让游离的观众变成了忠实的粉丝。因其情节扑朔迷离、跌宕起伏，大大满足了观众的收视欲望，它的成功与其对时序安排的巧妙把握是密不可分的。

需要特别指出的是，随着数字电视的普及，机顶盒和 DVR 的使用也会打破时序的线性编排，但是时序及其运用还是会在一定的程度和范围内存在，至少在节目单元里，叙事时序是一样的。互联网视频传播的碎片化和聚合化是并存的，这种聚合也会形成一种新的时序结构，即非线性网状时序结构。

三、运营要素：时段与时效

当今电视节目面对的不只是观众，还是受众和用户，是内容的接收者和产品的消费者。时段和时效是电视节目在经营维度上的两个要素。

1. 时段

时段是指电视内容在播出时自然分出的一个个时间间隔和段落，它是时长的整体组合和宏观集合。电视台往往根据受众的收视习惯、职业需求、人口统计学状况和作息规律等将 24 小时的时段分别区分为黄金时段、次黄金时段和非黄金时段。正确的时段选择、科学的节目编排，不仅有利于聚集稳定受众，同时也有利于电视节目的经营。

时间经营和受众经营的目标能使好的节目在合适的时段内有针对性地传播给

目标受众。时段经营不仅可以提高某个节目的收视率，更可以利用各种编排策略拉动强势节目前后的收视，使弱势节目分享强势节目的收视便利，从而做到整体收视的最大化。建立在掌握观众收视规律的时段开发经营，有利于培养忠实观众，塑造节目和频道品牌，提升竞争力，增强影响力。

美国市场学家温德尔·史密斯指出，市场细分是指根据消费者购买行为的差异性把一个总体市场划分成若干个具有共同特征的子市场的过程。市场细分的出发点是消费者需求的差异性，目的是依据消费者的不同需求制定营销策略，从而获得最佳的经济效益。受众是电视节目运营的终端消费者，从传播心理学和社会学两个角度对受众进行划分，可为经营受众和市场细分提供理论依据，这也是电视媒体针对受众制定精准的营销策略的基础。

从社会学角度来说，根据梅尔文·德弗勒的受众社会分类论，受众可以根据年龄、性别、种族、文化程度、宗教信仰以及经济收入等人口学意义上的相似而组成不同的社会群体。在我国学界，目前对电视观众的分类主要采用人口统计学的方法。这一方法是与梅尔文·德弗勒的受众社会分类论相近的。如中央电视台—索福瑞媒介研究数据反映的我国现阶段观众构成的基本信息，也为电视节目的节目编排和受众经营提供了科学依据。

基于收视数据和受众分析的节目编排就是对节目在以时间为横坐标、受众为纵坐标的坐标系内所进行的排列组合。科学合理的节目编排，是对时间的合理搭配与组合，更是基于受众心理对电视节目运营的“排兵布阵”。广东南方电视台经济频道运用“节目集群”的概念来进行时段运营，它们围绕社会民生的节目理念构筑跨节目形态的“民生节目集群”。把民生新闻报道《今日一线》、民生故事演绎《真实故事》和民生新闻评论《马后炮》编排在每天晚上的黄金时段，从而形成了节目播出的规模优势，培养了观众顺势收看的习惯。可以说，经营时段就是经营观众。

2. 时效

一般意义上的时效，是指信息传播能够发挥有效作用及其价值的时间范围，如新闻时效、法律时效等，他们都是给某一事物一个发挥效力的时间范围。时效在各类电视节目中的体现不尽相同，在新闻节目里，主要体现为快捷和有效，蕴涵在对新闻价值和传播规律的判断里。其他电视节目也同样存在时效问题，这里的节目时效还表示电视节目在单位时间内承载的有效信息量，即电视节目内容传播的效度，也是观众接收信息的效度，是指电视节目这一时间产品开发利用的效率，而不只是指通过增加时间长度的方式来增加信息量。

在媒介技术和传播渠道日益多元化的今天，受众进入了注意力高度分散的时代。在这个时代里，电视节目更应注重时间的效率，那些信息含量低、价值效用不高的电视节目显然不能满足受众的收视需求。一个节奏紧凑、“时有所值”的电视节目能够最大限度地吸引观众的注意力，而一个内容拖沓、节奏缓慢的电视节目则易于造成观众的腻烦心理。因此，传统电视媒体要想抓住受众的眼球，必须使节目每分钟都“时有所值”，充分发挥每一组镜头的时间效用，这便是“时效”的价值所在。

当今电视剧播出和运营已充分体现电视媒体的产业功能。目前我国电视剧都是按集数来定价，集数越多，电视剧的价格也就越高，因此制片方在制作节目时，故意将节目拉长，最终出现“注水剧”的现象。从电视台的角度来看，电视剧的集数越多，在中间插播广告的机会也就越多，其广告经营收入就会增长。基于此，电视台往往不会拒绝“注水剧”的播放。如43集电视连续剧《我的团长我的团》就有研究者指出“如果压缩成30集肯定是精品，20集就是极品了。与其说是看情节，更像听报告，很多时候两个人的对白加不断的闪回，就是一集。某些愤世嫉俗、举世皆醉我独醒的对白，把整个片子有意思、有意义的东西，解构得七零八碎”①。观众也纷纷表示此剧“节奏太慢，剧情不够紧凑，对话太多太繁”、“完全可以压缩多一半没用的东西”，等等。如今，冗长缓慢的节目尤其是“注水”的电视剧所遭到的反抗声音越来越大。

四、时间要素之内外关系

从传播学角度来看，时间产品是一个与内容产品相对应的形式产品，它更多表现在产品的外在形式上；从经济学角度来看，时间产品是一个与实物产品相对应的非实物产品，时间产品是虚拟信息传播的载体，充当着“价值尺度”的角色。电视节目作为时间产品，各时间要素之间并不是孤立存在的，而是相互依存相互影响的，并形成各种错综复杂的组合关系。与此同时，电视节目还是一个空间产品，无论是表现空间还是传播空间，都体现了一定的时间性，从而形成电视节目在制作、传播和运营中特定的时空关系。

1. 组合关系

如上所述，电视节目在制播与经营中的时间特性主要体现在时长、时机、时序、时段和时效五个方面。时长是电视节目制作、播出和经营的基础构件，同时也是其他时间要素的尺度标准，但它最主要的功能还是电视节目制作标准，体现了电视媒体节目管理的专业化程度。时机和时序主要体现了电视节目的传播功能，它既是传播效果的体现，也是传播策略的参数。它是媒体与政府、公众及广

---

① 曲慧.《我的团长我的团》：一部43集电影的失败与伟大. 青年周末，2009-03-26.

告客户博弈的结果。如果说时机和时序体现在电视节目对外部环境的应对和内部规则的设计上，那么，时段和时效则主要体现在电视节目与观众互动和目标市场的对接上。时段和时效主要体现在电视节目经营方面，不仅承载电视节目的传播功能，而且承载电视媒体的产业功能。从广义上来说，所有的时间要素都体现在提高时间效用的最终目标上，因此可以说时效是整个时间产品构成中的核心价值所在。换句话说，时长是电视节目时间运用的出发点，时效是电视节目时间运用的归宿。

时机与时序结合的统一体是电视栏目，电视节目的栏目化“是一种节目的规格化，固定节目的播出时间以及播出时长，不仅可以使电视节目按照计划进行标准化生产制作，同时也便于观众收看”[①]。栏目化便于形成观众与节目的“约会”意识，固定节目的时长有助于安排节目固定的播出时间，而固定的播出时间便于观众认知和记忆，让观众能在频道“规定”的时间内回到记忆“规定”的节目上，有利于观众收视习惯的形成，为培育观众的忠诚度打下基础。

由此可见，时机和时序的运用承载着电视节目的传播功能，同时也承载着电视节目的产业功能。广告插播与节目内容的编排也体现出时序设计的效果。如江苏卫视《人间》栏目的流程设计是：悬念—广告—悬念—广告—揭底。主要是以设置各个兴奋点（悬念）为主线，在观众对事件的一个段落最为着迷时插入广告，从而也拉升了这个时段广告的收视率。这个例子说明时序与时段有紧密的联系，这种联系实际上是传播与经营的结合。事实上，电视节目的播出安排已经成为观众、媒体和广告商的一场博弈。

时段与时效的关系是互为因果关系的。一个科学编排合理结构的时段，无疑会提高信息传播和利用的时间效度。而提高时段上每一个节目每一个单元的信息效度，也就是实现时段价值的最大化。目前，我国电视竞争已进入频道时代，越来越多的频道引入“全时段播送”的节目理念，力求发掘非黄金时段的收视价值，为本地观众提供更丰富的内容选择。由此可见，时段和时效除了体现时间轴上的传播特性之外，更多地体现了电视节目的产品属性和电视媒体的产业功能。随着制播分离的推进，对于节目制作公司而言，电视节目作为时间产品的营销更显重要。电视节目制作公司销售的方式有直接出售和以节目换广告时间两种。公司销售的产品包括两类产品：一为内容产品——节目本身，二为时间产品——广告。营销既包括对节目内容的营销，也包括对广告时间的营销。

2. 时空关系

电视节目时空关系的认识包括微观和宏观两个层面。微观层面是指时间与画

---

① 徐立军，袁方. 电视播出季——频道编播创新前沿. 北京：中国传媒大学出版社，2007. 57.

面和声音这三者的关系。在电视节目构成要素中，画面和声音都跟时间有着紧密的联系。从视听语言和影像空间的角度来看，电视节目是由画面和声音构成的，而时间则是画面和声音的函数，节目（G）与画面（P）和声音（S）的关系如下：

$$G = P(t) + S(t)$$①

例如，画面往往不是一个静止的画面，而是一个运动的画面，时间是这个运动画面的因变量，如不同的时序会影响画面的表达效果，所以电视画面是一个运动的三维空间。电视节目中的声音也是运动的，时间是它的因变量，声音和画面构成了运动的四维空间，加上作为传播过程的时间，就成为五维的视听传播空间。电视节目既是一个影像表达空间，也是一个视听传播概念，既追求意义的表达，更讲究传播的效果，这就是微观层面的电视节目时空关系。

那么，何为宏观层面的时空关系呢？在数字时代和网络传播中，传统电视节目变成了可以利用各种网络传播的数字视音频节目，互联网和移动互联网的传播规律、受众行为和媒介生态也会影响视音频节目形态及其各种时间要素，我们对时间特性的认识还需要不断地更新、拓展和深化。作为播出产品的电视节目还具有两种形态：一是单一传播渠道的时间产品；二是跨越多个传播媒介的空间产品。从媒介产品的角度来看，电视节目既是制作的内容产品，也是播出的形式产品。不同的空间产品会影响并形成不同的时间产品。

最后，我们还是要回到时间产品与内容产品以及文化产品的关系上来。一方面，形式是为内容服务的，如何在电视节目制作、播出和经营中巧妙地运用各个时间要素，更好地为电视内容生产与传播服务是电视媒体运营的最终目的。另一方面，过于功利的时间产品会给电视节目带来负面影响。“媒介时间的即时思维影响了人们的认知、记忆与行动，造成了当代文化纵深感的消逝。”② 这就涉及电视人是站在什么立场或层面上进行电视节目这一时间产品的生产、传播、经营和管理，既要考虑媒体经济利益，也要考虑社会文化责任，这才是电视节目传播运营者正确的时间观。而时间产品、空间产品等形式产品与内容产品的关系是一个更大的话题，这里就不展开论述了。

---

① 谭天．批评与建构——聚焦中国电视．广州：暨南大学出版社，2009. 111.

② 卞冬磊．再论媒介时间：电子媒介时间观之存在、影响与反思．新闻与传播研究，2010（1）：54.

第三节 读报读网看融合

自2003年1月23日凤凰卫视《有报天天读》开播并取得成功之后，如今是“有报到处读”，国内各台竞相重操旧业，办起了久违的电视读报节目。

2003年7月1日，中央电视台新闻频道推出早间读报节目《媒体广场》。

2003年10月20日，中央电视台经济频道开播《第一时间·读报》。

2003年10月23日，东方卫视《早报早知道》开播。

接下来，电视读报节目如雨后春笋般在全国各地涌现。与此同时，电视读网节目也悄然出现在荧屏上。一时间，似有一种从“看电视”变成“读电视”的趋势。这到底是预示电视节目发展方向的一种现象，还是说明电视媒介竞争乏力的一种表现？很值得对此作一番解读和深入探究。

一、电视读报——重出江湖借力而行

其实，读报节目是早期电子媒介的一种节目形态。早在1950年4月10日，中央人民广播电台开办的《首都报纸摘要》节目（即现在中央人民广播电台的《新闻和报纸摘要》节目的原型）可视为广播电视读报节目形态的雏形。那时候广播利用报纸的内容主要是因为新闻媒介发展不够，可供利用的新闻资源极少。而广播是当时唯一的电子媒体，具有传播迅捷、覆盖面广、感染力强的绝对优势，读报节目在充实了广播信息源的同时也扩大了报纸的影响力。但《新闻和报纸摘要》只是简单摘播报纸新闻信息，播音员照着报纸“播”新闻。

在报摘类电视新闻节目中，真正开始造成影响的是凤凰卫视的《凤凰早班车》，最初这档早间新闻节目办成读报节目，转述当天报章最新新闻，由主持人陈鲁豫掀起了“说新闻”的潮流，影响了整个中国电视新闻播音界。在“说新闻”中，主持人以个人身份出现，变书面语言为口头语言，与呆板的“播”新闻相比，多了一份生活原生态的自然和随意。轻松的“说新闻”方式打破了传者和受众之间的心理屏障，大大增加了传者与受者之间的交流。各条新闻之间由主持人不着痕迹地过渡也使节目更具整体感。可以说《凤凰早班车》改变了中国电视新闻的播报语态。然而，这还不是读报节目盛行的最主要原因。

中国电视经过几十年的迅速发展已经跃居为第一大传媒，但它为什么反过来还要借助传统纸质媒体的力量呢？电视读报重出江湖，必然有它的理由。总的来说来自两大需求：一是低成本运营的需要，二是它独特的话语空间。上海东方卫

视节目创意总监兼《早报早知道》主持人骆新一语道出他负责的读报节目是“最节约的节目”。国内外出版的报纸可以信手拈来，稍加整理编辑便可播出，不必投入大量的采编人员，这自然就降低了节目的制作和播出成本。在电视产业化和市场竞争的挤压下，节目运营要讲求实效和成本核算，在经营上追求投入少、产出大。

真正对电视读报节目发展起到推波助澜作用的是凤凰卫视的《有报天天读》，可以说，它开创了个性化电视读报节目的先河。在《有报天天读》整个电视画面中，左边三分之二的荧屏是电脑显示出的报纸剪报内容，右边三分之一是杨锦麟读报的情形。主持人还可在屏幕上圈圈点点，引导观众有选择、有重点地阅读。而杨锦麟先生质朴有力的读报语言，幽默尖锐的评述论说再加以丰富感性的肢体动作，更让观众感觉到新闻诙谐有趣的一面。节目演播室被布置成一个古典书房，主持人杨锦麟则一杯清茶，一身唐装，颇具古代说书人意味。字幕也以传统的毛笔书写，配上古典扇面卷进卷出，穿插优雅的古典音乐，极具中国人文特色。在不改变报纸文字化特点的同时，该节目运用了电视媒体自身的一些声音和画面手段，如在六个板块衔接处，或一段行云流水般的音乐，或一缕若隐若现的茶香，营造出读书看报的幽然氛围。这样的节目形式让人耳目一新。

“电视读报节目，是近年来电视新闻资讯类节目涌现的新样式，是指电视媒介选取、整理报纸媒介的新闻信息（报道或评论），以电视化传播形态进行导读、点评，将纸质媒介的深度性、抽象化与电视媒介的形象化传播紧密结合。”① 应该说，《有报天天读》是电视读报节目发展为成熟形态的一个典型范本，仅短短半年时间，该栏目收视率就挺进凤凰卫视收视率排行榜前三名，并夺得“2003 中国年度新锐榜”的“年度电视节目奖”。这类“四两拨千斤”的节目令许多内地电视人称羡不已，有些台长甚至理直气壮地对下属说：你们不要老是说节目经费不足！你们该学学人家凤凰卫视是怎样“空手套白狼”的！于是各台纷纷开办起低成本的读报节目，卷起新的一轮“克隆风”。但我们要冷静地分析一下：《有报天天读》能让内地观众耳目一新，是在于它所选择的报刊能涵盖港台、东南亚华文报刊以及西方主要媒体，而这些报纸在内地不容易看到。反观有些媒体，如果要做读报类节目，就应先问一下自己：我有什么样的话语空间？

此读报已非彼读报，电视读报节目已从过去的照读、播报发展到今天的解读、评说。电视读报是通过整合纸质媒体的信息资源，对信息进行的深加工和二次传播，是对传统电视节目的一种补充和丰富。

---

① 刘唯．电视读报的魅力看点——凤凰卫视《有报天天读》个案解读．http：//www. ahtv. com. cn/public/2005 -03/25/cms42269article. shtml，2005 -03 -25.

二、电视读网——互动电视崭露头角

与读报节目的信息性和深度性相比，读网节目具有多样性和互动性的特点。它可以互联网中的网友评论为主要内容，以此适应观众多元化的特点。互动性也是读网节目的一大特点，其渊源可以追溯到早期电视的“观众信箱”和“热线电话”，观众通过写信的方式将意见反馈给电视台，这样才能完成一个完整的互动过程，但这种互动受到各方面的限制。

进入到网络时代，被视为“第四媒体”代表的互联网技术不仅为电视提供了一个广阔的即时互动平台，更给受众带来了前所未有的诉求空间，其双向交互性是吸引大量受众的重要原因之一。“以因特网为代表的第四媒体把传播者和受众之间的互动提升为媒体运行高下的一个重要指标。”[①] “1999 年 1 月，尼尔森与美国在线联合进行了第三次因特网家庭电视收视习惯的研究，调查了 5 000 个家庭的全国性个人样本群。报告显示，因特网家庭比不联机的家庭平均少看 13% 的电视，也就是每天少看差不多一个小时的电视。”[②] 可见，网络带走了部分电视观众，对作为传统媒体的电视形成了巨大的挑战。

现实情形使电视人清醒地认识到，电视节目只有在保持自身原有优势的前提下，吸取网络的优势特点，实现与受众双向互动程度的最大化，才能保持持久的竞争力。电视读网节目正是在这一认识指导下成为电视节目发展的必然产物。互联网是非线性传播，突破了时空的限制，整合文字、图片、视频、声音等多种传播手段，信息资源极大丰富，并且交互性强，实现了一对一、一对多、多对多的交流，又具有高速的通信效果和低廉的成本。因此，融合了互联网优势的电视读网节目，才是真正的互动电视节目，它的视野更为广阔，与受众互动更快速、更便捷，双向性更强。

2005 年 11 月，湖南卫视午间新闻栏目《播报多看点》新增《网络评道》板块：“专门读网，只读评论。所读内容包括所有纸质媒体的当日时评、读者来信、大家谈、互联网论坛里的网友评论甚至杂文报刊里的非时评文字，通过论坛自身的多样化，让观众得到很多观点，而不像通常的读报节目以信息、趣闻为主，偶尔有评论，让观众得到很多综合资讯。这样，不仅能搭载更多信息量，而且能树立我们这个读网文摘节目的品牌——‘知道更要评道’。”[③] 这个读网节目

① 关于播报多看点．中国企业人才网．http：//www. job100. com/more/tvhunan/bbdkd. htm.

② 吕岩梅，韩丽楠．电视节目的互动意识和互动尝试．http：//www. cjr. com. cn．中国新闻传播学评论．http：//ytv. blog. hexun. com/2709928/rss/viewarticle. html.

③ 崔晶炜．从形式到内容——浅谈网络对电视传播的影响．电视研究，2002（2）.

的信息渠道有两个，一个实际上还是报纸——报纸网络版，另一个才是真正的网络——网民言论。

而凤凰卫视中文台的《网罗天下》栏目就是一个网络新闻信息的大杂烩，包括新浪在内的很多国内门户网站都参与其中。BBS（电子布告栏）、Blog（网络日志）最先透过电视告知大众。这个读网节目实际上是网络信息的电视版。

广州电视台新闻频道《新闻日日睇》中的《网友论坛》板块则只走客观线路，只是选择网友对所报新闻的评论，不加评说，从而真正为网论者在电视上开辟了一个能够畅所欲言的园地，各种观点在这里相互碰撞，各有精彩。这个《网友论坛》是观众对电视节目内容的反馈，是一个传者与受众的互动板块。

现在不少电视节目主持人面前都摆着一台笔记本电脑，这不仅仅是一种时尚，而且是意欲将天下大小事“一网打尽”的象征。电视网络化和网络电视化这两大走向，表明了传统电视正向网络媒体和新型电视转型。但是网络信息浩如烟海，如何选取具有价值的新闻信息，如何选取具有代表性和恰当的网民评论，对于读网节目的制作者们是一个考验。无论是读报者还是读网者，除了独具个性的风格魅力外，还需要很高的整合能力和解读水平。

三、看融合——建构现代视听传播

观众到底是看电视，还是读电视？读报、读网节目到底能走多远？其实从现代视听传播的角度来审视“读”和“看”，会发现这并不是一个非此即彼的命题。电视采用其他媒体的信息资源，一方面，电视台无需投入大量的采编人员和昂贵的摄像设备，大大降低了节目制作和播出成本。读报节目和读网节目以众多报纸和互联网为选择对象，无疑弥补了电视新闻信息量不够丰富的缺陷。同时，电视媒体借鉴了报纸和网络新闻评论分析独到、犀利的长处，弥补了自身深度和理性不足的缺陷，增加了报道的深度。另一方面，纸质媒体和网络媒体的内容通过电视化包装，变得更加直观、生动，便于观众接受。大量信息经过电视媒体的筛选，取其精华播出，也节省了受众的时间。媒体内容融合，使电视媒体与其他媒体之间可以取长补短，获得最佳的信息传播效果。

读报节目和读网节目引入诸多报纸、网络等新元素，却使电视媒介自身的优势没有得到充分的发挥。电视由于兼备声音、图像等视听元素，可以营造出很强的现场感、形象感和过程感，使电视传播更具真实性和感染力。因为图像的加入，现场报道、现场直播等才是能够赋予电视更直观视觉冲击力的表现手段。而在读报和读网节目中，大量转述网络、报纸内容，无疑大大削弱了新闻用电视来表现的视觉效果。作为电视新闻特有的表现方式，如现场直播、现场报道、同期声等，在读报和读网节目中难觅踪影。此类节目版面（或网页）+主持人形象+配音的模式，久而久之难免使节目形式流于单调和重复。“电视读报节目和读网节目的出现和兴起，只代表了媒体融合互动的趋势，它也只能作为电视传播的一种补充式节目，而不能对其抱有更大的期待。”① 电视节目如果过分倚仗读报和读网，必然会造成原创内容和独家新闻的缺失，从而丧失电视媒体自身特有的传播优势和竞争能力。

实际上近年来，读报节目和读网节目都在升级换代，它们风格各异，特色鲜明，其中有自成独立栏目的，例如中央电视台综合频道的《媒体广场》、湖南经视综合频道的《T2 区》、北京电视台的《现在读报》等；也有在新闻栏目中以板块形式出现的，例如中央电视台经济频道《第一时间》中的《马斌读报》、江苏电视台城市频道《南京零距离》中的《孟非读报》、上海卫视《看东方》中的《早报早知道》和《读家新闻》、浙江电视台经济生活频道《经视新闻》中的《峰言蜂语》、广州电视台新闻频道《新闻日日睇》中的《读报》等。从中我们发现了两个趋势：一是大多数读报节目实际上也是读网节目，节目主持人通过网络去读报，说明传统报纸将不敌强大的网络媒体；二是以单一节目形态出现的读报节目日益减少，电视人更多的是把读报读网揉进传统的电视栏目中，向着电视新闻杂志节目方向发展。电视新闻杂志节目拥有数个固定的子栏目，在形成自身风格、加大信息容量的同时，也满足了不同层次观众的需要，赢得了尽可能多的受众。例如广州电视台新闻频道《新闻日日睇》就是“一档集读报言论点评、现场直击报道、音乐电视影像、百姓话题讨论、爱心档案记录为一体的综合性电视民生新闻杂志”②。它设有若干板块：《读报》、《G4 出动》、《DV 特工报道》、《广州影像》、《有乜讲乜》等。这说明在现代视听传播中，内容来源和节目制作呈现多元化，使电视媒体变成一个多媒体的信息平台。

媒体都由两大部分构成：一是内容，二是渠道（或播出平台）。电视读报和电视读网的兴起和加入，一方面建造了一个多媒体融合的多元化信息传播平台；另一方面也将促进电视的数字化内容建设，电视不仅可读可看，还可双向交互。从早期的读报到当今的读网，可以看到电视从节目形态到传播方式都在发生巨大的变化，正逐步构成多媒体和数字化的现代视听传播系统。

---

① 宋玉芹，张胜昔．电视读报节目，到底能走多远?．浙江广播电视报，2004-12-22.

② 叶青．观点就是旗帜，结构就是力量——电视新闻杂志《新闻日日睇》栏目理念阐述．南方电视学刊，2005（2）.

第四节　民生节目的扩容

如今，民生新闻在经过7年的曲折发展，因内容琐碎、同质化严重、过度世俗化等问题而备受诟病。因此，提升民生新闻的内涵品质，再次引发了业界和学界有关民生新闻3.0时代寻求突破的新一轮思考。无疑，电视民生新闻要可持续发展，就必须从创新传播内容与形式，提升传播价值等内涵方面着手改善。然而，从电视频道运作的角度来重新审视民生新闻，做到由内涵提升转为外延扩容，从而更大地挖掘民生新闻的传播价值，这样或许能为民生新闻的升级完善和地面频道的运营发展带来一种全新视野。

一、创新：民生新闻扩容突围

扩容对于民生新闻节目并不陌生。可以说，自从民生新闻在地面频道之间呈现白热化竞争态势时，民生新闻的扩容就以不断添加板块、不断增加时长的形式出现在各个电视频道里。不难发现，由30分钟延长到60分钟，又由60分钟延长到90分钟，时间的延长尽管可以使民生栏目继续发挥本土化独有资源在争夺受众上的地域优势，但无论容量怎样扩充，都是同一时段的有限竞争，对于扩大市场覆盖面的作用基本上是微乎其微的，而且由此引发的内容雷同、形式单一等问题更是让民生新闻尽显疲态，最终使得民生新闻陷入发展的困境。

目前，跳出节目本身，选择以民生新闻栏目为根本，通过制作若干与其内容呼应、形态各异的民生栏目，从而改变民生栏目的扩容方式，已开始在一些地面频道初现端倪。如深圳都市频道在品牌民生栏目《第一现场》的基础上，在晚间23点又打造了一档民生新闻栏目《1时间》，与《第一现场》遥相呼应。然而，一个频道增多几档民生新闻节目的形式，还是简单的外延拓展，即只是量的增加，而且由于新闻资源有限，也很难保证节目质量不下滑。这一外延拓展的结果最终有可能造成负面效应：一方面是民生新闻栏目品质的稀释；另一方面，同一频道内各栏目因相互争夺资源而形成内耗。

南方电视台经济频道对于民生新闻的扩容可以说是一种全新的民生新闻扩容模式。南方电视台经济频道的实际定位是民生频道，在其品牌民生新闻栏目《今日一线》的带动下，又继续打造了两档民生栏目《真实故事》和《马后炮》，形成了民生新闻、栏目剧、电视评论的不同节目形态的栏目搭配，这不仅突破了单一节目形态带来的发展瓶颈，使民生节目资源得到充分开发，而且强化了频道的民生定位和民生特色，大大提升了频道的品牌影响力。他们的经验做法如下：

1. 新闻报道讲述民生

《今日一线》是南方电视台经济频道的一档老品牌民生新闻栏目，自2003年推出后就凭借“本色报道”在广东市场一炮打响，并且当年就获得本地普通话新闻栏目排名第一名，带动了整个频道收视份额的大幅提升，成为频道扩大收视市场的主打栏目。

数年来，《今日一线》一直不断创新、调整定位、注重编排。一方面，《今日一线》在遵循民生新闻所共有的“偏重本地”、“贴近生活”、“独家新闻”等原则的基础上，还突破了传统的新闻概念，以强化民生为特色，着重放大了节目的服务功能和人文关怀。如节目《封面》、《现场》等板块所选择的新闻，在内容上既注重对伦理道德的评判、对知识的追求，也强化对法律的呼唤、对施政理念的评价、对丑恶事物的鞭挞，因此很好地展现了民生新闻对于人文关怀的追求以及对社会积极的传播价值和意义；又如节目特别设置了《记者跑腿》环节，淋漓尽致地发挥了为老百姓服务的社会意识。而另一方面，节目还注重创新编排技巧，将新闻编排上的“重要性”原则变为了“事情整合”原则，通过对新闻的整合，使每个板块之间做到起承转合，不断在节目中形成一个个小高潮，从而最大限度地调动了观众的收看兴趣。

《今日一线》在广东新闻类节目中的收视率持续居高不下，在带来社会效益的同时，也为频道带来了可观的经济效益。据了解，2005年，也就是《今日一线》栏目开播第三年，栏目特约广告就达到300多万元。由于品牌知名度持续提升，到2005年秋季，《今日一线》2006年的广告承载已经达到近1 200万元，其中特约播出额度就占到了将近一半。①

2. 新闻言论解读民生

然而，民生新闻尽管可以做到贴近、服务本地观众，但是一个电视台要树立自己的品牌内涵，还是少不了新闻评论，所以无论是像《新闻1+1》的专题评论节目，还是像《新闻日日睇》加入《读报》这种新闻述评环节，新闻评论越来越受到重视。而新闻评论《马后炮》就是南方电视台经济频道的另一主打栏目，更是代表南方电视台发出自己独立声音的一个窗口。

《马后炮》短短15分钟，从2006年创办至今依然保持着鲜活的生命力，成

---

① 靳智伟，华明，卢锋．南方博弈：全球化语境下的电视竞争策略．广州：南方日报出版社，2006. 73.

为经济频道收视率不是最高，但观众留言最多、口碑最好的电视言论平台。①《马后炮》并没有设置花哨的环节，它只有两个板块：《TOP 5》让主播马志海每天挑选出5条重点新闻进行点评；《你来我网》让观众有个发言机会。它成功的一个重要因素就在于节目突破了就事论事、一事一议的枷锁，把视角对准了全国范围内涉及公共利益判断的重大命题，选择民生角度进行解读，并且不仅仅停留在微观事件本身，而是把其提升为一个社会话题、公共议题，引导观众去发现问题本质，并指导观众去培养独立思维。该节目不被新闻时效性所牵制，主持人巧妙地选择几条相关新闻组成一个话题，然后剥茧抽丝，通过善意批评，揭示简单道理，提供建设性意见。因此，电视评论无论是打包进入民生新闻栏目，还是以独立形式存在，都可以通过引导受众认清事实真相、明辨是非，使民生新闻跨出低层次的生存疆域，形成一定的社会舆论氛围，从而提升频道的内涵品质和社会影响力。

3. 新闻故事演绎民生

栏目剧《真实故事》就是《今日一线》板块《封面》的衍生品。栏目剧并非新名词，是指以栏目的方式生产、制作、播出，具备电视栏目的基本特征，有统一的片头、主持人、板块；有演员扮演的讲故事的节目形态。② 栏目剧中最早扬名的是重庆电视台的《雾都夜话》，它的形态介于电视剧和栏目之间，主要是由作为非职业演员的普通老百姓表演自己身边的故事，因为本土风味浓、故事贴近生活、观众关注度高而备受追捧。类似栏目剧近年在全国各地遍地开花。

然而，南方电视台经济频道并未如其他电视台一样，只是将栏目剧作为电视剧资源的一种补充，用来满足本地观众对影视故事的需求，而是跳出影视剧的固定思维，把《真实故事》当作“电视民生故事”去运作，不仅使这一剧种延续了民生新闻关注民生的精神宗旨，又使得频道因借助栏目剧而具有了更大的发展空间。

具体来说，《真实故事》通过从《今日一线》的民生新闻中，选取现实生活中真情感人、曲折离奇的真实新闻事件进行深度挖掘、戏剧化演绎，浓缩、再现原生态的社会生活，震撼观众心灵，强化人文关怀和道德关注。正是在这样的主旨下，《真实故事》创作出了一批诸如《我是艾滋病告知人》、《人老也同居》、《京珠北》、《荣志仁——街边仔传奇》、《兄妹换肾》等兼具可视性、社会性、思考性于一体的节目。如《京珠北》就以发生在2008年初冰雪灾害中的真实事件为原型，把小人物的故事放在大时代背景下，以一种大民生的理念，记录了社

---

① 靳智伟，华明，卢锋．南方博弈：全球化语境下的电视竞争策略．广州：南方日报出版社，2006.

② 邓吉吉．栏目剧：在实践中成长．中国广播影视，2007（2）.

会、见证了历史。这期节目不仅获得了2008年栏目剧评选特别奖，还开创了栏目剧的一种新体裁——时事栏目剧，给频道开拓更多新的节目形态和形成新的战略布局打下了坚实的基础。

同样，《马后炮》也不是频道的一个独立部分，人气颇高的主播马志海也主持《今日一线》的《封面》板块，使得两个栏目形成了一种潜在的关联，延伸了观众对节目收视的期待。《真实故事》还计划以马志海为原型制作一期特别节目，充分利用与发挥《马后炮》主持人和栏目的品牌资源。至此，《今日一线》、《马后炮》和《真实故事》已形成三足鼎立之势，并互为呼应、互为倚仗，在频道内形成一个民生节目集群。

二、延伸：拓展节目形态新空间

老品牌《今日一线》在2008年度获得广东省新闻一等奖，而新节目《马后炮》的主持人马志海获得全国金话筒奖，《真实故事》也在第三届全国栏目剧年会上获得特别奖以及一等奖。南方电视台经济频道的这三档民生类栏目正是在《今日一线》的推动下，既在民生新闻的内涵上有了提升，又在民生新闻的外延上进行拓展，可以说是一种内外兼备的全方位扩容，从而使栏目品牌上升到频道品牌，形成了整频道的强大竞争力。

然而，这种理念在开始的时候并不明晰。《真实故事》在节目刚创办时，也并未明确定位为“电视民生故事”，而是打算仿照自制情景短剧的形式，以新奇、趣味的社会故事满足百姓对故事的需求。而栏目剧又分类模糊，因此，《真实故事》一开始便成为影视频道、综艺频道等几个频道争夺的内容。然而，南方电视台在经过一段时间的摸索之后，最终确定《真实故事》要以《今日一线》为根本，通过挖掘《今日一线》新闻背后的内容，并围绕这个品牌和《马后炮》一起共同打造一个栏目集群，最终回归到了民生这一根本宗旨上。《真实故事》的成功定位，不仅做到了对民生新闻的扩容和节目资源的共享，而且使这三个看似不相连的节目通过民生报道到民生演绎再到民生深度解读形成了一条完整的民生线，更使经济频道明确了主打“民生”的频道定位。

南方电视台经济频道的这三档节目，尽管节目形态各异——从民生新闻到民生故事再到民生评论，但还是在播出内容上形成了紧密的逻辑关系，这一方面大大提升了民生新闻的内涵，使节目品牌效应得到了互相叠加，收视更是达到了一脉相承；另一方面，在频道定位的统一调配下，做到了节目资源的最大共享，并且节目集群内部因节目之间组合形式灵活多变，既有统一性又有差异性，对维护品牌生命力有着极大的促进作用。

《真实故事》将栏目剧和民生节目结合起来，又和一般的影视剧严格区分，做到了社会效益和经济效益的双丰收，使得南方电视台更加坚定了不必为一种节目形态限定自身的理念。南方电视台一直在不断创新，目前他们凭借做栏目剧的成功经验，还试图在网络剧、手机剧等新事物中占领内容生产高地，并设想依靠多种剧种的互相推进，打造剧的产业链。由此可见，核心品牌的延伸，不仅可以在内容上进行纵向延伸，还可以形式上进行横向延伸。在内容生产和播出平台两个维度上都可以进行产业链的延伸。

三、集群：频道运营发展新模式

“集群”这一概念源自经济领域。一般是指在发达的经济体中，一些具有交互关联性的企业、专业化供应商、服务供应商以及其他相关产业的厂商组成的产业集群。在这个集群内，各企业实行专业分工，既相互竞争又相互协作，不仅有助于提高产业的整体竞争能力，还可以降低企业的创新成本，发挥集群资源共享效应，使整个集群形成“区位品牌”效益。而借用“集群”概念打造节目集群，可以形成一种频道优势。

当今中国电视已进入频道竞争时代。民生节目集群可以说是南方电视台在频道运作过程中摸索出来的一条民生新闻的新出路，主要表现为频道从产业化的角度出发，通过对民生新闻节目外延扩容，打造多种形态节目，从而构成一个民生节目的集合体。而这一经营管理思想可以说是节目集群理念与频道运营概念的巧妙融合。

品牌是频道的生命，只有高品质、高收视率的品牌节目才能很好地培养频道在受众中的忠诚度和美誉度，才能大大增强频道的吸引力和竞争力。民生新闻节目的品牌影响力还在发挥作用，民生资源还需要不断开发，然而，不断延长节目，挑战观众收视极限的方式，已是民生新闻栏目发展旧模式。因此，如何既做到提高民生栏目的内涵品质，又做到多角度贴近、服务本土观众，扩大民生新闻可持续发展空间，南方电视台这种节目集群概念无疑具有借鉴意义，同时也为频道运营发展带来了一些思考和启示：

1. 树立频道运营理念，强化品牌延伸意识

频道在电视行业的整个产业链中越来越占据重要的地位，已成为带动产业发展、凝聚社会资本的核心力量。从中国电视媒体自身发展现状来看，目前全国绝大多数地市以上的电视台都实施了频道系列化布局，都在确定“龙头”频道的同时，按照“频道专业化、栏目个性化、节目精品化”的要求，整合频道资源，强化节目定位，推进品牌建设。品牌栏目可以说始终都是一个频道赖以生存与发

展的核心资源。

但是不难发现，在如今激烈的频道竞争态势下，一个品牌栏目要长久保持品牌影响力越来越难。并且无论是对于一个综合频道，还是对于专业频道来说，一个品牌栏目都无法支撑整个频道的良性发展。而仅仅只有一个品牌栏目，也无法使一个频道具有鲜明的品牌特色，更不可能在众多频道中脱颖而出。毕竟在注意力时代，受众往往是由于关注一档品牌栏目而关注一个频道，一个频道又往往因为拥有一批品牌栏目而成为品牌频道。因此，打造优质节目集群可谓是电视媒体形成核心竞争力的前提条件。[①] 这也就要求任何一个品牌节目都要树立频道意识，改变过去那种以节目为单元的管理理念，把整个频道当作一个有机系统去运作经营，从而做到通过一档品牌节目研发更多品牌节目，整体提升频道传播价值，最终实现投入少而产出最大化。

2. 加强节目研发，保障扩容模式多元发展

无论是维护一个品牌节目，还是研发一个品牌节目集群，都需要频道具备强大的节目研发制作团队。研发团队不仅仅前期需要独特创意，通过不断尝试、创新，开发新的节目形态，打造多元化的品牌栏目，而且在品牌栏目发展过程中，也要能够独辟蹊径，延伸、扩大品牌效应，保持频道长久领先性和核心竞争力。

打开思维视野，拓宽扩容模式，对于频道研发队伍来说，就是一个培养品牌的便捷途径。因此，研发队伍必须认识到扩容并不仅仅是节目内部时间的延长、板块的增加，在保证节目品质内涵和保持原有品牌节目影响力的基础上，更多地挖掘品牌节目资源的传播价值，打造多种节目形态，从而有效地编排、组合，外延扩容仍具有多种存在形式，并能为频道发展带来很大契机。也因此，频道应不断加大节目研发力量，不断创新节目形态，积极探索同类节目的更大发展空间，通过开创多种节目集群模式，保证节目资源充分共享，品牌效应互相叠加。具体来说，频道在节目集群创立前，就要对受众心理进行深入调查和周密分析，把握住节目集群乃至频道目标观众群的收视心理需求，然后挖掘独特创意，从而大胆准确地投入和实施各种节目形式的创新。

除此之外，节目集群要获得良性发展，研发队伍还必须强化整合营销思维，要从集群以至频道层面对品牌节目集群进行整体的策划、包装与推广，从而有效避免频道既有资源浪费，更好地发挥频道资源的传播效应和价值，

总之，节目集群为频道运营和品牌培养提供了一种新的发展模式。因此，从

① 关方方. 节目集群时代的原创栏目品牌联动. http：//www. medialeader. com. cn/gdxx/ShowArticle. asp? ArticleID =8585.

节目集群理念出发，民生内容已不仅仅是民生新闻节目这一种表现形式，只要跳出单一模式套路，回归民生根本理念，打造出多种民生节目形态，发挥电视服务功能，民生新闻将有更大的发展前景。

第六章　新闻创优与对外传播

什么是好的电视新闻？怎么才能做出好作品？这都跟办台理念关系很大。本章探讨了“新闻立台”的源流、回归和再现。优秀电视新闻作品源自高度的社会责任和不懈的创新追求，以及敢于直面存在的问题。笔者作为一名资深记者和新闻奖评委，本章给大家作一个作品评奖分析。向世界说明中国，向世界展示中国，我们的对外传播做得怎么样？相关的研究很多，但定量分析却很少，内地电视在香港传播就是少有的定证研究。“走出去”工程被无数次谈及，但我们有没有认真思考如何“走进去”呢？下面将深入探讨这些问题。

第一节　“新闻立台”：回归与选择

2009 年，中央电视台再次明确提出“新闻立台”的办台方针；同年 7 月，中央电视台新闻频道再次“变脸”，推出《大直播时段》，组建“大新闻中心”，《新闻直播间》、《环球引擎》、《时事解码》等新节目也纷纷上马，同时特邀评论员龙永图、曹景行等人加入，壮大了新闻频道评论员队伍。同年，东方卫视也于 6 月 23 日进行改版，重新确立“新闻立台、文艺兴台、影视强台”的宗旨。截至 2009 年 9 月 27 日，笔者键入“新闻立台”一词，在百度搜索到的网页有 63 700 个，新闻 1 760 篇，在 Google 上搜索到的词条高达 1 740 万条。一个久违的概念——“新闻立台”似乎又回到了人们关注的视线。虽然并非所有电视媒体都喊出“新闻立台”的口号，但“新闻立台”的话题热议和重新回归，让我们不得不对这一概念再现的历史背景和现实意义重新审视和深入剖析。

一、回溯：从诞生到遗失

“新闻立台”的概念具体在什么时候、由哪篇文献提出来的，现在已无从考证，但它的起源还是清晰的。

1978 年 1 月 1 日，中央电视台开办了《全国电视台新闻联播》节目，简称《新闻联播》，这标志着以首都为中心的全国电视新闻网的初步形成。“作为中国广播电视新闻节目的代表的《新闻联播》集中体现着国内新闻的优点和缺点。中国的广播电视新闻倾全力于传达党和政府的方针、政策、指令、号召，反复宣传政治性的内容，参与统一幅员辽阔的中国及其十多亿人民思想的巨大工程。”①

1983年春，第十一次全国广播电视工作会议明确提出广播电视节目要“以新闻节目为主体、骨干，以新闻改革为突破口，推动广播、电视各类节目的改革”②。与此同时，随着“四级办广播，四级办电视，四级混合覆盖”方针政策的确定和落实，“新闻立台”的理念就在全国各级电视台的建台过程中逐渐形成，新闻就此成为从中央电视台到地方电视台的立台之本。

进入20世纪90年代，随着邓小平“南方谈话”以及改革开放的推进，在建设中国特色社会主义社会的大环境之下，电视新闻也开始进入深化改革全面发展的新阶段。时任中央电视台台长杨伟光的新闻改革三部曲——《东方时空》、《焦点访谈》、《新闻调查》，可谓唱响了“新闻立台”的最强音。而与此同时，各种节目类型和各色电视栏目如雨后春笋般涌现，我国电视剧产量和播出总量也逐年增加……1997年香港回归的直播，让世界看到了中国电视新闻人的身影。

然而，进入世纪之交，随着我国电视市场化进程和电视频道剧增带来的日趋激烈的竞争，电视媒体的产业功能得到了凸显和强化。先是湖南卫视借助《快乐大本营》、《超级女声》掀起了强劲的娱乐旋风，在其影响下，各地电视台纷纷跟风大办娱乐节目，甚至于作为国家大台的中央电视台也不能免俗。从中央电视台到地方电视台，在娱乐节目中都尝到了甜头，纷纷投入大量的人力、物力。与此同时，不少电视台不断减少甚至放弃新闻节目，电视新闻改革知难而退，国内电视媒体对于重大突发事件的不作为屡见不鲜，“新闻立台”的声音逐渐减弱。

“‘新闻立台’本是媒体的社会功能所决定的一个公理和通则，无须论证。但在中国当下的电视竞争格局中，对收视份额的一维诉求，却让这个公理轻易地被遮蔽、被忘却。尤其是上星电视频道，新闻节目已经萎缩成了主频道中的‘鸡肋’，出于宣传功能的体现，不能没有；但如果由着市场的‘性子’，这装点门面的东西，恐怕也会被电视剧、综艺娱乐节目这种收视率‘伟哥’所替代。”③在收视率的压迫下，电视剧更是大行其道，全国省级卫视纷纷狂播电视剧抢占收视市场，有的电视台几乎变成了电视剧台。有人发出无奈的叹息：收视率是万恶之源呀！有人认为电视台就是一个娱乐媒体，“新闻立台”的理念渐已被抛诸

---

① 郭镇之. 中外广播电视史. 上海：复旦大学出版社，2005. 273.

② 刘习良. 中国电视史. 北京：中国广播电视出版社，2007. 262.

③ 徐立军. 新闻何以立台. 青年记者，2009（24）：13.

脑后。

进入21世纪以来，一系列重大新闻事件拷问着中国电视人。2001年，“9·11”事件，中国电视集体失语；2003年，SARS疫情报道，早期中国传媒全体失声。公众愤然诘问：中国电视媒体的社会责任哪里去了？与此同时，凤凰卫视高举“新闻立台”的大旗迅速崛起，让内地电视媒体重新审视立台之本。2002年1月1日，江苏广播电视总台城市频道《南京零距离》诞生，成为“民生新闻”的发端。2003年5月1日，中央电视台新闻频道开播。但在相当长的时间里，“新闻立台”还远没有在整个中国电视界形成共识和信念。

二、回归：从本性到责任

2008年是中国电视新闻的大年。从汶川地震到北京奥运，大悲大喜；从地面直播到太空直播，大开大合，这些中国新闻热点均为世界所瞩目。围绕重大新闻和突发事件的现场直播，从传播观念到新闻改革，从信息公开到新闻法规，对中国电视新闻的改革与发展都产生了巨大而深远的影响。“新闻立台”的理念似乎在一夜之间又回来了，其实不然，它是在一连串狙击中的穿越，是在一个时代背景下的必然选择。

进入21世纪，电视媒体的生态环境有了很大的变化。互联网、手机等新媒体的出现加剧了传媒业的竞争，同时也猛烈冲击着作为第一大媒体的电视。根据中国互联网络信息中心（CNNIC）第24次中国互联网络发展状况调查报告数据显示，截至2009年6月30日，“我国网民规模为3.38亿，我国互联网普及率达到25.5%”，相当于平均每四个中国人中就有一个是网民。而“中国手机网民规模为1.55亿人，占整体网民的45.9%，半年内手机网民增长超过3 700万”。调查还显示，随着3G时代的到来，手机上网人数将会呈现出爆炸式的增长。[①] 互联网日益发展成熟以及手机媒体3G时代的到来逐渐改变了公众接收信息的消费习惯，从过去单纯地依赖报纸、广播和电视等传统媒体转为积极接触新媒体，从而更快地获取最新资讯。网络的交互性最大限度地满足了舆论形成所需要的充分的言论自由和意见交锋的要求。相对于其他媒体，网络带来了极大的自由空间，网络舆论逐渐发展为社会舆论的重要来源，它所占有的信息资源优势正在深刻地影响着主流媒体的传播。2008年6月20日，胡锦涛总书记在《人民日报》创刊60周年之际，到人民日报社视察，并发表了重要讲话，对新闻宣传、舆论引导等理论作了最新阐释，着重强调了如何在新的、变化的舆论环境中提升舆论引导

① 中国互联网络信息中心．http：//research. cnnic. cn/html/1247710466d1051. html.

水平，增强舆论引导力。

为了应对新形势面临的危机与挑战，我国的新闻传媒规制也在改革。2003年起，我国各部门的新闻发言人制度逐步完善；2006年1月正式公布了《国家突发公共事件总体应急预案》，其中明确要求“突发公共事件的信息发布应当及时、准确、客观、全面。事件发生的第一时间要向社会发布简要信息，随后发布初步核实情况、政府应对措施和公众防范措施等，并根据事件处置情况做好后续发布工作”。这无疑是给新闻媒体报道突发事件大开方便之门。2008年5月1日开始实施的《政府信息公开条例》也明确要求行政机关应当及时、准确地公开政府信息，并且应当遵循公平、公正、便民的原则。这些文件的出台和实施对于保障公众的知情权、监督权有着深刻的影响，政府信息公开、准确、及时是与媒体报道要求相一致的，这不仅保障了媒体获取信息的准确性，还保证了媒体能够第一时间对事件作出相应反应。

20世纪90年代初，美国人约瑟夫·奈提出了“软实力”的概念，认为软实力就是国家的文化力量。现在软实力已经成为衡量一个国家综合国力的重要指标，我国现为世界第三大经济体，硬实力强劲，软实力自然需要相应的提升。这对中央电视台的要求更加迫切，“对国际、国内重要新闻的报道能力和报道权从来就是国际一流媒体一分高下的必争之地。在中央电视台建设‘技术先进、信息量大、覆盖广泛、影响力强’的国际一流媒体的今天，新闻与新闻节目是中央电视台的立台之本，是中央电视台的核心竞争力”①。

2008年，吹响了电视回归新闻的集结号。汶川地震的及时报道和信息公开，北京奥运的成功转播和巨大影响，让中国电视界重新审视电视的媒体本性和媒体的社会责任，如同“9·11”事件让严肃新闻在一夜之间又回到了美国电视新闻网。然而，这个对新闻学原点的回归并不是简单的重复，而是认识的螺旋式上升，需要我们从理论到实践重新审视“新闻立台”。

三、再现：从理论到实践

当今在新的新闻传播秩序和新的传媒生态环境下，“新闻立台”能否真正立得起来？如何才能立得起来？也就是说，“新闻立台”的立足点在哪里？下面我们从理论和实践两个维度重新审视这些问题。

1. 理论解读

我们先要弄清楚“新闻立台”的真正含义和价值所在。

---

① 梁建增. 坚定“新闻立台”，提升传播力. http：//ad. cctv. com/special/news/20090918/102456. shtml，2009-09-18.

"'新闻立台'是一个传统的命题，它起码包括两层含义：一是指电视台的喉舌功能；二是指其节目的构成和节目的重心。"①

"所谓'新闻立台'，反映在电视节目构成中，就是电视新闻类节目要在电视台所有节目中，特别是主频道中成为节目骨干并形成强势。"②

以上"新闻立台"的定义主要有两点：一是媒介功能，二是节目构成。喉舌功能和产业功能是我国电视媒体的两大功能，在电视市场化的现实环境下，既要做注意力，更要做影响力。从社会责任和公共利益来看，新闻是根本，是办台的立足点。电视媒体作为大众媒体和主流媒体，"发布信息"始终是其第一职能。用马斯洛需求理论分析受众对于电视媒体的消费可知，人们消费电视媒体的最基本的追求是能够从中获得保障自己生存的最基本的信息，这也就是电视新闻节目对观众的重要职责。同时，在我国，作为主流媒体和党的喉舌，传播新闻信息也是其社会责任和宣传任务所在。从收视市场和媒体利益看，新闻在节目构成中的比例却不一定会很大。"在新闻立台的战略框架中，首先需要梳理的是全台频道群以突出新闻主线为原则的合理配置。"③

有破才有立，对于"新闻立台"，我们还要走出若干误区：第一，将"新闻立台"单一化，认为"新闻立台"排斥娱乐节目和产业功能。实则不然。从东方卫视确立的"新闻立台、文艺兴台、影视强台"的办台宗旨来看，可以说很好地理顺了两大传播功能的关系及地位。第二，认为"新闻立台"以量取胜，而非以质取胜。对于这一误读，笔者认为"新闻立台"不要求我们把所有频道都改为新闻频道，也不要求盲目增设新闻节目和增加新闻播出量，而是要求以优质的新闻节目和强势的新闻传播拉动全台频道和栏目。第三，认为"新闻立台"宜大台提，小台不宜提。这是一个谬论。对于中央电视台，"国家一流媒体的战略目标是国家战略的需要，国际一流媒体的战略目标需要新闻立台的发展战略来支撑"④。而对于地方电视台，"新闻立台"也是牢牢掌握信息传播话语权和社会舆论引导力的根本保证。例如，市县电视台更应该把有限的节目资源投入新闻节目中，事实上对于许多小台，由于其接近性，地方新闻节目往往是全台收视率最高的节目。第四，认为新闻节目投入大、产出小，是赔本赚吆喝的买卖。其实，影响力包括市场影响力和社会影响力。以中央电视台新闻频道的改版为例，收视份额平均增幅达到了40%，而改版后的《新闻联播》，就算是在新闻频道重播，

---

① 韩世骏．新闻立台：重新扛起传统大旗．南方电视学刊，2005（4）．

② 徐志东．论"新闻立台"的构成要素．江汉大学学报（人文科学版），2004（6）．

③ 徐立军．新闻何以立台．青年记者，2009（24）：13．

④ 徐立军．新闻何以立台．青年记者，2009（24）：13．

也能给中央电视台带来近一亿元的广告收入。由此可见，“新闻立台”可谓“名利双收”。

2. 实践建构

在实际操作层面，“新闻立台”还要回答两个现实问题：一是“新闻立台”如何才能立得起来？二是如何评价它立起来了？这就涉及“新闻立台”的实施路径和评价标准。

对于第一个问题，笔者认为必须通过媒体内部的新闻改革和媒体外部的制度安排来达到。一方面，我们要大力推进电视新闻改革进程，如在时政新闻、公共新闻和新闻评论等方面加大改革力度；另一方面，“新闻立台”需要一个良好的外部环境。对“新闻立台”心存疑虑的人，往往把困难归咎于我们的新闻管制。其实，近年来我国电视新闻报道已经有了一个比较宽松的舆论环境，面对各种危机事件，需要解决的不是能不能说，而是如何说的问题。当然，如何进一步改进新闻管制和适应新的传播制度，还需要政府和媒体的共同努力，而“传媒业的制度创新必须确立一个原则：公共利益至上”①。这也是“新闻立台”之本。

对于第二个问题，如何评价这个“新闻立台”立起来了呢？这需要把电视媒体放在媒介竞争格局下的传播区域中去考察，具体要看这个台在众多媒介竞争的区域里其传播力如何，是否形成了强大的传播力，是否成为一个强势媒体。比如说中央电视台，凭借其资源和政策的优势，目前在国内成为一大强势媒体；但在全球化语境下，在国际传播中与 CNN、BBC 比拼，其能否发出中国的强音，这便是一个评价标准。

至此，“新闻立台”可以重新理解如下：

（1）在办台宗旨上，按新闻传播规律办事，以新闻媒体的社会责任来统领全台宣传业务；

（2）新闻节目必须奠定其在全台的重要地位并发挥重要作用，形成品牌节目和强势播出；

（3）充分利用各种新闻资源和传播渠道，在传播区域内形成强大的传播力和舆论引导力。

在此，我们重新认识并界定了“新闻立台”的性质、构成、目标和任务。由此可见，“新闻立台”理念的再现不只是一次历史的回响，也不仅仅是对传媒本性和媒体责任的回归，而是一个时代的呼唤。大国崛起的开放，国际传播新形势，公民社会的形成，电视媒体传播力和影响力的提升，都对“新闻立台”提

---

① 李良荣. 论中国新闻改革的优先目标——写在新闻改革30周年前夕. 现代传播，2007（4）：3.

出了更高的期望和更大的挑战。

第二节　新闻奖电视作品评析

第20届中国新闻奖评选已经落下帷幕，笔者从获奖的71件电视新闻作品中，精选出最具代表性的作品加以评析，希望能够给电视新闻工作者一些借鉴与启迪。

一、用民生视角做好主流新闻

中国新闻奖参评作品基本上来自主流媒体，既体现正确的舆论导向和主流社会的价值观，又能以民生视角做好这些主流新闻，成为近年来电视新闻改革的主要方向。杨保军教授在《新闻价值论》一书中引入“统一主体”的概念并指出：“任何传播者总要把满足受众需求与达到自己的传播目的结合起来的。”① 显然，将民生视角与主流新闻统一起来可以实现新闻传播的最大化。仅以参评电视消息的作品为例，民生视角的新闻接近2/3，其中有不少属于时政新闻。维护社会稳定、促进经济发展是各级党委政府的头等大事，但是如何选取一个好的切入点进行宣传报道，颇能考验新闻工作者的政治敏感和业务能力。其中，新闻专题一等奖作品《小镇民警维稳事》就是一部以小见大、以情感人的力作。受国际金融风暴冲击，以外向型服装加工业为支柱的浙江省宁波市象山爵溪在2009年出现了企业大面积停工倒闭、大批外来务工者失业的现象，给当地社会稳定带来严峻的挑战。作品以边防民警王辉千方百计帮助7 000多名失业工者找工作为切入点，用鲜活的事例，树立了一位主动应对金融危机、积极奋战在保增长、保民生、保稳定主战场前沿的警察形象。在采访过程中，记者九下爵溪蹲点，跟踪拍摄采访了大量素材，从大量琐碎的近乎雷同的素材中挖掘、提炼，形成报道主旨和视角。每天十几个小时的电视记录使记者抓取了许多真实感人的细节。作品播出后，引起了强烈反响，全国多家主流媒体对王辉的事迹进行了跟进报道，全国公安边防部队也对他的事迹进行了推广和嘉奖。

民生视角在国家领导人活动的报道中也可体现出来，如电视消息一等奖作品《胡锦涛总书记考察国庆期间北京安保、交通和旅游工作》。作品选取新中国成立60周年这一特定的节日，着重表现党和国家领导人对基层事务和群众生活的

---

① 杨保军．新闻价值论．北京：中国人民大学出版社，2003. 75.

关怀。作品通过写实的拍摄手法、精巧的编辑技术以及大量现场音效及群众场面的运用，如实地将领导人心系群众、群众爱戴领导的感情表现出来。通篇庄重而不失热闹、严肃而不失温馨。按说领导人的公务活动是他们日常工作的一部分，不一定都具有很大的新闻价值。现场感和仪式感是电视新闻区别于其他媒体新闻的一个显著特点。一方面通过报道党和国家领导人活动，展示他们一丝不苟、心系百姓的公众形象；另一方面也会传递一些重要的信息，如胡锦涛总书记在与普通老百姓的接触中反复道出的祝福和愿景，也反映出执政党和政府建设强大国家和构建和谐社会的决心和信心。对此，中央电视台记者认为，在大背景下的小事件同样能体现其新闻价值，于是他们精心设计拍摄方案，大量采集现场感强的同期音响，并采用创新的编辑手法，如实还原新闻事件，力争把领导人与人民群众心心相印的良好互动全面展示给观众。

参评作品中，舆论监督作品的比例不小，民生视角也体现在批评报道上，如电视消息二等奖作品《听证会上的惊天一“抛”》。近年来，听证会变相成为“听涨会”的情况较为普遍，备受公众的质疑和诟病。临近岁末，哈尔滨市又宣布要将自来水价格上调33%，市民普遍认为涨幅过大。但听证会上32名代表中有31名一边倒地同意涨价，听证会成了名副其实的“听涨会”。听证代表刘天晓，多次举手想要表达反对意见未果。记者敏锐地注意到这一点。当刘天晓由于得不到发言的机会，愤怒地将桌上的矿泉水瓶抛向主席台后，终于争取到了发言机会并表达了民众的心声。记者独家捕捉到了这个具有新闻价值但又转瞬即逝的珍贵细节。尽管从电视画面上看有点暴力倾向，但瑕不掩瑜，仍不失为一部优秀作品。这条消息播出后，在观众中引起了强烈的反响。很多观众表示，报道虽短，却非常震撼，真实地反映了他们的心声。现场的震撼和独家的报道由此被多家媒体转载。而有关价格调整是听证会还是“听涨会”等问题也成为当时公众热议的焦点。

自中央提出改革会议报道和减少领导人活动报道以来，此类新闻已大为减少，但“官本位”思想、镜头向上不向下的意识在一些电视新闻记者头脑中仍然根深蒂固。此次参评的电视消息中就有三件是以领导视察为主要内容的，但最终都落选了，其原因就在于错把领导人的行为看成新闻的主体。

报道的不平衡和信息的不对称，往往让公众对主流新闻感到不可信，哪怕它是真实的。如电视消息《一个中国企业家的哥本哈根视角》，本来是一个不错的环保主题，尤其是在国际舞台上。在哥本哈根采访时，记者发现活跃在会场上宣传自己环保理念的非政府组织多为欧美和日韩人，在民间层面上，我们缺乏自己的声音。于是记者以皇明集团董事长黄鸣在哥本哈根联合国气候大会上的观察与感受为主线，展示了中国为应对气候变化而付出的努力。然而，整个报道多次采访黄鸣，却完全没有其他外国人的采访，通篇变成了这位中国企业家自说自话的“独角戏”，这难免有所缺失。

二、用电视评论引导社会舆论

近年来，中国电视逐渐进入了评论时代。参评的电视新闻评论中不乏精品佳作，这些作品纷纷把视点聚焦在当今群众关注的社会热点问题上，如房价、环保、乱收费等问题。如电视新闻评论一等奖作品《温州：望“楼”兴叹》。2009年，温州房价一度疯涨，创下新楼盘开盘均价全国第一的纪录。一个地级市，如此高的房价，让人匪夷所思，也让业界人士迷惑不解。本片首先把镜头对准了温州楼市的火爆场面以及出现的售楼假摇号、群众砸盘等事件，然后从多个角度分析造成温州楼市疯涨的原因。记者经过调查分析，发现在高房价的带动下，温州地下金融暗流涌动，危机四伏；企业大规模外迁、人才难留，企业遭遇“成长”烦恼，温州经济转型升级严重受阻；高房价还带来危险的经济泡沫，带来高消费，使温州城市生活品质下降，温州离宜居城市越来越远；高房价带来的炒房高利润，容易滋生权钱交易等腐败现象。节目在最后提出了平抑温州房价的几点建议。该片条理清晰，层次分明，分析透彻，建议中肯，有理有据，一气呵成。节目播出后社会反响强烈，不仅引起观众共鸣，更引起温州市委市政府的高度重视，召开专题会议研究并连续出台抑制房价的相关政策措施。2010年3月，温州市人民政府下发了关于进一步加强住房保障工作、促进房地产市场平稳健康发展的19条意见，其中还提出取消开发商20%的自留房政策来加强对投资性炒房的打压力度。至此，温州房价快速增长的势头得到较好的控制。

新闻评论不等于批评报道和舆论监督，正面报道和舆论导向才是新闻评论的根本所在。获新闻评论二等奖的《顺德缘何要当全国机构改革先锋?》就是一部思辨性和前瞻性俱佳的新闻评论作品。在我国行政管理体制改革中，广东顺德率先于2009年9月启动党政机构大部制改革，对广东乃至全国1 700多个县级党政机构具有示范和借鉴意义。作为地方媒体，佛山电视台一直紧密关注改革进程，对改革的一举一动都作了翔实的记录。在大部制改革进行到第55天，恰逢顺德行政中心按照16个大部门调整布局后，正式对市民开放。记者抓住了这一时机，对大部制的成效展开深入评论。为了将主论点阐释清楚，记者花了大量时间，精心组织人员，多次走访市民、政府机关、大部制改革实施者及专家。尤其针对大部制改革前后，顺德部门面貌发生了什么变化，给市民带来什么样的实惠，以大量的新闻事实、群众意见作为论据，以专家学者的观点来论证，从顺德为什么要改革、如何改革、为何要这样改、改革的成效等方面进行论述。作品论点鲜明，论据真实客观，时效性强，还充分运用资料画面和音乐等手段，使评论更加丰满，富有感染力，作品播发后得到社会的高度关注。

有的作品虽然作为新闻专题送评，但也具有较强的思辨性和评论色彩。如获电视新闻专题二等奖的《透视中国姓名权第一案》就是这样一部意义深远的作品。如何协调好公权力与私权利关系是中国社会发展面临的重要课题。在这一背景下，中国姓名权第一案——赵C案引发了全国的广泛关注。记者前后对赵C案进行了两年的持续关注，独家记录了此案一审、二审的庭审全过程，并在二审后对新闻事件的核心当事人——赵志荣进行了独家采访。庭审结束后，记者第一时间赶赴武汉，邀请中国民法学著名学者、武汉大学法学院张里安教授就此案进行了点评，增加了片子的深度和广度。此片巧妙地从公权力与私权利相互博弈的角度切入，使全片既有很强的可看性——有博弈就有故事，又有高远的立意——如何协调好公权力与私权利的关系。全片生动流畅、结构严谨，结尾意味深长——进一步提醒国家机关要严格按照程序行使公权力。该片播出当天，不仅获得了收视率5.60%、市场份额17.38%的优异成绩，还被新华网、新浪、搜狐、网易、优酷、酷6、迅雷等各大网站转载。事实表明，在媒介融合的背景下，传统主流媒体也有能力引导网络媒体主导社会舆论。

从整体上来看，参评的电视新闻评论作品相对偏少、偏弱。不少参评新闻评论的作品只能算是新闻专题，述多评少、只述不评的状况并没有得到根本改变。笔者认为电视新闻评论不应该只有一种节目形态，不应把调查性报道和舆论监督等同于新闻评论。其实，新闻类谈话节目也是一种很好的电视新闻评论节目形态。“在事实的基础上，意见性信息的传播对舆论导向的影响更大。”① 如《新闻1+1》的观点传播更直接、更有力，目前中央电视台及一些地方电视台都在建立自己的评论员队伍，然而遗憾的是，参评作品中并没有看到这些评论员的身影。

三、用现场直播凸显电视优势

电视是一个技术媒体，随着卫星通信、数字技术及摄制设备的迅速发展与广泛应用，电视新闻报道充分发挥出现场直播的威力。电视新闻现场直播可分为事件性新闻直播和仪式性新闻直播，长期以来，我国电视的现场直播大多是仪式性新闻直播。此次定评的6件作品中，有两件属于事件性新闻直播，有一件兼而有之，这三件作品分别获现场直播一、二等奖和国际传播一等奖，这也说明了事件

① 谭天. 电视新闻评论的涅槃之路. 视听界，2009（1）：63.

性新闻直播更具有新闻价值。如获得现场直播一等奖的《万里追光明》就基于一个感人的新闻事件：黑龙江省大庆市的眼科医生在西藏义诊期间，发现了一个7个月大的藏族白内障患儿德庆普尺。因为当地不具备手术条件，医生把几乎双眼失明的孩子接到了万里之遥的黑龙江进行手术治疗。黑龙江电视台记者随队在西藏采访时了解到这个重要的新闻线索，决定进行现场直播。这一直播以卫星传送的方式，连接黑龙江省哈尔滨、大庆和西藏谢通门县三个现场，展现医生为德庆普尺做手术的过程，以及家乡亲人通过电视直播看到手术成功的感动与喜悦。作品通过最生动、最具时效的电视手段，表达了藏汉一家、手足情深的主题。新疆“七·五”事件后，黑龙江电视台与新华社、大庆电视台联合直播了藏族婴儿的复明手术，显示出了媒体高度的政治责任感。

第20届中国电视新闻奖评选增设了国际传播奖项，中央电视台现场直播《“盛典”国庆60周年特别节目》获此殊荣。国庆60周年“盛典”直播不仅现场实录了一个重大的新闻事件，而且具有很强的仪式传播价值。为了让观众提前了解国庆大典的内容，并对气氛进行预热，中央电视台新闻中心选择在阅兵仪式和焰火晚会前进行直播。经过数月的精心策划，在天安门广场中心区及周边共设置了23个单边报道点。为达到最佳效果，直播组和文艺中心反复磨合，进行了四次完整演练。直播采用了飞猫、航拍等先进的拍摄手段，前方记者团队和后期导演系统精诚合作，获得了良好的社会反响，充分展示了中国的国家形象。

有些新闻题材的社会意义虽然不是很大，但由于公众关注度高，因此也十分适合电视直播，如获电视新闻二等奖的东方卫视的《“直击日全食”直播特别节目》。2009年7月22日上午，上海遇到300年一遇的“日全食”，为了做好电视直播，制作团队经过近半年的精心策划，在全面展示“日全食”演绎过程的同时，注重宣传科普知识，团队在食带沿线设置了近20个摄制点，并采用专业观察镜和记者现场播报、专家现场评说等方式，通过“三个演播室多次切割直播”以及“一屏八框多视窗”的创新形式，进行了长达近4小时的电视直播。这次直播使东方卫视在全国26个城市收视率达到0.83%，市场份额5.98%，名列地方卫视榜首。

可以说，重大新闻事件的现场直播是电视媒体打造品牌、扩大影响力的重要手段，而且目前我国不少电视台已经拥有多讯道全数字高清电视转播车。但目前存在的问题是如何充分发挥先进传播技术的优势，进一步提高电视新闻现场报道水平。中国电视不应该只满足于仪式性新闻直播，而应该更多更好地运用事件性新闻直播，尤其是重大突发性新闻事件的现场直播，把电视新闻的媒介优势和传播特点充分发挥出来。

一言蔽之，在媒介融合的背景下，民生视角、观点传播、现场直播已成为我国电视新闻改革的主要趋势。笔者认为当今我国电视新闻应追求民生新闻时政化，时政新闻民生化，即民生新闻要有广阔视野，时政新闻要贴近百姓。希望有一天“民生新闻”在我国作为一个历史产物而消失，因为到了那一天，无新闻不民生。与此同时，传播观念和专业素质仍须不断加强，电视媒体需要多出精品、多出人才，不断地增强自身竞争力，才能在社会转型和媒介融合的冲击下立于不败之地。

第三节　内地电视在香港传播

近年来，中国电视对外传播得到了长足发展，可传播效果无从考量，导致传播问题无法深入研究。本节主要从传播学的角度，运用文献分析、问卷调查、深度访谈等方法，对内地电视在香港的传播发展情况、香港受众对内地电视的态度进行探索性分析。研究发现，内地电视在香港还是一个相对小众的传播，传播效果有待提升，需要在传播观念、传播路径、组织模式上有所创新，才能适应内地电视在香港发展的需要。

一、研究起因及方法

对外传播是国际竞争中继政治、军事、经济之后的“第四战场”。在全球化背景下，对外传播已成为一个国家“软实力”的重要体现。改革开放 30 多年，我国的经济实现了腾飞，但它在成为经济大国和政治大国的同时，文化在世界上却没有得到与之相匹配的地位。因此，在近十几年来，尤其是进入 21 世纪以来，我国政府日益重视并不断加大对外传播的力度。

与此同时，对外传播研究也在引进西方传播理论的基础上迅速发展起来。段连城教授在 1988 年出版的《对外传播学初探》一书中首次提出了“对外传播学”这个概念。此后，国内学者相继出版了《对外传播的理论与实践》（沈苏儒著）、《中国对外传播》（张桂珍著）、《中国对外新闻传播史》（甘险峰著）等专著。根据中国期刊网检索，1988—2008 年对外传播的论文有 209 篇，与之相关的国际传播和跨文化传播的论文分别为 188 篇和 242 篇。这些论著从多学科、多视角探讨对外传播，在研究范围和研究深度两方面都有很大发展，但是纵观上述文献，不难发现，所涉研究运用思辨方法居多，基本是由问题、论证和结论三部分组成的通论式；其中多停留在概念、策略、问题、建议上的泛泛而谈，缺少实证性的定量分析研究，尤其是探讨中国对某一国家或地区的传播效果的研究基本上处于空白状态。传播效果是整个对外传播的归宿，但由于地理距离遥远及中国传媒机构发展尚未成熟等因素，受众效果调查的困难致使中国对外传播研究不能与时俱进。

电视媒体作为信息发布、文化传播的重要载体，在提高国家文化软实力中发挥着越来越重要的作用。2001 年 12 月 24 日，国家广播电影电视总局开始实施广播影视“走出去”工程，大力推动影视文化企业和产品“走出去”。在短短的几年里，中央电视台、中国国际广播电台不断加强全球覆盖，中国电视节目通过各种渠道进军海外市场，不少优秀作品频频在国际电影节中获奖。与此对应的电视对外宣传理论在积极地探索中，如厦门大学阎立峰的《对外华语电视节目的文本、受众和机构》和中央电视台张长明的《全面构筑电视外宣新格局》，分别从理论和实务两方面展开研究。然而，缺少定量分析和受众调查仍然是对外传播研究发展的“瓶颈”。

鉴于以上思考，以下将对中国电视对外传播的重要“跳板”——香港作深入分析，运用定量与定性相结合的分析方法，结合当下香港社会和电视市场的特点，探讨中国内地电视在香港的传播情况，希望以此作为突破点，从实证主义角度探讨内地电视对外传播策略与现实传播效果之间的差异。

借助于暨南大学特有的外招生资源优势，本次问卷调查主要由暨南大学新闻专业香港籍学生在香港实地开展。问卷共计 514 份，时间从 2007 年 11 月 1 日到 2008 年 3 月 30 日，调查对象是收看过内地电视的香港市民。问卷的具体内容设置主要包括三个方面：收看电视人群的数据、收看内地电视的现状以及对内地电视的态度。鉴于调查地区和人群的特殊性，以及资金和人力资源等限制，本次调查未能对受众进行概率抽样，而是采用在公屋（租政府的屋）、居屋（分期买政府的屋）、私人楼（私人买下商家的楼，与政府无关）等差异化市民居住地附近进行访问的形式展开，力求覆盖全港不同阶层。

内地电视在香港传播是一个复杂的系统，问卷无法调查到深层次的问题，因此深度访问同样重要。我们还对一些香港市民、学者以及电视机构负责人进行访谈，深入了解传播现象背后存在的问题。

香港是重要的国际新闻信息中心，不仅可以吸纳国际信息，更可以积极地将中国文化向外传播。无论在对外传播层面还是在电视市场角度，香港都能为内地电视提供一个与国际竞争的平台。因此，对内地电视在香港的传播进行研究，不但可以了解中国电视对外传播的策略，还可以了解内地电视的传播效果和影响力，对中国对外传播发展及研究都具有现实意义和理论价值。

二、香港的电视传播

香港作为一个国际大都会，独特的多元文化相互交融，欧美文化、日韩文化、台湾文化等都可以通过传媒顺利进入香港。香港免费电视的四家持牌机构均为香港媒体，即香港“无线”（TVB）和“亚视”（ATV）两个台共四个频道。只有收费电视市场向香港本土以外媒体开放。截至2006年8月底，香港本地收费电视节目服务中，只有29.7%（71条频道）属于本地制作，另外70.3%（168条频道）则购自香港以外地方，主要是美国29.3%（70条频道）、中国内地8.5%（20条频道）、台湾地区5.4%（13条频道）、日本5.4%（13条频道）、欧洲国家7.1%（17条频道）及其他国家和地区14.6%（35条频道）。如下图所示，在香港收费电视市场中形成了两大收视集团，香港和美国为第一集团，各占近1/3的市场份额，中国内地及其他国家和地区为第二集团，分割40%的市场份额。

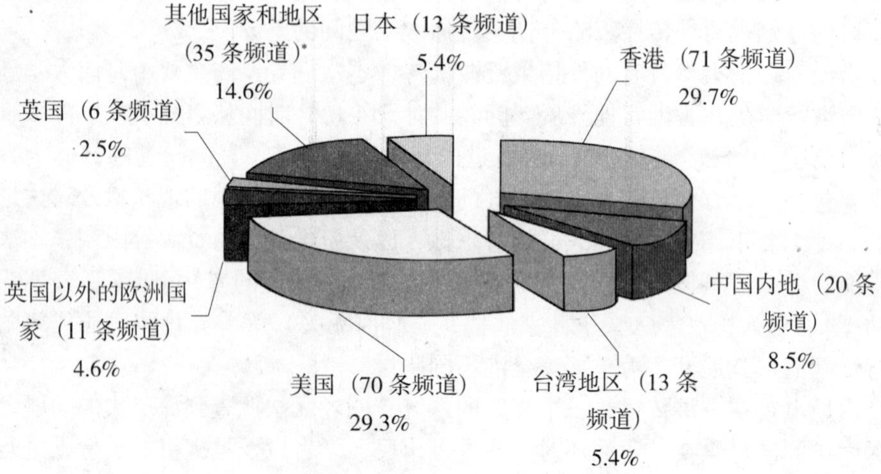

本地收费电视节目服务的节目来源①

20世纪80年代，香港电视工业正和香港的经济一样处于黄金时期。两大商

① 广播事务管理局年报（2006—2007）. http://sc. info. gov. hk/gb/www. hkba. hk/cn/annual2007/scene7. htm.

业电视台"亚视"和"无线"为了提高收视率均各出法宝，而电视剧便成为争夺观众的最大砝码，这也为内地电视剧打入香港提供了机会。内地电视开始通过购片方式进入香港，主要是深受观众喜爱的电视剧。此外，制作精良的纪录片也逐渐获得香港人的青睐。

进入21世纪，特别是中国加入WTO之后，随着内地电视制作水平不断提高，内地电视进入香港呈现多样化、多形式、多层次等特点，两地媒体的互动也与时俱进。加入WTO之后，根据对等落地的原则，一方面是"请进来"，香港电视频道在珠三角地区合法落地，进入广东有线电视网；另一方面是"走出去"，内地电视频道通过直接落地和间接落地两种方式纷纷进入香港。CCTV－1、CCTV－4和CCTV－9部分节目通过香港两个免费电视台英文频道转播或直播，凭借主流媒体的知名度和影响力，让香港市民渐渐加深对内地电视的直观认识。同时，中央电视台和部分省市电视台整频道进入香港有线电视网、宽频电视、卫星电视等平台，香港市民能更及时更完整地收看内地的电视节目，全面了解内地资讯和风土人情。

目前香港受众主要通过电视、网络和影视录像了解内地电视，其中通过电视（83.8%）收看内地节目的人最多，具体而言包括免费电视、卫星电视及收费电视等平台。由于网络的普及和应用，通过网络收看的人也占36.0%。新媒体特别是网络的应用在电视对外传播中的作用不容忽视。而购买影视录像等文化产品也成为市民收看内地电视节目的途径之一。

表6－1 收看内地电视节目的途径（多选）

途径	占调查总人数百分比（%）
电视	83.8
影视录像	13.6
网络	36.0
其他	0.7

各类电视节目在香港都拥有广泛而忠实的受众群。据相关调查显示，香港市民包括儿童在内，平均每天花费2～4小时收看电视。而在我们调查收看内地电视节目的香港受众中，平均每星期花2小时以内的有64.8%；2小时以上的人只有35.2%；更有18%的受众一星期只收看15分钟的内地节目。由此可以看出，内地电视在香港还没有形成一个收视定式。

表6-2 平均每星期收看内地电视节目的时长

时长	百分比（%）	累计百分比（%）
15分钟	18.0	18.0
30分钟	17.1	35.1
1小时	14.7	49.8
1~2小时	15.0	64.8
2~3小时	13.4	78.2
3~4小时	6.1	84.3
4~5小时	4.8	89.1
5~10小时	5.5	94.6
11小时以上	5.4	100.0
合计	100.0	—

多元共存的电视生态环境使得埠外媒体在香港的竞争越演越烈。因此，考察香港受众对收看内地电视频道的态度，有利于客观评价内地电视在香港的传播效果，为其提升在香港的社会影响力提供有针对性的科学依据。

三、香港受众对内地电视的态度

香港市民对内地电视节目的基本态度是怎么样的呢？调查结果显示，选择“喜欢”和“非常喜欢”内地电视节目的共有32.7%，这表明虽然内地电视进入香港时间不长，但是已经取得了不俗的收视成绩；选择“一般”的有58.5%；而选择“不喜欢”和“非常不喜欢”的共有8.9%。可见，受众对内地电视持中立态度居多，而这些游离人群对于内地电视来说是十分重要的待开发受众资源。

表6-3 对内地电视节目的态度

态度	百分比（%）	累计百分比（%）
非常不喜欢	2.6	2.6
不喜欢	6.3	8.9
一般	58.5	67.4
喜欢	30.3	97.7
非常喜欢	2.3	100.0

那么，香港受众最经常收看的内地电视节目有哪些类型呢？调查发现：新闻（52.6%）、电视剧（46.4%）、综艺娱乐（41.1%）位列前三位，收看体育、电影、资讯和纪录片的人也不少。这一收视特征与香港受众收看本地电视节目的情况有较大差别。据相关调查显示，香港市民包括学童在内，收看电视剧的比例远远超出其他电视节目。这一方面表明香港及境外的娱乐节目做得更好，另一方面也反映香港市民对内地资讯有很大的需求。

表6-4　最经常看的内地电视节目类型（多选）

节目类型	占调查总人数百分比（%）
新闻节目	52.6
财经节目	6.7
综艺娱乐节目	41.1
体育节目	25.8
资讯节目	23.6
电影	24.9
音乐节目	15.8
卡通节目	5.4
纪录片	20.6
电视剧	46.4
其他	1.8

过去，中国在对外传播的定位上以文化艺术为主，但在当今这个资讯全球化时代，境外面对一个和平崛起的中国内地必定有更多的资讯需求。“突出时效新闻应该成为现阶段对外华语电视的主攻方向和舆论引导的重点。具体实施上，对外华语新闻应致力于拓展资讯题材的范围，在信息的实用、准确、时效和趣味等方面下工夫，并注意使传播方式和节目形态适合海外观众的思维、语言习惯。”①因此，内地电视在香港的传播内容须作调整，应适度增加时效资讯的播出。

迄今为止，内地电视在香港落地的电视频道多达20个，调查发现，香港受众认知度比较高的内地电视频道依次有CCTV-4、CCTV-9、CCTV-新闻、湖

① 阎立峰. 对外华语电视节目的文本、受众和机构. 现代传播，2007（2）：50.

南卫视、广东电视台珠江频道、广东体育台、CCTV－5、上海东方卫视、广东卫视、北京电视等。

表6－5　香港受众看过的内地电视频道（多选）

电视台名称	占总人数百分比（%）
中国中央电视台中文国际频道（CCTV－4）	48.5
中国中央电视台英语国际频道（CCTV－9）	27.3
中国中央电视台戏曲频道（CCTV－11）	12.0
中国中央电视台新闻频道（CCTV－新闻）	27.0
上海东方卫视	13.5
广东电视台珠江频道	15.4
深圳电视台新闻综合频道	11.1
神州新闻台	4.1
南方电视台卫星频道	9.7
中国电影频道	8.7
云南卫视（华语频道）	4.1
陕西卫视	2.8
中国重庆电视台	1.7
新疆电视台	2.2
广东卫视	12.7
湖南卫视	21.5
北京电视台	12.2
福建卫视东南台	6.5
点心卫视	2.8
中国中央电视台中文体育频道（CCTV－5）	13.6
广东体育台	14.6
其他	10.0

虽然CCTV－4在2007年底才正式落地香港，可是由于部分节目在香港免费电视台播放，所以受众对CCTV－4的认知度比较高。此外，CCTV－9、CCTV－

新闻、湖南卫视、广东电视台珠江频道等均以各自的特色占有特定的受众群，因此必须满足分众传播的需求。

除了频道的选择之外，受众的节目偏好又如何呢？调查发现，促成香港受众收看内地电视节目的原因虽然多种多样，但是相对而言主要集中在以下方面：对某些节目的偏好，有兴趣（46.9%）；节目题材吸引人（33.8%）；热门话题（24.9%）；演员/主持人有魅力，吸引人（24.2%）；节目质素高，制作认真（14.5%）等。另一方面，对于那些不选择收看内地电视节目的市民来说，放弃收看的主要原因在于：题材不吸引人，没兴趣（44.8%）；电视频道选择多，不是首选频道（42.3%）；节目内容古板或不够深度（21.3%）。

表 6－6　收看内地电视节目的主要原因（多选）

收看原因	占调查总人数百分比（%）
报刊或电视台等媒体的节目预告	11.7
媒体点评过	7.2
大家都认为好	8.7
演员/主持人有魅力，吸引人	24.2
对某些节目的偏好，有兴趣	46.9
热门话题	24.9
节目题材吸引人	33.8
节目质素高，制作认真	14.5
其他	10.2

表 6－7　放弃收看内地电视节目的主要原因（多选）

原因	占调查总人数百分比（%）
题材不吸引人，没兴趣	44.8
节目内容古板或不够深度	21.3
看不懂，主要是语言问题	13.2
看不懂，主要是文化问题	10.5
电视频道选择多，不是首选频道	42.3
安装费和月费贵	9.6
其他	3.8

两相对比不难发现，节目题材成为能否吸引香港市民选择收看内地电视节目的关键所在。香港是一个高度繁荣的现代社会，生活于其中的香港市民普遍面临着生活节奏快、工作繁忙、压力大的困扰，电视节目可以帮助市民“逃避”现实生活的压力和负担，带来情绪上的放松舒缓。把看电视当作娱乐消遣已成为香港人强大的思维定式。正因如此，题材选择能否满足市民休闲娱乐的文化需求成为提高内地电视收视率的重要突破口。这也可以说明为什么多年来内地历史剧一直赢得人们的热捧。脱离现实的情景容易让香港人产生遐想，追求未来梦想，相对降低现实带来的伤害、责任和压力等影响，让人身心愉悦。此外，随着中国在国际上的地位迅速上升，内地经济的发展、文化的魅力都能引起境外受众的好奇和兴趣。以《故宫》为代表的大型纪录片在香港获得很大的反响也是一个成功的题材选择的范例。

四、存在问题及对策

内地电视在香港的传播从无到有，经历了发展的起步阶段。但在实地调查过程中，笔者发现很多香港人并没有收看过内地节目，大约六个人中只有一个人看过内地电视。即使在这一部分收看内地电视的观众中，收视时长等各方面指标也不甚理想。这说明目前内地电视在香港还是一个相对小众的传播。只有落地，而没有观众成为内地电视对外传播困境的突出表现。

尽管香港与内地同宗同文，但由于历史的原因，香港文化发展成为一个岭南文化与外来文化的结合体，它与传统的中原文化还是有较大的差异。香港回归已逾 10 年，仍有不少香港人因语言问题和文化问题看不懂内地电视。陈滔文教授更是坦言道：内地电视在文化上脱离香港现实及审美标准。以电视剧为例，革命战争和现实生活的题材完全不符合香港人的口味，因此他们一般会选择内地历史剧或文学作品。香港浸会大学传理学院传播系主任马成龙特别提到了北方的一些电视节目，如马大帅和赵本山，香港人看不懂，甚至连讲话的幽默也理解不了，因此很难透过内地电视节目体会到其中的内涵，从而产生精神的愉悦和文化的共鸣。目前，由于语言文化的不同，香港人收看内地电视节目的不多，收看的人当中主要为听得懂普通话的新旧移民。

“对外华语传播某些意义上是跨越多种生活方式、社会制度以及价值观的传播，因此报道方式、切入视角、观点阐述、语言风格等应符合海外华语受众的接受习惯。”[①] 不可否认，近年来确有一些内地优秀电视节目受到香港受众的好评，

---

① 阎立峰．对外华语电视节目的文本、受众和机构．现代传播，2007（2）：51．

但从总体上来看，无论专家学者、业界人士，还是普通香港市民，在深度访谈中几乎无一例外地谈到了内地电视节目内容针对性差这一缺点。要解决这一症结，需要我们在传播观念、传播路径和组织模式上均有所创新。

1. 传播观念创新

一直以来，中国电视的对外传播被称为对外宣传。电视外宣“在内容上，20 世纪 90 年代初比较侧重意识形态领域的宣传和斗争。到了中后期，外宣中逐渐弱化意识形态问题，而转向侧重在‘一国两制’、经济领域的成就宣传等”①。然而，这种以传者为中心的外宣模式还是在很大程度上忽略了受众的体会与感受，因此，虽然目前中央电视台覆盖 136 个国家和地区，但“从总体来看，我们在国际舆论角逐中的议程设置和话语权相对较弱，我国文化信息在各国媒体中传播量较小，国际影响力不够”②。

在全球化背景下，我们应该变对外宣传为对外传播，引进现代传播理论来指导中国广播影视“走出去”工程。同时，将中国电视对外传播从以文化艺术为主转向以时效资讯为主，从展示“传统中国”转向展示“时代中国”。在一个开放和平等的国际社会里，“一个真诚而又自信的时代中国形象才更有亲和力，更易吸引和说服海外的主流群体：以中国当代文化作为主要传播内容的电视节目也更具普适性和国际竞争力”③。

2. 传播路径创新

“经过十几年来的电视外宣实践和探索，我国电视对外宣传的主要渠道和形式发展为四种：本土发射、‘借船出海’、借助外力和商业销售。”④ 内地电视也通过多种形式进入香港。以进入香港付费电视中的内地频道为例，大致可分为三类：一是中央电视台系列频道，二是部分省市电视频道，三是香港与内地合作打造的播出平台，如神州新闻台、点心卫视等。前两类由内地电视内容供应商（电视台）向香港运营商提供内容产品（频道）；后一类则是内地电视媒体与香港传媒更紧密的合作，即合资合营媒体（频道），如广东电视台与香港传媒机构合办的“点心卫视”，目前这种合作还处于初级阶段。

随着电视全球化的发展，内地电视应优化传播渠道，创新传播路径，加快走向世界的步伐。除了加强在香港收费网络覆盖范围外，还应积极扩大与香港电视媒体间的合作，特别是与两个免费台的合作，借助香港电视台的知名度，完善传

① 刘习良．中国电视史．北京：中国广播电视出版社，2007. 390.

② 赵化勇．充分发挥电视在提高国家文化软实力中的作用．人民日报，2008－03－26.

③ 阎立峰．对外华语电视节目的文本、受众和机构．现代传播，2007（2）：50.

④ 刘习良．中国电视史．北京：中国广播电视出版社，2007. 388.

输网络和培育受众市场。

展望未来，数字内容产业必将成为广电产业集群中的核心产业。内地电视应以前瞻性的眼光抓住这一重要发展机遇，充分利用新媒体传播优势弥补自身的传播缺陷，扩大受众接触面。如香港的网络电视发展迅速，而且拥有大量的年轻受众，内地电视应该积极争夺这一部分受众，因为他们是香港的未来。

3. 组织模式创新

对外传播的路径虽然很多，但是如何进一步发挥效用，还取决于传播和运营的组织模式。中国对外电视机构基本沿袭了计划经济下的“大外宣”的组织模式，资金来源主要是政府和“以内养外”并举，以致中国对外传播在资金投入上一直面临捉襟见肘的窘迫。广东电视台珠江频道海外版负责人坦言：虽然我们已经落地香港，但目前基本上还是赔钱，处于“放水养鱼”的阶段，若没有资金支持则是死水一潭。

“市场是检验产品的风向标和重要标准，只有受到国外观众的欢迎才能证明你不仅‘走出去’而且‘走进去’了，只有取得海外市场的收益才能证明你的产品出口是成功的，中国广播影视企业和产品只有变‘以内养外’为‘以外养外’才能说它真正在海外市场站稳了脚跟，才能说它拥有广泛而忠实的国外消费群，才能实现我国广播影视‘走出去’工程的可持续发展。”① 以市场为导向的对外传播拥有多种运营模式，如版权输出、版权合作、资本运营、海外上市等。通过这些新的模式，既可以建立利益共同体，又可以更好地实现本土化传播。目前受政策和体制所限，内地传媒与外资合作有一定的难度，但完全可以把这种合资合营移到境外去办。只有进入传媒市场和实现资本运营，对外传播事业才能形成可持续发展的文化产业。

第四节　从“走出去”到“走进去”

当今世界，国际竞争日趋激烈。要在竞争中赢得主动，不仅需要强大的硬实力作基础，而且需要强大的软实力作保障。电视媒体作为信息发布、文化传播的重要载体，在提高国家文化软实力中发挥着越来越重要的作用。2001 年 12 月 24 日，国家广播电影电视总局开始实施广播影视“走出去”工程，大力推动影视文化企业和产品“走出去”。在短短的几年里，中央电视台、中国国际广播电台

① 谭天. 走出去，更要走进去——从广东电视台“走出去”战略说起. 青年记者，2008（4）：26.

加强了全球覆盖，中国电视节目通过各种渠道进军海外市场，不少优秀作品频频在国际电影节上获奖。然而，我们不得不正视这样的现实，当今国际传播仍然为西方媒体所主导，西方主流社会仍然很少能从我们的影像中了解今天的中国，这就需要我们实事求是地审视当下中国电视对外传播存在的问题并找出改进的办法。

一、现实解读：从对外宣传到对外传播

当今中国电视对外传播处于一个什么样的态势呢？早在20世纪90年代，中央电视台就开始与国外电视媒体开展各种业务合作并开办了英语频道。目前，中央电视台有中文、英语、法语、西班牙语四个国际频道和一个长城平台，节目覆盖136个国家和地区。其中，中文国际频道实现了亚洲、欧洲、美洲分版播出，英语国际频道在42个国家和地区的用户总数达5 000万，中文国际频道在海外的用户超过1 500万。长城美国平台用户数5.7万，成为北美最大、成长性最好的中文平台。此外，一些地方电视台也陆续建立了自己的对外窗口，如黄河台、神州台等先后在境外落地。同时，我国的影视产品也通过各种管道销往海外市场。那么，整个传播效果又如何呢？我们一直缺乏我国电视对外传播效果的定量分析，暨南大学新闻与传播学院开展的研究项目《内地电视在香港传播研究》，率先采用问卷调查和定量分析的方法，对内地电视在境外传播进行了研究。调查结果并不令人乐观，平均六个香港市民中仅有一人看内地电视，且收看的时间都不长。在其他国家和地区，内地电视的传播力更弱。对此，中央电视台赵化勇台长认为："这一现实，迫切需要我们创新对外宣传方式方法，积极有效地影响国际舆论，变相对被动为相对主动。"① 如何变被动为主动呢？观念创新恐怕是最为关键的。

从传播学的角度来看，传者和受众是"走出去"工程的出发点和落脚点。我们先来看一下传者及其传播观，即我们的外宣工作及指导思想。长期以来，对外宣传一直是我国广播影视工作、新闻报道和文化交流中的一项重要工作。然而，"宣传"在英语里是一个贬义词，外国人对宣传是十分反感的。BBC中国及北亚区总监李文认为，中国对外宣传是报喜不报忧，甚至夸大拔高，这样一来就会有两种效果：要么觉得你是假的，因为没有哪一个国家好得没有任何问题；要么就是觉得中国实在是太强大了，如此就为"中国威胁论"提供了口实。这说明我们对外宣传无论是传播观念还是表现方式都是比较陈旧落后的。美国杜克大

---

① 赵化勇. 充分发挥电视在提高国家文化软实力中的作用. 人民日报，2008-03-26.

学中国传媒研究中心主任刘康教授认为，中国的外宣模式是冷战与革命时代意识形态的产物。他的观点至少代表了部分海外学者的看法。在全球化背景下，国际传播和跨文化传播已成为一个国家软实力的重要体现。为此，我们应该变对外宣传为对外传播，引进现代传播理论来指导我国广播影视“走出去”工程。

那么，什么是对外传播呢？“对外传播是指一个国家或文化体系针对另一个国家或文化体系所开展的信息交流活动，其目标是要信息接受国了解信息输出国，培养其友善态度和合作愿望，并创造一个有利于信息输出国的国际环境，取得最高程度的国际支持和合作。”① 与西方国家相比，我国在对外传播中除了资金、技术、人才等方面存在明显的差距之外，还存在着一些障碍，主要表现在两方面：一是文化差异方面的障碍。对外传播实际上是一种跨文化传播，你认为是好的节目，人家不一定喜欢看，甚至看不懂。有些节目在国内热播，但在国外却反应冷淡。比如纪录片《一个作家和一个城市》，在国内评价很高并获得过大奖，但国外观众却看不懂。因此我们要学会用世界的语言来讲述中国的故事，这样才能让国外观众看得懂并喜欢看。二是意识形态方面的障碍。社会主义中国在西方国家眼中还是一个异类，尤其是美国主导的西方话语霸权给我们的国际传播设置了障碍，让我们遭遇文化贸易壁垒，这是一场政治与文化的博弈，这需要妥协，需要策略。如中央电视台与美国国家地理频道合作的纪录片《故宫》，中央电视台制作一个 12 集的国内播出版，同时国家地理频道剪辑成一个符合外国人观看习惯的上下两集的海外播出版。

“走出去”是从传者角度说的，是指传播区域由内向外；“走进去”则是从受众角度来看，是指传播的目标和到达的效果。中央电视台频道在海外落地，进入当地有线电视网，这叫“走出去”；但还要海外观众选择这个频道，并且能看懂并喜欢看它，这才叫“走进去”。那么，我国电视对外传播的受众群是哪些人呢？我国电视对外传播的目标受众可分为三大人群，即外国人、海外华人和港澳台同胞。目前我们的影视节目在西方国家影响还很小，像张艺谋、贾樟柯等人在国际获奖的影视作品还是凤毛麟角。现今中国电视节目大多只能进入海外华语电视台和港台地区，小部分进入到包括日本、韩国在内的亚洲国家。显然，中国电视走出国门后，能够“走进去”的只是目标国的少数族群——当地的华侨和华裔。目前我国广播影视“走出去”的对象主要是海外华人（华侨、华裔）与港澳台同胞，据不完全统计，这个受众群超过 6 500 万。但即使面对这样一个人群，在传播中还是存在不少问题。一是力量分散，目前中国内地电视台和频道进

---

① 廖声武．全球化时代我国的对外传播策略．湖北大学学报，2005（4）．

入美国有线电视网络的有30多家，主要的传播对象都瞄准了人口不到300万的华侨华裔人群。二是语言单一，我们面对的主要是深受中国文化影响的第一代移民，而对第二代、第三代华人（华裔）的影响则要小多了。融入所在国社会的华裔已成为不会说中文、不熟悉中国文化的“香蕉仔”（黄皮白心），而这些华裔在海外华人社会中将逐渐成为主体，他们将成为我们对外传播的主体。当然，更大的受众群还是多种语言多元文化的世界各国人民，尤其是英语国家的民众，目前我们在这方面的影响力更弱。

诚然，中国电视要进军强势的英语世界和西方社会很不容易，但是并非没有可能，半岛电视台已经给我们树立了榜样。世界需要多种声音，一个更加开放的媒体是进入国际传播的前提。中国电视经过半个世纪的发展和30多年的改革开放，是否具备进入全球传播的条件和契机呢？我们应该清醒地看到：中国电视走出国门尚在起步，要实现全球传播和走进西方社会还有相当长的路要走。这需要我们从传播观念和传播机制上审视我们的对外传播，同时我们应该积极进行传播策略上的创新，探索中国电视对外传播的最佳路径和新模式。

二、路径创新：从自建渠道到“借船出海”

研究对外传播，不仅仅是传播学范畴的问题，还需要解决媒介管理方面的问题。2006年，中共中央办公厅、国务院办公厅发布《国家“十一五”时期文化发展规划纲要》，提出加快实施广播影视“走出去”工程。概括起来有三大任务：增强广播影视有效覆盖、扩大广播影视产品发行和建立广播影视交流平台。那么，中国电视应如何去完成这些任务呢？

目前中国电视“走出去”的传播路径主要有两条：第一条路径是自建渠道，即通过中国电视频道在海外的落地或影视节目自办发行，直接掌控平台和收益。我国广播影视“走出去”工程自启动以来在这方面取得了一定的成绩。然而，正如支庭荣博士所说：“世界是平的，传媒是凹的。”① 要越过对外传播的鸿沟，要突破传媒市场的壁垒，单凭本国自身的力量是不够的。第二条路径是“借船出海”，通过对外交流与合作传播本国文化，已经成为很多发达国家输出价值观和意识形态的重要手段。“借船出海”在媒体运作上可以从三个方面去拓展：

1. 业务合作与内容提供

我们通过和国外媒体的合作，积极向海外主流媒体供片，让我国的影视节目

---

① 支庭荣. 世界是平的，传媒是凹的——对传媒经济特性和规律的一种诠释. 现代传播，2007(3)：93.

逐渐进入海外市场，其赢利模式主要是出售节目的海外播映权。目前，中央电视台与200多个媒体机构建立了合作关系，与美、法、德、日等20多家媒体机构签订了框架性的合作协议；建立了遍布亚洲、大洋洲、北美洲、南美洲、非洲的国际营销网络，每年向海外媒体机构销售近10 000部（集）电视剧、纪录片、专题片等各类节目。如中央电视台与美国国家地理频道合作的《故宫》，借用地理频道的品牌和管道把这部中国纪录片销到世界140多个国家和地区。“借船出海”具有丰富的内涵，既可以借助国外的传播渠道和传播模式，也可以借助我们丰富的节目资源和市场换取国外的资金，还可以借鉴、学习和交流国际先进的制作和营销理念。我国电视对外交流合作机制还可以更加灵活开放，还应更加积极与国外媒体开展多层次、多形式的节目合作，开展双边或多边新闻素材和节目交换，组织国际合拍节目、互办电视节等。

2. 合资合营传媒和频道

我们与境外媒体合办公司和频道，把中国电视对外传播的运作机构融入目标国家和地区。广东电视台在这方面率先迈出了第一步。广东电视台的“走出去”工程包括两种模式：一方面，广东电视台积极做好广东卫视、广东珠江频道在香港、澳门乃至美洲、欧洲、澳洲、东南亚等地的落地工作；另一方面，广东电视台主动与海外投资机构和资本合作开办境外电视台，组建海外兵团，探索广东乃至中国电视产业与境外资源优化和整合的联合发展、互利双赢的新的发展模式。目前，广东台已经组建了两个境外电视频道：马来西亚家娱频道和香港点心卫视。

家娱频道是总部设在马来西亚吉隆坡的中文卫星电视频道，是广东电视台第一个与境外媒体合办的电视频道。经过一段时间的接触、谈判，在2005年6月，广东电视台和马来西亚的一家电视制作机构合作开办。家娱频道目前主要面向东南亚的华人，经过几年的发展，现在已经进入了马来西亚、印度尼西亚、菲律宾、越南、老挝等国家的一些有线电视网，并且还进入了马来西亚的手机电视网。

经过充分调研论证，广东电视台利用自身所拥有的节目资源优势，支持、配合香港爱国爱港资本机构新开办了一家粤语电视媒体，借此扩大电视外宣阵地，加大对粤港澳大珠江三角洲地区的宣传力度，扩大广东乃至中国内地对港澳地区的文化影响力及文化凝聚力。通过几年的前期谈判，2005年6月1日，经过与香港合作方的协商，签订了《合作框架协议》。2007年4月，点心卫视通过亚太6号卫星发送上星，同时在香港Now宽带网播出。

3. 借助新媒体开拓新领域

“借船出海”中还有一条重要的“船”，这就是新媒体。新媒体给传统电视和对外传播展现了一个更加广阔的空间。广东电视台把他们的“走出去”战略与新媒体战略组合成产业化发展的“蓝海战略”，他们进一步解放思想，在拓展境外市场的时候不失时机地抢占新媒体市场。在对外传播中，良好的平台通道是关键。因此，广电系统的新媒体布局最终必然要考虑的是如何与电信运营商合作，这才是新媒体战略能够真正实施的关键所在。新的媒介技术给电视带来了更多的传播管道，同时在内容供应上产生了巨大的需求，广东电视台紧抓这一机遇，利用多渠道多方式在对外传播中寻找合作机会，探索新的合作模式。广东电视台在进军境外有线电视的同时还进入宽带网，而且大胆地引进风险投资，毅然收购香港3G手机，进军境外手机电视，开拓多媒体对外传播的空间。

在中国电视对外传播的策略选择上，“借船出海”无疑是最佳的路径，因为它有两大优势：一是节省运营资金，二是有利于本土化传播。问题是如何更好地实现本土化传播，这就需要对中国电视对外传播的组织模式进行创新。

三、模式创新：从“放水养鱼”到“市场导向”

中国广播电视拥有一个庞大的外宣体系，中央电视台及各省级电视台都设有司职“外宣”的海外中心或国际部，负责制作供海外播出的电视节目。我国电视外宣从邮寄磁带到卫星直传，从模拟电视到数字电视，从传统媒体到网络媒体，从单向传播到双向互动，在“硬件”上发展较快；但我们在创作理念、内容生产和节目运营等“软件”上变化不大，存在宣传味浓、形式呆板、运营不佳等问题。而市场拓展不足和产业功能欠缺则让中国电视在对外传播方面陷入投入不足、资金捉襟见肘的窘迫。如广东电视台珠江频道，每天都制作三个不同的播出版：一是在省内播出的版面，二是面对海外粤籍华人的珠江频道海外版，三是香港版，进入香港有线电视网播出。目前基本上还是赔钱赚吆喝，又叫“放水养鱼”，就是用电视台其他项目经营的收入来补贴外宣节目的亏损，即重在培育观众，不求经济收益。长期以来，我国外宣节目由于重生产轻经营、重政治轻市场，采取的是“以内养外”的经营方针，即以国内经营收益来补贴海外运营的亏损。节目出口只求社会效益不讲经济效益，这在短期内不失为一种策略。但长此下去会陷入节目制作资金短缺、自身造血功能不强的困境，节目生产更多是为了获奖而不是为了满足受众需求，势必影响节目整体质量和对外传播的可持续发展。

从传播主体来看，目前我国的对外传播基本上由国家唱主角，以政府为主导，民间传媒和民营企业的比重还很低。如何让民营影视和资本市场在对外传播中扮演更加积极的角色，是我们必须认真研究的重要课题。近年来，中国民营影视产业有了一定的发展，尤其在北京和广东，前者地处国家政治文化中心，有着十分丰厚的人文资源和制作资源；后者地处改革开放前沿，经济发展领先全国，市场体系比较完善，民间资本实力雄厚。这些地方都为民营影视产业的发展提供了良好的环境和土壤。中国电视"走出去"战略应充分利用民营影视制作这股力量。为此，一方面我们要推进制播分离，充分利用社会力量办电视；另一方面，整合中央与地方各种资源，组建进军海外市场的"联合舰队"。

海外很多观众对中国的了解往往来自影视剧，文化的传播是通过作品潜移默化来实现的。近年来，国产电视剧的海外销售在走下坡路，这是我们不得不面对的事实。笔者认为主要原因有二：一是由我国传统的影视生产体系所决定的，重创作轻市场、先生产后发行，而当今好莱坞电影公司都是发行公司，面向全球，以销定产。二是我国影视制作业总是认为国内市场很大，能在这块大蛋糕中切一点就可以了。从创作源头就没有考虑过海外市场，节目怎么可能卖得出去？那么，如何更好地了解和把握海外市场？与境外广播影视制作业同行展开更密切的合作是关键的一环。合拍的着眼点，应该放在海外市场。中国电视剧制作中心副主任张子扬则明确地提出："内地、香港、台湾合作，现在是一个非常好的机会。大家应该强强联合，即整合各自最优秀的那部分资源，创作出能够传递'大中华文化'的作品，以此开拓亚洲市场，与日韩展开争夺。"① 促进内地与港澳台电视媒体的合作，是实现华语电视全球传播的第一步。

面对全球传播的国际竞争，中国电视对外传播的内容生产缺乏竞争力：第一，题材单一，创新不足。目前许多国内影视公司热衷于古装剧和历史题材的节目制作，其实当今世界更关注当下的中国，外国观众更希望了解现实的中国社会。当然，还有一个问题就是这类影视节目由谁拍更好？外国人不了解中国的国情，中国人也不了解外国人的欣赏习惯。最好的办法就是联合制作、合作经营，如中央电视台与美国国家地理频道、英国的 BBC、日本的 NHK 及"Discovery 中国新锐导演计划"等都是跨国合作。为此，我们还要建立和完善各种合作机构和交易平台，如中央电视台国际电视总公司、中国（广州）国际纪录片大会等。第二，"走出去"工程既要有质量还要有数量，单凭一两个电视台自身的力量是无法生产出足够的优质内容的，各自为政的国内电视台和民营影视企业必须组织起来形成合力，中国电视的对外传播不仅需要内容生产商，更需要内容集成商和内容运营商。这里也有一个观念更新的问题，就是我们不仅把电视节目看成宣传品和作品，更要看成一种打入国际市场的内容产品和文化产品。我们希望出现更

---

① 宋文娟．2007 年电视剧市场：引进来　走出去．中国广播影视，2007（3）．

多从事中国电视产品国际贸易的专业公司、中介代理和媒介运营商，不管是民营的还是国外的。

当今对外传播是在市场经济的基础上实施的，因此研究对外传播，不能离开传媒经济的范畴，也不能离开全球经济一体化的现实背景。市场是检验产品的风向标和重要标准，只有受到国外观众的欢迎才能证明你的产品（节目）不仅“走出去”而且“走进去”了；中国电视只有取得海外市场的收益才能证明你的产品（节目）出口是成功的；中国电视媒体只有变“以内养外”为“以外养外”，即中国电视对外传播直接在海外市场运营中取得收益，才能说明中国电视拥有了广泛而忠实的海外受众，才能实现我国广播影视“走出去”工程的可持续发展。对外传播活动既是一种传播行为，也是一种经济行为，以市场为导向的对外传播还有版权输出、版权合作、资本运营、海外上市等运营模式，通过这些新的模式，既可以建立利益共同体，又可以更好地实现本土化传播。至此，中国电视要创建对外传播新的运营模式：应该充分利用传媒市场的杠杆作用，以市场为导向，推动电视节目运营产业化，政府积极引导和大力鼓励民营影视企业“走出去”，加强和扩大与国外媒体的合作，做到国有、民营和外资“三驾马车”并驾齐驱，实现“以外养外”的良性循环，同时不失时机地进入新媒体领域，建立一个跨国界、跨体制、跨行业的国际传媒产业。

“在注意力发挥作用的领域，经济学规律无处不在；在影响力发挥作用的领域，文化的、符号的力量举足轻重。”① 中国电视作为一种文化产品，真正的“走出去”，不仅仅是把节目卖出去，还包括把文化输出去。我们的文化为对方所接受，才能真正做到“走进去”，走进西方主流社会中去。因此，我们要做的不仅仅是注意力经济，而且是影响力经济。“走进去”的关键就是如何把文化资源转化为文化资本。令人遗憾的是，一些优秀的中国传统文化没有为我所用，如美国人制作的《花木兰》和《功夫熊猫》。“如果中国文化创意不能借助市场力量，将自己的文化资源转化为文化资本，中国文化在全球的话语权将面临越来越大的威胁。”② 从落地到入户，从认知到认同，由局部进入到全面渗透，由“走出去”到“走进去”，我们的目标越来越清晰：市场化的目标是实现中国电视“走出去”工程的可持续发展，本土化的目标是实现中国文化的全球化传播。

---

① 支庭荣．世界是平的，传媒是凹的——对传媒经济特性和规律的一种诠释．现代传播，2007（3）：95．

② 尹鸿．《功夫熊猫》：我们只有文化却不能转化为文化资本．http：//blog. sina. com. cn/s/blog_482580270100axul. html．

第七章　广播发展与广播新闻

广播长期以来被看作弱势媒体，相关研究相比电视也少得多。其实，近10余年，中国广播发展还是比较快的，也取得过不少成绩，但存在的问题也不少。在媒介融合的趋势下，挑战与机遇同在。本章从历时性和共时性两个维度对广播展开研究。在深入分析中国广播的两次转型之后，进而讨论广播如何以升级促转型。在讨论传统媒体竞争格局中的广播产业之后，也探讨作为新媒体的手机广播发展走向。最后，笔者提出广播新闻的“三次革命论”，即从播报语态到传播方式再到终端革命。

第一节　中国广播的转型升级

30多年前，电视作为新媒体迅速崛起：20世纪80年代初，广播居首位，报纸次之，电视为老三；80年代中期，电视登上冠军宝座，广播排第二，报纸排第三；90年代以后，电视的老大地位没有变，但报纸上升为第二位，广播下降为第三位。中国广播30余年的发展，虽然每年都保持两位数的增长，但最近几年，广播在整个中国传媒产业中的比例仅在1%～1.5%。[①] 我们不禁要问，中国广播实现转型了吗？它的转型面临哪些主要障碍？如果不搞清楚这些问题，就不能从根本上扭转广播媒体的弱势地位。因此，在新旧媒体交替之际，我们不妨对中国广播的转型作一番系统分析和深入研究，以期为传统广播的转型升级提供理论参考。

一、第一次转型：城市媒体

中国是一个农业大国，在电视成为大众媒体之前，相比报纸，广播作为一种接收简易、成本较低的大众传媒，从有线广播时代到无线广播时代都深受农村听众欢迎。但是从20世纪80年代开始，随着电视机价格的不断降低而普及到每一

① 崔保国．中国传媒产业发展报告．北京：社会科学文献出版社，2007—2010．

个家庭，电视也进入了广播的世袭领地——农村。笔者曾带学生在农村进行过媒介使用的调查，发现电视已基本取代广播占据了农村受众市场，成为农民接触的最主要媒体。此外还有一个技术因素，就是广播信号的传输由调幅波改为调频波，虽然接收质量大为提高，但传播范围却受距离限制，尤其是山区丘陵地带，调频广播的覆盖需要投入更大，投入大、收益少也促使产业化的广播退守城市。幸运的是，适逢我国城市化进程加快，广播迎来了新的发展机遇。

新中国成立时，全国有132个城市；改革初期的1980年，全国城市也不过223个；2008年，我国城市数量达655个，城市化水平提高到45.68%。从1995—2009年，全国总人口由12.1亿增加到13.3亿，年均增长0.7%；同期城镇人口从3.5亿增加到6.2亿，年均增长4.2%；城镇人口占总人口的比例从29.04%提高到46.6%。广播受众主体从农村转移到了城市，城市居民广播接触率明显高于农村，城市及其周边地区成了广播听众的主要密集地，也是广播市场竞争的核心区域。传统听众向现代市民转变，生活节奏加快、价值观念开放、消费追求时尚、心态积极进取，沿用多年的传统综合广播模式手段简单、定位呆板、缺少交流，越来越不能适应听众的口味。

1986年12月15日，珠江经济广播电台开播，从此拉开了广播专业化发展的序幕，开始全面推进广播的改革，这是中国广播对城市化进程的一次敏锐呼应，农村广播转变为城市广播，从而迈出了媒体转型的第一步。通过变化节目样式和调整节目内容，珠江经济广播电台吸引了大量听众，"珠江模式"对其他广播电台的业务改革和频率专业化转型起到了示范作用。广播频率专业化是指："广播电台根据广播市场的内在规律和广播听众的特定需求，以一个频率为单位进行内容定位划分，使节目内容和频率风格能够比较集中地满足某些特定领域广播听众的需求。"①

随着社会发展和人们生活方式的改变，受众需求出现多样化；信息泛滥，媒介竞争激烈，受众选择性接收日益明显，受众市场"细分"成为时代特征。20世纪90年代，上海、北京的广播系列台相继开播，教育台、儿童台、音乐台等，这些名称的出现表明广播频率的定位开始向各个专业方向细分。2003年，广电总局确定当年为"广播发展年"，要求加快广播频率专业化、节目对象化的步伐，广播频率专业化改革在全国迅速铺开。目前，我国共开办专业化广播节目450余套，类别包括新闻综合、经济、交通、音乐、生活、财经、健康、城市管理等20多种。专业化是广播人在适应社会变化、深入认识广播传播规律的过程

---

① 孙孔华，谭奋博．频率专业化——广播与时俱进的必由之路．中国广播电视学刊，2002（10）：4～6.

中作出的选择，广播节目布局和节目形态发生了质的变化，广播的贴近性得到了极大的体现，收听率提高、影响力扩大，广播经营收入保持年增长近20%的良好态势，极大地鼓励了广播人的自信心。

按说转型为城市媒体的广播理应同步进行升级，因为城市相比农村，无论是受众层次还是节目定位都要求相对高端。然而，此时的广播却遭遇人才流失的危机，随着具有视听双通道的电视的迅速崛起，许多优秀的广播人才转行到新兴的电视媒体去了。人才匮乏使得退缩城市的广播难以与其他媒体相抗衡。其间，虽然有"珠江模式"的创新，但随着中国传媒市场化的脚步，更有商业价值的城市受众成为各类媒体争夺的对象，既没有报纸影响力也没有电视传播力的广播，加上体制改革和机制创新滞后，陷入了弱势媒体的窘迫。为了应对媒体竞争和市场压力，不少广播电台被迫采取杀鸡取卵的做法，大量做起被称为"坐台节目"的医疗广告，某省台的医疗广告竟然高达90%。医疗广告致使节目品质下降，猜谜节目更是直接出卖了媒体的公信力，广播的媒体生态环境日趋恶劣。随着广播电视体制改革，广播与电视合并为广播电视台，广播的媒体地位进一步被削弱。

城市化为广播转型提供了机遇，遗憾的是，在这次转型的过程中，作为城市媒体的广播没有抓住机遇，及时进行升级，如同进城的农民工没有取得与城里人同等的社会经济地位。

二、第二次转型：移动媒体

当广播被迫退守城市的时候，一个天赐良机出现了。随着中国经济持续增长，城市空间扩张，路网建设全面进行，汽车保有量剧增并迅速走进家庭。1991年，中国第一座交通广播——上海交通信息台诞生，上海市政府利用该频率为司机提供及时有效的路况信息，疏导城市交通。随后各地出现开办交通广播的热潮，并随着我国经济的发展，由东部沿海地区向西部地区推进，由经济发达地区向欠发达地区扩张。2011年8月底，中国汽车保有量首次突破1亿大关，位居世界第二，中国人的消费结构开始从以衣食为主转向以住行为重。现今，全国交通广播的数量超过百家，交通广播与音乐广播、新闻广播一起构成了我国城市地区处于主导地位的三大类频率。广播声音的伴随性同汽车的移动性天然契合，交通广播的目标听众为"移动群体"，包括驾车人士、随车人员等，所以交通广播的频率专业化是"对象专业化"，与音乐广播、文艺广播等"内容专业化"频率有所不同。驾车人士的广播接触率高达99%，而这部分听众往往拥有较高收入、具有较强购买力，广播听众的含金量，即市场价值大大提升，因此，交通广播备受广告客户青睐，交通广播的广告收入占全国广播广告收入的近一半。正如广播媒体在美国、日本等国家的发展历程一样，“汽车家庭化，居住郊区化，城市拥堵化”为广播带来了新的发展机遇，可以说，车轮拯救了广播。但是交通广播的重要意义不仅仅在于多了一个赚钱的专业频率，而且还使中国广播从固定媒体转变为移动媒体，受众接收方式发生了巨变，为广播发展打开了全新思维空间。

现代社会，人们的生活半径扩大，生活节奏加快，各种活动丰富多彩，“流动”成为经常性的状态，广播的“伴随性”优势得以充分展现，约85%的听众在收听广播的同时还会做其他事情，包括开车、工作、学习和参与其他休闲活动等。赛立信媒介研究2010年调查数据显示，听众居家收听所占份额呈下降趋势，非居家收听比例明显上升。流动收听量的增加，首先是驾车听众规模越来越大；其次，由于广播进入地铁、公共汽车、各大购物商场，公共场所的广播收听量扩大；再次，居民在户外活动消闲的时间增多，广播便于携带，不受时空限制，伴随收听和移动收听成为广播媒体的最大优势。

但广播的媒介优势远未被充分发掘，根据复旦大学《全国居民生活与媒体使用调查2010》显示：全国公众对于媒体触达率最高的依然是电视（97.4%），远高于网络的35.5%和报业的40.1%。广播仅以28%的成绩屈居第四。从接触地点来看，69.6%的听众选择在家收听，私家车收听仅占16.3%，将户外收听总体统计起来能达到30.3%。值得注意的是收听终端：除传统收音机42%以外，车载广播占27.1%，手机广播占到13.9%。广播的伴随性是它不可替代的优势，车载广播是其最有价值的部分，手机广播最具发展潜力，转变为城市媒体和移动媒体的广播理应成为高端媒体，可惜它的运营水平仍处低端。目前中国手机用户数已达10亿，这是广播最大的潜在受众群。当车载广播发展逐步到达“天花板”的时候，能否开发手机广播这个“第二战场”？就中国广播的产业现状和运营水平而言恐怕任重而道远。

我国“三网融合”的集结号已吹响，2011年6月22日，中国国际广播电台的互联网电视集成业务平台已通过广电总局的验收，将获得其正式颁发的互联网电视集成业务牌照，这也显示了广播界迫切的“跨媒体”发展心态。北京电台在新媒体发展实践中也提出“音视频共做”的概念。“共做”的核心是指音视频的并存关系，问题是音视频中视频会不会“喧宾夺主”，从而使广播由此成了“陪太子读书”？这样做会不会丢失广播特有的伴随性这一传播优势？根据尼尔森最新公布的2011年调查数据：手机成为最普遍的广播收听方式（48%）；其次为收音机（42%）、车载收听（41%）；MP3/MP4、互联网也有20%左右的比例。越年轻的受访者，用手机收听的比例越高，随着移动通信技术革命性的发展，终端的未来潜力巨大。但这一调查数据没有说明收听广播的手机是使用网络收听的智能手机，还是收听FM信号的普通手机。诚然，广播多元化战略是一个大的方向，手机广播完全可以采取多种运营模式发展。在此需要提醒的是，任何媒体发展都不能丢掉媒体原有的传播优势和差异化竞争力。广播不能在新媒体的冲击下乱了自家阵脚。“作为一个传媒产业来说，完全可以进行多媒体经营，完全应该进行横向拓展。但是，作为一种媒体类型而言，还应该沿着其产业价值链做好纵向延伸。”①

在第二次转型中，同样遗憾的是，作为移动媒体的广播与其他媒体相比，除了如北京电台、深圳电台等少数广播媒体之外，大部分广播媒体运营水平不高，竞争能力相对较弱。车载移动广播也未能使大多数广播媒体因其高端受众而成为真正的高端媒体，而面对手机广播这个最大的潜在市场的开发，广播也没有做好理论准备。

三、升级的主要障碍

两次转型促进了广播形态的改变，广播在艰难转型，远未达到升级。经历短暂的繁荣之后，中国广播发展仍然十分缓慢。据中国市场与媒体研究（CMMS）2008 年统计显示，广播的收听人数以每年 2 个百分点左右的速度下降，在 30 个主要城市中，只有 19.9% 的人士“昨天有收听过广播”，创历史性新低（1999 年为 35.5%）。② 究其原因，首先是转型中的广播因急功近利而导致应对失策。转变为城市媒体和移动媒体的中国广播，若要与城市发展“比翼齐飞”，就必须赢得高端受众，就必须努力打造品牌，提升节目和媒体品位。然而，虚假医疗广告泛滥至失控，最终牺牲了广播媒体的公信力和权威性，严重影响了广播媒体的社会形象。在新媒体的冲击下，传统广播急于抢占新兴的、有引领性的传播资源，以至于乱了自家阵脚，要么自以为是，在新媒体战略上判断有误，错失良机；要么盲目出击，在无情的市场面前，折戟沉沙。广播的听众已随着时代的发展而变化，从灌输教化到传播服务，最终受众为本成为普遍理念，但在实际操作中，浮躁心态使广播很难真正以受众为本实现有效传播，更遑论服务受众了。

其次，广播专业化水平低，不能满足受众的需求。虽然广播频率打着专业的旗号，但只是形式上的专业化，众多频率还是综合定位为主，各专业广播频率之间节目类型相似，特色区分不明显，同质化竞争严重。以呼和浩特地区为例，现有省、市级广播频率 11 套，其中“新闻广播” 3 家，“交通广播” 2 家，“生活广播” 2 家，都是相关的综合台，功能简单重复。美国 3 亿人口，近 14 000 个各

① 谭天．手机广播“傍大款”．媒体时代，2011（7）：17～18．

② 你同意广播所占的市场份额会持续下降吗?．中华广告网．http：//mf. a. com. cn/bjzm007. shtml．

类电台，分为70多种专业类型，广播节目的细分就是“锁定”特定听众群；我国人口是美国的4倍多，截至2010年7月，全国只有广播电台234个，根本无法面对日益细分的受众市场，众多电台都在专业与综合的功能定位上长期摇摆，最终还是回到不同程度的综合。

我国地域辽阔，民族众多，不同地区广播受众的收听需求是不同的。例如，北京听众对新闻节目与流行音乐节目比较关注，上海听众收听广播的主要目的是了解新闻，广州听众收听广播的主要目的是听音乐与休闲。但是很多电台没有按照各地区经济、文化的差别来设置自己的专业广播频率，仅仅对成功的模式、栏目、节目进行简单模仿或完全克隆，实际上造成了专业化水准下降。

广播节目投入少，缺乏认真的调研、策划、组织，定位模糊，制作粗放，主持人读读报纸、聊聊网络、放放歌曲，一档节目就完成了，成本很低，却出不了精品，难以吸引受众。为了争取市场，甚至不惜迎合部分受众庸俗低级的趣味，在内容、形式、语言等方面流于低俗化。

再次，体制弊端日益阻碍广播发展。30多年来，虽然广电改革取得了一定的进展，但是旧有体制的禁锢仍十分严重。频率数量有限是造成我国广播专业化程度无法提高的潜在原因，我国的广播是与行政层级同构的建台格局，电台都是一级一台，只能增设该台的频率，而不能在同一层级增加台数，这就极大地限制了广播电台的总数，使得同一层级市场无竞争可言，一些电台坐吃体制内优势，固步自封，缺乏活力与动力。[①] 此外，广播的发展升级还存在以下障碍：条块分割，阻碍资源整合，加剧利益矛盾；政事不分，政企不分，责任主体不清晰，行政管理的公正性、权威性和有效性受到影响；事业产业混营，导致市场主体缺失，产业功能发育不良，运营实体不能拥有充分参与市场竞争的自主权。所有这些，都阻碍和制约着广播电视事业特别是广播电视产业的发展。

通过对广播转型历程的分析、现状的梳理以及对认识误区的辨析，我们可以得出一个基本判断：中国广播的转型尚未完成，转型过程中产生的主要问题不容忽视，尤其是新媒体蓬勃发展，带来了新的媒介生态环境，对广播而言，是契机、转机还是危机，仍亟待认真思考，积极应对。

四、以升级促转型

面对新媒体的迅猛发展，传统媒体个个自危，“变”与“不变”不仅仅是策略的选择，还是基于自身发展优势和对传播规律的重新认识。美国广播近年就经

---

① 周小普，吴盼盼．中国广播：现状与前瞻．传媒，2011（6）：7～10.

历了收听快速增长的变化，这是因为广播对其他多数媒体都具有辅助功能而非替代性质。广播最突出的特点就是特有的移动性和伴随性，释放了人们的眼球和思想。完美诠释移动与伴随的手机在各种移动终端中特别适合广播受众的特点，成为随时随地的贴身媒体。截至2010年9月15日，我国内地的四级广播机构共有404套广播节目在手机网上实时播出。“伴随性、移动性、专业性、服务性；多元化、网络化、类型化、本土化……”① 广播发展的可能性，未知远远大于已知。

国家“十二五”规划纲要明确提出“转变方式，开创科学发展新局面”。与此同时，国家广电总局也提出“六个重大转变”：①从以传统媒体为主向传统媒体与新媒体融合发展转变，实际上要求发展模式的升级；②农村广播影视由工程建设向公共服务体系建设转变，实际上要求服务理念的升级；③内容生产由以数量扩张为主向以质量提高为主转变，实际上要求内容生产的升级；④广播电视网由传输覆盖向全功能全业务转变，改单向传播为双向互动，实际上要求传播方式的升级；⑤管理由以行政手段为主向综合运用法律、经济、行政、科技等手段转变，实际上要求管理方式的升级；⑥由以国内发展为主向统筹国内国际发展转变，实际上要求影响力的升级。

其实，更重要的升级还是从传统媒体自营到传统媒体与媒介平台对接的升级，平台思维是一种开放的思维，而非唯我独尊、因循守旧。把握平台思维的要点，有利于广播产业升级转型，增强自身竞争实力，拓展未来的生存发展空间。进入媒介融合时代，人们对于媒体的需求，已从简单的信息消费需求发展为多重内容与服务需求，单一媒体、单一产业已不能满足受众需要，于是，一种新的媒介组织形态出现了，那就是平台。平台是一种中间性组织，它通过资本合作、技术合作、渠道合作等多种方式将产业链中的各个环节整合在一起，以最大限度地发挥各环节的最优功能，从而提升整个系统的价值。媒介平台主要通过对资源进行聚合、对关系进行转换、对传媒影响力进行扩散来实现自己的功能。媒介平台最主要的作用或者说核心的价值就是为传媒经济提供意义服务，以满足传媒产业运行的基本条件。基于系统管理和传媒经济上的媒介平台理论无疑是解决媒介融合方式的一种全新而有效的思路，而新的媒介平台将会形成一种广播新业态。

广播媒体从20世纪90年代开始加速推动数字化、网络化的步伐。1996年12月，珠江经济台率先在中国内地开展网上实时广播；截至2009年，全国共有广播电视网站397家，其中广播电台网站131家，广播电视综合网站104家，有167套广播频率实现了网上直播；② 2005年7月，国家网络电台“银河台”开

① 张康敏．全国广电机构手机广播情况调研．电视工程，2010（4）：56.
② 申启武，褚俊杰．媒介融合背景下广播的发展趋势．传媒，2011（6）：15~17.

播，24 小时网上播出；2011 年 5 月，新浪微电台正式上线，来自北京和上海两地的 13 家电台入驻，至当年 10 月，超过 230 个频率入驻。步入新媒体时代，受众结构、接收方式、媒体运行模式都发生了变化，许多习惯思维和传统做法受到了极大的挑战，不少传媒理念和发展思路也在不断调整。北京人民广播电台汪良台长的思想也发生了变化："多年前，我提出的'广播为体，新媒为用'这个说法得到大家的尊重，直到今天电台很多同志仍在实践中坚持这个观点，并坚定不移地认为这是正确的。我自己现在倒不这么认为了。……而现在，广播应该进入'融合'的'涅槃'阶段。"① 这种自我否定的勇气让我们看到了广播人的文化自觉和升级希望。美国有一个叫"潘多拉"的电台，它有两个重要的概念，一个是平台化，一个是社会化。汪良台长认为："广播要从'改良'转为'革命'，将来的重点是要建设像'潘多拉'这样的台。"②

转型只需"改良"，升级需要"革命"。观念的"革命"才是引发升级、促进转型的真正动力。广播的竞争发展不限于本系统行业，目前其他媒体也在办广播，如凤凰卫视的广播、腾讯开发的微信等也相继进入现代广播发展的行列，而这种开放式竞争和多媒体参与必将加快广播发展的升级和提速。对于广播业而言，一个全媒体时代已经到来。向现代媒体升级及战略转型是中国广播重塑竞争优势、提升社会价值、构建新产业形态的必由之路，也是一条不断变化、充满挑战的蜕变之路，与时俱进的中国广播将在成长中壮大并走上可持续发展之路，孕育再度的辉煌。

第二节　广播产业与手机广播

2005 年，中国传媒业在政治和经济两大力量影响下，仍然保持着高速稳定的增长，并在新旧传媒的此消彼长中形成新的竞争格局。

一、中国内地媒体发展与广播市场

已经拉开序幕的政治文明建设为中国传媒业的内容建设指明了主攻目标，党的"十六大"提出的三个文明协调发展的科学发展观，不仅提升了人们对政治文明建设重要意义的认识，而且提高了人们对传媒业在政治文明建设中地位与作

① 汪良．广播的改良与革命．北京广播影视，2012（3）：6.
② 汪良．广播的改良与革命．北京广播影视，2012（3）：7.

用的认识，广播《阳光热线》类节目的兴起正说明了这一点。传媒业运用市场机制实现了社会效益和经济效益的最佳统一。而走产业化之路，已成为我国的第四支柱产业。

广告是中国内地媒体的经济支柱，伴随经济的高速增长，广告市场的蛋糕越做越大。据统计，2005年，中国广告经营总额已经超过1 500亿元，增长15%以上，然而对于曾以“最后一个暴利行业”而笑傲群芳、创造一个又一个财富神话的中国报业来说，这一年其已从令人瞩目的高增长步入举步维艰的“严冬”。

对于中国广电业，2005年是不平静的一年。管理层旗帜鲜明地界定了外资和非公有制资本进入的范围，规范了广电行业走得过快的投融资步伐。在业界，传统的内容制作、播出和赢利模式被《超级女声》、《大长今》等电视节目颠覆，央视借助“神六飞天”狂赚了5个亿。节目内容被作为一种商品进行整合营销，并形成产业链；广告和票房不再是唯一的利润来源，各种衍生产品的收益可能更高。

2005年，网络广告达到31亿元，逼近34亿元的广播广告市场。但从受众规模来看，在2005年的中国内地，广播仍然是稳居第三位的大媒体（见下表和图7－1）。

各媒体在中国城市居民中的受众规模

媒体	媒体接触率（%）	媒体受众规模（亿）
互联网	19.6	1.1
杂志	23.2	1.3
广播	62.3	3.6
报纸	70.3	4.1
电视	98.2	5.7

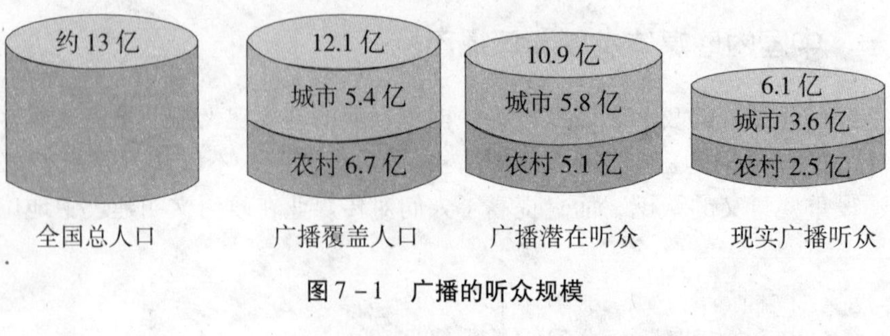

图7－1 广播的听众规模

中国广播广告占整个广告市场的比例接近3%，但广告并非媒体产业的全部。中国传媒产业核心层应包括报纸广告、电视广告、期刊广告、广播广告、广告公司、有线电视收费、图书出版、报纸发行、期刊发行、电影票房、音像制品、手机短信、上网费、游戏14类。上述中国传媒产业核心层产值规模已经超过3 000亿元，2004年产值规模约为3 270亿元（见图7－2）。①

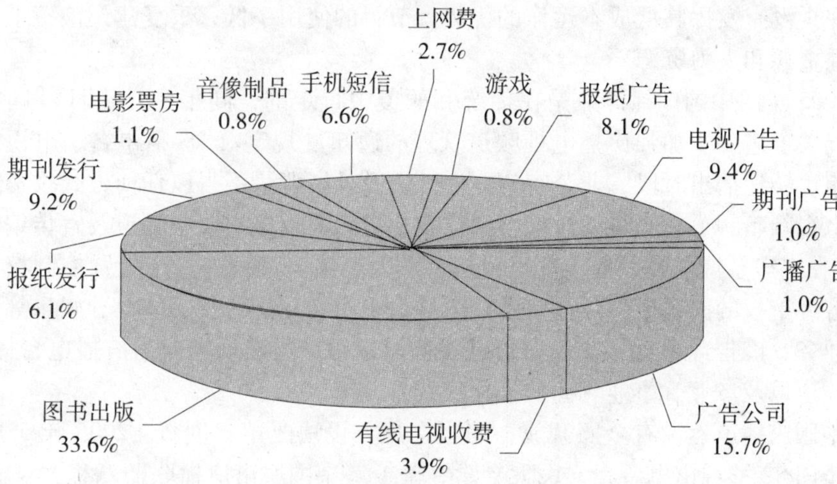

图7－2　中国传媒产业核心层市场份额示意图

由此看来，报业的市场份额实际为14.2%（广告份额8.1%），电视的市场份额为13.3%（广告份额9.4%），而广播业由于缺乏广告以及其他经营收入，在整个媒体产业中所占的市场份额只有1%。

二、广播媒体产业发展与市场分析

2005年，广播创收较大幅度地超过前几年，虽然如此，中国广播产业还远远未能达到其应有的广告份额。目前，广播广告占全国广告投放总量的2%～3%。远远低于欧美等国家的水平。如美国为13.2%、法国为12%、墨西哥为13.7%、澳大利亚为9.2%。中国广播业所占市场份额目前跟杂志比较接近，与电视和报纸广告相比都还有近10倍的差距。这表明，中国广播产业在经营领域还有广阔的空间可以开拓。据尼尔森公司媒体市场调查显示，中国已经成为全球

① 崔保国. 中国传媒产业发展报告（2004—2005）. 北京：社会科学文献出版社，2005.

第二大广播电台市场。调查同时显示，尽管电视和互联网目前在中国有很大的影响，但广播作为一个重要的媒体，仍然是传播和广告的非常重要的渠道。

不过，我们也应清醒地看到，中国广播产业的弊端仍十分突出，其中最大的问题就是“小”和“散”，产业发展很不充分，经济总量规模比较小。广播节目经营市场的不成熟，使节目多是自产自销，节目加工是“前店后厂”的小作坊形式，通常一套节目仅供一个台使用。从全国范围来说，广播这样的生产、经营模式完全没有发挥其低成本运作的优势，节目的使用率低，重复建设浪费了大量的传播资源和人力资源。

2005 年的中国广播产业是在传统和颠覆中行走的，同年 8 月 4 日《国家广电总局关于进一步加强广播电视频道管理的通知》规定：“广播电台、电视台不得出租、转让播出时段，非公有资本、外资及外资背景不得以任何方式投资经营广播电视频率频道，不得通过经营活动变相进入广播电视频率频道及宣传编辑业务。”在牢牢掌握主要领导干部任免权、重大事项决策权、资产配置控制权、宣传内容终审权的前提下，广播电台、电视台可将音乐、科技、体育、娱乐等节目制作业务、广告代理经营业务剥离组建公司运作。这项规定成为广播电台体制、机制改革以及产业、事业剥离的操作底线。

中国广播虽然没有全面开放，但也在想方设法改革、创新。2005 年 5 月 18 日，全国 82 家城市电台在人民大会堂签署了《中国城市广播联盟章程》。“城广联”的应运而生就是要将各个合作台的节目、人才、资金进行整合，更好地利用各种有效资源，解决目前广播存在的节目质量不高、人才不够、资金不多、机制不活的问题，以共同运营媒体、经营广播。

2005 年 3 月，广东电台与广西梧州电台签署跨省合办频率的框架协议：广东电台将向梧州电台投资 200 万元，除了新闻节目自办外，梧州电台其他所有节目、广告及所有创收都将委托广东电台经营。“泛珠三角广播网”的大胆构想开始实践。

调查显示，广播除音乐和交通类节目收听率在上升外，点播节目和热点话题评说类节目基本保持不变，而一直以来收听率很高的新闻、天气预报、热线、曲艺相声、体育、医疗保健等节目的收听率却都在下降。这一变化的原因主要取决于媒体替代性的强弱。交通广播在各地基本都是收听率最高的，因而广告收入也最高，和美国曾经历的一样，车轮成为广播的救星。

江苏交通广播网还开发出广播下游产业链，如“交广汽车俱乐部”，为会员提供 24 小时紧急救援服务和诸多车类活动；还自办了《车生活》杂志，设有交广汽车用品有限公司和交广汽车美容有限公司。江苏交通广播网还提供“信息定制服务”，向听众提供路况、救援、住宿、订票、二手车租赁、天气等有关出行的各类资讯服务。江苏交通广播网的立体经营模式为广播经营开阔了思路。

然而，中国广播市场布局是极不均衡的，有的落后地区省台收入（仅数百万元）竟不到发达地区省台收入（高达数亿元）的1%。而且城乡差距也在拉大，农村广播市场已让位于电视。频率专业化、节目对象化的改革是当前中国广播业结构调整最主要的方式和特点。国家广电总局把2005年定为“农村服务年”，目的是有重点地促进农村广播影视公共服务。广播对农服务意识长期缺位的情况出现了转机，截至2005年底，全国开通对农频率10套。

三、传媒发展趋势与广播市场机会

当今中国媒体市场正在重新洗牌，全球传播气候的变迁已经悄然波及中国大地，的确到了谈论传统媒体如何应对新媒体的时候了。新媒体可以颠覆传统媒体，也可以拯救传统媒体。传媒汇流的核心在于数字革命。所有的媒体内容都必须数字化，数字出版、数字广播、数字电视、数字音乐，都必须实现在数字媒体平台上运行。数字媒体平台不仅可以使信息、娱乐和广告传播变成个人化的、参与式的、亲密的、移动的、可测的，而且可以搭载人类文明的所有创造物，可以延续传统媒体的生命。

2005年4月18日，北京电台数字广播开始试播，播出由北京音乐广播制作的“世界音乐”节目，覆盖北京六环以内地区。2005年4月，中央人民广播电台开始试播手机广播，9月正式开播，目前在北京地区拥有该业务接收功能的CDMA手机用户有十几万。上海文广集团也在和汽车制造商协商在新造汽车上加装数字广播无线接收机，以期形成新的受众群。2005年初，根据美国Alexa网站统计，中国国际广播电台的“国际在线”网站因其语言众多（42种语言的文本和46种语言的音频）、特点突出，在“最具知名度的国际广播电台网站”排名中，已经超过德国之声、美国之音和BBC等西方主要国际广播电台的网站，名列全球第一。现在我国的网络广播已经超过100家。2005年，一个名为“中国数字音频/多媒体产业联盟”的组织也在广电总局的推动之下开始筹备，北京、广东、上海、郑州的多家电台已成为该联盟的成员。

2005年，广播行业迎来第6个快速增长年，并且是这6个快速增长年里增幅最快的一个年度。相比电视和平面媒体17%、8%的广告收入增幅，49%的增长速度让广播在传统传媒行业找到了久违的鹤立鸡群的感觉。传媒业内甚至有人预言，风水轮流转，在电视和平面媒体之后，广播迎来了自己的春天。①

---

① 闫海生. 广播广告：2006又是春天?. 中华新闻报，2005.

其实，广播同样进入了一个战略调整阶段。广播面临一个彻底改善媒体生态环境的挑战。与上年同期相比，2005 年 1～10 月份，中央人民广播电台（以下简称“中央电台”）旗下广告收入最多的中国之声频率基本持平。这种持平局面出现在中国之声主动拒绝医疗广告之后。从年初开始，中国之声砍掉了大量医疗讲座时段，很多中小医药保健品客户流失到其他广播电台，中国之声因此减少了 2 000 多万元的广告收入。改变“坐台卖药”经营模式之后的各级电台，广告收入是否仍有上升空间？中国之声副总监史敏表示：“砍掉 2 000 多万元医疗广告之后，2005 年其他行业的品牌客户基本填补了这块空出的时段，虽然只是持平，但我们看到的是新的增长空间。”在国家加强医药保健品行业广告监管的大政策背景之下，广播行业面临相当大的增收压力，但这实际上也是广播广告改变的一次机会。广播业内人士表示：“广播未来要从自由市场脱身为超级市场，主打商品肯定需要升级换代，重复坐台卖大力丸的模式只可能是死路一条，现在谁先走出来，谁将来生存壮大的机会就越大。”

中国广播业今后的发展是挑战与机遇并存，陆地教授认为主要挑战有：互联网络咄咄逼人、卫星广播时代即将到来、电视侵入电台领地和全面竞争时代的来临；而同时也有不少发展机遇：收听设备的多样化、老龄化社会提前到来、城市化水平提高、流动人口的增加、网络化经营、媒介政策开放在加速等。展望未来，中国广播仍然有很大的发展空间，定会朝着跨媒体、跨行业、跨区域的多元化、数字化、集约化、全球化的方向高速发展！①

四、手机广播“傍大款”

2011 年，笔者曾与研究生探讨过手机广播发展模式。这位学生在中央人民广播电台工作，她坚称中央人民广播电台采用的移动多媒体广播（CMMB）是最佳的手机广播运营模式，并认为这种基于“三网融合”基础上的运营模式代表着手机广播发展的方向。笔者戏称这是“屁股决定脑袋”。

笔者在散步的时候，时常往手机里插入耳机来收听广播节目。笔者认为这种内置 FM 广播调谐器的手机广播十分便利，是一种值得推广的运营模式。目前，我国手机用户已超过 7 亿，假如有 1/10 的用户即 7 000 万人采用这种方式收听广播，那规模也是相当可观的。

对于把移动多媒体广播作为手机广播发展的主攻方向，笔者不敢苟同。这种把视音频捆绑在手机终端中的运营模式，笔者称之为“傍大款”，这个“大款”

① 陆地．中国广播业的现状、挑战和机遇．视听界，2005（5）．

一是电信，二是电视（视频）。当然，这里的“傍大款”并不是贬义词，问题是能否傍上“大款”？傍上之后能否得到利益？笔者认为传统媒体进军新媒体，切不可只是玩概念，切不可头脑发热、盲目上马，更不可追求政绩和面子工程。一定要实事求是，进行深入的市场调查和严密的科学分析后，才能作出正确的判断。

笔者不认可CMMB的理由有三：第一，移动多媒体手机广播是需要上网的，那么就要给电信交上一大笔流量费，换言之，CMMB是为别人打工的；第二，笔者认为手机广播与手机音频广播是不同的概念，前者是单一媒体，后者往往与视频捆绑在一起，在这样的捆绑中，视频往往是主角，音频只是配角；第三，移动多媒体广播需要通过无线上网来运行，技术要求和用户费用更高，对于普通广播用户来说进入门槛更高，能否形成足够大的用户群体还是一个问题。基于以上理由，在移动多媒体广播的运行中，广播在“三网融合”中的议价能力、在听众培育和市场运行中的主导地位都有很大的问题，那么CMMB会不会陷入投入大、产出少的窘境呢？

在我国广播电视联合发展及总台建制中，电视无疑占有主导地位，但广播基本上还是作为一个独立的媒体在运营。笔者曾在一次广播的论坛上说，在当今整个传媒产业竞争格局中，广播仍然有着不可替代的竞争优势，其他媒体都是在做眼球的生意，只有广播在做耳朵的生意。广播的伴随性是它独一无二的媒介特性和传播优势，听众可以一边做其他事情一边接收信息。如果让受众又看又听，还能保持广播这一特有的媒介优势吗？

诚然，广播多元化战略是一个大的方向，手机广播完全可以采取多种运营模式发展。值得注意的是，任何媒体的发展都不能丢掉媒体原有的传播优势和差异化竞争力。在如何对待新媒体发展与应用方面，笔者一向主张：关注拐点，坚守原点。这个“原点”就是媒体自身所具有的传播优势和运营规律。当然，作为一个传媒产业来说，完全可以进行多媒体经营，完全应该进行横向拓展。但是，作为一种媒体类型，还应该沿着其产业价值链做好纵向延伸。

北京电台在新媒体新业态发展实践中提出“音视频共做”的新概念，这是一个积极的尝试。“共做”的核心是处理好音视频的关系，问题是如果这样做的话，还能叫广播吗？手机视音频会不会“喧宾夺主”？其中的手机音频会不会成了“陪太子读书”？这样做会不会丢失广播特有的伴随性这一传播优势？

还有另一方面的问题，不同的媒体应该采用不同的市场策略和发展模式。中央人民广播电台拥有丰富的内容、强大的实力和广阔的覆盖面，采用移动多媒体广播可以发挥这些资源优势。3G技术的发展为提供更流畅、更清晰地收听手机广播服务奠定了技术基础。何况，对于国家级主流媒体，产业经营多元化也是一个战略发展方向。然而，对于地方广播，由于资源和实力所限，缺少较大的投入，转向更为便利的内置FM广播调谐器的手机广播不失为一个明智的选择，至少在培育移动听众收听习惯方面成本更低。这里要提醒的是，深入分析手机广播的受众行为和消费需求，开发出适合手机广播的听众内容更为迫切。

在手机广播运营模式的选择上，还应考虑我国国情和受众习惯，免费模式在我国传媒市场中具有强大的生命力，在媒体用户中形成一时难以改变的消费习惯，付费模式的推行一定要有足够的受众需求和用户黏度，否则没有多少消费者会愿意为它埋单。目前，在我国庞大的手机用户群体中，大部分还是属于中低端人群，免费对于他们更有吸引力。

综上所述，不妨梳理一下我们的讨论。有一点是取得共识的，那就是手机广播特别适合广播受众——“动众”（移动人群）的特点。手机广播是传统广播的转型之道。无论是内置FM广播调谐器的手机广播还是移动多媒体广播都成为传统广播试水新媒体的一种尝试，作为媒体多元化发展战略，绝不能只限于一种传播渠道和一种运营模式。一方面，多媒体或跨媒体是产业发展的市场布局，是做大做强的路径选择，是构建广播产业价值链的战略需要。未来的广播媒体不仅要做渠道运营商，还要做内容提供商和内容集成商。另一方面，我们也要本着实事求是的态度，扬长避短，针对不同地域、不同受众，在媒介融合中充分发挥广播自身的传播特性和差异性竞争优势。在今后较长时间里，内置调谐器手机广播、手机音视频广播以及其他新的手机运营模式将会并存发展，相得益彰。

第三节　广播新闻的三次革命

改革开放以来，我国广播新闻的改革创新伴随着电视和新媒体的崛起而发展，从广播新闻30多年的发展来看，其先后经历了三次革命，分别是播报语态、传播方式和广播终端的三次重大变革。因此，我们应该及时总结、加强研究，以理论创新来迎接广播新闻的新一轮革命。

一、第一次革命：从播报语态到传播方式

1986年12月15日，广东人民广播电台创办了珠江经济广播电台。珠江台以“板块节目”为特点，采用主持人直播和“热线电话”的方式，密切了与听众的联系，实现了听众的直接参与，展示了“大众型、信息型、服务型、娱乐型”的崭新面目，赢得了大批听众。“珠江模式”的成功，在国内外产生了很大

的影响。许多地方陆续开办了经济电台，主持人、大板块、直播、热线电话、听众参与等节目形式被广泛采用。在“珠江模式”的推动下，受到电视冲击的我国广播事业重新焕发了生机。

由“播新闻”到“说新闻”，在说的过程中突出亲和力和贴近性——播报语态的改变可以说是中国广播新闻的第一次革命。这一播报语态的革命甚至影响到电视新闻和电视媒体。1998 年 4 月 1 日，一档名为《凤凰早班车》的电视新闻节目在香港凤凰卫视首播。主持人陈鲁豫开创了一个“说新闻”的时代。新闻节目第一次赋予了播音员“新闻节目主持人”的概念。用听众的话说，“他们是在‘告诉’我们而不是‘通知’我们”。播报语态的改变，“以人为本，贴近百姓”让广播新闻回归新闻本体、媒体本位。

二、第二次革命：中国之声的传播方式创新

如果说第一次革命还是限于声音传播、节目风格的制作方面，那么第二次革命就涉及整个广播媒体，从内容生产到传播方式再到媒体运作，是媒体运营层面的变革。2004 年 1 月 1 日，中央人民广播电台新闻综合频率以“中国之声”的呼号全新登场。中国之声以全天 31 次整点新闻、半点快报为发展主线，早中晚三大新闻密集区为重点支撑，清晨、午前、午后、夜间、午夜五大板块为延伸，30 档背景式新闻专题和谈话节目为两翼，上下贯通、前后呼应，共同构成立体推进的动态新闻模式，充分彰显“与世界同步，与时代同行”的传播特点。

改版后的“中国之声”其新闻性、贴近性、权威性、可听性等核心指标都取得了长足进步，品位和影响力大幅提升，成为中国广播新闻的第一品牌。2008 年，中国之声影响空前：南方遭遇冰雪灾害，其率先反应，成为风雪中群众获取信息、寻求帮助的首选媒体，是有关部委发布信息的首选平台；汶川大地震，中国之声第一时间从震中发出报道，是沟通震区内外信息的最重要的渠道；全国百余家电台联手、百余日现场直播奥运火炬传递，规模之大、时间之长，史无前例；奥运会持权转播，上百家电台加盟，全方位直播北京奥运盛会，再创广播辉煌；海陆并进，立体报道“神七”飞天盛事。继 2009 年、2010 年的全新改版，中国之声已成为当今中国最有影响力的广播新闻频率。

传播方式的创新是让广播新闻遵循传播规律，走向专业化、类型化的生存之路。进入 21 世纪以来，广播新闻节目创新主要集中在连线报道、行进式报道、直播、谈话节目等形式。谈话节目是把人际传播植入大众传播，是最适合广播新闻传播的一种节目形态；连线报道拓展了广播新闻的报道空间；直播则加强了广播新闻的时效性和现场感。

20多年前，中国广播把“播新闻”升级成“说新闻”，力图放下架子，在“说新闻”的过程中突出亲和力和贴近性。广东电台的“珠江模式”、北京交通广播的“说新闻”，曾经引领广播发展潮流。20多年来，在各级政府部门的支持下，广播“新闻热线”有了较大的进步，广播新闻的互动性增强了。同时，频率节目设置和广播新闻编排方面做得越来越细致，但在实质内容上，则没有太大的改变。如“中国之声”的创新和突破有目共睹，但也仅限于形式方面。

2008年中国成功举办了奥运会，但同时也发生了汶川地震、南方冰灾这些特大自然灾害；2010年中国举办了举世瞩目的上海世博会和广州亚运会，也发生了青海玉树地震和甘肃舟曲特大泥石流灾害。自然灾害发生后，由于电视、电信、电力等设施在地震中受损严重，广播成为灾区军民了解外界情况的唯一途径。在重大灾难面前，广播组织多种方式传播，在发布灾情、协调救灾力量、传播救灾知识、鼓舞士气、抚慰民心等方面发挥了不可替代的作用。有研究学者指出，在自然灾害面前，广播是信息的“传达者”、救灾行动的“参与者”、鼓舞人心的“动员者”，广播在受到多媒体冲击的今天，并没有退出历史舞台，而是继续独领风骚。① 特殊时期，广播发挥过不可替代的特殊作用。于是，有人提出广播是“非常时期的非常媒体”的观点，笔者认为这对于突出广播的独特作用没错，但千万不可将其过分强调并把它视为一般属性，一种以特殊方式存在的媒体是没有生命力的。

三、第三次革命：媒介融合背景下的终端变革

广播新闻的第三次革命是基于接收终端的改变。这是一次超越了广播媒体本身的革命，它已涉及媒介融合的全媒体范畴。新媒体的蓬勃发展，互联网和手机的出现，手机、iPad、GPS等移动终端的大量普及，使得广播的接收方式有了巨大的改变，对传统广播新闻的生产和播出提出了巨大挑战，移动终端的出现改变了整个广播生态。

在媒介融合背景下，传统的广播也开始寻求与互联网结合，出现了网络广播。网络广播有两种形态：一是广播节目的在线直播和点播，二是专门的网络电台。目前，全国各大电台几乎都建有自己的官方网站，不少电台利用台网一体化实现了台网间直播报道的融合互动。如2011年，西安电台与中国国际广播电台共同推出了“魅力西安，缤纷世园——2011西安世界园艺博览会开幕式”五种语言的大型直播，并借助国际台的国际在线等网站媒体平台实现多平台、跨区域

① 张连成. 广播在重大事件中的独特作用. 中国广播影视，2010（19）.

和多媒体的直播，直播实现了在北美、澳洲六大城市频率落地；西安电台五套广播节目同步直播，直播节目通过国际电台的平台同时覆盖了南美、南亚等地区。[①] 广播借助网络，发挥了伴随性强、以声动人的特点，也弥补了线性传播，不见其人的劣势，实现了广播新闻传播效果的最大化。

新媒体的蓬勃发展，已经对广播新闻的传统生产和播出方式提出了巨大挑战。新媒体不仅在同广播新闻抢夺“快”，抢夺“小时随时刷新”，还用链接的方式，把新闻历史、背景和海量的关联信息同时呈现给受众，随着技术手段的革新，新媒体还用极容易参与的方式实现了从单向传播到多向互动的转变。新媒体不仅在争夺信息发布时间上具有天然优势，同时培养出了主流人群全新的信息接受方式，广播新闻要应对主流人群接受方式的变化，就必须改造传统的生产方式和流程，建立起全新的播出平台。

广播的一个重要特征就是和听众的互动，因此，广播新闻更需要充分利用新媒体来弥补自身的不足。如深圳新闻频率“先锋 898”的新闻节目《读家新闻》，开通了微博、QQ 群等实现选题征集，促进了听众对选题及节目的跟踪与参与，并提供及时的反馈，有效增强了节目对于听众和网民的黏性。[②] 在微博、博客、论坛大规模充斥网络的时代，以受众为中心的多元化互动评论也在广播谈话节目中有所体现。如中央人民广播电台中国之声的《央广夜新闻》打出了“同步你来说”的口号，在节目中，要求评论员就热点话题与微博网友进行讨论。实现了主持人、评论员和听众的实时互动。[③]

2009 年以来，微博作为一种基于用户关系的信息传播、分享、获取的平台，与广播的直播优势相融合，成为广播新闻改革的又一新突破。微博作为互联网与手机结合的天然产品，是与广播融合的最佳伴侣。微博打破了移动通信网和互联网的界限，用户通过 Web、Wap 以及各种客户端发布微博信息。文字、音频、视频等多样表现形式弥补了传统广播靠声音传播的缺点，使广播新闻的表现形式更多样化，丰富和深化了广播新闻的内容，实现了信息的多平台和多样式传播。而微博相对于传统的热线电话和短信互动，显得更加方便快捷、费用低廉。

如广东佛山电台就成功利用微博实现广播新闻的互动报道，取得了良好的社会效果。2012 年 4 月 4 日，市民莫先生 9 岁的儿子失踪 20 多个小时。下午 1 点 20 分，他通过热线电话向佛山电台 924 频率求助。该台从下午 1 点半开始，每隔半个小时播发一次寻人启事，主持人阿 KEN 除了在自己的微博上发消息，还

---

① 李旦. 台网融合：深层推进全媒体化. 中国广播电视学刊，2012（1）.

② 李静. 全媒体环境下的广播发展之道. 中国广播电视学刊，2011（1）.

③ 申启武，吕芳敏. 广播新闻：多元化革新与全方位突破. 中国广播电视学刊，2012（1）.

通过电台官方微博发出寻人启事，一个小时内被转发超过360次。不到2小时，莫先生在微博网友的报料协助下找到儿子。而事件发生的过程中，该台的广播新闻实行了行进式的报道。通过广播与微博的互动，大众传播结合人际传播达到了几何式的增长效果。

同时，一个更为广阔的传播平台在广播与微博的融合中产生。新浪微博在2011年5月推出了可在微博上收听广播的新应用——微电台。截至11月24日，新浪微博微电台已有10个全国性电台和260个地区性电台入驻，3 000多个主持人，5 000多档电台栏目，关注的人数超过50万。[①] 12月7日，微电台改版升级，实现了PC、MAC、iPad、iPhone、Android全平台流畅播放。听众在收听微电台的同时，还可以在微电台的页面上参与节目互动、浏览其他网页，广播的伴随性特征在网上得到了体现。听众可以通过计算机、手机以及其他网络终端在同一个界面上选择上百个电台的节目，打破了广播频率的限制。而广播电台既宣传了自己，扩大了收听范围，也给听众提供了最及时的信息来源。

微电台将传统广播的内容特点与新媒体的传播特点完美嫁接起来，在突发事件的报道中，优势明显。以去年“7·23”甬温线特大动车事故为例，2011年7月23日晚，事故发生后，微电台官方微博第一时间发布：“请各位网友注意：@浙江交通之声将会带来最前方的报道，请各位网友关注。如果有前方最新消息，请@微电台，我们将第一时间将您的消息转发出来，FM93交通之声记者蒋捷将会在前方给出第一时间的详尽报道。”随后，浙江交通之声进行特别直播，并不断在微博上发布最新消息，众多网友第一时间通过微电台收听，获得最新资讯。[②] 微电台官方微博在此次特大事故中，转发或发布多方电台最新消息，呼吁网友收听。微电台使网友迅速了解事故抢救情况，突破了地域的界限，同时也打破了传统广播只通过声音传播的弱势，通过微博文字、图片，让受众更直接地了解新闻事件的进展，还能通过转发微博传递信息、表达心情，这种与传统广播不同的播出方式和使用体验，让广播新闻有了新的内涵。

四、广播新闻研究须与时俱进

广播新闻的三次革命由表及里，由里到外，从微观操作到宏观战略涉及广播发展的几乎所有领域，这都需要理论研究的有力支持。“新世纪的头十年，是中国广播研究得以繁荣发展的十年。这一时期，得益于中国经济社会快速发展、整

① 微电台官方微博调频上线数据.（2011－11－24）［2011－11－27］. http：//weibo. com/zt/s？k = 12216.

② 赵敏，杜淑霞. 微电台：全媒体时代广播的创新传播. 中国广播电视学刊，2012（3）.

体学术研究走向成熟以及广播行业的繁荣复苏的良好势头，中国广播研究较前一时期变得更为成熟，研究的热度也有所提高。这一时期不但涌现出了大量颇有创建的学术论文，研究专著还出现了猛增的发展态势，将广播学及其学科体系建设向前更加推进了一步。"[①] 笔者对申启武教授这一基本判断还是有些存疑。诚然，从历时性维度来看，这10年的广播研究有了长足的进步。但从共时性维度来看，这一时期的广播研究与电视研究相比，差距还是很大的。更何况电视的研究水平也不高。

笔者在中国知网中选取2001—2011年为时限，以"广播新闻"为关键词检索到1 275篇论文，其中核心期刊论文165篇；以"电视新闻"为关键词检索到9 581篇论文，其中核心期刊论文2 008篇。广播新闻论文分别为电视新闻的13.3%和8.2%，说明广播新闻研究约为电视新闻研究的1/10，不仅研究数量少而且研究层次也较低。即使在核心期刊发表的广播新闻论文大多数也是经验性描述的业务讨论，学理性较强的论文很少，相比广播其他方面的研究也显得较弱。广播新闻研究中存在两个主要问题，一是从广播研究的文章来看，广播研究人员多以业界管理者和从业人员为主，学界对于广播新闻的研究的热情不高；二是广播"研究方法单一化与研究层次浅近化"[②]。广播新闻研究通常是在广播新闻实践发展之后才对某一问题进行描述、归纳，提出意见、建议，很少有研究是对实践具有前瞻性指导意义的。

不过，这一时期的中国广播新闻研究除了延续以前的广播新闻采写、广播新闻形式等研究，也依据新的技术引进以及媒体竞争格局而对广播新闻的发展与变化展开新的研究，在广播新闻基础理论研究上增加了广播新闻频率专业化、广播新闻形式创新、广播新闻的人文性和服务性以及特定广播新闻节目的研究。随着大众传媒的受众意识增强，结合社会功能和媒体责任对广播新闻进行分析的理论研究颇多，特别是针对其人文性和服务性的研究。广播新闻节目既是面向听众提供信息传播的平台，又是决定广播新闻影响力的关键因素。广播新闻节目研究主要聚焦于某类收听率高、影响力大的节目研究上，特别是中央人民广播电台的中国之声。但针对地方台广播新闻如何在贴近性上做好文章的研究还比较弱。

手机等移动网络终端的出现，让广播新闻的生产与播出实现流程再造。但这种基于网络的移动广播也面临一些困惑："在媒介融合背景下，以音频、视频、图片、文字等多种形式出现的网络广播，模糊了传统广播的媒介特征，很大程度丧失了广播的媒介优势，加上网络广播的节目内容大部分是对传统广播节目的机

---

① 申启武．中国广播研究90年．广州：暨南大学出版社，2010.185.

② 申启武．中国广播研究90年．广州：暨南大学出版社，2010.215.

械复制外加文字、图片等形式，内容聚合力不够、影响力不强，网络广播受众呈现出碎片化特征，受众力量相当弱化。”① 因此，除非把受众行为研究透了，否则广播新闻不可能找到有效的传播渠道，广播新闻的传播力和影响力也无法增强。

伴随着全球一体化进程，社会生产和消费需求乃至价值观念越来越多元化，社会分工越来越细，这也使分众化的趋势加剧；一个自主性、分群化的社会已现雏形，信息传播也进入了非群体化传播时代。在非群体化传播时代，多元化、开放性的信息传播使得受众的选择余地越来越大，受者依据个人的需求和喜好，在选择媒体方面有了更多的空间。在这一大环境下，广播新闻的受众发生了哪些变化？现在是谁在听广播？无论是广播从业者还是学者都对此进行了分析研究。业界人士认为，细分听众市场要做到：一是弄清楚谁在听广播；二是必须研究不同时段的收听需求；三是必须弄清楚不同人群的收听需求。② 目前，广播的受众人群出现了新变化，“一是选择性收听。这类听众人群的忠诚度不高，其获取信息和消费的主要途径也非广播一种，还有其他渠道，只是因为对某个电台、某个节目或者某个主持人的节目感兴趣而收听。二是伴随式收听。这类听众把广播作为自己生活的一部分，他们不但从广播获取信息，还从广播得到娱乐和享受。三是移动收听。这是汽车产业发展给广播带来的新的增长点”③。还有学者指出广播新闻除了要重视听众细分外，更要重视“用户体验”。数字新媒体技术的最大特点在于传播方式的多样化和传播权利的分散化。广播媒体在这方面应该大有文章可做，充分利用新媒体技术开展与受众的互动交流，开发播客式的受众互动传播平台。④ 当今，广播新闻节目一方面朝着“全球性、大容量、快节奏、立体化”的方向发展；另一方面，广播符号的运用由口播语言向现场音响、音乐方向转化。申启武教授把广播新闻节目形态发展的特点总结为“三化”：碎片化、互动化、多元化。“广播新闻节目形态的演变与发展是一个从单一走向多样、从板滞走向灵动的过程，同时也是在适应广播媒介特性和传播规律以及满足听众的收听需求的基础上有序地进行着。”⑤

30 多年来，我国广播新闻经历三次革命，广播新闻从节目创新、机制创新转向终端制胜，不仅需要挑战体制束缚的勇气，更需要科学的决策、改革的智

---

① 申启武，褚俊杰．媒介融合背景下广播的发展趋势．传媒，2011（6）．

② 潘永汉，赵晖．谁在听　听什么　听下去——新媒介环境中对广播“三要素”的再认识．中国广播，2010（1）．

③ 刘宜民．全媒体时代传统媒体的核心竞争力．中国广播电视学刊，2011（1）．

④ 秦永志．多媒体时代的广播受众特点研究．新闻传播，2010（5）．

⑤ 申启武．改革开放30年广播新闻节目形态的演变与发展．现代传播，2008（2）：78．

慧。在日益激烈的媒体竞争中，广播新闻面临更严峻的考验。诚然，媒介融合给广播带来的不仅仅是挑战，也是机遇。媒介融合带来了媒介从内容到终端的全方位变革，并由此派生出一系列广播新理论、新模式、新产品以及全新的营销策略。终端制胜，新媒体时代，广播只有谋求融合化生存，改变落后的生产和商业模式，广播新闻才能在日益激烈的媒介竞争中占得一席之地。

第八章　传播模式与媒介融合

新技术新媒介的不断产生推动了电视传播的改革与创新，从图像演进到制播方式，从传播技术到传播模式，相关研究可以从历时性、应用性和学理性三个维度推进，还可以移植自然科学的相关原理来研究电视传播模式，进而提出传播的裂变理论。在新媒体语境下，电视传播有两个重要的变化：一是内容生产主体的变化，二是新闻传播中的失真和失范。本章对拍客这一民间影像进行了全面梳理和深入研究，还对媒介融合中的假新闻进行对策性研究，提出防治的意见和措施。

第一节　图像流变与现场直播

科学技术之于媒体的重要作用毋庸置疑，不少传播学大师多有论述，如哈罗德·英尼斯（1894—1952）、马歇尔·麦克卢汉（1911—1980）等，更有人把麦氏理论称为“技术决定论”。著名的媒体文化研究者和批评家尼尔·波兹曼（1931—2003）出版了《娱乐至死》、《技术垄断》、《如何看电视》等20余部著作，人们把他的学说称为“技术悲观论”。他的学生保罗·莱文森也是一位有名的传播学者，著有《思想无羁》、《数字麦克卢汉》、《手机：挡不住的呼唤》等。然而，他与自己老师的观点却截然相反，他认为媒介技术的进步可以给人类带来福音，因此人们称之为“技术乐观论”。决定与否，悲观也罢，乐观也行，科学技术的发展给媒体带来的作用和影响与日俱增，尤其是电视这一大众传媒，有人甚至把电视称为技术媒体。“我们目睹着一次次的‘技术事件’造就了新的电视理念，从而深刻影响着电视发展进程。技术的支持成为电视发展的强大外力，同时技术的发展与创新也深刻改变着电视观念和观众需求，改变着电视传播与接受的旧有规律。”① 信息技术对于电视传播的影响主要体现在图像的构成上，对于电视新闻的影响则体现在现场直播。

① 孙玉胜. 十年——从改变电视的语态开始. 北京：三联书店，2003.

一、影像·拟像·视像——电视的图像流变

要研究影视图像的演变，先要搞清楚什么叫图像。图像是画成、摄制、印制、生成或传播的画面。从构词方式来看，图像包含“图”和“像”两个部分，即图形和形象（古代与“像”通用）。图像对应的英文是：image，picture。《新华汉语词典》将图像解释为“画成、拍摄成或印刷成的画面”。图像是一个涵盖影像、拟像和视像的概念。在电视出现之前，我们把拍摄制作的图像称为影像，它包括静止影像的摄影和运动影像的电影。由此形成电影影像的语法，如苏联谢尔盖·爱森斯坦创立的蒙太奇理论、法国安德烈·巴赞提出的长镜头理论。电视图像的演变经历了三个阶段：

1. 传统电视——影像

从构词来看，影像包含“影”和“像”两个部分。影像是图像的一部分，但是在概念上更侧重于“影”字。影像在英文中对应的单词是image，关于该词，《牛津英语百科全书》将其定义为光线通过镜子反射、镜头折射或辐射等产生的物体的光学形象。影像是物体通过光学装置呈现出来的物体的形象。电子技术发明之后便应用于影像，影像又增加了电子装置。影像是图像在电子技术阶段的视觉表现形式。电子装置成了电子技术阶段一个必不可少的因素，它控制着进入光学装置即镜头光线的多少。电子技术阶段的“影像”，意指真实世界中的事物，通过光的反射作用，在摄像管显影成像。影像的内涵是“物质世界复原”，在光的反射作用下，现实物质世界的显像。对物质世界的复原，不仅包括复原画面，还包括复原声音。电视摄像与电影摄影有什么不同呢？从图像构成的角度来看并没有本质的区别，但从视听传播的角度来看却有所不同，电视摄像是用磁带来录像的，磁带不仅可以录影而且可以同步录音，因此利于同期声和长镜头的运用。长镜头和同期声增强了电视影像的纪实性，于是出现了被誉为中国纪录片的里程碑的《望长城》（1991年）和“讲述老百姓自己的故事”的纪录片栏目《生活空间》（1995年）。

影像的特性是纪实性、时效性、直接性、逼真性。这些特性还构成了影像语法。出镜记者在现场采访并进行播报的报道形式，是最能体现电视新闻报道优势的报道形式之一。现场感增强真实感，对象感增强贴近性。美国密苏里大学在百年庆典之时，特邀齐鲁电视台台长闫爱华参加庆典并作主题演讲。这源于Breakingnews（即插即播）令齐鲁电视台声名大振。北京奥运开幕式吸引了CCTV、NBC、BBC等各大电视媒体，共同打造了一场视觉盛宴。

从符号学角度来看，影像是能指和所指的二元对立。影像的功能：“科技的

发展使用声画影像去呈现现实的能力越来越强，然而，电视‘直播’强劲的意识形态，不是表现为愈益‘客观’地再现‘真实’，而是重新塑造和构建‘现实’。”电视的影像功能不是简单机械的复制现实，而是再现和再造时空，重构现实。纪录片《故宫》大量采用延时摄影、搬演、三维动画等以达到“真实再现”。

2. 数字电视——拟像

拟像（Simmulacrum），又译“类像”和“仿像”。从构词来看，拟像是指虚拟的图像。最初提出仿拟和拟像理论的是后现代美学家鲍德里亚。在鲍德里亚看来，拟像就是没有原来的可以复制的形象，它没有模仿的特定所指，纯然是一个自我指涉的自我符号世界。在一个虚拟的世界里，再现和再现物直接的差异无法确认，拟像反倒成了现实。“‘现实’和‘影像’之间的关系发生了逆转，不是前者决定后者，而是后者决定前者。”这里的影像是指“拟像”。虚拟可划分为三个层次：第一层次是现实的虚拟，即模拟；第二层次是可能性的虚拟，它与现实性有相关性，但又是对现实性的某种超越；第三层次是与现实背离的虚拟。

拟像指的是随着电脑技术的兴起，计算机大量复制、极度真实而又没有客观来源、没有任何所指的影像。没有客观来源、没有任何所指的拟像包括数字动画和数字合成的影像。这两种影像在英文中称为CG（Computer Graphic）。它颠覆了影像是拍摄出来的传统理念——影像不再是被摄物自身的反光，而是来自计算机内部的数据运算。数字技术的应用不仅涵盖了电视节目制作的整个系统和过程，而且充分体现在视觉传达中。拟像最早应用于电影。拟像在我国应用得最早的是动画片和游戏。当今动画和数字合成影像已广泛用于从纪录片、电视剧到新闻节目等各种类型的电视节目中。

为弥补纪实电视叙事断点的隐性拍摄和“情景再现”也引起过不少争议，现在仿真度更高的拟像似乎让我们找到另一种补救方法。中国测绘科学研究院为中央电视台《抗震救灾　众志成城》大型直播节目提供了大量灾区三维模拟地图，让观众对灾区地形有一个全面直观的了解。台湾地区电视运用“动漫”语言形式技巧在化解电视新闻中“空镜头多、重复镜头多、虚假扮演镜头多、准确叙事镜头少”的“三多一少”难题方面取得了显著成果。拟像与影像可以结合起来运用，如《故宫》片头图像就是3D拟像和实景影像的完美结合，而《圆明园》则用虚拟影像复活了一座旷世的皇家园林。拟像是一个图像生产的概念，即应用计算机完成图像的视觉传达功能。拟像的特性有三：一是时空超越，二是影像奇观，三是超真实性。

3. 网络电视——视像

网络视频主要通过三种终端显示，即个人电脑、带机顶盒的电视机和3G手机。视频是一个侧重于物理特性的概念，而视像是一个视觉传播的概念。视像是指与现代电子光学技术密切相关、随着网络传播媒介发展起来，以互联网络为主要传播方式，主要作用于人们的视觉与听觉器官的图像艺术。2009 年 12 月 28 日，中央电视台正式启动中国网络电视台（CNTV）。然而，它还不是真正意义的视像，只是电视影像的网络播出版。

截至 2011 年 7 月 25 日，中国手机用户数达到 9.2 亿，手机视频用户数超过 3 500 万。北京奥运期间，新浪推出《走进奥运英雄家》视频栏目，200 多位网友拍客奔赴全国各地，为网民带回了奥运冠军及著名运动员家乡的逾 40 段独家内容和近 500 段原创视频。同时推出"我为奥运狂——拍客大赛、原创大赛"，组织 30 多家视频制作机构制作了 300 多段奥运视频。视像的功能就是用户生成内容（UGC）。视像的特性有三：一是互动性，二是碎片化，三是聚合化。

网络视频、监控录像在电视节目中的运用都可叫视像。据报道，伦敦拥有 400 万个监控摄像头。小悦悦被汽车碾压的那一段监控视像使人们心中的国家形象降到了最低点，无处不在的现场录像有时会显现出无法估量的传播力。

毫无疑问，长期以来一个巨大的鸿沟一直存在于观众和艺术家之间。以陈凯歌导演的《无极》为例，要理解这部充满了隐喻的作品，观众必须熟悉德国诗剧（《浮士德》）、希腊悲剧（《俄狄浦斯王》）、莎士比亚悲剧（《蜘蛛巢城》，脱胎于《李尔王》）以及美国动画片。而要看懂《一个馒头引发的血案》，需要的仅仅是简单生活经验和一点点幽默感。看完《一个馒头引发的血案》后引发想看《无极》原片的人，恐怕要比看了影评和预告片以后决定去看的人多得多——因为想看看究竟有多搞笑。近年来，视像还成就了网络营销的微电影。

两个流浪歌手自弹自唱的手机视频通过网络一夜之间走红，不仅让"旭日阳刚"走上春晚，也让网络视频走进了"春天里"，而《老男孩》则掀起了网络自制剧的热潮。这部 2010 年 10 月 28 日上线的网络短片，截至 11 月 22 日，仅在优酷官网播放次数就已近 1 600 万次。《老男孩》为何走红？其制作并不精良，画面也一般，两个男主角的长相也让人不敢恭维。其实网络上的内容，不在乎你是不是精品，不在乎你是否制作精良，而在乎你是否与网民心息相通，在乎你是否能引发共鸣。

当代电视图像观可以概括如下：

（1）媒介融合下的图像合成，它应该是多个编码系统的生成和组合。

（2）不断演变的电子图像。变化主要涉及三个方面：①媒介技术创新传播理念；②改变着传者与受众的关系；③改变着受众的审美体验。

（3）电视图像的双重作用，人类传播技术的发展可以影响图像的演变，而这种图像反过来也造就了人类的新文化、新文明。预计未来几年，中国视频产业市场规模将过百亿（相当于时下中国电影的市场规模），网络视频正成为一种传媒新业态。

二、电视直播

技术对于电视的影响莫过于制播方式的改变，尤其体现在电视直播上，时效性和现场感已成为在当今激烈的新闻竞争中电视新闻报道的“独门暗器”。要深入讨论电视直播，先要了解电视制播的一些基础知识和基本概念。最早的电视节目都是直播的，随着制作技术和传播技术的发展，现在形成了以下四种主要的电视节目制播方式：

（1）电子新闻采集（Electronic News Gathering，ENG）。它是一种经前期采集，后期编辑然后播出的一种制播方式。

（2）演播室制作（Electronic Studio Production，ESP）。它是在演播室里即摄即编的制作方式，可直播也可录播。

（3）电视现场制作（Electronic Field Production，EFP）。它是电视转播车开赴现场采编节目的一种方式。

（4）卫星新闻采集（Satellite News Gather，SNG）。它往往采用DSNG（移动式数字卫星传送系统）来进行现场直播信号的传送。

目前所说的直播主要有两种，一种是播出的直播，预先制作，然后在播出端实现编播合一的同步播出；另一种是现场直播，在新闻现场完成制播同步的播出。

现场直播是指在现场随着事件的发生、发展进程同时制作和播出电视节目的一种制播方式。现场直播是最能体现、发挥电视传播特点和优势的新闻报道形式。电视信号的传送方式由微波传送到光纤传送，再到卫星传送。信号传输距离越长质量越好，但现场直播方式主要还是有三种：第一种是现场实况转播：画面+解说，多用于体育节目和文艺晚会的直播；第二种叫现场直播报道：在直播中加入现场报道，多用于重大新闻事件的现场直播；第三种叫准直播或假直播：虽然以直播形式制作，但不同步播出，而是选择较合适的时机播出。这里有个相近概念较易混淆，即现场报道与现场直播报道，两者的区别就在于是否制播同步。

现场直播都使用电视转播车，实际上相当于一个移动的小型电视台，它的主要设备包括编辑系统、摄像系统、信号传输系统、通话系统等。当今电视转播车已进入多讯道全数字高清电视转播车时代，目前在我国购置、使用小型移动直播设备的地市台越来越多。将现场直播引入新闻报道，并逐步实现常态化正成为一种趋势。齐鲁电视台研发的“天骥”全网直播系统很符合记者单兵作战的报道方式，在重大突发事件下记者携带一台装备“天骥”的摄像机，即可深入新闻事件的第一现场并发回实时报道。从电视新闻的角度，我们可以分为两类电视新闻直播报道：一类叫仪式性电视新闻直播报道，一类叫事件性电视新闻直播报道。中国是世界上电视转播车最多的国家之一，但大多数是在做仪式性直播报道，事件性直播很少，突发性事件直播更少，这是极大的浪费和无奈的讽刺。

中国电视的现场直播始于1997年，当年中央电视台策划组织了以下几场重大新闻事件的现场直播：

（1）1997年香港回归特别报道；

（2）三峡工程大江截流特别报道；

（3）黄河小浪底水利枢纽工程截流合龙现场直播；

（4）日全食——彗星天象奇观现场直播；

（5）中、俄、哈、吉、塔五国边境裁军协定签字仪式现场直播；

（6）第8届全运会现场直播。

1997年，中央电视台连续72小时直播香港回归。政权交接和解放军进驻香港是直播的重头戏。以下是香港回归现场直播的总体技术系统图：

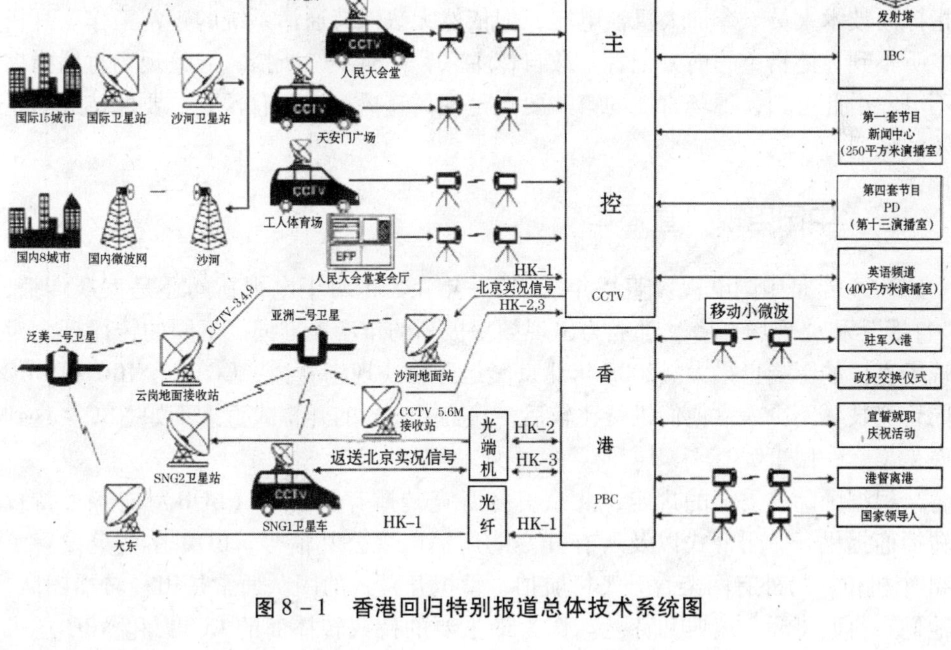

图8－1　香港回归特别报道总体技术系统图

然而，当时对于现场直播，中国电视还没有准备好。当面对香港回归这一举世瞩目的重大新闻事件时，我们的现场直播的运用就如同一个还在学步的小孩开始奔跑。于是出现不少问题，一是直播时间安排缺少弹性、缺少预案，加上中央电视台对当地情况不熟悉，表现不尽如人意。央视的直播方案是根据经过中英双方协商的政权交接程序制订的，受各种因素影响，计划赶不上变化。按照原定计划，在完成政权交接之后，英方政要乘坐英国皇家军舰返回英国，从此告别大英帝国在香港的殖民统治。原定给中央电视台记者现场报道时间只有10分钟，然而在这一结束英国百年统治的历史时刻，英国侨民及亲英民众一拨又一拨地赶来送行，他们相互拥抱、挥泪惜别。10分钟早已过去，画面尚未结束，导播不能切出去，而央视记者准备的现场报道词早已说完，慌乱中直呼："啊，又来一拨人，不知什么人?"这便闹笑话了，现场直播有这样说的吗？明摆着是案头功课未做好，播出也缺乏经验缺少预案。二是注重画面切换和连线，而忽略通话系统的保持畅通。由于香港回归的报道事关重大，前方记者的报道都是严格审定限时的。当时钟转到1997年7月1日凌晨，按照中英谈判协商的程序，中国人民解放军此时由深圳进入香港。然而，此刻天公不作美，下起了大雨，雷电交加，航摄的直升飞机强行起飞又被迫返航，俗话说，养兵千日，用兵一时，肩负航摄重任的记者当时就抱着摄像机痛哭起来。雷电暴雨也让导播与前方的通信中断，总指挥向技术人员下令加大机器电压，但依然无法保持通话系统的正常工作。耳机中听不到导播指令的前方记者不敢自作主张，一时不知所措，导致现场直播指挥不灵。由此可知，现场直播的第一要点是现场直播报道要有预案，要保持通信系统的畅通。

三、中国电视"直播年"

2008年是中国电视"直播年"。这一年，无论对于电视新闻还是大众传播，"直播"和"现场直播"都成为出现频率极高的年度关键词。不同的传播理念对现场直播的影响也很大。2008年北京奥运开幕式现场直播，CCTV、NBC和BBC同台竞技，不少人拿他们进行比较后，认为CCTV的开幕式直播不如NBC。这到底是怎么一回事呢?

根据国际奥委会的规定，北京奥林匹克转播有限公司（BOB）向各个持权转播商提供开、闭幕式以及所有开赛的广播电视公共信号。BOB在鸟巢设置了48个机位，另外有两架直升飞机航拍，承担开幕式的团队通常是田径转播团队，他们来自西班牙、瑞典和芬兰。作为最主要的持权转播商的CCTV和NBC还可以单独设置机位。CCTV和NBC进入鸟巢的机位不超过10个，而且都是一些补充位置。NBC 注重赛前气氛的烘托，CCTV 则更注重政治上的表现。CCTV 是直播，NBC 是录播，显然录播可以从容编辑和加工，效果会更好一些。加上网络上精彩片断的截图，让许多人认为 NBC 的剪辑非常完美。为什么作为最大转播商的 NBC 不作直播呢？因为北京奥运开幕的时间正值美国的白天，NBC 以 10 亿美元买断北美地区独家转播权（9 亿转播费，1 亿制作费），因此它必须选择晚间黄金时间播出才能获得良好的广告收益。为了提高收视率，NBC 的奥运开幕式是延后 12 小时播出的录播版，NBC 有 2.14 亿美国观众完整或部分收看了奥运会。除了电视收视率以外，截至 9 月 23 日，NBC 网页浏览量达到 12 亿，视频流量达到 7 200 万。NBC 主管表示转播奥运赢利超过 1 亿美元。

我们再来比较一下 CCTV 与 NBC 北京奥运开幕式转播。[①] 就开幕式内容而言，NBC 录播比 CCTV 直播的时间短了近 70 分钟。但 NBC 在背景内容和广告时间上比 CCTV 多了 57 分钟 30 秒。删节尽管对表现开幕式过程的完整性不利，但是由此带来的节奏感的提高却有利于发挥电视的动感特征与体育运动的节奏感相契合的作用。

表 8－1 CCTV 与 NBC 奥运开幕式转播时间比较

<table>
<tr><td colspan="3">电视台</td><td>CCTV</td><td>NBC</td></tr>
<tr><td colspan="3">节目总长度</td><td>约 4 小时 21 分</td><td>约 4 小时 3 分</td></tr>
<tr><td rowspan="6">节目结构</td><td rowspan="3">开幕式内容</td><td>文化展示</td><td>约 1 小时 21 分</td><td>约 59 分</td></tr>
<tr><td>代表团入场</td><td>约 2 小时 6 分</td><td>约 1 小时 44 分 30 秒</td></tr>
<tr><td>奥林匹克仪式</td><td>约 52 分 50 秒</td><td>约 22 分</td></tr>
<tr><td rowspan="3">背景内容等</td><td>现场采访</td><td>无</td><td>约 12 分 20 秒</td></tr>
<tr><td>广告时间</td><td>无</td><td>35 分（21 次）</td></tr>
<tr><td>短片</td><td>无</td><td>约 10 分 10 秒</td></tr>
</table>

① 张咏华，刘鑫．在比较性思维下阅读开幕式文本．对外传播，2008（9）．

表8－2 镜头语言比较：以《歌唱祖国》为例

	CCTV	NBC
分镜头数	20	22
拍摄方法	以表演者侧左面仰拍全景开始，随后镜头逐步推近，从正面、右侧面和背面对其进行多角度拍摄	采用了一个鸟巢上空的俯拍远景，《歌唱祖国》的旋律以画外音的形式出现
解构	营造一种对祖国敬仰、崇敬的态度，与节目庄重、肃穆的主题相吻合	通过运用声画分离的手法，更好地调动声音的时空和情感穿透力

表8－3 主持与播报比较

	CCTV	NBC
主持人	有体育或播音专业背景	有奥运实践和中国文化背景
播报	画面解说	画面解说＋现场报道
内容	现场直播的解说	现场解说和背景介绍

由此可知现场直播的第二个要点：现场直播的机位选择和时机选择直接影响节目的质量与传播效果。

2009年10月1日上午在大安门广场举行国庆60周年阅兵，为此中央电视台不仅同时进行电视高清和网络电视的现场直播，还投入了很大的直播制作力量，中央电视台国庆直播团队近千人，前方共有6大系统，57个机位，包括：

A系统是一辆16讯道的高清转播车，主要拍摄阅兵式和群众游行及联欢晚会；

B系统采用一辆8讯道的高清转播车，主要拍摄国家领导人及观礼嘉宾的活动；

C系统是一辆12讯道的高清转播车，拍摄国庆升旗仪式以及组字背景表演；

D系统位于东长安街沿线，主要拍摄阅兵方队；

E系统设置了10多个机位，覆盖天安门核心区，全力聚焦阅兵式制高点，包括直升机航拍系统；

F系统安排了4个高点机位，分别从北京东、西、南、北四个方向进行拍摄（见图8－2）。

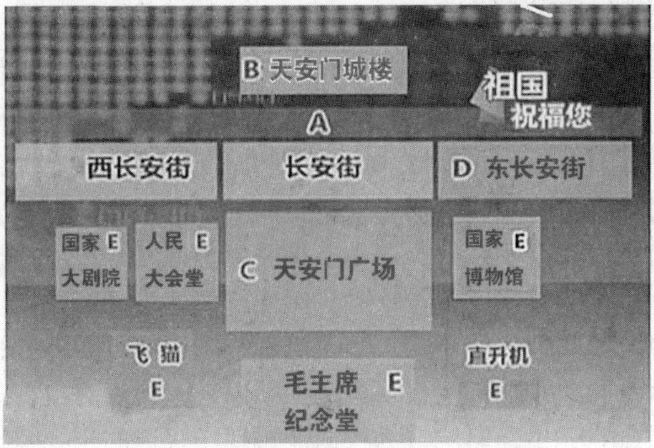

图 8－2　国庆直播系统分布示意图

此外，国庆 60 周年阅兵式直播使用了两套“飞猫”（高空悬挂滑轨摄像机系统）。跟踪拍摄主体可至千米以上，时速可达 120 千米，镜头可旋转 360 度。用“飞猫”可以匀速移动俯拍整齐划一的阅兵方队，让阅兵场面更加壮观。

现场直播也是集成新技术、运用新手段的一种报道方式。在“神舟六号”的电视直播中，航天员不仅参与太空直播的任务，导播把航天员的家人请到控制中心现场，让地球上的妻子与太空中的丈夫通话，让女儿给太空中的父亲唱起感人的生日歌，遥控遥感技术让电视直播实现了“天地传情”。在“神舟七号”的直播中又有创新，航天员舱外行走的图片由安装在舱外的两部舱外摄像机完成。还发射了一颗伴飞小卫星，它上面的摄像头能在 4 米至 2 千米之内拍到飞船的清晰图片。由此可知现场直播的第三个要点：媒介技术应用是电视直播节目发展与创新的重要因素。

讲到这里，笔者曾在课堂提问学生：你们认为现场直播最大的魅力是什么？有人说是现场，有人说是即时。我说虽然这些都很重要，但并非直播的魅力所在。我们都知道足球是世界第一大体育比赛，为什么有那么多人喜欢看足球呢？除了观赏性之外，其魅力就在于观众永远不知道下一分钟会发生什么，这就是悬念！“不可预知”是足球比赛也是现场直播的魅力所在。对于不可预知的突发性事件，不少属于危机事件，大致可分天灾和人祸两类，前者如 SARS 报道，还老百姓以知情权；后者如别斯兰人质事件，此类危机事件有多大的直播空间呢？

四、现场直播的突破

2004 年 9 月 1 日上午 9 时 30 分左右，一伙头戴面罩、身份不明的武装分子突然闯入俄罗斯南部北奥塞梯共和国别斯兰市第一中学，将刚参加完新学期开学典礼的大部分学生、家长和教师赶进学校体育馆劫为人质，并在体育馆中及周围安放了爆炸物。俄罗斯军方包围学校3天，试图解救被围困的平民，事件在9月3日结束，但导致326名人质死亡，成为俄罗斯最严重的恐怖主义袭击事件。凤凰卫视是唯一对此事进行全程现场直播报道的华语电视媒体。其实从技术层面来看，这个现场直播做得并不算好，基本上是凤凰卫视常驻俄罗斯记者卢宇光一人在前方的报道，机位和画面都比较单一。然而，那些被劫持的人质能否被解救出来这一巨大的悬念紧紧地抓住观众，当时笔者连吃饭都盯着电视机，关注着危机事件的处理，牵挂着孩子们的生命安全。长期以来，我们对电视现场直播首先考虑的是宣传效果，有无负面影响成为权衡能否现场直播的主要依据。俄罗斯政府对境外媒体的报道采取开放的态度，这到底是利大还是弊大呢？弊：人质营救的失败暴露了俄罗斯国家机器的低效与无能，有可能影响普京政府的形象与威信；利：向世界特别是西方揭示了恐怖分子的凶残，在此之前西方国家支持车臣分裂分子的民族自治。然而，别斯兰事件告诉世人，他们其实是跟“9·11”劫机分子一样的恐怖分子，应该是全世界共同打击的目标。从俄罗斯的反恐大局来看，其对境外媒体持开放态度是利大于弊。别斯兰人质营救行动虽然失败，但俄罗斯赢得了西方舆论的支持。

目前，我国电视新闻现场直播仍然沉迷于政绩工程的宣传之中，大量电视新闻现场直播都成为预先编制好的新闻报道“现场秀”和媒体炫耀自己技术力量的“直播秀”。

当今，“直播常态化”已经成为中国电视新闻界的共识，我们要正确理解直播常态化，不是凡事都做直播，而是要经常做直播。广州电视台新闻频道的《直播广州》是广州亚运催生的一档直播节目，尔后他们提出集全台采编力量打造一个直播频道。问题是会不会由此造成内容注水？直播就一定能提升新闻的影响力吗？目前我国电视新闻现场直播发展面临各种困难：一是电视直播资源不足，对此，中央电视台和地方电视台建立了直播联盟，这一突发事件的媒体联动平台实现了直播题材的资源共享；二是直播报道浅层化，由于直播报道须依托一个现场进行，强调现在发生现在看，很难进行多层次、展开式的报道，因而有人讥讽“卫星车现场报道”是“浅度报道”。形成这一瓶颈的根本原因还在于新闻管制方面，电视新闻的直播状态使得管理层难以即时对新闻内容进行监管审查，因此在应对突发事件新闻时需要迅速进行预见性定位，该不该直播？如何直播？电视新闻生产的管理者和决策者必须制定直播应急管理方案，确定突发事件的媒体响应原则，并对电视新闻直播进行风险评估和风险管理。同时，如何在报道中做得更到位，如何让观众迅速了解事情真相，不仅是对前方记者的考验，也需后方团队的支持。我国电视现场直播创新发展要从理念创新开始，由凸显现场转向强调过程。由此可知现场直播的第四个要点：电视新闻现场直播需要风险评估、新闻策划和风险管理。

综上所述，笔者归纳出现场直播的若干要点：现场直播的系统保障、机位选择、播出时机和技术应用都很重要，同时，现场直播要有策划与预案，要有风险评估与管理。而这些都取决于现场直播所置身的社会环境和政治生态。我国电视新闻现场直播发展需从制度、观念、机制和技术四个方面实现突破和创新。展望未来，我们期待中国电视新闻报道能够真正全面地进入“现在进行时”。传统电视新闻直播正走向全媒体视频新闻直播，然而，新闻直播的流程再造不只是注重技术操作层面，更重要的是注重新闻理念层面。抓取事件性新闻，坚持突发事件优先，应该是我国电视新闻直播发展的主攻方向。

第二节 传播模式与传播裂变

电视是一种大众媒体，电视传播自然就属于大众传播。在传媒走向市场化的情况下，收视率成了衡量电视节目传播效果的重要指标——收视率高似乎说明某个电视节目具有较强的传播力。然而，近年来出现了一些奇怪的传播现象：有些电视节目收视率并不高，却出现不可思议的传播力，甚至产生轰动效应。这是否意味着电视传播发生了某些变化？是否可以这样大胆假设：在特定的环境和条件下，电视以外的传播力可以大于电视本身的传播力？下面我们不妨求证一下。

一、电视传播的裂变现象

我们说的电视传播通常是指对于电视节目（信息或内容）的传播，它是一个“传播者（电视节目）—信息—接收者（观众）”的传播过程。在这一过程中，除了大众传播之外还存在一种重要的传播方式——人际传播。1955 年卡茨和拉扎斯菲尔德提出的两级传播模式描述了这样一种传播现象（见图 8－3）。

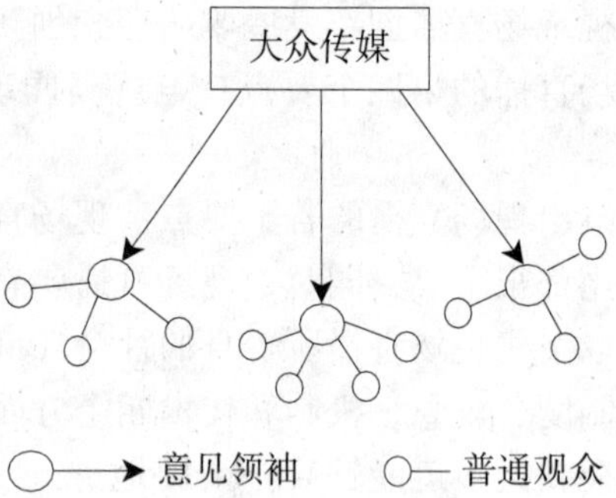

图8－3　两级传播模式

那么，人际传播的影响是否有可能大于大众传播的直接影响呢？研究结果表明："人际影响超过大众媒体影响的看法更加被接受。……这里涉及两个过程：其一是接收与关注的过程，其二是回应过程（以对影响或信息企图的接受或拒绝之形式而出现）。接收并不等于反应，不接收亦不等于无反应（因为还有在人际接触中的第二次接收）。"① 由此可见，电视外的传播力完全有可能大于电视内的传播力。同时，在两级传播模式中，意见领袖扮演着重要的角色，起到转换传播方式和加强传播信息的作用。问题是如何让意见领袖发挥这一作用呢？两级传播模式没有解释这一问题。

中央电视台《百家讲坛》创办于2001年，当时的定位是走"文化品位、科学品质、教育品格"的路子，观众群定位在受教育程度较高的知识阶层，主讲人选圈定全国最好的学者、教授，在选题上则是囊括百家，从自然科学、人文科学到饮食起居、养生保健，都在选题之列。然而，栏目却叫好不叫座，收视率一直居于频道后列。由此可见，尽管传播者名气很大，但传播力不一定很强。

有什么办法可提高《百家讲坛》的收视率、增强其传播力呢？1963年，德国学者马莱茨克提出的大众传播场模式有助于解决这一问题。他认为对于传播者而言，有两个十分重要的因变量可以构成传播者的传播行为，即传播者对其传递内容的选择以及传播者制作信息的方法。两级传播模式解决了"谁在说"的问题，而大众传播场模式则解决了"说什么"和"怎么说"的问题。首先，《百家讲坛》对传播内容进行了筛选，选择大众喜爱的经典作品作为讲坛内容，这些选题更具大众传播价值，这便解决了"说什么"的问题。同时，《百家讲坛》对

① ［英］丹尼斯·麦奎尔，［瑞典］斯文·温德尔．大众传播模式论．祝建华译．上海：上海译文出版社，2008.57.

“怎么说”大大地动了一番脑筋，节目在转换话语方式上做文章：“一是历史故事化，二是读典私语化。前者以易中天、纪连海为代表，后者以于丹讲《论语》为滥觞。”①《百家讲坛》由此把一个严肃的学术讲坛变成轻松的“故事会”，从而把这个栏目从小众传播拓展到大众传播。然而，这只是提高收视率、增强传播力的前提，还不能完全解释《百家讲坛》何以迅速火爆起来。

《百家讲坛》这一改版，不仅收视率得到提升，而且引起各大媒体的关注，连带那些上了讲坛的学者也成了明星。截至2008年12月26日，央视国际网站上的访问量达到1 861万人次，评论5 421篇。论坛方面，在百度贴吧中输入“百家讲坛”的关键词，共有2万个主题，17万篇帖子。《百家讲坛》在网络媒体、传统媒体上的出色表现也带旺了图书出版市场，集成式的《百家讲坛》系列图书和光盘受到追捧，销量急升。网络上高涨的人气自然而然影响到了传统媒体，报纸、杂志也对《百家讲坛》投以极高的关注。《百家讲坛》被评为2006年度央视十大优秀栏目之一和最佳人文科教节目。《百家讲坛》迅速成为街谈巷议、媒体热炒的社会现象。“信息的运动不像流星一闪而过，而是像原子的裂变反应，由一种信息扩充出许许多多联系；又从许许多多联系中折射出不同形式的结构。信息的力量就产生于整个的裂变过程中。”②《百家讲坛》这种传播能量迅速增强的现象如同核裂变。那么，这种传播的裂变是怎么发生的呢？

二、裂变的发生及临界点

裂变源自核裂变（Nuclear Fission），是指一个原子核分裂成几个原子核的变化。原子核在吸收一个中子以后会分裂成两个或更多个质量较小的原子核，同时放出两到三个中子和很大的能量，又能使别的原子核接着发生核裂变……这种持续过程称为链式反应。原子核在发生核裂变时释放出的巨大能量称为原子核能。在这里面，“中子”和“链式反应”是互成因果关系的两个重要因素。传播的裂变是从单向一级传播变为组合多级传播的链式反应，那么能够令它释放巨大传播能量的“中子”又是什么呢？

在栏目改版中，《百家讲坛》先是请来易中天教授，这位中文系教授把历史讲得妙趣横生，却引来不少质疑；接着又请来于丹教授，这位传媒专家能把《论语》讲得深入浅出，结果引来了更大的争议。这种争议不仅是指争议性话题，还包括对传播方式和传播行为的争议。“争议”就是传播发生裂变的关键物

---

① 张春生.《百家讲坛》现象：传承的变异. 天津日报，2007-04-17.

② 丁海曼. 电视传播的哲学. 北京：北京广播学院出版社，2001. 169.

质——“中子”，《百家讲坛》正是在这种激烈而广泛的争议中实现传播的裂变。这档在2003年还濒临绝境的电视文化节目，凭着“去学术化”的创作理念，大胆启用“非专业人士谈历史”的创作模式，在不同的受众——普通观众（公众）和专家学者（精英）之间产生了巨大的差异。大多数观众从节目的可观赏性和可理解性出发，认为“《百家讲坛》让严肃的学者专家摇身变为悬疑大师、讲述高手，借他们之口把晦涩难懂的古典学术文化演化得通俗易懂、引人入胜，建起了一座由学者精英通向普通大众的知识桥梁”①。一些相关领域的专家学者则从学术规范、知识场域等角度出发，频频“揪”出“学术超男”、“学术超女”对专业知识的错误理解或者错误表达，称这种个人化的错误理解通过电视的大众传播，是对传统文化的践踏。《百家讲坛》正是在普通观众和专家学者各执一词的争论中热播。这种链式反应迅速释放出巨大的传播能量，从而使《百家讲坛》产生强大的传播力和影响力，这也形成了新的两级传播模式（见图8－4）。

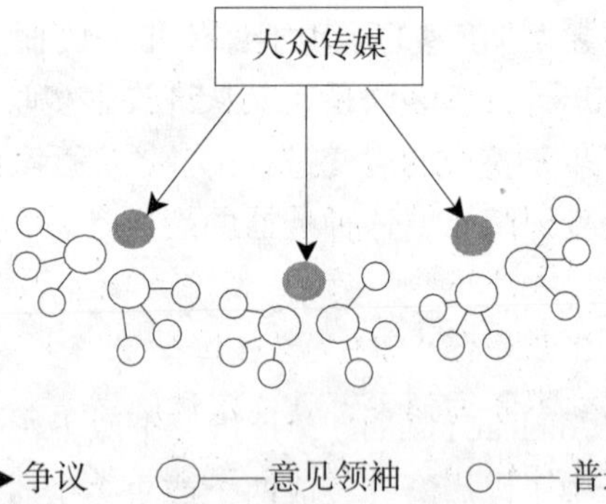

图8－4　传播的裂变

凤凰卫视《世纪大讲堂》的传播内容就其思想性、学术性来说，比起《百家讲坛》是有过之而无不及，但它却没有产生传播的裂变，这说明产生“中子”（争议）还需要有一个临界点（Critical）。《百家讲坛》产生传播裂变需满足的临界条件有两个，即从知识传播转为观点传播，从观众谈资转为社会议题。这两个条件缺一不可。笔者还发现在传统媒体时代，要同时满足这两个临界条件并不容易。然而，在新媒介生态下，电视传播发生了很大的变化。互联网成为传播的倍增器。

在核裂变中，中子与链式反应是互为因果关系的两大要素。那么，在传播的

① 骆玉安．精英与大众：当代传媒的文化抉择．新闻爱好者，2008（9）．

裂变中，链式反应又是怎么样的呢？笔者认为应该是传播个体之间的相互作用和动态过程。麦克劳德（McLeod）和查菲（Chaffee）在1973年提出的“互向模式”重点研究了人际传播（或群体传播）中双向和互动的作用。该模式指出，任何一个社会问题（指当前有争议的任何公共事务），都会受到精英阶层（意见领袖）、公众和大众媒体三方面的关注。公众、精英阶层和大众媒体互为信息源。也就是说，在《百家讲坛》的传播中，电视与观众之间、大众媒体与意见领袖之间可以产生互动。然而，在传统的媒介生态环境中，这些信息源互动的连锁反应不太容易形成。

当以网络、手机为代表的新媒体出现之后，大众传播的媒介生态环境发生了很大的变化。在这个新媒介生态环境中，一方面加速了新旧媒体的融合，平面媒体的新闻报道、电视媒体的视频节目、网络社区的公共言论、手机媒体的短信平台都可以在这一虚拟空间中聚集、链接和交互；另一方面，媒体、公众和精英阶层（意见领袖）同时置身于互联网中，传受双方的身份可以随时转换，形成信息源，而这些信息源的互动又产生新的信息源，从而形成传播的链式反应。

例如，于丹的《〈论语〉心得》和《〈庄子〉心得》引发的争议。于丹的支持者认为“反对于丹是一种文化保守主义”、“应该允许不同方式的经典解读”。质疑者则认为，于丹的哲理离孔子、庄子思想甚远，要警惕明星炒作进入学术和文化领域，甚至出现了北大清华等名校10名博士联名抵制于丹的情况。截然不同的观点又引发了对“于丹现象”的反思：传统文化将走向何方？在这场声势浩大的讨论中，意见领袖不断地涌现，其他媒体陆续被卷入；由此又引发了新的争议和新的意见领袖，环环相扣，成为一根链条。比如名校10名博士（意见领袖1）在天涯社区发表《我们为什么要将反对于丹之流进行到底》的帖子（2007年3月2日）之后，很快地（同年3月7日），一位名为“西方下4”的网友（意见领袖2）在同个社区对该帖提出了异议；接着（同年3月20日）一位名为“杨金溪”的网友（意见领袖3）在新浪网发表《为何要将反对于丹之流进行到底》的文章。由此，更多的人（意见领袖N）参与到对“于丹”及“于丹现象”的讨论中（如李泽厚，2007①；解玺璋，2007②；周国平，2009③）。截至2009年4月28日，谷歌上就有182 000项符合“我们为什么要将于丹之流反对到底”的查询结果。一些网站嗅到了争议的火药味，便集成这些争议，做

---

① 张健. 李泽厚：他们是精英和平民之间的桥梁. 南方周末，2007-03-22.

② 解玺璋. 于丹是怎样炼成的. 中国青年报，2007-03-26.

③ 学者周国平再谈国学与大众文化消费. 千龙网. http://china.qianlong.com/4352/2009/04/08/83@4939092.htm.

成专门的“于丹现象启示录”、“争议于丹：对经典的新解还是亵渎?”等网页。这种链式反应迅速释放出巨大的传播能量，从而形成了强大的传播力和影响力。

截至2008年12月26日，百度上搜索到的以《百家讲坛》为标题的新闻有8 050篇，网页则达580多万页。在新浪博客中搜索得到的与《百家讲坛》相关的博文有63 132篇。鉴于《百家讲坛》在网络媒体上非凡的影响力，它还被评为2007年度中国最具网络影响力的央视十大栏目之一。可以说，网络媒体成为《百家讲坛》的传播放大器和效果倍增器。而与网络媒体链接其他传播媒体和传播方式又构成了多级传播和组合传播，从而形成了新媒体生态下的电视传播新模式（见图8－5）。

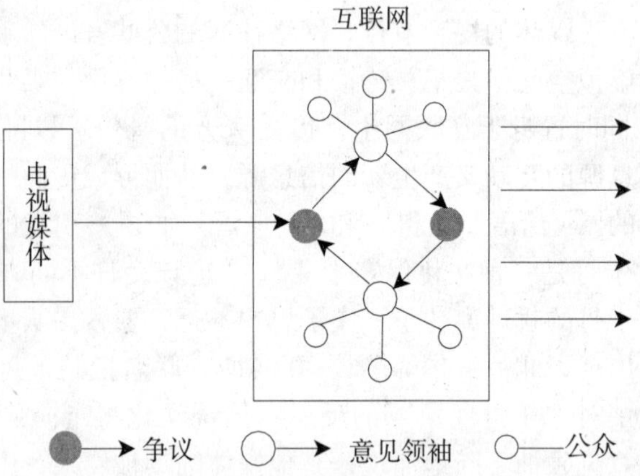

图8－5　网络倍增器

由图8－5可见，互联网不仅提供了各种信息内容和媒介产品，而且融合了各种传播方式，链接各种传播媒介。在这里面，意见领袖之间的互动、公众之间的互动、意见领袖与公众之间的互动，使得传播信息得到放大，传播效应得到倍增，而且是呈几何级数的增加，从而产生传播的裂变，释放出巨大的传播能量，形成强大的传播力。互联网不仅成为《百家讲坛》的传播倍增器，而且对于所有热播的电视节目来说都会是倍增器。

三、大众传播的“共振现象”

虽然互联网能够实现传播效应的倍增，但是传播并不是无限膨胀的，总有饱和的时候。格鲁尼格和亨特的研究显示，使用互向模式后，“最常见的是改善了准确程度，其次是增进了理解程度，最后是提高了同意程度”[①]。当大家的意见在争议过程中逐渐得到较为明确的结论，或者形成比较一致的意见时，传播就达到了饱和，会逐渐回落到正常的水平。这也是近一两年来《百家讲坛》热度衰减的原因之一。

其实，电视传播的裂变也不一定都会产生好的传播效果。当争议产生过大的负面效应或突破社会规范和传媒管制的底线时，也会给电视传播亮出红灯，甚至会导致电视节目停播，如某些传播错误思想的节目或某些不健康的低俗节目。国家广电总局要求停播的重庆卫视《第一次心动》和广东公共频道的《美丽新约》就是实例。如此一来，裂变产生的破坏力就会毁灭传播载体（电视节目）自身，传播活动就会由此戛然而止。

从此可见，电视传播不是一个孤立的系统，它存在于经济社会这一更大的系统里。当两个系统产生共振时，传播力不仅得到增强，而且可以维系较长的时间。我们把这叫作大众传播的“共振现象”。《百家讲坛》里于丹因讲《论语》、讲老庄而大红大紫，这与当下中国社会的“国学热”是遥相呼应的，这一共振现象释放出的更大传播能量，反过来也强化了电视的传播。这种共振现象不只产生于《百家讲坛》的传播中，包括电视剧、春节联欢晚会等各类节目都会产生这种传播现象。如2001年对“反家庭暴力日（11月25日）”的宣传，与当时播出的电视剧《不要和陌生人说话》相得益彰，形成了一个社会热点。

前面说到电视传播的裂变需要满足两个临界条件：观点传播和社会议题。裂变本身是一种成效大而时效短的反应，而且往往是不可控的。让我们再引进一个物理学概念——聚变。核聚变时由较轻的原子核聚合成较重的原子核而释出能量。利用人工核聚变产生的巨大能量为人类服务，必须使核聚变在人们的控制下进行，这就是受控核聚变。这一概念引入传播学里，可以作这样的定义：传播聚变是聚集传播系统内外的各种传播要素，通过人为控制（节目策划或媒介策划），从而激发出巨大的传播能量。传播聚变的产生必须满足一个条件，那就是产生共振现象，即电视传播的频率与整个社会的频率相同而形成共振。就是说，电视传播的聚变必然存在于我们构建的和谐社会之中，只有这样才能形成两个系统的互动，从而推动电视发展和社会进步。

任何栏目都有一个生命周期，但任何节目制作人都希望延长栏目的生命周期，祈求将电视栏目做成品牌并长盛不衰。要让《百家讲坛》实现可持续发展，就必须不断地给它提供足以引起传播的争议，同时这些争议要与和谐社会形成共

---

① ［英］丹尼斯·麦奎尔，［瑞典］斯文·温德尔. 大众传播模式论. 祝建华译. 上海：上海译文出版社，2008. 30.

振，这样才能产生传播的聚变。处于转型期的中国社会拥有许多可以热议的话题，蕴涵许多充满争议的改革与创新。适度的争议可以延长《百家讲坛》乃至各类电视节目的生命周期。继“国学热”之后，《百家讲坛》能否掀起“科学热”、“经济热”、“文学热”乃至“哲学热”？进而推论，各种热播的电视节目都有可能产生传播的裂变或聚变。我们期望传媒人用更广泛的实践活动来进一步检验传播聚变这一理论假设。

第三节　多族群的影像部落

近年来，随着技术的进步和网络的繁荣，一个新的记录人群体应运而生，他们用镜头关注社会，用影像见证历史，表达个人感受，展现人文关怀。他们有一个共同的时尚的名字——“拍客”。在互联网传统的图文时代，拍客通常指用各类相机、手机和数码设备拍摄图文影像的人群。随着2006年中国“视频元年”开始，拍客的含义在发生悄然而深远的变化，即从图文影像到视频影像的过渡。[①] 拍客的作品主题丰富多彩、包罗万象，涉及新闻现场、生活场景、奇闻轶事、民俗风情等方方面面。在许多热点事件的现场都活跃着拍客的身影，及时传递信息，揭露社会丑恶，传递爱心温暖，他们通过记录和分享在为社会发光发热。本节就这一群体的缘起、构成和走势进行探讨，希望引起更多的关注和研究。

一、拍客的缘起

实际上，在“拍客”这个名称诞生之前就有了一群DV爱好者，他们可以说是拍客的“前身”。最初家用摄像机价格昂贵，拍摄影像的人群只限于一个很小的圈子。20世纪90年代末以来，随着技术的进步和价格的降低，更多的普通人拿起DV记录生存状态，捕捉精彩、难忘的瞬间，反映原汁原味的生活，表达思想和情感，平民化影像悄然崛起。但这些群体往往具有自发性、分散性，DV长期徘徊于民间，影响力有限。

2002年凤凰卫视开办的栏目《DV新世代》意义深远，鼓励热爱影像的青年创作纪录片，极大地促进了DV的发展。随着《南京零距离》等民生新闻的崛起，DV影像作为社会节目资源得以利用，DV栏目在电视荧屏上日渐形成了一

---

① 百度百科“视频拍客”词条．http：//baike. baidu. com/view/1327964. htm.

种新兴的潮流。[①] 主流媒体开始重视 DV 这一民间影像，借助 DV 一方面可以增强其影响力，另一方面也能够满足大众的文化需求。

随着可拍照手机的普及，拍客开始迅速扩张。只要一部具备拍照功能的手机，人们就可以自由地拍摄生活中的突发事件、感人故事以及新奇和有趣的事情，并进行传播和分享。拍客不仅可以用手机随时随地记录身边的一切，还可以将照片传上互联网，即时与全世界分享具有独特视角的影像。2005 年，一名亲历伦敦地铁爆炸事件的拍客，记录下爆炸发生时的情景，这些照片上了第二天全球各大媒体的头版。这是一个历史性的时刻，拍照手机让“全民记者”的梦想成为了现实。[②] 手机照片虽然质素不高，但其可贵的真实性和独特的视角代表着一种崭新的生活态度和理念。随着手机持有量的快速增长，拍客群体也在逐倍增加。

2006 年，视频网站逐渐兴起，拍客们的作品有了更好的传播平台，拍客的影响力大大增强。从 2007 年开始，国内各视频网站相继推出了数额不菲的奖金，极大地激发了拍客们的热情。2009 年，新浪播客重金打造“拍客联盟”，每日送出千元现金，还有可能使其作品登上门户网站的首页。拍客们不仅在日常生活中捕捉新闻、记录生活，更在抗击冰雪、汶川地震、央视大火、成都公交车燃烧等一系列重大事件中，积极地发布最新消息，实践着公民记者的光荣与梦想，同时也让拍客逐步得到了社会的认同。

电视媒体也不甘寂寞，加紧了与拍客的合作。出于降低制作成本的目的，许多电视台纷纷开设了拍客栏目，搭建起草根自拍 DV 的展示平台。自齐鲁电视台推出全国首家电视拍客新闻之后，天津电视台《都市新拍客》、上海电视台《DV365》、广东电视台《最佳拍档》等栏目竞相开播，尤以河南电视台公共频道的《DV 观察》影响力最大，其自 2007 年 2 月 5 日开播以来，多次创下收视奇迹，成为全国此类代表性栏目。而深圳电视台于 2007 年 4 月更是破天荒地推出了 DV 生活频道，成为我国唯一一个以播放 DV 作品为主的专业频道。

除了专门播放拍客作品的节目外，许多电视新闻和其他节目中也纷纷采用拍客的作品。如中央电视台新闻频道在“抗击暴风雪”直播节目中播放拍客的视频，汶川地震报道中播放拍客在第一时间发自灾区的影像，东方卫视日全食直播中也使用了拍客的作品，为观众提供了及时、生动的新闻画面，有力地弥补了突发事件信息匮乏的遗憾。大众媒体的介入，使得拍客的影响越来越广泛，并形成

---

① 沈文锋. 民间影像 · 舆论领袖 · 公共领域——兼对泉州电视台 DV 新闻作个案考察. 当代电视，2007（9）.

② 手机拍客，我们都是记者. 信息时报，2008 - 10 - 22.

了一个独特的影像部落。

二、部落的构成

目前，青年是拍客的主体，其中又以男性居多，他们大多文化程度和收入水平相对较高。拍客们热爱生活、爱好影像、积极主动、视野开阔、思维敏锐，富有强烈的社会责任感。拍客群体还具有四个特点：低门槛——不分年龄、不问职业，只要拥有一部手机或DV，每个人都可以成为拍客一族。个性化——拍客可以完全体现个人的风格，根据自己的爱好去选择拍摄的对象，甚至可以自拍，充分、自由地表达自我。很多高点击率的视频，都是拍客们瞬间抓拍的结果。草根性——拍客大都属于草根阶层，记录普通人的生活。技术含量不高，设备也很普通。群体性——有些拍客自发形成了组织，如中国拍客联盟，豆瓣上还有全国性或各地的拍客联盟讨论专区，大家可以畅所欲言，为共同的爱好和理想出谋划策。

近年来，拍客队伍逐渐壮大，已经形成了一个多族群的影像部落。按照职业化程度，拍客可划分为三种：①职业拍客。辞掉原有的固定工作，和网站或电视台签订协议，经常为媒体供稿，报酬丰厚。职业拍客有一定的专业水准，具有良好的新闻敏感。在这一过程中，诞生了一批知名的拍客群体，如四叶未明、爱若干、flyliao、芝麻拍客、Q来Q往。有的还成为了圈子中的舆论领袖，发挥着个人的影响力。②半职业拍客。有正常的工作、学习和生活，利用业余时间进行拍摄。和媒体有一定联系，遇见生活中有价值的新闻及时向媒体传播。有些人还成为所在行业和部门的DV通讯员。③业余拍客。不求物质回报，纯粹热爱影像，记录生活中的点点滴滴。

按照兴趣爱好和价值取向，拍客基本上可以分为两大族群：公民记者和DV玩家。随着民主政治和传播技术的发展，特别是博客、播客等个人传播工具的普及，公民记者逐渐兴起，非专业人士也可以参与新闻传播活动，而且在热点事件中发挥着越来越重要的作用，其积极意义让整个社会高度关注。Web 2.0时代颠覆了传播格局，出现崭新的传播模式，打破了传者与受众之间的界限，从根本上改变了受众在传播中的地位，人人都在扮演记者的角色，实现着从受者到传播主体的角色转换。土豆网的“每个人都是生活的导演”、优酷网的“人人都可以做拍客”等富有吸引力的口号，为拍客们打造了一个可以自由表达的平台，让拍客获得了充分的话语权。建立在双向传播基础上的公民新闻促进了民间话语体系的崛起，颠覆了“舆论一律”的传播格局，是一种民主化的媒体形式。主流媒体的报道将会变得更加客观、更加理性，公民新闻势必会带来新闻业的一场革命。①

公民记者分布于社会各个阶层，所以有机会成为某些突发事件的现场目击者，成为公共新闻的积极参与者。拍客的存在使人们更加及时地了解信息，这在突发事件的报道中尤为明显。汶川地震发生两分钟之后，在灾区通信中断的情况下，关于地震的拍客视频就上传到优酷网，第一时间向全国发出了灾区的最新情况，具有较强的时效性，能够最大限度地满足受众的知情权，引发了人们的积极关注，产生了热烈的社会效应。拍客们拍摄的第一手影像资料，还成为传统媒体的重要线索，影响力进一步扩大。

一些公民出于公共利益的目的，以个人身份自发调查相关社会事件，然后通过网络等自发性媒体发表调查成果，以影响社会舆论或改变事实结果。② 在厦门PX事件、“躲猫猫”案、邓玉娇案等热点事件中，传统媒体的失语让公民记者的优势开始凸显，他们的报道起到了反映社会动态、揭露社会丑恶的作用，有利于增强公民的社会责任感，提高公民参与公共事务的热情和积极性。拍客是社会的监督员，讴歌真善美，鞭挞假恶丑，维护公共利益。《南方都市报》在“文明出行礼让日”来临前，组织拍客用手机拍摄违规者的行为，倡导文明交通行为。优酷视频《剧组走了，谁来为“唐山大地震”环境买单?》，对电影拍摄过程中造成的环境污染给予了痛斥，呼吁有关部门出面解决。“拍客”的舆论监督作用由此体现得非常明显。

富有责任感的拍客们用充满感染力的影像，搭建爱心平台，唤起社会对弱势群体的关注。网络视频《老人与狗》真实记录了一位残疾老人与狗相依为命11年的故事，深受感动的网友纷纷捐款将老人接到北京，助其实现观看天安门升旗仪式的心愿。热情的拍客还把镜头聚焦于农民工子女、乞丐等群体，发起社会的帮助，这都有助于构建和谐社会。还有关心公益事业的，如《保护野生动物篇》、《一起居住的环境，一起爱护》、《城市清洁，请勿张贴小补丁》等视频，引起了人们的重视，获得了良好的社会反响。

还有一批不能忽视的人，那就是DV玩家。他们组织松散、比较随意，有强烈的个性色彩。高校学生是其中的代表，他们的时间比较充裕，喜欢个性化的创作和表达，用镜头记录自己的青春梦想，成为近年来我国DV文化的主要参与

---

① 李舒沁．新媒体环境下的公民记者现象．http：//media. people. com. cn/GB/22114/44110/142321/10395429. html.

② 李舒沁．新媒体环境下的公民记者现象．http：//media. people. com. cn/GB/22114/44110/142321/10395429. html.

者。他们思维活跃，激情洋溢，具有较强的创新精神，作品充满了蓬勃的朝气和活力。大学生 DV 大赛、DV 文化论坛等都促进了优秀作品的产生和推广。DV 玩家更加专注于自己的爱好，张扬自己的个性，为了艺术的理想，专注于纪录影像的拍摄，用真实独到的视角和原生态的方式，创作了丰富的作品，诠释着社会变迁中普通人的生存状态和精神面貌。例如，成都一群 DV 爱好者组成的草根剧组要为热播剧《潜伏》拍续集，他们是纯粹的影像爱好者，没有利益诉求，拍摄 DV 完全是出于一种生活态度。

其中一些热爱影像的人走向专业化，其发展趋势是独立影像制作人。很多 DV 爱好者都有一个导演梦，由于缺少充足的资金，只能选择拍客这种方式来表达自己。随着技术的不断进步，“人人都是导演”逐渐成为可能。在中国电影发展势头良好的今天，拍客们有可能成为未来中国影视创作的“生力军”。一些民间独立影像热衷于关注农民工、下岗工人、残疾人等弱势群体的命运，如反映发廊妹艰难求生的纪录片《姐妹》。拍客们也十分关注贫困、环保、人权等社会问题，用自己单薄的力量，对自身、历史和生存状态进行深入的思考，体现了深厚的人文关怀和社会责任感。

随着商业性的增强，一些拍客还成为网络推手。有些网站雇佣拍客为一些企业单位策划，在网上将这些企业“炒”出名，然后收取一定的“好处费”。据说有一拍客为某家整形医院做推手，赚了数万元。还有一些选秀节目的选手，也会找到拍客帮忙，提高自己的知名度。① 其中不免会有欺骗虚假的成分，这种趋势令人担忧。显然，这是拍客部落中的一个“亚族群”。之所以称之为“亚族群”，就是说它的形成与否跟我们的整治力度有关。

三、拍客的未来走向

低门槛、高报酬吸引了大批拍客，但由于他们来自各行各业，文化水平差异很大，且多数拍客并不具备新闻素养，导致其作品良莠不齐，出现各种问题。归纳起来如下：

（1）媚俗化。一些作品呈现低级趣味甚至低俗化。在点击率高的热门视频中，暴力、色情等庸俗内容占据了相当比重。有些作品价值不高的交通事故、邻里纠纷、醉酒闹事等影像碎片充斥于网络和荧屏。有些作品以“史上最强”、“最牛”、“最雷人”、“惊现”等噱头哗众取宠，赚取点击率。某视频网站甚至专门推出猎奇系列，“高速公路惨剧”、“恐怖夺命车祸”等专题让人惨不忍睹，

① 都市拍客：网络推手还是编外记者?．长江商报，2009－08－23．

完全不顾社会效益。

（2）侵犯隐私权和肖像权。记录社会不文明现象，批评违反规则的人们，警示其他公民，正是社会监督的重要含义。但拍摄的前提是公共场合和公共利益，在曝光时，一定要把握好分寸。为了赚取点击率，网络视频中偷拍泛滥，走光、露点、亲热等内容比比皆是，给社会带来不良风气，不利于青少年的健康成长。

（3）身份模糊。由于没有新闻采访证，拍客的身份存在着争议，他们在拍摄一些负面新闻时，经常会遇到很大的障碍，发生阻挠拍摄、抢夺机器甚至被殴打的状况，却没有法律法规可以保障。

（4）缺乏人文关怀。一些拍客往往抱着猎奇的心理，聚焦于农民工、残疾人、乞丐、吸毒者等社会边缘群体。如拍摄农民工跳楼，眼看事故发生却不去阻止。在成都公交车燃烧视频中，为追求视觉震撼，拍客把镜头对准烧焦的尸体，将惨烈的哭喊声完全展现出来，给观众造成了一定的恐慌，这些拍客抛弃了基本的伦理道德。

拍客的历史不长，其传播形态还在不断变化中，笔者认为拍客的未来发展将呈现如下特点：

1. 传播形式更多样

新媒体与传统媒体之间的融合已经成为一种趋势，拍客完全可以借助各种媒介渠道进行大众传播，让拍客走向主流并产生更积极的影响。如电视媒体广泛使用拍客视频，增加新闻资源和话题，增强互动性，提高收视率，使网络与电视两者之间呈现良性的互动关系。广东卫视和优酷网共同开办了广州亚运拍客训练营，旨在传播亚运和岭南文化，发挥传统电视媒体与网络新媒体双方的突出优势，从而使更多的“亚运拍客”参与到2010广州亚运会的宣传中来，并发挥出积极的作用。[①] 亚运啦啦队选拔、亚运祝福征集、亚运歌手选拔等亚运主题拍客作品都获得了很好的社会反响。

报纸杂志也开始重视对拍客作品的吸纳和利用，让受众参与到新闻传播的过程中。《羊城晚报》曾开设《手机拍照》栏目，反响热烈。《都市拍客》是《广州日报》在每周日增设的图片栏目，展示震撼的新闻现场或幽默、感人、新鲜的生活瞬间，也获得了一致好评。

手机电视、移动电视等新媒体也为拍客作品的多元化发展打造了平台，开拓了更广阔的传播空间。随着3G手机的正式运营，中国电信和陕西电视台合作推

① 广东卫视携手优酷拍客记录亚运主题活动. http://www.gdtv.gov.cn/star/show.asp?NewsID=44484.

出《都市拍客》板块，人人都可以通过3G手机当记者。这些平台共同拓展了拍客作品的表现方式，促进了拍客作品的发展。南方电视台还举办首届“多媒短片节”，以五分钟短片的形式把拍客引入新媒体平台。

2. 更加注重策划

内容为王的时代，涌现了众多优秀的DV作品，但拍客过于个人化、随意性的特点造成了资源的浪费和主题的分散，这就要求媒体进行整合策划，使其发挥最佳作用。为了使这些民间影像走向主流、引入媒体，一些视频网站开始有意识地进行组织和策划，把零散的资料和题材整合为一些专题，提升内容资源的重要性，或举办各种拍客大赛，推展创意营销，使受众对新闻事件或热点话题有一个更全面和整体的把握。每逢节日和纪念日，很多网站都会推出相应专题，做到敏锐及时，形成鲜明的个性特色。例如，新浪网发出了“拍客重赏通缉令任务”——“全国各地罕见暴雪”、“纪念绝版青春”、“快乐六一才艺宝宝”、“全国校花大搜捕”、“春运平安回家过年”、“难忘开学第一天”等，丰富的素材带给拍客展示内心诉求和表达自我的绝佳机会。广西电视台联合网络推出“新中国成立六十年拍客特别行动”——《印记·60年》，通过搜集普通人生活的点滴记录，展现新中国波澜壮阔的60年。

3. 作品专业化

拍客作品的草根性和多元化，既为媒体提供了丰富的传播素材，也对媒体的主流价值建构提出了诸多挑战。拍客作品要走向专业化，就要提高作品的思想水准和艺术含量，拍客应有基本的道德标准和价值判断。增强社会责任感，坚持真善美、抵制假恶丑，不宣扬色情、暴力、愚昧及其他格调低下、有害人们身心健康的内容，弘扬健康向上的社会风气。拍客务必严守法律底线，尊重他人的隐私权和肖像权，通过合法和正当的手段获取新闻。拍客作品必须拥有原创性，不得侵犯他人版权。拍客们应加强新闻业务学习，提高理论知识水平。有关媒体可以组织拍客进行集体培训，以提高拍客素质，使拍客作品质量不断提高。电视台和网站要加强管理监督的力度，扮演好“把关人”的角色。对不符合要求的作品及时予以改动或禁止播出，杜绝媚俗化的视频出现，营造健康向上的视听环境。要建立拍客道德规范和行为约束机制，形成和谐融洽的“拍客文化”。

4. 群体、个体并存

针对拍客拍摄水平参差不齐、优秀作品较少的现状，也为了便于管理和组织，媒体应建立针对拍客发展和管理的机制。新浪网在全国范围内组织拍客训练营，邀请资深媒体人士对拍客进行培训，为他们提供了学习和交流的平台。电视台也在以各种方式培训着队伍。虽然有拍客作为通讯员，但其人员流动性大，导致供稿不固定。为了确保栏目的可持续发展，河南电视台公共频道《DV观察》

组建了 DV 俱乐部，有计划、有组织地培训自己的通讯员队伍，保证了节目每天有大量鲜活稳定的新闻稿源。无论是网络还是电视的这些培训，都将使未来的拍客队伍更加专业化和规范化，并可能成为媒体未来发展的中坚力量。

但与此同时，仍然会有大量的民间 DV 和独立影像由于各自的价值取向不同而游离于主流媒体或主流文化之外，从而形成与这一多族群影像部落相对应的多元文化和影像生态。

展望未来，公民记者并不会取代专业记者，传统媒体有必要对公民记者进行引导，公民记者与专业记者相互补充、民间影像与专业制作相互促进将是今后的发展潮流。不管怎样，随着个人影像时代的到来，拍客正被越来越多人接受，会有越来越多的人加入这个群体，为社会、为时代留下宝贵的影像资料。拍客的明天将更加值得期待。

第四节 媒介融合中的假新闻

2010 年 12 月 6 日晚，一条关于“金庸去世”的帖子出现在新浪微博上。消息迅速被不明真相的网友疯狂转发，之后《中国新闻周刊》新浪官方微博以“即时新闻”的形式发布这则消息。因未注明转发，很多网友误认为是中新网官方首发消息，这则消息未经求证就此变成新闻。《中国新闻周刊》新浪官方微博拥有 30 万余名粉丝，通过转发及其他形式的多次传播，假新闻由此形成病毒式传播。尽管《中国新闻周刊》迅速进行澄清、道歉及问责，但这则由微博假新闻传播所导致的恶劣影响，让我们预感到在新媒体环境下，虚假新闻更易产生也更易传播。“新闻真实性”这一老问题遇到了新的挑战。这是摆在主流媒体及从业人员面前又一新课题，如何解决，如何应对？这是以下要探讨的问题。

一、媒介融合背景下面临的新问题

《新闻记者》杂志一年一度的“十大假新闻”评选迄今已经 10 年，有研究者在分析 2001—2009 年评选结果时发现，网络成为第二大假新闻刊发媒体，而且网络对假新闻的扩大化起着绝对性的作用，所有的假新闻都曾被不止一家网络媒体所转载。[①] 一方面，新闻信息在网络传播过程中的真实性受到很大的影响，出现越来越多失实失真的情况，给“把关人”带来极大的挑战；另一方面，我

---

① 徐沁．媒介融合论——信息化时代的存续之道．北京：中国传媒大学出版社，2009．

们可以注意到，2010年评选出的十大假新闻有九条都是由传统媒体记者在自身所属的传统媒体或网站上发布，而唯一一个信源不明出自网络的《一女生世博排队被强奸怀孕》的假新闻传播，传统新闻媒体及其网站的盲目转发、转载对其影响力的扩大起到推波助澜的作用，这也是近年假新闻现象频发的重要原因。

在数字化时代，大众传媒的数字化生存和普通公众对新闻传播的“分享”成为新闻传播发展的必然趋势。美国学者戴默等人根据当时掌握的一些国家的媒介运行实际情况界定了媒介融合环境下“融合新闻”的几种模式及其具体含义，其中“内容分享”（Content Sharing）指作为合作伙伴的媒介定期相互交换线索和新闻信息，并在一些报道领域中进行合作……彼此分享信息资源，甚至共同设计报道方案，但各媒介的新闻产品仍然是由各自的采编人员独立制作的。[①] 可以预见，在新的形势下，在信息内容的传播上，新闻传播的大趋势是打破旧的产业疆界，在媒介融合的大平台上实现信息和资源的共享，为用户提供及时全面的服务。信息共享的过程，不可避免要经历信息的再次传播的情况。

可见，在媒介融合背景下的信息共享型社会中，无论是传统媒体还是新媒体，其新闻内容的来源很多并非自己生产，而是根据不同媒体的特性靠转发、转播、转载等手段再次传播和分享其他媒体的信息，许多媒体只是作为一个新闻信息发布的平台而存在。由于发布的新闻信息并非自己生产，媒体有选择地转发和编排新闻信息，成为再次传播的节点之一。在这样一个信息共享时代，新闻信息在多个不同类型的新闻媒体间多次传播，其真实性的保持情况，我们把它称为“保真度”，应该是我们研究媒介融合中新闻真实性特别需要关注的一个新问题。

而失实或失真则源于新闻信息在传播过程中产生的种种偏差。信息传播跨越不同的媒体类型，虽然原始信息源的内容是确定的，传播者主观上也没有故意夸大或修改信息的动机，但是由于多次传播话语的方式并不相同，在不同媒体传播的话语转换之中造成客观性的偏差。例如，2006年7月1日，《法制晚报》刊载了题为“大风夹着冰雹，突袭平谷大桃”的消息，紧随标题的第一句话是“两村90%的桃受损害”，本意是平谷地区的两个村受到了较大影响。多个网站随即以“大风夹着冰雹，突袭平谷大桃”为标题转载了这一新闻，却因此影响了整个平谷地区桃子的销量。有研究者对此分析，“平面媒体与网络媒体存在的重大差异之一在于，平面媒体能够让所有信息在一个或者多个平面展开，读者易于短时间内检索新闻内的重要信息；而网络媒体对新闻的展现通常表现为‘标题链接——具体内容’的纵深模式，读者在看到某一标题链接之后，如果不继续点

---

① 蔡雯. 从“超级记者”到“超级团队”——西方媒体“融合新闻”的实践和理论. 中国记者，2007（1）.

击进入该页面，则其对该新闻的了解仅仅停留在标题层面”[①]。

失实与制假有本质上的区别：“假新闻的成因，既有主观上的故意行为，也就是造假；也有客观上的无意行为，也就是失实。”[②] 当然，最重要的是从源头上加以遏制，但传播过程中的管控也同样重要。在媒介融合的背景下，新闻来源更加多元化、复杂化，更趋无序和失范，管控把关的难度更大。随着互联网与移动通信媒体的多种传播形态的出现，在新闻信息剧增的情况下，出现虚假新闻和失实报道的概率必然增加。过去我们主要研究从造假源头上去防范，今天我们还要着重研究如何在传播过程中加以防范。

二、多次传播对新闻真实性的影响

说到新闻真实性，有学者从新闻业务层面分析，认为新闻工作面临的基本矛盾是“具体事件的纷繁复杂与新闻报道不可避免的简约，因而具体的新闻真实只能表现为一个认识过程”[③]。而有学者则认为新闻真实是过程性的真实，并且有宏观含义和微观含义之分。笔者同意将新闻真实看作一个过程的合理性，但是以上学者似乎更关注新闻信息在纵向时间轴上的传播过程，如杨保军在阐述新闻真实过程性的微观含义时，主要是从时间纵轴上考虑新闻信息在多次“再现真实”过程中的真实性表现，比如在连续性报道中，新闻真实性是随着报道的深入而逐渐呈现的过程，却忽略了新闻信息在媒体之间横向传播过程中的真实性。新闻信息的横向传播过程，从微观上看，是某个新闻信息在不同媒体之间通过转发、转播、转载等方式的再次传播过程；从宏观上看，则是新闻信息在媒体间的多次传播的过程和持续流动的状态。这也是笔者针对媒介融合环境下的新变化提出的新概念。那么，在信息分享的时代，这种“横向传播”过程中的真实性是怎样实现的呢？

首先，需要明确的是横向传播是两级传播理论在新的媒体环境下的进一步深化。拉扎斯菲尔德的两级传播理论认为大众传播不是直接“流”向一般受众，而是要经过意见领袖这个中间环节，即“大众传播—意见领袖——般受众”的传播过程。后来罗杰斯又在此基础上提出“信息流”和“影响流”概念，认为后者可以是多级的，要经过人际传播中许多环节的过滤，把两级传播模式发展成多级或“N 级传播”模式。在信息共享的媒体环境下，意见领袖仍然存在，两级传播模式和人际传播形成影响流的理论却有了新变化。

---

① 熊丙万，宋涛．对网络媒体新闻真实性问题的法律思考．信息网络安全，2008（6）．

② 曹鹏．反对假新闻要标本兼治三管齐下．新闻记者，2011（1）．

③ 陈力丹．新闻理论十讲．上海：复旦大学出版社，2008．

这里的变化主要有两个：一是在作为新闻信息源的媒体和意见领袖之间的传播中增加了一个或多个“转发媒体”的传播环节；二是传播中各主体间所有传播的交流都是双向互动性的，真正符合 communication 的定义，不像之前的传播模式更趋向于由一个拥有强大传播权力的大众传播媒体向意见领袖和受众的金字塔形的单向传递（transmission）。

需要注意的是，新的媒体环境下新闻信息传播模式的改变，绝不仅仅是因为加入了“转发媒体”而从之前大众传媒通过意见领袖的两级传播或者“N 级传播”变成“N + 1 级传播”。

首先，“转发媒体”的类型并不确定，再次传播可能通过有权威性的大众传媒，也可能是网络、手机等自媒体，而这些公信力较低、随意性较大的媒体，即使是传统媒体，由于是对并非自己生产、自己也并不完全了解的信息再次传播，为了在这个瞬息万变的媒体环境下提高时效性，仓促之间往往也会造成把关不严。例如 2010 年十大假新闻之一关于“中国作协作家团入住总统套房”的报道就是首先被《重庆时报》刊登，随即被《华西都市报》摘要编发的。有时转发媒体的影响力可能还大于信源媒体的影响力，这就有可能造成这样的情况：可信度较低的信源媒体传播的信息本来未必会有很大的影响力，但是一旦经过可信度较高的媒体因把关不严而转发，就会产生巨大的负面影响和轰动效应。例如，关于《一女生世博排队被强奸怀孕》的假新闻，其信源媒体是“北大未名站”互联网论坛，之后先是被网络媒体转载，然后被传统媒体的网站转载，这些新闻网站由于其传统媒体的背景地位，转载起到了对新闻真实性的认证作用，进而扩大了假新闻的负面影响。

其次，新闻真实除了新闻报道本身的真实性以外，容易被忽略的一点是受众对新闻报道的态度。陈力丹教授认为，“新闻是否真实还取决于接受者的认同，受众的主观性成为新闻真实的一种标准，尽管我们知道它不应该成为一种标准。”① “完整的新闻真实实现是由新闻传播活动中的双重主体（传播主体和收受主体）共同完成的，是由新闻真实报道和理解真实、相信真实共同构建的……实现新闻真实，是指在传播者真实再现新闻事实的前提下，收受者准确理解了新闻，并相信新闻是真实的。”②

从这个角度看，在信息共享的环境下，收受者和传播者融为一体，而新闻话语本身就是“制造与再造意义的社会化过程”③，由于传播的双向互动性很强，

---

① 陈力丹．新闻理论十讲．上海：复旦大学出版社，2008．

② 杨保军．新闻真实论．北京：中国人民大学出版社，2006．

③ ［美］约翰·费斯克等．关键概念：传播与文化研究辞典．李彬译．北京：新华出版社，2004．

各方话语无论在传播过程中，还是在每一次的再传播中，同时也是收受者的传播者根据自己（可能是很个性化）所理解的新闻的真实性，有意地主观上导致话语内容的偏差，并通过对转发新闻的选择和标题的擅自改动，甚至内容上的一些修改来实现。例如，关于《西安市已被确定为国家第五个直辖市》的假新闻，其原稿信息源是出自 2010 年 7 月 7 日《甘肃日报》第三版刊登的《智者的声音》，其中由于记者在某论坛采访时，对演讲者的演讲内容理解和文字表述有误，值班编辑审稿不严，刊登出了含有不实内容的新闻，而在其他媒体尤其是网络转载过程中，转发者将“西安已被确定为直辖市”的信息剥离出来，放在标题中，有些转帖的标题甚至加上“专家爆料”、“爆炸新闻”等字样以吸引眼球，转发的新闻正文也着重强调这个信息点，与原稿有偏差。就这则假新闻而言，报纸记者固然要负主要责任，但转发者对假新闻中重要虚假新闻内容的放大，导致再次传播其负面影响扩大的责任，也不可忽视。

三、横向传播中对假新闻的防范

媒介融合环境下新闻信息多次传播的保真度是我们必须要注意和解决的重要问题，涉及媒体从业人员对新闻信息再次传播的把关。而在激烈的媒体竞争中，如何把握好新闻再次传播“快”（新闻时效性要求）和“准”（新闻专业主义原则和新闻媒体公信力的体现）之间的平衡呢？笔者在此提出几点意见作为媒体从业人员的把关准则。

1. 重大新闻：先审后播，严格把关

媒体工作人员面对要横向传播的新闻信息尤其是重大新闻时，因其重要性，一定要谨慎传播，我们主张对其“先审后播，严格把关”。在信息来源上，要追溯到信息的最初来源，因为信息并非由自己生产，可能已经转发多次，出现失真的情况；然后评估信源的权威性，检查信源的可靠性，对一些不明信源或者公信力不强的信源要提高警惕甚至直接排除。在信息内容上，首先要根据常识经验判断，可排除一些违背常识的假新闻；对常识经验难以判断的，要运用逻辑分析的方法去推敲新闻真实性并进行核查。“逻辑分析法是检验、证实、认识真理性、真实性的通用方法之一，也是检验、证实新闻真实性惯用的方法之一。它是发现虚假信息、失实信息基本的、方便的手段。”① 例如我们上面说过的关于《一女生世博排队被强奸怀孕》的假新闻，虽然信源本身是冒用传统媒体记者的报道，但其信息源是公信力相对较低的网络论坛，而且信息内容也并不符合常识。转发

① 杨保军．新闻真实论．北京：中国人民大学出版社，2006.

者只需要按照以上意见，追溯并判断其信源的可信度，即可保持警觉；同时这则新闻的信息内容比较荒诞，根据常识经验的判断也是值得怀疑的。无论从以上哪一方面来看，都足以引起认真负责的转发者的注意，只要联系信源中的记者和单位查询核实便可确定新闻真实性，操作上并不复杂。

2. 一般新闻：边播边查，过程管理

正如前文提到的，在处理新闻再次传播的实际操作过程中，由于竞争压力和对新闻时效性的强调以及新闻专业主义原则与媒体公信力之间产生的矛盾，很多新闻记者和编辑在新闻的时效性和真实性的优先性之间难以抉择。在这里，对于一般性新闻，在无法迅速核查的情况下，应采用“边播边查、过程管理”的传播策略。

这种策略并不意味着为了新闻时效性而放弃真实性。在这种策略的操作下，转发媒体要做到：一定要标明信源，无论是标题还是正文，都要完整地转发新闻信息，不可随意增删或加以主观评论。同时，由于前文提到的不同媒体信息表现方式和接收者接收习惯的差异，可在不改动信息内容的前提下提供不同的信息，以符合转发媒体的特点，其目的是为了让接受者更完整地了解新闻事实。合理配置新闻信息资源，就某个新闻事实而言，可能有多方从各个角度对其进行报道，转发媒体应对这些报道的转发合理配置，不能只转发一家之言；就整个新闻事实而言，转发媒体也不能只转发某个与事实相关的新闻而忽略其他有价值的新闻，因为有意不转发公认有新闻价值的公开事件也是没有遵循新闻真实性原则的一种表现。

3. 社会监督与行业监督并举

对假新闻的监督主要是指社会公众的监督和媒体同行的监督。其实，传统媒体在传播新闻信息时已有多种社会监督手段，比如很多平面媒体的《读者来信》、《有错即改》等栏目。而在新媒体环境下，由于新闻信息互动性极强，社会公众通过新媒体对新闻真实性的监督更加便捷和广泛。微博就是一个很好的例子。虽然2010年微博首次参与造假是当年十大假新闻评选的一大特点，但是需要注意的是，一方面，被评选出的微博假新闻“金庸被去世”的来源仍然是知名传统媒体开办的官方微博，因其固有的权威性，发布后才会引起新闻的广泛影响；另一方面，由于微博作为目前最为灵活快捷的自媒体之一，海量且快速的交流和互动性也打造出微博一定程度上对虚假信息传播的“自我净化”功能，在各方信息的互动中去伪存真，形成一种“互证性真实”以揭示真相。因此这则假新闻在很短的时间内便被揭露并澄清，对新闻接受者造成的负面影响减弱。新闻媒体应该充分利用这种功能，通过在网络媒体上开辟可供社会公众监督的空间，发挥社会监督功能。

对假新闻的监督还包括其他媒体同行的监督。这种监督一方面是源于新闻行业赖以生存的新闻专业主义精神和客观新闻规律的约束。“整个新闻界要从新闻传播的规律层面上认识到：没有事实，就没有新闻；要从新闻传播的伦理层面上认识到：没有诚实，就没有新闻……只有在真实问题上确立这样的基本观念，才能从内在精神上确保新闻真实。”① 另一方面，如今激烈的媒体竞争环境也使对同行发布或转发的假新闻进行监督成为一种正当有效的竞争手段。但这种监督并非没有缺陷，正如有学者指出的，“假新闻的泛滥，使得有些媒体乐于以‘打假’为其常规的新闻源。有的传媒发表假新闻时用几个版面来炒作；待到揭露假新闻时，又以纠正原来的报道差误为名，立马变成揭露假新闻的积极分子，以‘公正的名义’，又是用几个版来还原‘真相’，借此赚足了读者的注意力。市场经济条件下的这种利用假新闻炒作的现象，值得注意”②。同样，媒介同行间的监督如果没有行业规范加以制约，难免会引发借假新闻炒作的行为，因此，媒体行业间对假新闻的传播和再传播的监督应该在有行业规范的监督体系下操作。

4. 建立强大的纠错功能

假新闻纠错机制和监督机制密不可分，但是作为一种亡羊补牢的举措，纠错机制往往被忽略。正面的例子是传播假新闻的媒体迅速纠错，并公开道歉，问责相关责任人。反面的例子是，笔者以 2010 年十大假新闻的标题为关键词进行搜索，发现除了“金庸去世”，其他假新闻都有尚未删除或者未标明“假新闻”字样的情况。而有研究者在统计 2001—2009 年每年十大假新闻的纠错情况后也指出，“网络对假新闻的‘回收’与纠错能力差强人意”③。由此可见，转发媒体尤其是网络媒体的纠错机制尚需建立并完善。这也是防止假新闻扩散和再生产的重要举措，同时政府主管部门也要对媒体的纠错进行监督。

---

① 杨保军．新闻真实论．北京：中国人民大学出版社，2006.

② 陈力丹．试论新闻真实与当前新闻失实的原因．新闻传播，2007.

③ 杨蕾．异化与博弈：虚假新闻的生产与社会变迁．新闻世界，2010（8）.

第九章　研究方法与电视批评

不少同学经常问我，新闻传播如何研究？广播电视又如何研究？理论知识很重要，论文选题也很重要，但我觉得研究方法更重要。这个研究方法是指方法论层面的，包括研究的取向和路径。对于新闻传播学这一综合性应用学科，有一个十分重要的分析工具长期被忽略了，那就是质化研究。在实证研究中，它的地位应该与量化研究一样。批评是一个很重要的研究视角，质疑与批判更是学者的精神所在，与长篇大论相比，学术随笔也是一种可以训练思维、发挥影响的文体。

第一节　新闻传播研究方法论

“授之以鱼，不如授之以渔。”在《广播电视新闻研究》课程将要结束的时候，我想就研究方法跟同学们作一个交流，从方法论的视角谈谈新闻传播学的研究。

一、何为研究方法

我把这个演讲的题目叫《作为方法的新闻传播》。这是套用一篇文章《作为方法的印度》的题目。这篇文章说的是以印度为代表的一批东方学者一直想寻找一个有别于西方国家科学研究的参照系。伟大的印度诗人泰戈尔（印度著名诗人、亚洲第一位诺贝尔文学奖获得者，是东方文化系统中最有代表性的人物之一）在目睹了第一次世界大战的欧洲后，深感西方价值体系的缺陷难以引导世界文明的发展。20 世纪 20 年代中后期，泰戈尔两度访华，对西方文明进行了反思和批判。然而，在当时从西方请来了“德先生”（民主，Democratic）和“赛先生”（科学，Scientific）的中国，这位大学者却受到了冷落，因为当时孱弱的中国非常渴望学习西方强盛的经验。笔者套用这一题目的用意是：世界不能只有一种声音，研究也不能只有一个参照系、一种取向。

其实，研究任何一门科学都需要找到适合自身的方法和路径。这里说的方法有三个层面，狭义的层面是作为分析工具的研究方法，如传播学研究方法；广义的方法包括什么是可以研究的问题，怎样设计一个回答问题的研究计划，用什么方法搜集和分析资料，怎样从资料中提出对问题的解释，怎样阐明自己的发现并把它表述出来等。最高层次的就是哲学层面的方法论，它就是人们认识世界、改造世界的一般方法，是人们用什么样的方式、方法来观察事物和处理问题。概括地说，世界观主要解决世界“是什么”的问题，方法论主要解决“怎么办”的问题。不同学科的研究、不同问题的研究要采用不同的方法，可谓一把钥匙开一把锁，在此我着重谈后两个层面的方法。

“方法论的自觉是学科成熟的标志。”从方法论层面来看，研究新闻传播用什么方法呢？是人文科学的思辨，还是社会科学的定量？学界对此一直都有争议，我认为应该具体问题具体分析。我曾参加深圳大学的传播学硕士论文答辩，同学们作实证研究比较多也比较认真，但有的论文可以说是作者认认真真地去证明一个毫无价值的东西。我认为简单地使用一种研究方法，对于讨论或解决某一问题，尤其是复杂问题往往是力不从心的。人文科学回答“为什么”，社会科学回答“是什么”，应该互为补充，相辅相成。

传统的新闻学研究方法，基本是人文—历史—哲学的思维模式，同时带有较强的经验描述性质。1987 年，祝建华教授发表的论文《传播学定量研究方法的科学来源》，可能是最早的以“科学方法论”为论证对象的文章。这篇文章明确提出，传统的研究方法——哲学思辨、历史求证、法规判别——已不能适应科学研究深入发展的客观需要，需要借鉴“科学方法论”。文章指出了科学方法论的要义：科学研究的关键不在于结论是什么，而在于得出结论的过程是否合乎科学原理。科学的结论通常用两种方法来保证其有效性：要么由经验事实（尤其是数据）予以支撑，要么由逻辑推理予以保证。

新闻传播学方法论的演变：人文学科方法论（马克思主义方法论）—社会学科方法论—人文、社会、自然科学结合的方法论。目前我国新闻传播学质量较高的文章，通常是量化分析与质化分析相结合，新闻学话题与传播学方法相结合。陈力丹教授认为：“新闻传播学在研究方法上的整合方向，除了证实研究的量化分析与质化分析的结合外，更为长远的整合，应该是人文—历史—哲学的思维方式与‘科学方法论’的思维方式的结合。”①

“当代学术发展，正面临着两个基本现实：一是没有哪一个学科，仅仅依靠自己的力量，能够解决任何一个重大社会理论和实践问题；二是实现学科进步，越来越多地需要借鉴其他学科的理论、方法和成果，也就是说，不同学科之间相

① 陈力丹. 新闻传播学：学科的分化、整合与研究方法创新. 现代传播，2011（4）：29.

互依存度在加强。正是这两个现实，使学科之间的对话、交流不但成为可能，而且成为必须。”[①] 因此，跨学科研究和系统研究的方法日益显得重要。

二、作什么么样的研究

南京大学杜骏飞教授曾在微博上写道：新闻学者与新闻记者的区别是什么？如今，新闻学者大多不在地上走，而新闻记者则四条腿都在地上。我觉得杜教授说得十分中肯，新闻学者要着地气，但如何能做到呢？从方法论角度来看，人类学和民族志的“田野调查”没有引起新闻传播学者足够的重视，少有学者把新闻实践和新闻传媒作为调查研究的“田野”。为此，我曾在《中国社会科学报》撰写题为《质化研究：新闻传播被忽视的分析工具》的文章，之后在《湛江师范学院学报》作了更详尽的介绍和讨论（参看本章第二节）。同时，我推荐阅读美国学者柯克·约翰逊的《电视与乡村社会变迁：对印度两村庄的民族志调查》，这是约翰逊的博士论文，它主要采用民族志的研究方法，考察印度乡村生活的社会语境及电视在不断变迁的印度乡村中所发挥的作用，作者通过参与式观察和深度访谈，着力于关注印度村民们的实际生活，倾听他们的真切声音。由于兼备东西方文化背景（约翰逊幼时随父母在印度乡村生活过 13 年），约翰逊在运用西方成熟的社会学与传播学研究方法来观察、分析电视媒介对东方社会发展的影响方面，具有得天独厚的优势。展江教授认为此书“为社会学的传播学进路和传播学的社会学视野提供一个范本”[②]。我的研究生刘晓旋也完成了类似的研究《诠释幸福：留守儿童的电视观看——以广东揭阳桂东乡留守儿童为例》[③]，该文以广东揭阳桂东乡的 12 名留守儿童为例，力图通过对他们观看家庭类电视剧经验的深入质化考察，来理解电视与留守儿童的关系。研究发现，留守儿童的电视观看并非是一种“非理性的集体无意识”，而是一种能动的文化行为，体现了他们对“愉悦”的积极追求，对理想家庭的知识建构，以及对自我现实的关照，是其生存境遇的折射和体现。本文提出了对留守儿童进行媒介素养教育和社会工作干预的建议。我认为这些研究都很有价值，西方实证主义的量化研究主要是回答“是什么”，而质化研究主要回答“为什么”。当然，质化研究对于样品的选取十分严格，如果能够辅助其他研究方法，可以避免“只见树木不见森林”

---

① 学科对话：唯物史观与历史评价·编者按. 中国社会科学，2008（1）：24.

② ［美］柯克·约翰逊. 电视与乡村社会变迁：对印度两村庄的民族志调查·译序. 北京：中国人民大学出版社，2005. 7.

③ 李艳红，刘晓旋. 诠释幸福：留守儿童的电视观看——以广东揭阳桂东乡留守儿童为例. 新闻与传播研究，2011（1）.

的偏差与片面。

为什么要作研究？希望不只是为了文凭和奖学金，而是出于好奇心和求知欲，出于探索人类未知世界的浓厚兴趣，这样就会让你在研究中感到十分快乐。

国学大师季羡林研究那些已经消失、艰深难懂、世上没有多少人知晓的东方古代语言。有人问季羡林先生，“您的研究价值何在?”先生答曰：“精细。”对于一些形而上的研究和讲座，有些同学问我，“学它有什么用呀?”我说“用于训练人的大脑”。数论，在数学中是迄今没有发现任何实用价值的分支学科，但仍然有世界一流的数学家为之痴迷，因为在研究过程中发现的方法可以推进其他数学领域的研究。就研究旨趣而言，有学院派和实务派之分，其实也是研究的价值取向使然，是追求学术价值，还是侧重应用价值？学界取向以学术研究——认知世界为主，业界取向以实务研究——解决问题为主。童兵教授认为：“基础研究承担的任务是拓宽学术领域，深化认识层面，填补研究空白，推翻原有结论。而应用研究担负的任务是回答实际困惑，解决重大问题，创新运行机制，改换操作方法。”① 我有一个比喻：新闻学是文科里的工科，传播学是文科里的理科。前者注重应用性，但新闻学也借助传播学理论；后者注重学理性，但近年来传播学的应用也有很大的发展。在我国，这两个学科已融为一体，形成一级学科——新闻传播学，而广播电视学也将成为二级学科。

然而，这个学科研究者的学术训练尤其是方法论的学习还没有跟上。香港中文大学陈韬文教授认为：“中国内地传播研究的队伍庞大，教研机构发展迅速，但是研究多不符合研究逻辑的规范，甚至未能摆脱唯一主义，仍然以套语及感言代替独立观点和资料，或沉湎于业界具体营运问题而不能自拔，或生硬套用外来抽象理论，又或以粗糙的实证方法进行调查，只作数据铺陈，堆砌数字，对理论诉求不大闻问。”

在新闻传播学论文数量剧增的同时，一些严谨的学者对此保持清醒的头脑。陈力丹教授在他的《解析中国新闻传播学 2011》一书中坦陈：“这里的文章，仍有不少是与学生合作……这样文章的多数，是略有些学术分析的一般文章，算不上‘论文’，真要写学术论文，不能以这类文章为模式，这里再次作个说明。”

20 世纪英国哲学家布朗在一篇题为《科学的自治》的文章中，首次使用了“学术共同体”这个概念。学术共同体是指具有相同或相近的价值取向、文化生活、内在精神和具有特殊专业技能的人，为了共同的价值理念或兴趣目标，并且遵循一定的行为规范而构成的一个群体。新闻传播学尽管尚未形成真正的学术共

---

① 童兵，陈杰. 改革开放 30 年新闻学与传播学研究的理论思考与展望. 新华文摘，2009（6）.

同体，但是需要的学术规范已形成共识。所谓学术规范，是指学术共同体根据学术发展规律参与制定的有关各方共同遵守的有利于学术积累和创新的各种准则和要求，是整个学术共同体在长期学术活动中的经验总结和概括。学术规范的内容涵盖以下三个层面：逻辑层面，主要规范逻辑思维与创造性等方面的内容；方法层面，主要规范研究的路径、边界与方法等；形式层面，主要指文本规范，包括文献索引、引证出处、参考书目、注释体例等。

研究要讲学术规范，没有规矩不成方圆，这就是科学性。但任何东西强调过头了也会有问题。引经据典、旁征博引不能代替原创。据报载（《中国社会科学院报》2009年2月19日），"思想淡出，学术凸显"是对20世纪90年代以来学术研究状态的一个流行的评判。一篇一万多字的论文可以有100条以上的引文。不妨做个试验：将文中的引文全部抽去，还剩下什么？再将转述的话删除，又只剩下什么？不可回避的挑战是，中国学术走向世界，原创性是一个前提。

任何一种极致离荒谬都只有一步之遥。"新闻立台"、"网络问政"是不是学术概念？研究民生新闻、传媒经济是不是学术研究？不是学术概念或尚未形成学术概念者难道就没有研究的价值吗？处于发展中的新闻和转型期的传媒，有太多的现象需要关注，有太多的问题需要分析，难道因为它还没有成为一个学术概念我们就不去探究它？有一位专家曾经说，文科源自于理科，理科源自于工科。问题是如何从"有研究没学术"或"有学术没研究"推进到"既有研究也有学术"。

三、如何来作研究

怎么去作研究？这是一个很大的问题，要谈论它首先要理清几个概念。科学研究推进的关键词：学科—领域—视角—对象—问题。学科是科学研究的门类，下面可划分为各分支学科和众多研究领域。如广播电视新闻就不是一个学科，它是一个多学科交叉的研究领域。媒介批评、电视批评是一种研究视角，也要借助多学科的研究成果。研究对象不等于研究的问题，问题往往隐藏在研究对象之中。此外还有方法和范式。

托马斯·库恩在他的《科学革命的结构》一书中提出了科学发展过程中的范式理论。他认为科学发展的模式是由一个常规科学传统转变为另一个常规科学传统，两个传统之间的变化即范式（Paradigm）的转换。不同范式之间具有不可通约性（Incommensurable）。范式包括共有的世界观、基本理论、价值取向、方法与工具等与科学研究有关的所有东西。一个学科的研究只有在同一范式里才能展开，才可能形成实质性的对话与传承，才能对科学探索有较大的意义。

暨南大学新闻学研究生倪思洁选取面向业界的论文期刊《中国广播电视学刊》、《电视研究》以及面向学界的论文期刊《国际新闻界》和《现代传播》，对其2001—2010年10年间关于广播电视新闻研究的论文样本进行统计并在此基础上进行归纳分析。她根据样本论文研究立场的不同，将目前我国广播电视新闻研究归纳为建构主义、批判主义和实证主义三种范式（见表9-1）。

表9-1 我国广播电视新闻研究的三种范式

研究范式	建构主义范式	批判主义范式	实证主义范式
研究立场	保守	激进	中立
研究方法	定性思辨方法、实证方法	定性思辨方法	实证方法
研究逻辑	归纳、演绎	演绎为主	归纳为主
研究取向	实务取向、学理取向	学理取向为主	实务取向为主
具体方法	定性案例研究、样本分析、参与式观察等	哲学思辨、定性案例研究等	问卷调查、内容分析、访谈法等

倪思洁发现，目前广播电视新闻研究范式呈现出以建构主义范式为主体，多元范式并存的结构特征。她认为这三种研究范式中还存在着思维束缚、动力不足和规范不够的现象，需引起研究者们的注意。

中国传媒大学周鸿铎教授的文章《传媒经济不是经济学科》就是采用不同的范式来解释同一问题，结果出现了逻辑推理上的错误。对于新闻是不是商品，周鸿铎对此进行了这样的推论："在社会主义国家里，新闻不是商品，这是由无产阶级新闻性质决定的。……从经济学的角度讲，任何一种新闻的使用价值都是为了满足'生产'这种新闻的阶级的自身需要，并不是为了他人。马克思主义的商品理论告诉人们，任何一个商品生产者所生产的使用价值都是为别人而生产的，自己希望得到的只是商品的价值。这就是说，为了满足生产者自身需要的劳动产品不是商品。"① 由此，他推断新闻节目不是商品。但若按照这一论断，该如何解释央视新闻"神六"直播狂赚5亿多元的广告？又如何解释我国购买BBC、CNN的电视新闻节目呢？我在《试论我国传媒经济的研究》一文中运用

① 周鸿铎. 广播电视经营与管理模式. 北京：经济管理出版社，2005. 112.

范式理论找出其学理上的漏洞，进而指出其逻辑上的错误。

我认为，问题是研究的价值基点，概念是研究的逻辑起点。首先要找到需要研究的问题。什么才是值得研究的问题呢？那就是要研究真问题、新问题，而不是旧问题、伪问题。著名数学家华罗庚说，要研究有生命力的数学。照此推理，我们要研究有生命力的新闻传播学。如何才能找到这些有生命力的真问题？我认为要从新闻实践中找，从传媒发展中找，从理论盲区中找，从认识误区中找，从学术争论中找。学术研究要在批评中建构，在历史中反思，在碰撞中突破。研究就是一种创新，走前人没有走过的路。著名科学家周光召认为，创新分为两种，一种是渐进性创新，一种是颠覆性创新。他指出中国目前最需要的是颠覆性创新。

祝建华教授列出大众传播研究中需要规避的“陷阱”和“误区”：①追逐重大事件；②追逐独特现象；③追逐突发事件；④追逐新名词；⑤追逐新媒体；⑥研究单一原因；⑦研究常数；⑧为比较而比较。

李良荣教授列出论文写作的主要步骤：①提出一个真实的、有价值的问题；②寻找理想的研究模式；③将论文中所涉及的概念讲清楚；④进行强而有力的概括。任何论文如果没有概括，就没有价值。

论文有不同类型和不同层次，课程论文主要作学术训练，目的是培养研究意识和学术规范；学位论文分描述性与论述性两种，用于研究者的综合训练和学术评价；学术期刊发表的论文则是体现最新研究成果，是以新观点、新发现为主的理论创新。对于研究和论文，我的体会如下：

（1）学习要取长补短，研究要扬长避短，充分发挥自己拥有的学科知识优势来作研究。

（2）问题是研究的价值基点，概念是研究的逻辑起点。研究范围要适中，注意研究问题的边界。

（3）“他山之石，可以攻玉。”研究在学科的交叉或边缘处较易取得突破，跨学科研究是一种发展趋势。新闻学是文科里的工科，传播学是文科里的理科，各有所长，互为补充。

（4）站起来可以看清一群蚂蚁，蹲下来才能看清每只蚂蚁。研究视角沿着宏观—微观—宏观不断变换，呈“葫芦式”的研究。暨南大学胡文虎教授还提出要注重中观研究，我也认同他这一观点。

（5）缺少新闻一线的“田野调查”，新闻学者不着地气，只能待在空中楼阁里。专家与学者的区别在于：把简单问题复杂化的是学者，把复杂问题简单化的是专家。我希望二者可以相互学习而非彼此对立。

总而言之，我们要遵循学术规范，但不要被它所束缚；我们要掌握研究方法，但要为我所用。我们既要熟练掌握作为分析工具的研究方法，更要从方法论层面思考研究的意义和方向。

四、跨学科研究①

物联网是指通过射频识别、红外感应器、全球定位系统、激光扫描器等信息传感设备，按约定的协议，把任何物品与互联网连接起来，进行信息交换和通信，以实现智能化识别、定位、跟踪、监控和管理的一种网络。物联网的概念是在1999年提出的，意思就是"物物相连的互联网"。物联网给互联网带来的最大变化就是重构人类的信息社会，互联网是人与人之间的信息传播，而物联网是物与物之间的信息传播。物联网的传播学研究，一方面可以激活传播学一些领域的研究，例如组织传播、危机传播、科学传播等；另一方面可能衍生一些新的研究领域或分支学科，这些新的学科领域有可能是自然科学和社会科学的结合体。

1. 开拓组织传播研究新领域

在传统媒体时代，传播学注重大众传播研究；在互联网时代，传播学研究把目光投向人际传播；而物联网的产生，将激活组织传播研究。在传统的组织传播研究中，一切对信息传播研究的最终目的都是尽可能优化组织管理和最终决策。因此人们不论是研究组织结构，还是关注信息管理与控制，抑或组织环境，都在寻找减少组织管理和决策风险的办法。在物联网的射频识别系统、全球定位系统和激光扫描器的运用下，组织管理水平出现了质的提升，有效减少了组织管理和决策的风险。

然而，接踵而至的新问题穿越了人文社会科学和自然科学的疆界。物联网虽然以"物"的形式出现，但归根结底还是由人来掌控的，最终是为人类服务的，它所获得的各种信息都有可能被组织中的"人"知晓，包括组织决策者，这就使组织的权力达到了空前的强大。但人们是否愿意生活中的所有物品甚至包括这些物品拥有者的自己都时刻处于一种被监控的状态？是否应该赋予组织如此大的信息使用权力？"由于任意一个标签的标识（ID）或识别码都能在远程被任意地扫描，且标签自动地、不加区别地回应阅读器的指令并将其所存储的信息传输给阅读器，要保证国家及企业的机密不被泄露，还要确保标签物的拥有者个人隐私不受侵犯，将成为物联网识别技术的关键问题。"② 事实上，这一问题正在引起更大范围、更深层次的讨论。

---

① 谭天．物联网激活传播学跨学科研究．中国社会科学报，2012－04－18．

② 王晓静，张晋．物联网研究综述．辽宁大学学报（自然科学版），2010（1）：39．

2. 促进学科交叉与综合研究

物联网的应用还使整个危机传播和应急管理前移，基于物质世界的即时感应使得危机信号传播迅速提前到灾害发生之前，使人类应对灾害时，在预警、防范和应变等一系列环节上更具主动性和科学性。2007 年 10 月，日本的传感型地震预警系统正式投入使用。2011 年 3 月 11 日 13 时 46 分，日本发生 9.0 级地震并引发海啸时，传感型地震预警系统迅速发挥作用。但地震预测系统与应急管理系统尚未完全对接好，由此引发的核电危机等次生灾害让人们始料不及。突发的自然灾害引发的复杂社会问题摆在传播学者面前。

因此，政府如何把握信息公开（大众传播）与应急管理（组织传播）两个系统之间的耦合成为迫切需要解决的课题。要做到防灾救灾和信息管理的有效性，还需要物质世界与人类社会科学多界面、多系统的良好对接和协作，自然灾害预警系统（物联网信息传播）—政府应急管理系统（组织传播）—媒介与公众社会系统（大众传播），都需要建立信息转换的理论模型和操作系统，这就需要包括传播学者在内的各学科之间的通力合作，联合攻关。

需要指出的是，“人—物信息社会”的重构绝非只靠物联网，而是指包括物联网、移动网和传统互联网所构成的新一代互联网。过去，通信业和 IT 业是我国传播学较少关注的领域。物联网的加入，使信息传播实现从可看发展到可用、从认知上升到感知，传播学研究也从社会科学领域延伸到自然科学领域，危机传播与应急管理、组织传播与信息技术、科学传播与科技应用等重大课题，关系国计民生和人类福祉的综合性问题都会纳入传播学研究的领域。我们必须建立增强国家综合创新能力的研究范式，同时采取各种有效措施，启动传播学研究“综合创新工程”。而这一系统工程至少包括以下学科交叉和理论融合：云计算与云传播、信息科学与虚拟社会、核物理与传播裂变、生物科学与传媒生态、形式逻辑与价值逻辑……自然科学与社会科学从来没有像今天这样关系密切。

3. 跨学科研究平台：以国外为鉴

传播学是 20 世纪 30 年代以来跨学科研究的产物，物联网的发展更强化了这一趋势，以“解决问题”为中心的跨学科（交叉学科）研究模式正好适应了这一要求。对于如何通过跨学科学术组织构建跨学科研究平台，以应对物联网发展提出的研究要求，国外的一些做法值得我们学习和借鉴。

美国斯坦福大学创新科研运行机制，建立跨学科研究特区，建立了 12 个独立科研机构，其中工程类 5 个，人文社会科学类 7 个。独立科研机构由学校直接管理，虽与校内其他机构有一定的合作和联系，但不受学院学系的行政和学术文化的控制及束缚。独立科研机构以项目为导向，聚合多学科人才，产出了卓越的科研成果。麻省理工学院的虚拟跨学科组织以其高效的运行机制而受到国外许多大学的青睐，成为当前大学一种新型的研发和教育模式。它是围绕特定目标、基于成员共同兴趣连接起来的一个组织边界模糊的动态联合体。它没有自己的专门研究队伍、试验设备和工作场所等研发资源，只借助于信息技术这根无形的纽带相联结，将自己所不擅长的一些非核心业务、难以驾驭或难以把握的辅助业务，通过契约方式外包给专业机构，其实质是在充分发展自身核心竞争力的基础上，实现以最少成员、最低投入、最快速度、最优质量争取最大效益的目标。日本名古屋大学的流动型教育和研究系统则是另一种模式。该系统的基本理念是以研究生院作为教育和研究的中心，建立由领域专业群和复合专业群组成的流动型研究生教育体系，以此体系作为教育和研究的基干组织，同时，与产业界积极协作，构建周边战略研究组织。

总之，物联网的出现及因此形成的新一代互联网为传播学跨学科研究构建了一个更加广阔的平台，既可以营造一个仿真度很高的媒介拟态环境，让研究者展开种种传播学模拟实验，又可以建造一个集成多学科多专业、跨领域跨区域的虚拟实验室，节约研究成本，提高研究效益，更重要的是它还可以打破高校行政壁垒和学科门户隔阂，营造充满生机活力的跨学科研究氛围和学术环境。因此，我们期待着物联网激活传播学的跨学科研究。

第二节　应该注重质化研究

一门成熟的学科应包含基本理论和研究方法两个方面。我国新闻学研究从传统的人文思辨为主导，到20世纪80年代引入西方传播学，新闻学和传播学日渐交叉、融合，由此进入了新闻传播学研究的新阶段。与此同时，新闻传播学开始广泛吸纳多种周边学科的研究方法，特别是社会科学的研究方法，大大提升了学科的研究层次和学术规范以及研究的科学性。其中一个重要标志就是实证主义定量研究日益得到重视和应用。然而，思辨式研究仍然大行其道，强调以经验为基础的质化研究却没有得到足够的重视，这对于新闻传播学研究可以说是一个不可忽视的缺陷。

一、质化研究，我国新闻传播研究的软肋

在我国传统新闻学的研究中，哲学式思辨一直占据着主导地位。一方面，由于人文思辨在我国有着悠久的历史传统；另一方面则是对实证研究认识不足，加上技术手段、经费短缺等客观条件的限制，思辨式研究深受新闻学研究的青睐。

这种状况直到20世纪80年代初因为传播效果与受众研究的实用性及与商业社会有着密切的联系，国内才开始掀起受众调查和定量分析的热潮，定量研究日益得到重视和推广，自此开创了中国新闻传播实证研究的新局面。

定量研究被提升到“科学方法论”的高度并被普遍认可，这要追溯到1987年祝建华教授在《新闻学论集》第11辑发表的文章《传播学量化研究方法的科学来源》。在这篇文章中，祝建华把科学方法论尤其是科学方法论中的定量研究方法带入传播学研究视野。他提出传统的研究方法——哲学思辨、历史求证、法规判别——已不能适应科学研究深入发展的客观需要，而必须代之以新方法。[①] 20世纪90年代以后，随着实证研究方法的不断完善以及社会科学研究的不断深化，有着多变量、多因素、多层次复杂的动态系统的社会现象已经不是只用定性研究就可以准确描述的，量化分析的实证性、精确性、客观性使得人们深感定量研究在新闻传播学研究中的必要性和优越性。定量研究被看得越来越重要，并作为研究科学化的重要手段得到强调，定量研究的成果不仅在国内新闻传播学重要学术期刊中有着大量体现，在新闻传播教学中也被放置在重要地位。

定量研究和定性研究是实证研究的两大类型。定量研究（又称量化研究，Quantitative Research）是指通过对事物进行数字化的测量和分析，以检验研究假设的科学方法，主要包括调查法、实验法、内容分析法。而定性研究则是一个比较复杂的概念，实际上，它包括了所有“非数量统计”的研究，既包括讲述事实的归纳式的实证研究，也包括讲究逻辑的、演绎式的纯理论研究（思辨研究）。因此，学术界也把前者视作实证研究并命名曰质化研究（Qualitative Research），这是一种判断、分析各类事物性质和属性的研究方法，主要包括田野调查、文本分析等方法。

为探究我国新闻传播学运用研究方法的现状，本文以代表性的学术刊物为取样对象，选定《新闻与传播研究》、《国际新闻界》、《现代传播》为样本刊物，采样的时间跨度为2007—2009年三年。为进一步缩小样本量，本研究采用“排除法”对“研究”样本进行筛选，排除了：①缺乏研究方法的文章；②个人或单位业务经验总结的文章；③有宣传性质的业界活动介绍的文章；④从某一新闻事件出发进行述评的文章。据统计，本研究采集到的样本数量共1 122篇。其中《新闻与传播研究》204篇，《国际新闻界》330篇，《现代传播》588篇。下表是使用各种研究方法的论文数量。

① 陈力丹，王亦高. 我国新闻传播学量化研究的艰难起点——以20世纪80年代新闻传播学三种期刊为例. 当代传播，2009（2）.

表 9-2 三种期刊使用研究方法的论文数量

刊物	量化研究	质化研究	思辨研究	现存资料分析
《新闻与传播研究》	41	16	60	87
《国际新闻界》	43	21	105	161
《现代传播》	33	83	284	188

通过对不同期刊进行比较后发现，2007—2009 年这三年内，《新闻与传播研究》共刊载论文 204 篇，其中实证性研究论文数量为 57 篇，占总论文数的 27.9%，思辨研究为 29.4%；《国际新闻界》共刊载论文 330 篇，实证性研究论文数为 64 篇，占总论文数的 19.4%，思辨研究为 31.8%；《现代传播》共刊载论文 588 篇，其中实证性研究论文和思辨性研究论文数分别是 116 篇、284 篇，所占比例分别为 19.7%、48.3%。三份期刊上实证研究的论文数占总论文数的 19% ~30%，可见实证研究方法的采用度要远小于思辨研究和现存资料分析方法。

表 9-3 2007—2009 年使用各种研究方法的论文数量

年份	量化研究	质化研究	思辨研究
2007 年	33	39	168
2008 年	41	53	175
2009 年	43	28	106

而从这三年的发展来看，2007—2009 年采用量化研究的论文数占实证研究总论文数的比例分别是 45.8%、43.6%、60.6%，量化方法呈现出缓慢上升的趋势。质化研究与思辨研究则都出现了一定的下降趋势。质化研究 2007 年在实证研究中所占比重为 54.2%，而到 2009 年只有 39.4%，这可以在一定程度上说明质化研究没有受到足够的重视和广泛的应用。

从具体方法来看，无论是《新闻与传播研究》、《国际新闻界》还是《现代传播》，在量化研究方面，都表现出使用实验法远少于内容分析法和调查法的状况。这三份期刊三年采用实验法进行研究的论文数仅为 5 篇，使用内容分析法和调查法的论文数则分别为 62 篇、50 篇；而在定性研究方面，文本分析法被采用的次数最较多，田野调查法则很少被使用，只有 16 篇，占到量化研究论文总数的 13.3%。所以，在利用第一手资料进行实证研究，研究者实地收集资料的方法上，目前新闻传播学研究还是更倾向于从现有的文献和第二手资料入手，而对需花费较多时间、资金和精力进行实地考察和资料收集的实验法、调查法（主要是问卷调查法）、田野调查法利用率都偏低。

总之，尽管国内新闻传播学界对于实证主义研究方法的使用在近几年内表现出了逐渐上升的趋势，但从整体来说还是偏重于对已有材料进行思考分析、提出对策，如文本分析法、内容分析法、文献分析法、历史研究法都被较多使用。而注重对第一手资料进行挖掘的实验法、深度访谈、田野调查法严重缺失的情况，并未受到应有的重视。这一方面因为从第一手资料出发的研究当前尚缺乏足够的人力、财力投入；另一方面也与大多数研究者对于定性研究的认识不足，忽略了质化部分，将其等同于思辨研究有着密切的联系。

二、质化研究让新闻传播研究产生质变

在目前的新闻传播学研究中，定性研究一般是指没有原始资料作为基础，主要采用形而上的思辨方式的研究。由此可见，尽管量化研究的水平在逐渐提升，但我们对于定性研究的认识仍囿于解释性理解的人文学科传统。定性研究还因常被批评为“非科学性”和缺乏信度，在发展中遭受很大阻力，其包含的观察、访谈等方法甚至仅仅被当作调查的辅助手段来验证调查结果，失去了应有的重视和作用。如有学者指出，我国目前从事的大部分定性研究基本上没有系统收集和分析原始材料的要求，具有较大的随意性、习惯性和自发性，发挥的主要是一种议论和舆论的功能。① 究其原因，主要在于把思辨研究和定性研究混为一谈了。

思辨研究不能等同于定性研究。思辨研究是以逻辑推导的方式进行的纯理论、纯概念式的一种研究方法，主要用于理清基本概念、确定基本制约因素、建构理论体系等方面。思辨研究往往不以原始材料为基础，依赖的是一种形而上的思辨方式，研究结果自然也表现出思考式、哲学式或指示性的特点。因此，以思辨研究为出发点，仅仅依靠在资料整理基础上的逻辑推导，来解决纷繁复杂的新闻传播学问题，尤其是有着事业性和产业性双重属性的中国传媒发展中的各种实际问题，难免会力不从心。

尽管都是强调对社会现象的意义进行理解和解释，但定性研究不仅注重思辨式思考，也包含实证的方式——质化研究，这使得定性研究无论是在本体论还是在认识论角度，从材料收集、选题类型到研究结果的表达方式都不同于思辨研究。质化研究作为一种方法思潮、方法运动可以追溯到 20 世纪二三十年代。

① 陈阳．大众传播学研究方法导论．北京：中国人民大学出版社，2007．

1883年，德国学者狄尔泰（Delthey）在其《人文科学导论》一书中提出要用人文世界的经验性“理解”（Verstehen）来取代人文科学效仿自然科学的因果性解释。质化研究实际上是这样一种方法：“以研究者本人为研究工具，在自然情境下采用多种资料收集方法对社会现象进行整体性探究，使用归纳法分析资料和形成理论，通过与研究对象互动对其行为和意义建构获得解释性理解。”①

质化研究要求研究者深入实地去体验生活，采用多种方法，如开放性访谈、焦点团体访谈、参与型和非参与型观察等方式收集所需资料，然后在资料的基础上通过自下而上提出问题进行研究。例如，在我国土地革命时期，毛泽东通过深入基层调查研究所撰写的《湖南农民运动考察报告》就是一个具有革命现实意义的质化研究。他在后来还提出“没有调查研究就没有发言权”、“没有正确的调查同样没有发言权”的重要论断。尽管他的调查还不完全符合学术规范的科学研究，但他深谙质化研究和实地调查的精髓，即“在田野工作中，博学的、专家的研究者从此变成了老老实实的小学生，话语场的权力自此发生了根本性的逆转”②。基于质化研究要求收集资料的实地性和长于对个别现象或事物进行细致入微的描述和深入理解，因此，强化质化研究对于我国新闻传播学研究具有十分重要的意义和价值，这主要体现在：

第一，新闻传播学中的某些重要问题不可量化，质化研究十分必要。当新闻传播学研究中一些重要问题不可能进行量化或完全量化的时候，比如品牌传播研究中的影响力、电视传播研究中的绿色收视率等，质化研究就显得更为必要。例如，量化研究可以分析媒介产品对受众产生了何种影响、受众的媒介使用习惯如何等，但时至今日，中国传媒业发展中的一些重大问题不能简单地归结为几组数据统计，从而找到唯一的答案。如应对激烈的市场竞争，媒介融合的概念存在许久，早已成为新闻界的一大热门话题，但是媒介融合的进程并没有想象中那样顺利。“三网融合”现也开始试点，融合的瓶颈在哪？如何真正做到互融互通？这些都不是定量分析和思辨研究所能解决的，需要深入一线了解多方博弈的利益所在，需要深入实地考察现行规制下的传媒才能指出症结所在。对于我国的新闻改革和传媒发展，改革发展越深入，遇到的中国特色问题就越多，越应重视质化研究。

第二，质化研究有利于新闻改革的深化和传播系统的认知。传媒业作为整个社会大系统中的一个子系统，其改革的进程不仅受到新闻事业整体改革进程的影响，还受到整个国家宏观政治体制改革大环境的制约。因此，中国传媒业可以说

---

① 陈向明．质的研究方法与社会科学研究．北京：北京教育科学出版社，2000.12.

② 秦金亮，李忠康．论质化研究兴起的社会科学背景．山西师范大学学报（社会科学版），2003（3）：20.

是一个牵扯多方面因素的巨大的复杂系统，对其存在问题的解决需要有深刻的认识才能做到对症下药。质化研究立足长期深入到实地进行考察、收集资料的基本要求，正是目前我国新闻传播学学术研究所欠缺和必需的。尽管定性研究在美国传播研究中长期受到压制，对中国新闻传播学产生不可避免的影响，但是基于我国新闻传播研究的复杂性和独特性，质化研究与量化研究具有同等重要的作用，在某些方面甚至是最重要的方法。

例如，在人类学研究中，田野调查长于了解特定人群及其文化，它要求通过进入特定群体的社会，与他们进行长期的互动接触和移情理解来获得特定人群的语言、行为方式和事件的意义。这种研究方式也十分适用新闻传播学研究，我们通过对层出不穷的传播现象和特定群体创造的文化表现形态的观察，可以验证我们的理论假设或对原有理论进行进一步的补充或重新阐释。如《现代传播》2007 年第 6 期刊载的《从农村互联网的推广看创新扩散理论的适用性》就通过对重庆市潼南县和北京市平谷区两个农村地区互联网推广和应用的调研，探讨了在中国农村特定的经济和技术环境下农民采纳和使用互联网技术的特点，并据此对创新扩散理论进行了反思。

三、质化研究应注重操作规范性

"研究者的方法论立场与所使用的方法如果科学，那么该研究的结论与发现科学的可能性就比较高，如果方法论与方法存在问题，研究结论则无疑必然受到质疑。"[①] 毫无疑问，合适的方法和得当的使用对新闻传播学研究至关重要。质化研究无疑十分适用新闻传播学的本土化语境和我国传媒生态这一复杂系统的分析，但切不可以因此忽略质化研究的规范性和可行性。作为科学研究方法的一种，质化研究也要求研究者必须采用标准化、规范化的手段，如材料理论之间要有往复循环的研究思路，收集和整理资料要遵守共同的学术规范等。同时也要十分注意质化研究的应用范围和研究对象，在质化研究的应用中要知其然更要知其所以然。在进行分析的三种期刊中，我们发现：

在资料分析的复杂程度上，2007—2009 年这三年的研究论文中，简单统计分析法的运用率最大，高达 86.3%，其中频数分析、简单线性回归、交互分析使用频率最高。而采用了高级统计分析法的论文共有 26 篇，所占比例仅为 13.7%，并且基本只是使用因子分析法、多元回归分析法（见表 9－4）。此外，统计结果还显示，目前无论是定量研究还是定性研究，在研究的规范性上尚为欠

① 朱志勇. 教育研究方法论范式与方法的反思. 教育研究与实验，2005（1）：10.

缺。在量化研究方面，较多研究者在进行论证前并无研究假设即采用问卷调查法，有一些还出现了样本选择较为随意的情况，大大影响了研究结果的准确性、科学性和代表性。而在田野调查中，研究者的个人倾向、进入现场和访谈的方式、典型样本的选择等都会对研究结果产生极大的影响，研究的信度和效度检验的缺乏使得研究的科学规范性大打折扣。

表 9－4　三种期刊运用资料分析方法进行研究的论文数量

刊物	高级统计分析法	简单统计分析法
《新闻与传播研究》	16	25
《国际新闻界》	6	37
《现代传播》	4	29

所有的研究都必须符合质量标准，即评估计划可信度的标准。尽管质化研究不存在一套普适的、固定的、所有研究者都应该遵守的规范，但是为了提高研究的质量，质化研究已经引入定量研究中的“信度”、“效度”等概念，对问题的提出、研究设计、进入现场、建立研究关系、资料的收集和分析、形成结论和建构理论、成文的方式、衡量研究的质量等各个环节都提出了严格的要求。

“信度”是指不同观察者或同一观察者在不同场合对事例进行分类的一致性程度。“效度”是指对叙述所表示的社会现象进行阐释的准确程度。[①] 为了尽可能控制样本选择以及资料收集和解释过程中过多的随意性，质化研究应该着重解决两种经常被提及的更为宽泛的效度威胁：研究者的偏向和研究者对被研究者的影响。研究者的偏向主要表现在研究者倾向于选择那些符合研究者已有的理论或者预期的数据以及选择那些引起研究者注意的结果，而研究者对被研究对象的影响也同样因为研究者自身的主观性难以避免。具体来说，研究者应该尽可能不断地到研究现场去，进行持续的观察和访谈，这样才能保证资料都是直接获得而不是依赖推断获得，这样的方式同时有助于消除研究中的虚假关系和不成熟的理论。在研究过程中，研究者应当尽量尝试找到别的个案来检验初步假设，通过反复比较检验以保证各部分资料都适用于结论。此外，研究者可以寻找并分析与预想不一致的资料和异常个案，时刻保持自己的客观意识，检查是否存在偏见和假设以及逻辑或方法的不足。最终的研究结果还可以系统地请求被研究对象对其作出反馈。而在提高质化研究信度的问题上，研究者有必要对研究的方案和采用的

---

① ［英］大卫·希尔弗曼. 如何做质性研究. 李雪，张劼颖译. 重庆：重庆大学出版社，2009. 180.

研究方法进行详细的说明。研究方案包括质化研究的大致原则和具体要求，研究方法包括如何进入现场，收集、整理和分析资料，处理伦理道德问题以及退出研究现场等方面的内容。研究者还应该对研究现场和研究对象的抽样过程以及资料的收集和分析步骤进行公开，并阐明进行分类时遵循了一致性原则。

新闻传播学不仅仅是要验证“是什么”，更要回答“为什么”这一根本问题。发现问题的本质所在才是研究的宗旨。量化研究侧重于在宏观层面上通过可量化的部分对事物进行大规模的调查和预测，具有精确性和概括性。质化研究则长于在微观层面上对个别事物进行细致的描述和分析，以求发现问题或提出新的看问题的视角。所以说，质化研究可以在某种程度上弥补自身分析欠缺精确性、研究没有同一程序、难以建立公认的质量衡量标准的问题，而质化研究可以解决量化研究局限于表层信息、无法获得具体深入问题本质的弊端。由此可推断，质化研究和量化研究在新闻传播学研究中是可以互为前提、互为补充的。

“质化研究的跨学科背景反映了社会科学在研究方法上共性与个性的统一，体现了社会科学在新时期特有的时代精神，从方法学层面昭示着社会科学新的交叉、融合、整合的趋向。”① 优势互补注定了量化研究和质化研究更为有效地结合，这将是新闻传播学实证主义研究方法发展的一个趋势。但两者结合将要面临的认识论上的冲突、评价研究质量的标准不一等问题还需要研究者在操作中多加留意和协调。

随着新闻改革的逐渐深入，我们将遇到的具有中国特色的问题会越来越多，质化研究也就越发重要。但量化与质化二者都不可偏废，毕竟当下我国新闻传播学研究中，实证研究应用不足、实证研究不够规范等问题仍然比较普遍，我们仍需继续加强量化研究，科学严谨的思辨研究也不应被排斥。不同的领域、不同的问题需要采用不同的研究方法。结合新闻传播发展的实际需要，充分发挥量化研究和质化研究、实证研究和思辨研究各自的优势。与此同时，“新闻传播学在研究方法上的整合方向，除了证实研究的量化分析与质化分析的结合外，更为长远的整合，应该是人文—历史—哲学的思维方式与‘科学方法论’的思维方式的结合”②。唯有如此，才能更好地为新闻传播学科发展和中国传媒理论研究服务。

---

① 秦金亮，李忠康. 论质化研究兴起的社会科学背景. 山西师范大学学报（社会科学版），2003（3）：25.

② 陈力丹. 新传播技术条件下我国新闻传播学的视野——2010年新闻传播学研究有感. 新闻战线，2011（1）：21.

第三节　电视批评与学术随笔

电视批评可以是旁征博引的长篇大论，也可以是短小精悍的随笔，学习鲁迅先生的杂文，如同匕首投枪般直指弊端。

一、冷眼看凤凰

时下中国电视中属凤凰卫视最火，“凤凰现象”、“明星机制”、“打造品牌”等赞美之词充斥各种报道和评论，甚至在我们的学术讨论中也不乏溢美之词，其中对凤凰卫视的低成本谈话节目更是推崇备至。我认为凤凰卫视的成功是毋庸置疑的，但问题是不少人不能对其成功的原因作出正确的判断和分析，不知道我们应该向凤凰卫视学什么。就如凤凰卫视的直接投资几乎为零的谈话节目，以及午夜时分的电视评论节目《时事开讲》创下广告新高，令许多内地电视人称羡不已，许多电视台纷纷仿效，有些台长甚至会理直气壮地对下属说：你们不要老是说节目经费不足！你们该学学人家凤凰卫视是怎样“空手套白狼”的！于是各台纷纷开办起低成本的谈话节目，卷起新的一轮“克隆风”。

凤凰卫视果真是“空手套白狼”吗？不错，凤凰卫视的《时事开讲》、《有报天天读》等谈话节目的直接投资几乎为零，从表面上来看，最多是给演播室里的主播和时事评论员添置了两把椅子，这似乎就是栏目唯一的投资了。可问题并没有这么简单，我们有没有算过它的间接投资呢？有没有算过它高薪聘用的名主播、名评论员呢？（凤凰卫视一个名主播的年薪往往高于内地电视台一个栏目全年的经费）有没有算过它为这些明星包装和大力推介的投入呢？（内地电视台是不能太突出个人的）有没有评估过凤凰打造品牌而积累的无形资产价值？反观不少内地电视台，侧重节目财力、物力上的直接投资，而忽略电视资源上的优化配置与开发利用，尤其是人力资源及无形资产上的投入，往往导致节目发展空间有限、后劲不足。香港地域不广，电视资源并不丰富，在香港能说普通话且能做节目的人没几个，但是凤凰卫视却能做到人尽其才。凤凰卫视人气指数极高的时事评论员阮次山叹道：这个台用人太狠！连凤凰卫视高层也不得不承认这实属无奈之举，但这恰恰是他们审时度势的一种明智选择。而我们的媒体更多的是盯着那些浮光掠影的节目主持人，而没有认真地坐下来研究主持人节目，研究谈话节目的节目形态、视听构成、传播特性、主持人角色定位以及节目的包装与推介。

地处香港的凤凰卫视，其新闻资源十分丰富。蔡雯教授认为，新闻资源包括新闻环境资源、新闻信息资源、新闻受众资源和新闻媒介资源四大部分。其中新闻环境资源包括政策资源、经济环境和文化环境。凤凰卫视拥有内地所没有的政治空间、经济发达地区的开放意识和内地、香港、台湾的人文资源。首先是政策资源，一个电视新闻评论节目居然可以直播，不用审片，这在内地电视台简直不敢想象。对此，东方卫视有着比较清醒的认识，他们认为中央台是“谁在说”，凤凰台是“说什么”，他们根据自身的实际情况把节目定位为“怎么说”。“各地区的经济环境和文化环境也是有差异的，比如我国东南沿海地区的经济比较发达，人们的思想观念也相对开放一些，生活消费水平较高，文化生活更加丰富，这种经济和文化环境为新闻媒介提供了比其他地区更丰富的经济、财经、文化报道的素材，也促使新闻媒介更加重视新闻报道的开放性和现代性。”① 香港作为一个东西方文化交汇的国际大都市，为凤凰卫视提供了一种全球化视野和多元化的文化资源，给他们的谈话节目以丰富的话题和广阔的空间，这也是许多内地媒体不可比拟的，这些就是凤凰卫视的谈话节目制胜的法宝。如果我们不认识到这些，只盯着节目表面上的直接投资，“不顾自己的实际情况滥开谈话节目，那么就是‘东施效颦’，学了皮毛而丢掉精髓”②。

那么，我们应该向凤凰卫视学什么呢？凤凰卫视是不可复制的。凤凰卫视的新闻理念，创新善变、人文关怀、灵活的机制和强大的整合能力等，这些才是值得我们关注和学习的。凤凰卫视对中国电视深层次改革的触动，更是值得我们去反思和研究。

二、有创新就有出路？

近年来，中国电视呈现出一种十分热闹的景象，一方面，电视节目不断地推陈出新，新的节目形态层出不穷；另一方面，不少火爆一时的节目备受社会指责，或是被广电总局禁播，或是被主流媒体痛批，例如从《第一次心动》到《非诚勿扰》，从电视选秀到电视相亲。我们的电视节目创新到底怎么了？当我向新闻学的学生们提出这个问题的时候，他们几乎不假思索地回答：低俗化！导向有问题！我追问：为什么会导致低俗化？为什么会产生错误导向？学生们往往一脸茫然。问题的思考应该从它的逻辑起点开始。

电视媒体为什么热衷于节目创新呢？首先是为了电视收视市场竞争的需要。

---

① 蔡雯．新闻报道策划与新闻资源开发．北京：中国人民大学出版社，2004．

② 谭天．冷眼看凤凰．声屏世界，2005（2）．

电视的收入依赖广告，广告创收取决于节目的收视率。那么，收视率是怎么来的呢？它是基于电视节目收视人口的一个统计学测量。众所周知，中国电视的受众群是相对低端的，低收入、低学历，整体上来看文化素质和教育程度都不高。因此，电视节目要提高收视就要取悦这部分观众，就要别出心裁、想方设法来迎合他们。于是，电视媒体纷纷掣出奇招、怪招、险招，用个性化、另类化甚至打“擦边球”的节目创新来吸引眼球，策划者无所不用其极，甚至剑走偏锋，置媒体的社会责任而不顾，挑战伦理道德底线，挑战社会主流价值。因此，从节目创新的逻辑起点来看，创新的出发点是商业利益的驱动，创新的目的是为了吸引眼球，是做注意力。

然而，在传统电视相对过剩的传播渠道（频道）中，内容变得相对匮乏，内容生产的成本日益增加，给电视媒体的运营带来很大的压力。于是，电视人企图通过形式的创新突出重围，一时间，大量国外优秀的电视节目形态被引进，连同它们所挟带而来的西方文化及价值观。而由于我国电视研发水平低、投入不足，只好靠抄袭国外节目，但在移植过来之后又没有很好地吸收、改造，于是把精华与糟粕一股脑儿搬到我们的荧屏上。如《超级女声》，其把传统电视选秀的“秀”选手变为“秀”评委，由比歌手的专业变为比评委的点评，有些评委还不惜以出位的言论来吸引眼球，而电视台也乐于坐享收视率攀升之利。湖南卫视尝到的甜头启发了其他电视台，于是电视节目创新纷纷由“节目策划”转向“活动营销”和“话题营销”。

在当今由网络和手机所构成的新媒体生态中，拙劣的炒作和高超的营销混合形成强大的传播力，使电视节目在较短时间内迅速走红。“互联网不仅提供各种信息内容和媒介产品，而且融合各种传播方式，链接各种传播媒介。在这里面，意见领袖之间的互动、公众之间的互动、意见领袖与公众之间的互动，使得传播信息得到放大，传播能量得到倍增，而且是成几何级数的增加，从而产生传播的裂变，释放出巨大的传播能量，形成强大的传播力。”① 然而，水能载舟也能覆舟，互联网作为电视传播的加速器，既可以令电视节目一夜走红，也可以让它迅速衰败，节目创新遭遇“滑铁卢”！

当今电视台坚信，不创新就没有出路。问题是有创新就有出路吗？创新的失败除电视台自身的因素之外，客观、公正、专业的评价体系缺失也是一个重要的原因。例如，某导演拍了一部还不错的专题片，某学术期刊为此组织了9篇批评文章，清一色的高度评价，清一色的表扬。至于吗？不就是一部指令性的宣教片

---

① 谭天，郑爽. 新媒介生态下的电视传播模式——以《百家讲坛》为例. 国际新闻界，2009（7）.

嘛，它在中国纪录片史上能大书一笔吗？至于如此连篇累牍地去吹捧它吗？据说，该刊物因此得到了资助。虽然如今办刊不易，但也犯不着如此兴师动众吧。又如，江苏卫视的《非诚勿扰》异常火爆，于是也组织了一场学术研讨并在某学术刊物上发表了多篇评论文章，依然是一派表扬：好！好！好！就是好！几乎听不到批评的声音。然而，《非诚勿扰》挑战主流价值观的话题营销终于惹怒了广电总局和主流媒体，《人民日报》和新华社联手发文狠批它。反观学术界，我们的电视批评哪里去了？这里的"批评"是一个中性词，应该是有褒有贬。然而，如今的电视批评已演变成电视表扬。

电视批评这"软柿子"好捏，连赵本山他老人家也来凑热闹，搞了一个研讨会，请来了专家教授。有一位教授很客气地提了一点批评意见，结果激怒了赵大爷，一顿怒斥让教授招架不住：您不是说要听批评意见吗？错！批评即表扬！这潜规则你还不懂？老人家花钱是买表扬的你还不懂？呜呼！电视批评变成了电视表扬。独立的批判精神何在？科学的评价体系何在？权威的学术期刊何在？

当今中国电视节目的创新之路可以说是"千军万马过独木桥"，都在抢占收视市场的"红海"中血拼，在此过程中为求新求变而不择手段，不惜以大胆出位的言论和内容来吸引眼球。国外优秀电视栏目的生命周期都比较长，因为节目研发的成本要比品牌维护的成本高得多。反观我国电视频繁推出新节目或全新改版，既守不住寂寞也找不到良方，往往把孩子和洗澡水一股脑儿泼出去。江苏广播电视总台阚乃庆对此深有体会："我们在以变求胜的急切与功利面前，还要有一份自信、坚守和包容，不能把'变'作为解决所有难题的万能解药，要自信、自主、自觉，大气、大度、大方，以一种昂然与超然的姿态，为人民娱乐，为人民服务。"① 笔者认为宜把最后一句改为：为受众服务，向社会负责。唯其如此，才能回到电视节目创优的正道上来。

三、"帮忙"节目帮啥忙?

近年来，各地电视台纷纷办起了"帮忙"节目，我国电视荧屏继"选秀热"、"相亲潮"之后，又刮起了"帮忙风"。不少电视人咨询我对"帮忙"节目的看法，其中一些人不无担心地问，此类节目到底能走多远？问题无非两点：一是"帮忙"节目到底该不该办？二是如果可办，如何才能办好？

要回答这些问题，我想还是要回到原点：电视台为什么要办这类节目呢？我想无非源自两方面的需求：一方面，2002 年发轫于江苏南京的《南京零距离》，

---

① 阚乃庆．应天时接地利顺人和——美国电视创新密码的解读．声屏世界，2009（6）．

在我国掀起了一股电视民生新闻热。如今民生新闻已经走过了9个年头，收视增长已不再强劲，同质化、浅层化、琐碎化已让观众逐渐产生审美疲劳。有人说电视民生新闻在褪去了最初的繁华之后已步入“后民生”时代。2005年7月11日，广东南方电视台《今日一线》改版时增加了《记者跑腿》的环节，名曰：“鞍前马后、服务到家”，强调电视记者对新闻事实的积极干预，记者的角色由“代言”变为“代劳”。四川电视台的《帮忙》也是脱胎于2007年民生新闻栏目《非常新闻》中推出的一个板块，当时取名为“胖姐帮忙”。

另一方面，处于转型期的中国，各种社会矛盾凸显出来，如征地拆迁、劳资纠纷、劳动就业、社会治安、群体性冲突等，在当今中国社会频繁出现。这些事情就给“帮忙”节目提供了丰富的内容，给电视媒体“介入式”报道提供了大量的素材。于是乎，各地电视台陆续创立了集“维权帮忙”于一体的服务类节目，如《范大姐帮忙》、《小强热线》、《帮女郎》、《陆姐帮忙团》、《帮女郎帮你忙》等，这些“帮忙”节目无不高擎“关注民生、服务大众”的大旗，乍一看似乎节目的宗旨和定位已非常明确，就是给老百姓帮忙，其实并不尽然。

2008年10月18日，安徽电视台经济生活频道新创大型热线帮忙栏目《帮女郎帮你忙》正式开播。作为全省第一档民生“帮忙”类栏目，《帮女郎帮你忙》栏目以其独具特色的内容定位、全新的演播形式和独特的微博直播环节迅速抢占合肥市场，收视率、市场份额不断被刷新，再加上强有力的市场推广，显示了强劲的上升势头。江苏城市频道的《石头会说话》也是一档专门处理老百姓各种投诉的维权服务栏目，从南京市网和江苏省网的收视调查可以看出，《石头会说话》所在时段收视率都有明显的提升。拉动收视率，抢占市场份额，“帮忙”节目实质上还是帮电视台的忙。

按理说帮电视台的忙也没错，电视台也要讲生存、讲市场。但我们也要清醒地看到，在市场导向下的“帮忙”节目逐步暴露出自身的缺陷和存在的问题：①题材雷同、内容单一；②视野狭窄、限于表象；③角色错位、侵犯隐私。例如，有一个帮忙节目叫《我想复婚》，求助人因为家庭矛盾和妻子离了婚，但是后来他后悔了。于是求助栏目帮他劝回妻子，看能不能复婚。为了完成这一任务，记者给求助人支招，让他买了玫瑰花和戒指去向前妻求婚。显然，这些情节是记者为了节目好看而进行的干预。于是，有些反映问题的求助者跟记者说“我们打你们栏目热线是想请你们帮忙，但不要你们的采访”。试想，一个记者不能采访岂不是丢掉最起码的工作权利了吗？由于不恰当地夸大媒体功能，也使得观众误认为媒体无所不能。有些求助人甚至要挟道：“你们电视台再不来解决,.我们就要上访去了。”如此，“帮忙”节目陷入了它力所不能及的困境。

中国传媒大学新闻学院院长高晓虹表示，无论是“相亲潮”、“婚姻秀”还是“平民选秀”，都用事实告诉大众，年复一年缺乏新意的节目模式，才是走向低谷的症结所在。有学者认为，“帮忙”类节目实际上是民生新闻发展到一定阶段之后的一种创新和延续。我不认为“帮忙”节目是拯救民生新闻的良方妙药。当前我国民生新闻的发展走到了一个十字路口：向右转——更加娱乐化；向左转——更加新闻化。服务类节目和新闻类节目还是有本质上的区别：前者关注个体，服务市民；后者干预社会，影响公众，以推动公平、正义和进步为己任。

“美丽帮女郎，天天帮你忙。”帮忙团成员以邻家小妹的形象淡化记者身份，零距离接触新闻当事人。记者介入采访报道的两个核心要素，表现在记者的在场和参与两方面。这种“我在现场，我在参与”的表达方式，让帮办成为了帮忙的一个符号，成为栏目的品牌象征。“帮女郎”的过程展示也符合电视收看规律，能否帮到忙？如何去帮忙？整个过程充满了悬念。然而，这种“越俎代庖”的帮忙极易造成记者角色的错位和媒体职能的越位。记者不是不可以帮忙，而是要帮到点子上，老百姓的困难事、烦恼事终归需要政府部门和社会各界去解决，媒体的根本职责还是通过新闻报道进行舆论监督。

民生新闻服务性增强往往以新闻性的削弱为代价。更多娱乐元素符号的植入表明“帮忙”节目旨在吸引眼球，是在做注意力，如何把它转化为影响力，需要“帮忙”节目回归新闻属性。“帮忙”节目不应只是暴露现象，还需揭示问题并论述实质。“帮忙”节目如何能从帮小忙发展到帮大忙呢？我认为，唯有评论！针砭时弊、鞭挞邪恶、弘扬正义，唯有强有力的新闻评论才能从根本上为老百姓帮上大忙。“帮忙”节目只有从以做注意力为第一要义提升到以做影响力为第一要义，它的生命力才会强盛而长久。

四、电视的微博镜像

据中国互联网络信息中心（CNNIC）新近发布的第28次报告统计，我国网民已达4.85亿，微博用户实现两倍增长，接近2亿。新浪微博前10名的粉丝起板是600万，是《人民日报》日发行量的三倍。粉丝二三十万的微博用户比比皆是。这个由于传播技术而不以意志为转移而形成的信息传播领域和舆论场，是无论出于何种目的都不容忽视的客观存在。

DCCI互联网数据中心创始人、资深互联网专家胡延平提出“微博真相铁律”：①微博是谣言粉碎机而非谣言发源地；②最大谎言并非来自民谣；③被证伪后的微博难以再次风生水起；④实名制不是关键，说实话才是关键；⑤微博并非放大器或发酵剂，而只是还原者；⑥一条微博可能不完整，但加上转发和评论则会趋于完整；⑦群体智慧比个体信息更接近真相；⑧现实不一定很纯洁，故不能要求微博很纯洁。

2011 年 7 月 23 日甬温线动车追尾事故发生后，我将微博当作一面镜子来审视电视媒体的表现。按照惯例，抢险救灾仍是中国电视新闻报道的主题。但有了微博，对于事故原因，公众知情权被空前放大了。一道难题摆在传统主流媒体面前，问责要不要报？如何报？有网友批评：

“中央台新闻频道牛逼！新闻发布会到了最关键的记者提问环节，居然直接就切掉了……你们做了一天直播，没有一个记者问过关键的问题，你们不敢问，难道也不让同行兄弟问？”

“他们的任务就是对新闻发布进行屏蔽！”

然而，还是有一些有良知、有责任感的央视记者发出犀利的声音：

“我们不能把技术是先进的，就等于合格，就等于我们拥有信心。仅仅是技术先进，但是你的管理是否先进？监督是否先进？对人的尊重是否先进？所有的细节是否先进？……举一个例子吧，我们形容一个人身体非常健康，他心脏功能 40 岁像 20 岁一样，肝、肺都是 40 岁像 20 岁一样，那你就觉得他身体好极了是吗？但是他弱智，你能说他是健康的吗？”

——白岩松在《新闻 1 +1》

“如果没有人的安全，这样的速度我们要不要？比方说，能不能让我们喝一杯放心的牛奶，能不能让我们住一套屹立不倒的楼房，能不能让我们城市里条条大马路不要出现突然的坍塌，能不能让我们坐一趟安全抵达的列车，能不能在发生重大或特大事故的时候先别把车头埋掉……能不能让人们的幸福享有最基本的安全感？中国，请你放慢速度和脚步！不要走得太快，不要把人们的灵魂落在后面。”

——邱启明、肖艳在《24 小时》

“面对小伊伊哭泣的双眼，任何人都无法接受一个草率的结论。我们以生命的名义共同企盼：重新思考发展的意义和目的，不要让更多的孩子成为孤儿，不要让更多的父母失去孩子！这才是我们追求的真正的奇迹。”

——秦方在《环球财经连线》

他们的节目受到了网友的一片叫好，他们的言论也得到了公众的高度评价。

在新浪微博上有网友说：

网友：白岩松太牛了，在中央电视台有几个人敢像他一样说话呢？针对铁道部发言：我们技术是很好的、合格的，我们仍然有信心。白岩松说：一个人心脏功能是好的，肝脾胃什么都是好的，但他是个弱智，你能说他是健康的人么?!顶白岩松！

@幸福重庆：【央视主播连续发问!!!】能不能让我们喝一杯放心的牛奶，能不能让我们住一套屹立不倒的楼房，能不能在发生重特大事故的时候先别把车头埋掉？能不能让人们的幸福享有最基本的安全感？中国，请你放慢速度和脚步！不要走得太快，不要把人们的灵魂落在后面——这是 CCTV 今天最有力的评论。

网友：央视终于有了像样的评论，这才叫新闻主播！

然而，有些节目被停播，有的微博被删掉了。《新闻 1+1》被停播一期，我在博客上收集的研究资料“7·23 微言耸听”被删，转发白岩松评论的微博被删。我愤怒了：“这哥们如此正确的舆论导向还不让他说吗?”当然，这条微博也逃脱不了被删的命运。我不禁在想，难道这样不问青红皂白地搞信息屏蔽，就能掩盖真相？难道用这种方式来确保“和谐”，就能维护稳定？我们不妨来看看舆论相对开放的广州：

@幸福广州：网友觉得广州乱，因为中国最好的媒体都聚集在这里，常自曝家丑，市民们也积极参与公共事件，广州的舆论环境相比其他省市更宽容、自由。比如，上海媒体吹世博，而广州则在骂亚运。举牌哥和拇指妹均出自广州。只有身在其中才能感受到，广州拥有其他任何省市都没有的财富！我是外地人，我爱广州。——@曼知

有人这样评论：广州最令人满意的地方就是可以表达不满意。此话得到许多网友的赞同，大家都觉得这种舆论开放和批评报道有利于社会的进步与发展，是真正的稳定。面对舆论开放的社会进步，我们应该有一个客观的认识。有网友感慨：“中国社会各阶层好像完全是断裂的，看微博感觉明天就要起义了，去菜场兜一圈又发现一百年也不会革命。”我的观点是：别把微博太当回事，别把微博不当回事！众多为规避问责的不作为定会让传统主流媒体逐渐边缘化！我在微博上做了一个小小的调查：“面对新媒体，中国电视最大的危机是什么?”

网友 A：“最大的危机是中国电视是什么？”
网友 B：“技术和速度都不是重点，缺少的是胆识和担当。”
网友 C：“最大的危机是中国电视！”

这些或许都太悲观了，不过可以当作警示。

第十章　综述研究与论文写作

中国电视新闻研究，既需要宏观式观照，也需要微观扫描；既需要历时性的梳理，也需要共时性的比较。近年来，笔者每年都会对中国电视新闻作一个年度综述，从新闻业务的各个环节到电视媒体的竞争态势，从电视新闻的节目形态到电视新闻的传播理念，从电视新闻的观念创新到我国新闻的制度安排，力图给读者展现中国电视新闻发展创新的立体图景。要写论文就得从读论文开始。研读论文有三种方式：学习知识型、批评质疑型和启发研究型。通过研读论文，读者可以了解综述研究的视角和方法，还可以从中发现新的选题。

第一节　2005：中国电视新闻面面观①

2005 年是相对平静的一年，虽然没有像“9·11”和“非典”那样“惊世骇闻”的事件发生，但是中国电视新闻改革的步伐并没有停止，无论是在实践方面还是理论方面，都有不少新的探索。下面我们来截取若干剖面，从竞争态势、民生新闻、公共新闻、凤凰现象、栏目改版、现场直播、数字媒体及与境外新闻竞争等方面，回顾和审视这一年的中国电视新闻。

一、中央地方两强竞争愈演愈烈

2005 年，中国电视新闻市场竞争格局是中央台和省市地方台两强相争。中央电视台作为国家级电视台，依然发挥其主流媒体和覆盖资源的优势，在“神六飞天”、“连宋访问”等重大新闻事件报道中尽显大家风范，新闻、国际、综合等多个频道全线出击，展现了其重大事件报道的实力和影响力。2005 年 10 月，“神舟六号”飞船成功飞天，举国同庆。由于央视独家享有“神六”的直播权，在市场竞争中占尽了先机，赚了一个盘盈钵满。“广告招商方案分三个阶段：9 月 12 日至‘神舟六号’发射的前一天为‘为神州腾飞喝彩’主题宣传阶

---

① 谭天，肖思思，黎亮，于爽. 2005 中国电视新闻面面观. 新闻记者，2006（2）.

段；发射当天、太空飞行及返回当天为直播阶段；‘神舟六号’回收成功次日起的10天内为成功庆贺阶段。这些广告将被安排在CCTV－1、CCTV－3、CCTV－4及新闻频道播出。广告价格如下：广告规格5秒、15秒、30秒，套播广告价格146万元、266万元、532万元。”① 央视广告部主任夏洪波表示：客户很踊跃，对我们的广告方案非常感兴趣，很多企业提前一个月就买了广告时间。其中，发射后的企业庆祝广告投入非常踊跃。一位接近央视广告部的人士透露，此次央视直播广告的收入已达5个多亿。

在重大事件报道中，“避开焦点，另眼看新闻”是地方台的基本策略。在“神六飞天”的直播中，虽然地方台无论从技术还是政府支持的角度上来说，都无法同央视相比，但是它们并没有一味转播中央台的内容，而是通过视角转换，引入新闻以外的新闻，有效地消除了直播报道的难点。相对于央视的官方色彩来说，地方卫视的平民化取向清晰可见：东方新闻娱乐频道的直播重点放在费俊龙的家乡，上海卫视新闻频道的重点放在上海航天局的集体大厅，而东方卫视则在内蒙古派驻自己的前线记者。“神六”返回时，东方卫视首先捕捉到飞船通过黑暗区与大气层摩擦时发出耀眼光芒的一瞬间。

面对中央台的“谁在说”，凤凰卫视的“说什么”，东方卫视提出“怎么说”的策略。地方台的竞争策略就是要以己之长攻央视之短，本土化、平民化和娱乐化成为他们制胜的法宝。地方台的代表栏目——重庆电视台的《雾都夜话》和杭州电视台的《阿六头说新闻》甚至获得了“全国百家栏目”的称号，这些栏目都是使用方言播出的。据AC尼尔森的调查数据显示，由安峰主持的《阿六头说新闻》平均收视率达到12.6%，比一般新闻高出3～5倍。中国社会科学院研究员时统宇认为，民生新闻的火爆是由于使用方言。用方言说新闻就是一种在表达方式上的贴近，而这正是民生新闻所追求的。

2005年湖南卫视“超级女声”所掀起的娱乐风暴，不仅加剧了电视新闻的娱乐化，而且也给地方台新闻打了一支“强心剂”。然而，广电总局颁发的《中国广播电视播音员主持人自律公约》（以下简称《公约》）规定，省级以上主持人必须拿到一级甲等普通话证书才能上岗。《公约》还要求主持人抵制“低俗化”，“不模仿港台话及其表达方式”，要“大方得体，拒绝媚俗”，违规者可能被取消“岗位资格”。这无疑给本土化节目一个打击，同时也遭到了地方台很大的抗争。

方言之争的背后是媒体竞争的利益冲突。展望2006年，这种媒介竞争和利

① 陆军．借势“神六”眼球盛宴 媒体“收银”不手软．中国经营报，2005－10－17．

益冲突仍将有增无减。

二、民生新闻大行其道，褒贬不一

民生新闻经历了三年的发展后，依然在中国电视荧屏上方兴未艾。各级省市电视台纷纷打造民生新闻栏目，并且栏目时间也在不断拉长，甚至出现了长达一个半小时的民生新闻栏目。有的电视台甚至提出“民生新闻立台”，筹建民生新闻频道。然而，就在业界趋之若鹜的时候，学界却对民生新闻更多的持批判态度。“休闲文化和娱乐时尚实现对电视资讯的整合后，电视资讯借助视听觉冲击的快乐制造，或多或少取代了文学生产的古典形式，满足于对琐碎、具体事实的情绪化讲述，理智批判的锋芒和监督社会的睿智开始隐遁乃至消失。”① 另外，由于民生新闻对收视率的拉动作用，引得各家电视台争相办起民生新闻节目，如在广州地区省市电视台民生新闻栏目就多达5个。一个区域内的新闻资源毕竟是有限的，如此必然导致民生新闻栏目严重的同质化。

因此，有学者指出：“‘民生新闻’绝不是中国电视新闻改革的终点，因为它虽然极大地拓展了电视的信息属性，但是其中受众仍旧还只是‘百姓’而非‘公民’，仍旧置身‘弱者’（弱势群体）以及‘被救济’的地位；它所关注的也往往是‘Power’（权力）而并非‘Rights’（权利）。因此，在全国电视台民生新闻栏目的蜂拥而上以后，随之出现的一些此类知名电视新闻品牌栏目收视率的回落证明了、无疑也预示了进一步变革的必要性与迫切性。”②

民生新闻盛行的现实，一方面显示了电视新闻的分众传播趋势，另一方面也呼唤时政新闻作出改革。

三、公共新闻应运而生，理想主义？

民生新闻的下一个台阶是什么？学界众说纷纭之际，“公共新闻”这个名词进入了人们的视野。“公共新闻理论的主要观点是要在信息传播的过程中培养和引导受众认识社会现实、参与公共事务，提高公众获得和处理信息的能力。”③ 公共新闻具体的实践工作是媒介从业人员积极参与公共事务，把公众和民主政治紧密联系起来。其特点是新闻报道的同时媒介进行活动，新闻传播者在报道新闻事实的同时以组织者的身份介入到公众事务中，发起公民讨论公共问题，寻求解

---

① 谢建华. 媒介批判视野中的电视咨询娱乐化现象. 北京电影学院学报，2004（2）：23 .

② 潘知常，邓天颖，彭海涛. 公共新闻：中国电视新闻的第二次革命. 中国新闻研究中心，2004.

③ 卞清. 哈贝马斯的“公共领域”思想与中国电视新闻改革. 人民网.

决问题的对策，使公共问题最终得到解决。在沟通社会信息、化解社会矛盾、维护社会稳定发展等方面，公共新闻理论及其实践的确起到了一定的作用。

江苏的《1860新闻眼》、《南京零距离》等栏目虽然都标榜公共新闻，但并没有得到认同。对于这些中国特色的公共新闻，有学者认为：首先，实施公共新闻立项的经济、技术和公民素质等各方面的条件是我国目前不具备的。其次，媒体收集到的信息是否代表民意，也是一个值得商榷的问题。再次，公共新闻还有一个致命的问题，那就是与新闻报道的客观性原则相矛盾。最后，应考虑到中国的特殊背景，美国提出的公共新闻理念与中国的实际情况有很大出入。[①] 在美国背景下产生的公共新闻理论要在中国本土化还有相当难度。

尽管公共新闻只是电视新闻一个理想的憧憬，但它仍然为中国电视新闻拓宽了话语空间。

四、凤凰卫视明星范本，东施效颦

2005年，凤凰卫视已走过八年风雨历程，逐步确立了其在全球华语平台的强势地位。凤凰卫视走的是明星路线，推行的是“三名战略”，即注重塑造名主持人、名评论员、名记者，着力突出富有魅力的个人形象，再与极具个性化的言论相辅相成，从而打造出诸多知名的谈话节目。说凤凰学凤凰，内地媒体纷纷把凤凰卫视奉为范本。

自凤凰卫视《有报天天读》开播并成功之后，如今是“有报到处读”。读报节目的吸引力主要看它所选择的内容，而它所选择的内容取决于它所拥有的话语空间。《有报天天读》之所以能让内地观众耳目一新，在于它所选择的报刊能涵盖港台、东南亚华文报刊以及西方主要媒体，这些报纸在内地不容易看到。反观有些媒体，如果要做读报类节目，就应先问一下自己：我有什么话语空间？[②] 凤凰卫视谈话节目的低投入、高收视率的高“性价比”被国内其他电视媒体竞相称颂，在当今全国卫视改版浪潮中，凤凰卫视的谈话节目形式被各家电视台争相效仿，一时间谈话节目遍及全国。然而“我们的媒体更多地是盯着那些浮光掠影的节目主持人，而没有认真地坐下来研究主持人节目，研究谈话节目的节目形态、视听构成、传播特性、主持人角色定位以及节目的包装与推介”[③]。没有充分考虑凤凰卫视具有内地媒体无法比拟的独特的地理环境、政治空间和人文资源。与此同时，“谈话节目属于低成本制作”也是一个认识上的误区。电视谈话

---

① http://flystar898.blogchina.com/1754486.html.

② 谭天. 冷眼看凤凰. 声屏世界，2005（2）.

③ 王又锋. 浅谈如何认识国内电视读报节目的兴起. 中国新闻研究中心，2004.

节目最大的投入其实在于主持人的包装或主持人的身价。而培养和造就一个名牌节目主持人需要电视媒体给予很大投入。“不顾自己实际情况滥开谈话节目，那么就是‘东施效颦’，学了皮毛而丢掉精髓。”①

凤凰卫视的创新给内地电视新闻竖起一面镜子，让我们更清楚地认识到体制的弊端。

五、新闻栏目频繁改版，眼球至上

2005 年是电视新闻栏目的改版年。为了在新闻大战中提高收视率和竞争力，各台新闻节目不惜调整定位，调兵遣将，重新包装，隆重推出新面孔。强调故事性、娱乐性、互动性，节目演变成说新闻、聊新闻甚至演新闻、秀新闻。广州电视台的评论节目《时事查笃撑》就是采取了情景短剧的形式，借用充满浓郁广州特色的茶吧，三位评论员分别扮演茶吧的老板和茶客，选择市民关心的热点话题进行评说、议论。在时评节目中引进了表演、诙谐、搞笑等娱乐元素。节目中还加入了一定比例的动画、漫画、MTV 等特技，丰富了节目的表现形式，给人以耳目一新的感觉。②

付立认为，一方面，在市场经济的驱动下，新闻娱乐化成为当今大众传播活动中的普遍现象。一些新闻娱乐化现象以趣味盎然的内容、灵活多样的形式、强烈的视觉冲击等构成的娱乐效应，为受众提供了轻松愉悦的接受氛围。但从另一方面看，新闻娱乐化又使得新闻与娱乐之间的界限变得日益模糊。然而，为了争夺眼球，有的栏目甚至提出“去新闻化”的口号。这样的话，新闻节目就变异为娱乐节目了。“新闻报道娱乐功能的过分彰显必然会影响到其他功能的发挥，传媒庸俗化、媚俗化的不良倾向最终将使媒介的权威下降，公信力丧失，甚至危害社会风气，这样的新闻娱乐化就是传媒之祸。”③

新闻栏目改头换面为哪般？电视新闻工作者要看清楚他们面对的到底是观众、受众还是公众？

六、现场直播卫星转播，价值何在

2005 年，中央电视台的“神六飞天”和东方卫视的“连宋大陆行”无疑是电视新闻现场直播的两大代表作。但是我们更关注的是电视直播的常态化。

---

① 谭天．冷眼看凤凰．声屏世界，2005（2）．
② 付立．新闻娱乐化浅析．智维网．
③ 王勇．新闻娱乐化评析．山东视听，2004（7）．

2005年，一种新兴起的电视新闻技术——SNG诞生。SNG是英文字母Satellite News Gathering的缩写，意为卫星新闻转播，特指装有SNG全套设备的采访车。国内电视新闻最早应用该技术的是湖南经济电视台，2005年1月1日，其“直播都市”正式起航。在小型现场直播中，对突发事件的播报最能体现SNG的灵活性和快捷性的优势。然而，对于可预见性事件和非事件性事件，由于没有情节，缺少悬念，就算有强烈的现场气氛，现场直播报道也会带来可视性不强的弊病。“中国电视日常新闻的现场直播要达到较高标准的常态化播出，还有很长一段路要走。因为目前的情形是：在实物层面，我们才刚达到现场而已，至于直播，还没有开始；在观念层面，我们显然没有意识到一个最基本的事实——现场并非直播。”①

在国外，SNG的滥用也带来了一系列负面效果：新闻报道失却深度，提供粗糙和冗长的垃圾新闻，一切交给观众判断，等于否定了记者对信息进行综合处理与消化的过程，因此，有人把SNG笑称为“Super No Good”。对于“Super No Good”，专家指出，如果一个新闻失却让民众理解的意义，就算有再昂贵的通信设备，电视台充分利用到无以复加，也是科技害人的一个案例。

目前，我国电视新闻现场直播的通病是：有现场没直播，有直播没报道，有报道没悬念，缺少吸引眼球的过程。

七、数字媒体呼之欲出，喜忧参半

2005年，依托数字技术的互联网、网络电视、手机电视、手机报纸、移动电视等新媒体呼之欲出。一方面，网络电视、手机电视和移动电视所形成的新型电视正向传统电视发起挑战，不断地推出新的视听内容产品。上海移动通信股份有限公司与上海文广集团2005年2月4日联手推出了中国第一部短剧《新年星事》，每集3分钟，共13集。根据信息产业部公布的数据，截至2005年上半年，我国移动电话用户总量达到3.63亿户，约占我国总人口的28%。假设我国全部移动电话用户的10%将成为手机电视用户，以10元/月的资费标准计算，我国手机电视业务每年的收入将达到43.56亿元，还不包括商业广告提升的盈利空间。另一方面，在传统媒体中，电视最大的竞争对手——报纸，也积极进军新媒体，整合其新闻资源优势，欲推出手机报纸，试图在数字领域与电视一拼高低。

有关电信与广电的未来关系问题一直是业界关注的焦点。不过，刚公布的《十一五规划建议》中对此作了最终的明确：“加强宽带通信网、数字电视网和

---

① 崔林. 现场并非直播. 现代传播，2005（5）.

下一代互联网等信息基础设施建设，推进‘三网融合’。”这种融合包括内容和渠道两个方面：继读报节目后出现了读网节目。2005年11月亮相于湖南卫视的午间新闻栏目《播报多看点》中的《网络评道》板块：专门读网，只读评论。另据信息产业部透露，国内IPTV（网络电视）商用试验正在加速进行。在中国电信与上海文广共同进行的第三轮测试中，IPTV试点范围已经从原先的17个城市扩至23个城市；同时，中国网通与上海文广合作的试点城市也扩至20个。

机遇只青睐于有准备的头脑。展望2006年，在传统电视与新媒体的融合与竞争中，电视新闻是做奴隶，还是做将军？

八、应对境外电视新闻，粤军告捷

广东是中国唯一有境外电视频道公开落地的省份，因此成为我国电视传媒开放试验区。在开放的天空下，粤港两地电视媒体的短兵相接、明争暗斗，尤其在南国都市广州，竞争更趋白热化。10年前，境外媒体裹挟着雄厚的资金和成熟的节目理念迅速虏获了珠江三角洲大半收视份额；10年后，开放天空下的广东电视并没有被境外媒体击垮，而是在“与狼共舞”的日子里不断地“强身健体”。他们坚持以平民视角做好新闻，以本土化实现“三贴近”，以改革创新实施绝地反击，并已逐步收复失地。根据2004年9月到2005年3月期间AC尼尔森的收视数据显示：在广州地区，境内频道取得了历史性突破，境内频道的市场份额持续超过了境外频道。其中，广州电视台已击败以新闻见长的香港亚视，其新闻栏目《广州电视新闻》、《新闻日日睇》深受广州地区观众欢迎。名牌栏目《广州电视新闻》收视率稳定在10%以上，2005年的收视率曾高达15.78%，成为广州地区同类节目的收视冠军。

解读与境外媒体较量的广州电视新闻，无疑给走向开放、走向世界的中国新闻传媒业增强了信心和决心：“开放始于自信，竞争带来繁荣，这是一种必然。”①

2005年12月8日，广东南方广播影视传媒集团新闻频道正式开播，CNN也发来了祝贺。这是否说明告别2005新闻栏目改版年后，将迎来2006新闻频道建设年？这是否说明在市场化、数字化、全球化的驱动下，2006年中国电视新闻的竞争与发展将会跃上集约化、规模化、国际化的新台阶？我们拭目以待。

---

① 陆地．2005：中国电视产业大解码．南方电视学刊，2005（1）．

第二节　2006：电视新闻回顾与思考①

在构建和谐社会的框架里，2006年中国电视新闻改革稳步前进。笔者通过扫描2006年中国电视新闻在频道、内容、形式三大视域中留下的足印，试图为2007年的中国电视新闻发展引发一些思考和启迪。

一、频道之争，做强新闻

中国电视从来没有像今天这样对新闻表现出极大的热情，各台纷纷增加新闻栏目时长和播出次数，开办新闻频道或准新闻频道。

1. 央视新闻频道锐意创新，不断巩固收视份额

2006年央视新闻频道的改版，从形式和内容上都有很大的突破。在包装上偏向明快轻松的风格，内容上则增加了《朝闻天下》、《360°》等栏目。《朝闻天下》每天早上6点播出，时长150分钟，由综合新闻、媒体广场、民生社会新闻和国际新闻、体育新闻等板块组成。它一改早间节目仅仅梳理前一天新闻的旧习，第一时间关注当天焦点事件，提示当天生活服务信息，增加了社会民生新闻、天气出行资讯、文化体育资讯、时尚生活资讯等领域的内容。《朝闻天下》在新闻资讯方面的一个很重要的特点就是对重点新闻进行回顾，其目的是考虑到早间观众的收视时间比较分散和不完整，因而有必要对重要内容分不同时间段加以重复。每周一至周五20：00增加的直播类综合新闻节目《360°》，力图对新闻进行深入报道，对资讯进行集纳，对突发事件作出快速反应。这个栏目选择了晚上8点这样一个电视剧和娱乐节目的黄金时段来做新闻，意欲在黄金时间与文娱节目一争高下。这一大胆的尝试是基于分众传播的理念，电视剧和娱乐类节目位居收视榜前茅的同时，必然还会给新闻节目留有足够的空间。只要节目本身做出自己的特色，做到真正的深度报道，一定能够吸引到预期数量的观众。

2. 地方电视台新闻竞争白热化

与央视稳中求变、进一步做强新闻频道相呼应的是，各省市级地方台也在全力抢占当地新闻市场。新闻栏目尤其是民生新闻栏目，为争夺黄金时段不断扩容，50分钟成为时长的基本起点。大板块、长时段的新闻节目形成一种稳定的聚焦效应，与相邻时段播出的新闻节目一气呵成，形成当日新闻收视的高峰。

---

① 谭天，周雅莎，张晓莺，朱烨. 2006年中国电视新闻回顾与思考. 电视研究，2007（2）.

在一些经济发达、媒体资源丰富、制作观念也更为先进的地区，一种区域性的新闻竞争在经过前几年的预热之后，进入白热化状态。以最先产生电视民生新闻的南京地区和经济总量位居全国第三的广州地区为例，全天各时段、各省内频道资源的新闻栏目总数分别达到25个和26个，涵盖时政、经济、民生、娱乐、体育等各个类型。其中，尤以18：00—20：00成为各频道新闻栏目竞争最为激烈的时段。

展望2007年的中国电视新闻，省台和主要城市台地面频道和央视新闻频道的收视份额会有所增加，而省级上星频道和部分市县频道因受到新闻管制、经济实力等因素影响，收视份额仍会有所减少。展江教授认为，不应该过多地关注收视率。因为按照国际惯例，平时新闻频道的收视率不会出现大规模的起伏，只有在出现突发事件的时候，收视率才会上升得比较快。① 笔者认为，盲目地追求收视率和注意力，必定会造成公信力的下降和娱乐化的倾向。新闻频道和新闻栏目的改版，应在节目内容的夯实和节目形式上的创新上多下工夫。

二、整合资源、内容为王

1. 整合频道内外资源，构建电视新闻信息总汇

在竞争与利益驱动下，各电视台为了谋求持续的发展，逐渐跳出固步自封的苑囿，向外寻求合作伙伴，开辟新的“源头活水”。这种资源的交流与共享，既有建立在同类媒介之间的，也有实行跨媒介合作的。2006年3月11日，下辖东方卫视、上视新闻频道、东视新闻综合频道的上海文广新闻传媒集团电视新闻中心全面启用，统一协调制作各类日播新闻栏目21个、周播新闻专题专栏24个，供给东方卫视、上视新闻频道、东视新闻综合频道、真实频道播出。这一方面降低了新闻的重复率，减少了人力消耗、设备消耗、费用消耗和协调成本；另一方面，通过事前对采编的清晰规划和集中部署，使得做出来的新闻更有深度，视角更为全面。

随着网络技术的不断发展，电视读网节目应运而生。2006年，这种节目形态被运用到两会报道上：央视新闻频道联合央视国际网络开设了《网民看两会》专栏，摘要播发网民的观点；湖南卫视也与腾讯网联手，让网友通过视频在线交流与登录论坛留言跟帖等方式参政议政，《湖南新闻联播》每天对部分精辟见解予以播发。通过与网络等互动性强的新媒体联动，电视媒体大大弥补了自身在这方面的相对劣势，强化了新闻报道的互动性。

---

① 唐磊. 新闻频道改版 扬帆能否出海. 中国新闻周刊，2006（6）：72.

博客作为一种新兴的个人媒体，其广泛普及又给电视新闻资源的开发开创了新的路径。“两会”期间，中央电视台王小丫、柴静等著名主持人也纷纷建立自己的博客。网民可以通过博客更便捷地向传播者反映问题并迅速得到反馈。两会博客深化了老百姓与代表委员、与传播者的互动，因而备受老百姓的欢迎。“两会”期间王小丫的博客平均每天点击率达到90万次。①

然而，众多电视新闻栏目对网络媒体的跟进有利也有弊，一来网络新闻并非都是适合电视传播的，某些网络新闻真实性还有待证实；二来“电视节目如果过分倚仗读网，必然会造成原创内容和独家新闻的缺失，从而丧失电视媒体自身特有的传播优势和竞争能力”。②

热衷城市新闻，对农报道孱弱。“本土化”成了“城市化”、“市民化”的代名词。往往数家媒体、几十个栏目都挤在一个城市里钻山打洞般地找新闻，对广大的农村地区却少有问津。

2. 从信息传播到观点输出，深度报道任重道远

电视媒体如果仅仅停留在传播一个新闻事实或描述事物的表面现象上，显然难以赢得受众。所以，电视新闻应该努力向“深水区”迈进。央视的《360°》就是通过白岩松、水均益等重量级主播对当天新闻进行全景式、多方位的深入报道和解析，成为晚间新闻节目的亮点。

对重大新闻事件大手笔的连续报道也成为2006年新闻实践的一个突出特点。中央电视台联合港澳台三地电视台，“两岸四地华人媒体聚焦青藏之路”的主题，对青藏铁路的开通进行连续的专题报道。并通过联合播出的方式，使《两岸四地看青藏》特别报道借台湾、香港、澳门等电视播出平台，向台湾、香港、澳门和全球华人介绍举世瞩目的青藏铁路。上海文广新闻传媒集团电视新闻中心也制作了“联通青藏巅峰之旅”大型主题报道，从6月16日开始到6月30日，在SMG旗下主要频道的黄金时段推出每天15分钟的专题新闻节目。在纪念长征胜利70周年的报道中，浙江卫视新闻中心启动了长达6个月的大型新闻行动《新长征路上的浙江人》，重走长征路、寻访浙江人，全面反映浙江省在中西部地区的发展合作新战略、新举措，以及以浙商为代表的新时期浙江人在“走出浙江、发展浙江”过程中的新做法、新动作、新思路。这些大篇幅的连续报道，充分显示出电视新闻在深度方面的拓展和进步。

评论历来是媒体必争之地，因为它不仅是媒体的灵魂和旗帜，更代表着受众

---

① 朱矩蓉. 新鲜事：央视两会报道掀起博客热. 中国博客网. http：//column. bokee. com/126833. html，2006－03－11.

② 谭天，易钟林. 读报读网增添电视新魅力. 传媒观察，2006（9）：46.

的态度与声音。我们的电视新闻从追求资讯丰富迈向“观点输出”时代。与单纯接受资讯相比，接受观点可以满足受众对思想参与的需求，在进行二次传播时更为能动，同时对媒体产生依赖和信任的情感。所以，从这个意义上说，电视依托资讯输出观点，是提高自身竞争力的有效手段之一。不管是专门的谈话类评论节目、新闻事件后单独的短评，还是亦述亦评的深度报道、主持人在直播现场的即兴点评，都是电视新闻输出观点、表明立场、深化影响的渠道。中非合作论坛北京峰会结束后，关于胡锦涛提出八项措施援非，免除百亿美元债务的决定，民众发出了一些质疑，认为我们国家现在应该说也不是很富裕，而且用钱的地方也很多，政府这样大手笔地花钱，是不是太过于大方了？这时，央视的《决策者说》请来商务部部长薄熙来解读对非政策，深入分析决策的前因后果，指出对非措施实际上是双向互惠、共同得益的。这就为民众解答了疑惑，同时也树立起媒体的立场，深化了传播效果。

三、形式为先，有效传播

2006年，许多新技术在电视新闻的采集、制作、传送诸多环节中得到更多的实践。同时，在播报语态和节目形态方面也作出各种尝试，力求通过形式创新达到更有效的传播效果。

1. 新媒介技术八仙过海，各显神通

2006年5月底到6月初，福建省遭遇连续暴雨袭击。福建新闻频道在此期间开办了晚间档的直播节目，直播暴雨，并在直播中开通了短信和彩信与观众互动，每晚有近一万条的反馈。有的居民把自己家受灾的照片发上来，有人发短信问哪条路能通，通过福建新闻频道播出后，每每都有观众回应。

2006年，监控录像在电视新闻中的使用越来越频繁。由于监控设备具有隐秘性，它能够拍摄下最真实的画面，且能够提供许多突发新闻事件的影像资料，从而保障了电视新闻的实证性。监控设备正作为一种无所不在的新闻眼发挥着独特的作用。但是在具体操作中，电视新闻中播出监控录像可能会涉及个人隐私，也有人质疑在法庭审判之前播出嫌犯的资料是否会妨碍司法公正。看来，如何合情、合理、合法地使用监控录像将是一个值得继续探讨的问题。

在2006年世界杯足球赛报道中，北京电视台体育频道采用各种最新的网络技术，精心打造全新节目《足球客》，将电视台派出的记者在世界杯期间写的博客读给受众听。栏目融合了博客、播客、闪客等时尚形式，借网络博客的板块，展开电视博客点击功能，串联方式新颖、新潮。

Flash能够展现过去和未来的时空以及表达抽象的信息，从而让电视新闻有了更大的直观性。这种技术手段在2006年夏季的台风报道中运用得十分广泛，生动、直观地向受众解释了台风成因、运动轨迹、影响范围等关键信息。湖南经济电视台《经视新闻》在“初战碧利斯”和“鏖战格美”的连续报道中，均多次采用Flash的表现手法。笔者认为，Flash在新闻节目中可作为一种辅助性电视语言适当地使用，但如果完全代替摄像机拍摄新闻，就会有“制造新闻”之嫌，从而影响电视新闻的真实性和实证性。

2. 新闻平民化传播，谋求传媒与受众双赢

在如今激烈的市场竞争中，各电视台为了最大范围地赢得观众，在其新闻的制作和传递中往往注重考虑所传递的信息内容对于观众的易受性，越来越偏向于选择更为平民化的传播方式和新闻内容。但由此带来的娱乐化和低俗化也颇受争议。事实上，电视新闻的“平民化”并不等同于“娱乐化”，关键是要把握好尺度，找准切入点。山东齐鲁电视台的《拉呱》和广州电视台《时事查笃撑》就在这方面作了有益的探索。《拉呱》创造性地采用曲艺式新闻的形式，用百姓喜闻乐见的曲艺形式进行民生新闻的播报，具有很强的贴近性和娱乐性。尹鸿教授认为“曲艺新闻开创了中国电视新闻的新形式，极大地丰富了电视新闻的语言表达方式”①。广州台的《时事查笃撑》则一改电视新闻主持人高高在上的单调感觉，在极具广州地方风味的“TV茶吧”中“嬉笑怒骂论时事”，集时事评论内容和新闻短剧形式于一身。这两个节目的创新都获得了观众的认可。

党的十六届五中全会通过的《中共中央关于制定“十一五”规划的建议》指出：“（要）加大政府对文化事业的投入，逐步形成覆盖全社会的比较完备的公共文化服务体系。”在构建这个体系的过程中，具有公益性与公众性的电视新闻应发挥重要的作用，电视新闻自身的节目形态和节目内容都应朝着“公共化”的方向发展，搭建起公众与政府之间交流对话的平台，增强电视新闻舆论监督的力量和力度，并努力打造更加开放、权威、有竞争力的电视媒体形象。② 这将是今后中国电视新闻改革努力的大方向，我们期望中国电视新闻在新的一年里会有更大的发展。

---

① 齐讯.《拉呱》嫁接两极　获得广泛肯定. 齐鲁电视台，2007.

② 任金州，卞清. 增强公共性和服务性　进一步开放“公共话语空间”——中国电视新闻改革的“公共领域”建设构想. 现代传播，2006（1）：47.

第三节　2007：在狙击中穿越[①]

2007年，中国电视新闻充满着喧闹纷扰和不懈探索。一方面，对于“十七大”、“两会报道”、“嫦娥飞天”、香港回归十周年等重大新闻事件，电视媒体仍然一如既往奏响主旋律；而另一方面，从“杨丽娟事件”到“纸馅包子事件”，新闻媒体遭遇了前所未有的狙击。在电视市场化、数字化的拷问下，我们不得不思考这样的问题：电视新闻将如何在媒体竞争中前行？如何在市场经济中坚守媒体的社会责任？

一、竞争促进发展

2007年的中国电视新闻，仍然是中央电视台系列频道与各省市地面频道的天地之争和两强博弈。以CCTV－1和CCTV－新闻频道为主干的央视新闻仍然发挥着主流新闻的威力，在一系列重大新闻事件中传播国家话语，同时在播报语态上也大有改进。尤其是央视新闻频道日趋成熟，《朝闻天下》、《共同关注》、《媒体广场》、《360°》、《新闻会客厅》、《社会记录》等一批名牌栏目八仙过海，各显神通。但现在面临的问题是：①如要将CCTV－新闻频道打造成中国的CNN，还要加强硬新闻的数量和时效，要建立健全面广、点多、快速反应的新闻采集网络。②如何协调CCTV－1和CCTV－新闻频道的关系。在美国，虽然CNN和FOX以全天候报道大出风头，但主导美国主流社会的仍然是三大电视网。电视新闻的快与深、广与专，央视诸频道也应以明确分工来彰显其特色个性。CCTV－新闻频道做得最为出色的是“嫦娥一号”的连续报道，它把新闻传播与科学普及结合起来，让《百家讲坛》缺失的科学传播在“嫦娥一号”的全方位报道中得到弘扬。这里不得不提到我国最早的新闻频道——福建电视台新闻频道，经过七年多的历练现已日显成熟。相比CCTV－新闻频道名牌栏目战略，它淡化栏目品牌，以全天24小时滚动播出新闻的节目架构，以“更多、更快的资讯和服务”和“资讯改变生活”的新闻理念而引人关注。

面对央视新闻的泰山压顶，各省市频道仍以民生新闻来抗衡。南京和广州可谓中国内地电视新闻竞争最为激烈的地方，南京地区黄金时段有8档新闻栏目，广州地区境内外新闻栏目超过10个，然而，竞争白热化提高了新闻的质量，催

① 谭天. 在狙击中穿越——点击2007中国电视新闻. 岭南新闻探索，2008（1）.

生了如《江苏新时空》、《南京零距离》、《直播南京》、《新闻日日睇》、《今日关注》、《广州电视新闻》等一批品牌栏目，这些地区的电视新闻收视比重大大高于播出比重，先进的新闻理念和操作经验值得我们学习。然而从总体上来看，民生新闻琐碎化、低俗化、同质化、都市化的倾向仍未能摆脱，在收视率的驱使下，民生新闻栏目越做越长、越做越滥。“更多的播放时间并不等于更多的观众。”美国亚利桑那州立大学新闻广播系的克里格·艾伦教授说：“仅靠增加新闻节目数量是无法赢得忠实观众的，劣质新闻只会让人们拿起遥控器换台。”[①]而有的地方台甚至在收视走高的民生新闻节目中插播大量医疗广告，以出卖公信力来换取收视率，这是对新闻资源的破坏性开采！

民生新闻经过多年的实践与探讨，已走到了一个十字路口：向右转，以强化服务性和贴近性的民生新闻来与时政新闻“划江而治”，如广州电视台的《新闻日日睇》及主持人陈扬已成为市民须臾不可缺的老“街坊”，向右转的问题是如何保证民生新闻的品质。央视也在走分众传播之路，《社区新闻》、《全球资讯榜》等都有各自的目标受众。向左转，不贴民生标签，追求做大新闻，用民生的视角做所有的新闻，如广州台《广州电视新闻》、中央台《共同关注》等都把时政新闻纳入自己的新闻版图。不管向左还是向右都只能往前走，都要追求新闻传播的最大值和最优化。香港无线（TVB）对新闻价值的判断是值得我们借鉴的，他们的公式：新闻价值 = 人数/距离。即受到影响的人数越多，新闻价值越大；距离香港越近，越有可能被 TVB 选择。

二、新闻娱乐至死

民生新闻大行其道，收视率剧增、广告变长，令许多电视台尝到了甜头，都想把收视市场这块蛋糕做大一些、分多一些。目前这种高收视率已开始回落，回到了符合新闻传播规律的正常收视点数上，但不少电视台仍心有不甘。在收视市场的利诱和驱使下，一些电视新闻栏目调动诸多娱乐元素，种种娱乐手段无所不用其极：网络传闻、手机短信、音乐曲艺、搬演暗访、动漫影像、新闻炒作……有的新闻栏目为了吸引眼球，片面追求新闻故事化和娱乐化，甚至提出“去新闻化”的口号。从媒介自然属性来看，电视确实具备娱乐媒体等许多特征。著名美国传播学者尼尔·波兹曼在《娱乐至死》一书中指出：“我们的问题不在于电视为我们展示具有娱乐性的内容，而在于所有的内容都以娱乐的方式表现出

① 王简. 新媒体来势太凶猛　美电视新闻失去铁杆观众. 世界新闻报，2007 - 11 - 20.

来，这就完全是另一回事了。”[①] 然而，从“杨丽娟事件”到“纸馅包子事件”，新闻娱乐化和竞争无序化在2007年达到登峰造极的地步。“杨丽娟追星13年，正是中国传媒的娱乐浪潮狂飙突进的13年。”[②] 北京电视台播出的假新闻“纸馅包子”，使电视新闻从新闻策划走到了策划新闻，走到了娱乐至死的悬崖边上。正如尼尔·波兹曼所说：“其结果是我们成了一个娱乐至死的物种。”[③] 表面上看，假新闻“纸馅包子”是一个新闻真实性问题，实质上它反映了在市场化和娱乐化旋风中电视人由于心浮气躁而导致方寸大乱，新闻价值观和专业主义精神再次严峻地摆到中国电视新闻工作者面前。一方面，事实让电视人不能再对媒介批评置若罔闻，须认真检讨自己的新闻价值观和媒体的社会责任。其实这种情况在国外也屡见不鲜，近年来新闻集团旗下的FOX以其大胆出位拷问着电视新闻的传统价值观，也让美国三大电视网面临前所未有的挑战。另一方面也让我们开始认真审视电视新闻的规范管理。无论从“把关人”的角度，还是从节目质量控制来看，光靠宣传纪律和新闻管制是远远不够的，电视新闻工作者的自律和电视媒体的规范管理显得尤为重要，中国电视新闻要走出粗放型管理的初级阶段。在这方面，BBC的经验对于我们来说尤为可贵。BBC自诩拥有世界上最严谨的新闻价值观和新闻专业规范，但在吉利根事件的刺激和赫顿调查报告的谴责下，BBC决定重建受创的新闻专业形象，并在其原有的《BBC编辑记者手册》基础上重新修订一部《BBC编辑方针》。《BBC编辑方针》全书分为18章，共7万余字，内容包括编辑价值观及编辑方针说明、准确性、公正与观点的多样化、被访者许可与隐私权、政治与公共政策、编辑的诚信与独立性、外部关系与观众互动、法律与社会责任等。与旧版相比，新版的主要修订之处有：第一，首次明确提出“正确比速度更重要”的新闻价值观，BBC认为准确性是他们的核心价值和声誉基础。第二，强化编辑咨询制度，这套制度是将关口前移，要求编辑政策总监、首席法律顾问和首席政治顾问提前介入报道工作。第三，谨慎播出重大新闻事件和民意调查。此外，还就解决秘密录制和隐私权之间冲突、限制对恐怖主义和紧急状态报道的方式、用语和BBC员工离播行为等作出了严格的规范。“BBC新闻专业规范给我们的启示是：为杜绝播出事故，尤其是政治事故，我们在制定并遵守政治纪律和宣传纪律之外，还要结合自身情况完善业务流程体系，编印操作性强的规范手册和管理手册，把新闻方针政策、经验教训纳入日常的从选题、策划、采访、撰写、编辑、校对、出版、发行到播音、制作、传输等各道

① ［美］尼尔·波兹曼．娱乐至死．章艳译．桂林：广西师范大学出版社，2004．
② 张立勤．泛娱乐化浪潮与主流价值观传播——从“追星女”悲剧谈起．中国记者，2007（5）：60．
③ ［美］尼尔·波兹曼．娱乐至死．章艳译．桂林：广西师范大学出版社，2004．

工序，使宣传报道工作有规可依，有章可循。”①

三、新媒体新挑战

当今电视新闻是前有埋伏，后有追兵，“追兵”就是咄咄逼人的新媒体。在网络媒体和移动媒体的挤压下，电视新闻观众的流失已是不争的事实。20 多年前，美国电视新闻观众有 5 000 多万，如今减到了 2 500 万，特别是观众年龄的中间值为 60 岁，年轻人不关心新闻达到了非常严重的程度。2007 年只有 42% 的美国人收看固定的电视新闻节目。不但铁杆观众在流失，不看电视新闻的人也越来越多，30 岁以下的年轻观众流失得最严重。被调查者中，说自己“不依靠电视渠道获取新闻”的人比 1994 年多了两倍。美国 WUSA 电视台（下属 CBS）主席艾伦·霍林克说：“今天的观众们有很多选择：有线电视、网络、手机短信……高科技为媒体提供了更多的平台，但同时媒体间的竞争也比 10 年前激烈得多。”② 如今，中国已是手机用户第一大国，网络用户第二大国。手机报纸借助平面媒体的内容优势，把广播变为点播，提供更快捷的服务；以新浪网为首的门户网站，在没有新闻采编权的情况下创造了一种“新闻超市”。

新媒体成为 2007 年“两会”报道的生力军，新华网手机报、《人民日报》手机报、中国移动手机报、中国广播网手机广播电视等纷纷加入“两会”新闻大战。央视国际奋起应战，一方面将央视各频道约 20 个节目放到网上，并针对不同频道、不同节目分别推出专题，满足网民多元化视听需求。推出以“小丫博客”领衔的经济频道“两会”报道博客群，在各大网站的点击量都突破了 200 万次，仅“小丫在大学食堂和贫困生共餐”一条视频的点击率就超过了 2 000 人次。另一方面是试播手机电视，据统计，3 月 5 日当天，通过手机电视观看央视经济频道“两会”报道节目的中国移动用户有 3 000 多人，中国联通用户有 2 300 多人。

然而，这仅仅是一个开始。面对新媒体新技术的变局，采、写、编、播、评等电视新闻业务将面临一系列颠覆和重构：

（1）采。新闻素材的采集，专业记者与业余记者的界限变得模糊了，无处不在的 DV，无孔不入的摄像头，都可以成为电视新闻的信源。2007 年 3 月 4 日，我国东北地区遭到了数十年不遇的暴风雪，地方电视台无法正常传输电视画面，我们的新闻报道不得不依靠口播和电话连接，而在土豆网等视频网站上，由

---

① 赵明．BBC 新闻价值观的新构成．广播电视参考，2007（9）：7.

② 王简．新媒体来势太凶猛　美电视新闻失去铁杆观众．世界新闻报，2007－11－20.

普通市民拍摄的暴风雪画面已经出现。有的新闻栏目还开设了DV板块，此类新闻面临的问题是如何实现资源共享和甄别真伪。

（2）写。电视新闻写作将进入无纸作业，视音频摄录设备成为电视新闻写作的一支“笔”，问题是平面媒体的新闻写作思维还根深蒂固。

（3）编。非线性编辑系统和节目素材视频工作站为我们建立了电视新闻编辑数据库，三维动画和仿真影像也日益广泛运用，CCTV－新闻频道用虚拟影像给观众展示了“嫦娥一号”探月的整个壮丽征途。

（4）播。借助新的媒介技术和新的商业模式，电视新闻一方面要利用网络视频平台实现信息共享，另一方面要改进新闻播报语态，进行播出的科学编排和节目的形态组合，实现传播效能的最大化。

（5）评。在新媒介生态环境下，面对受众的互动参与，面对诸多的声音管道和舆论场，电视如何夺取新闻舆论的话语权和主导权？

在今天，电视人要清醒地认识到，传统电视新闻已进入转型期。不在媒介大融合之中涅槃，就在媒介大融合之中湮没！

四、观念更新制胜

当前我国电视新闻改革中仍然存在着一些死角。一是不少市县台电视新闻仍以宣传取代新闻，收视比重低于播出比重，处于主流新闻边缘化的状态。二是卫视新闻和联播类新闻的改革仍然举步维艰，它更多是体现在认识上，时政新闻难有作为主要有两大误区：一是把时政新闻狭义化，把它等同于党政领导公务活动报道，简单应付了事；二是错误认为老百姓不喜欢、不需要时政新闻，其依据就是收视率不高。这里面有话语方式亟待改善的问题，即如何用民生的视角来做时政新闻；更有正确看待收视率的问题，收视率绝对不是衡量影响力的唯一指标。时政新闻绝对不是新闻的禁区，而是新闻的富矿！《江苏新时空》以重大主题性报道作为突破口，努力创新主流新闻的表达方式，值得我们期待。

媒介新技术、新形态为电视新闻传播提供了更便捷、更有效的物质条件，问题是我们相应的传播观念却显得滞后。现场直播是最能发挥电视新闻传播优势的一种手段。时下，拥有电视转播车的电视台已为数不少，无论是中央电视台和地方电视台都日渐广泛而频繁地使用现场直播，直播的运用已成了家常便饭。问题是目前我国电视新闻现场直播往往存在这样的通病：有直播没报道，有报道没内容，有内容没悬念。大量的电视新闻现场直播都成为预先编程的新闻报道“现场秀”和媒体炫耀自己技术实力的“直播秀”，为直播而直播。其实，现场直播对于电视新闻传播的效用发挥不到一半。“对突发性事件、灾难性事件的报道，却一直是我们电视新闻直播的弱项，是广大观众对现场直播最不满意的方面。”[①]由此可见，现场直播的魅力不仅在于现场，还在于直播。直播的本质就是对新闻事件不间断的追踪报道，新闻事件的不可预见性是它最大的卖点。2007 年 6 月 24 日全国人大常委会审议修改了《突发事件应对法草案》，删除了先前有关新闻媒体不得“违规擅自发布”突发性事件信息的规定，实为改善媒体生态环境的明智之举。因此，我们应该在把好关的前提下，抛弃“媒体本位”观念，强化“以民为本”意识，遵循电视新闻传播规律，大胆地抓好突发性新闻事件的现场直播。

人们在抨击民生新闻浅层化的时候，无不对深度报道寄予厚望，但从平面媒体搬来的救兵——新闻评论，却在电视上失去其威力。原因就在于我们对电视新闻评论存在认识误区。《焦点访谈》是电视新闻评论吗？不！从节目形态上看，它更像是新闻专题。只是由于它出生于新闻评论部，因而被冠以新闻评论节目。目前我们新闻评奖中电视新闻奖项主要是《焦点访谈》式的评论节目，这种单一节目形态严重制约了电视新闻评论的发展。正如孙玉胜所说：“评论应该是一种内容，而不应该是一种形态。”[②] 电视评论应该存在于所有的新闻节目之中。江苏电视台《江苏新时空》、深圳电视台《第一现场》，纷纷把原来的评论节目打包进栏目，实现评论与报道的无缝对接，大大提高了电视新闻评论的传播效果。中央电视台《社会记录》名主持阿丘和广州电视台《新闻日日睇》名主持陈扬，都以他们的睿智与魅力在新闻报道中找到各自的评论天地，他们的点评言简意赅、幽默风趣，在精英与草根之间创造了深受老百姓欢迎的话语空间。电视新闻评论不应拘泥于单一节目形态，从新闻栏目中的互动板块到现场直播中的时空连线，评论可以无处不在。电视新闻评论要在人际传播与大众传播相结合中传递意见性信息，在评论要素与视听元素相结合中发挥其政论性，并在这两个结合点上构建起一个电视新闻舆论场。

显然，电视新闻舆论场受到其他舆论场的影响，最直接是体现在众多的读报读网节目中。从“最牛钉子户”到“华南虎照片事件”，形形色色的网络事件爆炒，传统媒体无不趋之若鹜，都想在这场视觉盛宴中分一杯羹。问题是电视新闻就甘心扮演报纸新闻和网络新闻的“二道贩子”吗？电视新闻如何由跟风变为引导，关键在于有无独家新闻和权威评论，笔者曾在《电视研究》撰文《中国电视呼唤名记者》，现在我们要在这里为中国电视呼唤名主播和名评论员。只有让更多的资深记者坐在新闻主播台上，充当或引导意见领袖，电视新闻才能在传

---

① 盖晨光. 电视新闻现场直播中的“媒体本位”意识. 现代传播，2007（2）：141.

② 孙玉胜. 十年——从改变电视的语态开始. 北京：三联书店，2003. 490.

媒竞争和新闻大战中争得第一话语权。然而，一系列课题也摆在我们面前：如何提高电视新闻从业人员的整体素质？如何吸纳优秀的新闻传播人才？如何建立科学的评估体系和用人机制？

胡锦涛同志在十七大报告中指出："积极探索用社会主义核心价值体系引领社会思潮的有效途径，主动做好意识形态工作，既尊重差异、包容多样，又有力抵制各种错误和腐朽思想的影响。"[①] 电视新闻工作者要牢记"有效"和"主动"这两个关键词。展望2008，我们期待在党的十七大精神指引下，中国电视新闻会突破层层狙击，成功实现穿越并取得更大的成绩。

第四节 2008：中国电视"直播年"[②]

2008年，是中国电视新闻的大年。从汶川地震到北京奥运，大悲大喜；从地面直播到太空直播，大开大合，这些中国新闻热点均为世界所瞩目。2008年，无论对于电视新闻还是大众传播，"直播"和"现场直播"都成为出现频率极高的年度关键词。现场直播是指在现场随着事件的发生、发展进程同时制作和播出电视节目的一种制播方式。然而，这不仅仅是一个技术层面的制播方式问题，围绕重大新闻和突发事件的现场直播，从传播观念到新闻改革，从信息公开到新闻法规，对中国电视新闻的改革与发展都产生了巨大而深远的影响。

一、媒介技术与传播观念

2008年，是中国电视50年，也是我国改革开放30年。在20世纪90年代，随着电视机进入千家万户，电视成为第一大媒体，而电视新闻也成为报道我国改革开放和经济建设最重要的载体。近十几年来，随着卫星通信技术和电子数字设备的迅速发展，媒介技术对电视新闻的发展起到推波助澜的作用，电视直播逐渐常态化，现场直播也日益频繁，大大加强了电视报道的新闻时效和传播效果。电视新闻报道实现了三个同步：制作与播出同步，声音与画面同步，新闻报道与事件发生同步。然而，传播观念与媒介技术的发展并没有完全实现同步，中国电视新闻还没有完全进入"现在进行时"。

---

① 胡锦涛．高举中国特色社会主义伟大旗帜 为夺取全面建设小康社会新胜利而奋斗——在中国共产党第十七次全国代表大会上的报告，2007－10－15．

② 谭天．直播2008：中国电视新闻年度评述．岭南新闻探索，2009（1）．

我国的新闻报道大致可以分为两大类：主题性新闻和事件性新闻，对于电视新闻直播，事件性新闻又可以分为两类：一是可以预见的重大新闻事件的直播报道；二是不可预见的突发新闻事件的直播报道。我国电视新闻现场直播的兴起始于1997年的香港回归直播，这一年，中央电视台先后直播了日全食—彗星天象奇观，中、俄、哈、吉、塔五国裁军协议签字仪式，香港回归，第八届全运会；黄河小浪底水利枢纽工程截流合龙，三峡工程大江截流等重大新闻和体育赛事活动。从中可以看到，这些直播基本上属于可以预见的新闻事件的直播报道，而不可预见的突发新闻事件的直播报道为数很少。

当今中国恐怕是世界上拥有电视转播车最多的国家之一，稍微有实力的地方电视台都拥有电视转播车。电视转播车的性能也在不断提高，不仅有了全数字电视转播车、电视转播卫星车，而且高清电视转播车也投入使用。北京奥运开幕式直播，更是把一个文明大国的形象最直观地展现在世人的面前。从技术层面上来看，我国电视直播已经具有很高的水准。2008年9月27日16：43，“神舟七号”载人航天飞船实现了航天员的太空行走。飞船上两台摄像机拍摄了航天员的出舱活动过程，这是令中国人最为自豪的历史画面。

然而，目前我国电视新闻现场直播（包括电视转播车和卫星新闻采集SNG）的威力远远没有充分发挥出来。许多现场直播仍然沉迷于政绩工程的宣传和媒介技术的炫耀上，国内现场直播普遍存在着几大通病：有直播没报道，缺少现场报道，对“现场”的随意选择使有效信息衰减；有报道没内容，缺乏新闻价值，对接近性的过度追求使新闻价值衰减；有现场没悬念，不能吸引眼球，记者现场评析的缺失使理性深度衰减。因此，我们看到国内电视转播车大多用于仪式性事件直播和体育赛事的转播。在严格的宣传纪律约束下，在求稳怕乱的心态主导下，电视人在突发性重大新闻事件面前反应迟钝。2001年9月11日，美国遭遇了前所未有的恐怖袭击，国内电视媒体迟迟不作报道，学界将其不作为戏称为“集体失语”。一位业内人士戏称，SNG卫星车在中国的主要作用一是转播体育比赛；二是在电视台拍宣传片的时候作为背景。因为面对突发新闻事件，播还是不播？现场直播的导播并不能决定，甚至电视台的台长也不能决定。这是新闻改革的一个难点，也是一个制度安排的问题。

二、突发事件与信息公开

世纪之交，中国电视卷起一股娱乐化旋风。近年来，从电视选秀到民生新闻，从“第一心动”到“纸馅包子”，中国电视似乎走到了“娱乐至死”的边缘。社科院时统宇研究员反思道：“我们在追问：用没完没了的打架了、撞车了、第三者插足了、精神病人跳楼了等‘八卦’新闻不厌其烦地去争夺收视率，媒体的社会良知与社会责任何在?”①就在这个时候，从2008年初的抗击冰雪灾害到西藏“3·14”事件，几乎在一夜之间严肃新闻又回来了。“然而，在新闻报道中，究竟是传播事实，还是传播愿望?”②在这些重大新闻的报道中，人们还发现一个重要角色——“现场直播”缺席了。这不仅让我们的救灾报道缺失人文关怀，而且给西方国家“妖魔化”中国提供了口实。所幸的是，这一教训及时地对后来遭遇的突发新闻报道和危机事件传播起到了预警作用。

2008年5月12日，我国发生了震惊中外的汶川特大地震。在巨大的自然灾难和公共危机面前，中央电视台及各大媒体迅速进入新闻报道阵地，中国媒体以前所未有的公开、透明、及时、全面的报道使得挑剔的西方媒体无话可说，赢得世界舆论的高度评价和国外同行的交口赞誉。在整个抗震救灾中，电视新闻现场直播功不可没，发挥了巨大的传播力和影响力。在直播的镜头面前，张泉灵的泪水，赵普的哽咽，许许多多电视记者的现场身影，亿万电视观众无不为之动容。“抗震救灾直播，彻底扭转了西方媒体自‘3·14’以来对中国的妖魔化，在世人面前树立了中国以人为本的良好国家形象。”③

2007年11月1日，国务院颁布实施《突发事件应对法》；继之，《政府信息公开条例》又于2008年5月1日颁布生效。这为“信息公开化”提供了政策和法律依据。5月24日，温家宝总理在映秀镇地震废墟上主持记者招待会时强调：“我们在处理这些突发事件以及国内其他问题上，坚持以人为本的原则不会改变，坚持对外开放的方针，永远不会改变。”④中国领导人开始认识到：“把坚持正确导向和通达社情民意统一起来，尊重人民主体地位，发挥人民首创精神，保证人民的知情权、参与权、表达权、监督权。”⑤从“9·11”中国媒体的集体失语到SARS公开报道的先抑后扬，再到汶川地震的及时、全面、公开报道。世人终于可以看到中国电视新闻真正承担起大众传媒的社会责任，而这正是建立在对外开放的基础上。

什么是现场直播？现场直播实际上是一种信息的无障碍传播，其建立在公众知情权和信息公开化的基础上。问题是在这种“口无遮拦”的传播中如何把握

---

① 时统宇. 中央电视台抗震救灾直播的历史意义和传播价值. 视听界，2008（4）：29.

② 高峰，周维维. 传播事实，还是传播愿望——解读有关拉萨事件的中西话语权之争. 吉林师范大学学报，2008（3）：100.

③ 时统宇. 中央电视台抗震救灾直播的历史意义和传播价值. 视听界，2008（4）：28.

④ 《南方周末》编辑部. 将开放透明进行到底. 南方周末，2008-05-29.

⑤ 胡锦涛. 在人民日报社考察工作时的讲话. 人民网. http://politics.people.com.cn/GB/1024/7408514.html，2008-06-20.

正确的舆论导向呢？长期以来我国的传播架构是“行政本位”，在这种架构的问责下，传媒人多一事不如少一事，电视人面对现场直播则是既爱又痛，爱的是现场确实是电视本性和理想的追求；痛的是可能要承担安全播出的把关责任。“不可预知事件的报道也是可以策划的。不少的不可预知的新闻事件大多属于突发事件、危机事件，现场采访有相当难度，组织报道要精心策划，报道时机要当机立断。”① 面对汶川地震这场大考，电视人没有回避难题，某些直播虽然仍有瑕疵，但总体上给全社会全世界交出了一份满意的答卷。用现场直播来主导新闻舆论话语权，中国电视人在北京奥运上做得更好。我们的现场直播不仅要“走出去”，而且要“请进来”。汶川地震和北京奥运让国外媒体趋之若鹜，NBC、BBC 如此卖力地转播北京奥运开幕式，无形中给中国做了最好的宣传，树立了我国对外开放和国力强盛的正面形象。

面对突发事件和信息公开，中国电视新闻工作者日益清晰且清醒地看到自己的两大竞争对手：一是国外同行，二是网络媒体。因为，我们进入了一个跨媒介、全球化的传播时代。

三、台网竞争与全球传播

在国外，当突发事件发生的时候，人们立刻打开电视机了解最新情况；而在中国，最普遍的选择是上互联网。由于媒体普遍噤声，人们一般是从其他网民而非官方媒体那里得到消息，这使得谣言和不理智的情绪很容易进一步扩散。网络媒体开放互动的优势对电视媒体造成巨大的冲击。与此同时，媒介技术的发展使内宣和外宣物理界线变得模糊，做好电视新闻现场直播成为中国电视主导国内舆论和争夺国际视频话语权的双重任务。

2008 年，除了中央电视台外有两家地方电视台声名大振，一个是位于地震灾区的四川电视台，一个是山东的齐鲁电视台。前者就不多说了，后者的“Breakingnews”实验值得一提。2008 年，从董明霞事件开始，齐鲁电视台至少五次中断电视节目报道突发事件：10 月 29 日，位于潍坊滨海开发区的海化集团发生次氯酸钠罐体泄露，几十名工人和附近村民出现中毒症状，齐鲁台中断了正在播出的电视剧，插播了这条突发性新闻，晚上 18 点 17 分在《每日新闻》时段，第二次插播最新消息，相比第一次，这次插播的社会反响极为正面，让当时已经开始流传的“几十名工人中毒死亡”的流言不攻自破；11 月 11 日上午 11 点 38 分左右，2009 年第十一届全运会场馆——济南奥体中心正在施工的一个体

① 谭天．“不可预知”：电视新闻的最大卖点．新闻爱好者，2005（9）：52．

育馆顶部发生大火，齐鲁台“森骥小组”（SNG汉译音）又在中午和下午，连续三次紧急插播了火灾救援情况和济南市的新闻发布会；11月29日，8个月大的女婴李开心急需血小板，而她与董明霞是同一血型，齐鲁台再次打断正在播放的电视节目，对此作出报道，由于有上次经验，李开心被即时救治，脱离生命危险；12月4日，齐鲁台又打断正在播放的本地新闻栏目，报道了发生在青岛佳元迈克食品有限公司职工宿舍的火灾事件。

即时插播的突发新闻在国外被称为“Breakingnews”。电视台对重大新闻即刻播报已经是一种国际惯例，例如，“9·11”事件和伦敦地铁爆炸案等重大事件发生后，当地主要电视网都抢在第一时间打断原有节目进行报道。而这种现场直播正是SNG卫星车的主要职能。齐鲁电视台在突发事件上频频发声，也源于中央高层对舆论管理的思路转变，胡锦涛在人民日报社考察工作时强调：要完善新闻发布制度，健全突发公共事件新闻报道机制，第一时间发布权威信息，提高时效性，增加透明度，牢牢掌握新闻宣传工作的主动权。齐鲁电视台的突出表现也赢得国外同行的尊敬，被誉为世界第一新闻学府的美国密苏里大学在百年庆典之时，特邀齐鲁台台长闫爱华参加庆典并作主题演讲。

2008年12月21日，中国50家电视机构负责人在北京签署协议，成立中国电视直播联盟（CSNG）。联盟成员遍布全国，最低可以延伸到县级电视机构，大大缩短了电视媒体抵达新闻现场的距离和时间，同时也实现了信息平台的资源共享。联盟强调“信息首发”和“电视速报”，利用现代电视技术打造一个反应最快速、覆盖最广泛的全国电视新闻直播体系，强调新闻的原创率、首发率和落地率，实现全国电视新闻直播常态化。时至今日，全国电视新闻直播常态化是有望实现的。

其实，这种联盟性质此前已现雏形。2008年11月初，由中央电视台和全国27家电视台联合推出大型电视公益节目《温暖灾区行》，成为直播联盟的试水之作。全国28家电视台实现了同一时段、同一主题、同一包装下的同步播出，取得了良好的规模传播效应。联盟成立前夕，央视再次联合全国33家电视台共同推出改革开放30周年大型直播特别节目《我们的30年》，所有参与电视台均获得了不带任何电视台标志的公用直播信号。对此，笔者注意到这些直播仍然属于可以预见的重大新闻事件的直播。能否在突发性重大新闻事件面前，通过电视现场直播实现无障碍信息传递，最大限度地满足受众的知情权、参与权、表达权和监督权呢？我们将拭目以待。

当然，现场直播除了新闻管制和技术层面的支持外，运作机制的改进和操作系统的完善也十分重要。为提高新闻采编效率，充分利用资源，中央电视台新闻中心于2008年1月实施一系列改革措施，对新闻中心下设的9个部门进行调整，并新增《新闻联播》编辑部。这一举措的成效在汶川地震直播报道中充分显现出来。数字技术和信息技术也充分运用于现场直播系统，如采访信息数据库、咨询专家数据库、三维模拟图像处理系统等。2008 年 5 月，地理信息系统首次用于中央电视台抗震救灾直播，中国测绘科学研究院为中央电视台《抗震救灾 众志成城》大型直播节目提供了大量灾区三维模拟地图，为观众了解灾区地理位置、地形地貌等信息增添了更加形象直观的途径。我国电视新闻现场直播还需从制度、观念、机制和技术四个方面实现突破和创新。展望未来，我们期待中国电视新闻报道能够真正全面地进入“现在进行时”。

第五节　2009：三方博弈　谁与争锋[①]

在金融危机背景下的后奥运时期，“变革”仍然是中国电视新闻的主旋律。从中央台到地方台，从新闻立台、民生新闻转型到媒介融合，都显示出电视媒体不甘落后，不断创新，打造更强竞争实力，追求最大传播效益的决心。电视新闻的兵家之争历来是中央台和地方台两强相争，但在 2009 年，新华社电视新闻异军突起，加入到电视新闻改革与发展的大潮中，中国电视形成了新的竞争格局，到底谁能在新一轮博弈中占据制高点？我们不妨扫描一下。

一、中央台：重擎“新闻立台”大旗

如果说 2008 年吹响了电视回归新闻的集结号，那么，2009 年则可以说吹响了“新闻立台”的冲锋号。汶川地震的及时报道和信息公开，北京奥运的成功转播和巨大影响，让中国电视界重新审视电视的新闻属性和媒体的社会责任。而这一切都让人们把目光聚焦到中国电视的旗舰——中央电视台。

由于僵化刻板的面孔以及在重大事件上的缓慢反应，导致央视新闻节目收视率降低，公信力下降。“从新闻节目的报道质量来看，中央电视台在时政新闻和国际新闻方面的报道实力雄厚，但是社会热点类新闻呈现出视野不够开阔、大众生活类新闻品质不够完善等问题，新闻节目存在较大的提升空间。”[②] 新闻要做到及时、公开、透明才能获得公信力。新闻改革对于央视而言，优先需要解决的是“新闻立台”问题。重提“新闻立台”，需要强化央视以下几个方面的特色：

---

① 谭天，马海江，于凡奇．三方博弈　谁与争锋．岭南新闻探索，2010（1）．

② 段鹏．中央与地方双重视角下的中国电视新闻新发展．现代传播，2009（2）：48．

中国声音、国家意志、公共话题、舆论引导、新闻回归、舆论监督等。

2009年7月，央视新闻频道再次“变脸”，从形式到内容上都有很大的突破。最明显的变化就是包装上注重可视性，大号鲜艳字幕和3D动画等，丰富了节目的表现形式，令人耳目一新。此次央视改革最大的看点还不是《新闻联播》，而是央视新闻频道的变革，其核心是加强信息量和评论力度，更加尊重新闻规律，使新闻频道的面孔逐渐清晰化。央视新闻改革不只关注新闻的迅速和第一落点，还对整体的节目架构进行了改革。改版后的央视新闻频道不仅将加大新闻播出量，甚至有望推出更多的新闻栏目，打造全天24小时滚动播出新闻的节目架构。本次改版可以说是一次理念的提升，使节目回归新闻本位、更具亲和力，新闻频道逐渐成熟。

继《实话实说》、《每周质检报告》、《新闻会客厅》等名牌栏目纷纷下课后，《小崔说事》也于12月被曝停播。《新闻联播》这档收视率最高的新闻节目也从7月30日晚开始变脸。在25分钟的国内新闻中减少领导和会议新闻，加强对民生的关注，增加舆论监督和批评性内容。节目增加了本台短评，央视还进一步完善特约评论员机制，邀请权威专家担任特约评论员。

《朝闻天下》和《世界周刊》主持人的变化也凸显了两档节目的兼容并蓄，胡蝶和康辉的青春朝气，令节目显得亲切活泼，引发网友热议。每日18：00在新闻频道播出的《共同关注》被认为是改版后变化最大的一档节目，原来是一档以公益慈善为品牌特色的日播专题栏目，改版后保留原有栏目名称，内容却变成了播新闻。由央视一套“移师”新闻频道晚间八点黄金档的《东方时空》，时长增至一个小时。它的改革和《共同关注》一样：强化新闻、淡化专题。全新的《东方时空》新闻资讯量大幅增加，同时加强对突发新闻的报道。早间的《朝闻天下》、午间的《新闻30分》、午后的《大直播时段》、晚间的《共同关注》和《东方时空》，再加上被换到了22：00的《国际时讯》，以及《新闻直播间》、《环球引擎》、《时事解码》等新节目的纷纷上马，使得央视新闻资讯类节目覆盖了所有时段，新闻播出总量和首播量与改版前相比都有显著提高。同时，组建新闻评论员队伍，在新闻节目中加入专家连线和短评，探索新闻深度。可见央视不仅要“新闻立台”，还要“评论强台”。

在信息高度发达的时代，突发事件是电视新闻的最大卖点。央视大力强化突发事件出境记者中心制。从6月初开始，在北京、上海、成都等8个城市设立应急报道驻点，一旦当地发生突发事件，驻点记者须在4~6小时内赶赴现场报道，这就为实现“第一时间、第一现场”的目标提供了可靠的保障。

2009年11月18日在中央电视台2010年黄金资源广告招标会现场，央视新闻中心副主任许强向媒体介绍道：央视新闻中心改版后收视率翻番。改版之后的新闻频道全天新闻总量和新闻首播量与改版之前相比有天壤之别。以11月17日为例，新闻总量为666条，其中首播是353条，首播率超过50%；在改版之前，无论是总量还是首播率均远远达不到这个数字，那个时候首播率只有17%。

央视新闻改革对于全国无疑会产生示范作用和深远影响。“央视新闻改革，对舆论环境和新闻体制势必产生蝴蝶效应。怎样平衡政治和民生，做到政治正确，这正是中国新闻媒体改革的暗礁处。央视新闻改革如果能够试水成功，不可不谓是对新闻体制改革以及言论建设的贡献。伴随央视新闻改革的不断突破，我们希望中国新闻局面能够大好，相应的新闻制度和法律也能催生、健全起来。”①

“新闻立台”是否是中国电视的唯一选择？“新闻立台”的评价标准是什么？我们有必要认清“当前我国‘新闻立台’的性质、构成、目标和任务：①在办台宗旨上，确立按新闻传播规律办事，以新闻媒体的社会责任来统领全台宣传业务；②新闻节目必须奠定其在全台的重要地位并充分发挥其重要作用，形成核心品牌和强势传播；③充分利用各种新闻资源和各种传播渠道，在传播区域内形成强大的传播力和舆论引导力，以确保电视媒体所承载的历史使命”②。

二、地方台：内外兼修各谋发展

2009年的电视生态环境不容乐观。金融危机导致广告萎缩，电视台之间竞争激烈，节目同质化严重，新媒体的蓬勃发展也给电视带来了不小的挑战和压力，分流着受众和广告。地方台遭遇发展困境，竞争更趋激烈。面对中央电视台新闻资源的优势，在2009年里，地方电视台的突围和民生新闻的创新发展还是可圈可点的。2009年民生新闻除了在表达方面继续花样翻新之外，江苏电视台和南方电视台还分别在内涵和外延上实现突破。

1.《零距离》：民生新闻内涵提升

自从《南京零距离》在全国异军突起后，各地电视台纷纷开办民生新闻类栏目，取得了不错的收视效果。但近年来，节目呈现同质化、琐碎化、低俗化，日益为人们所诟病，影响力式微。为适应传播发展多元化趋势，民生新闻节目亟须从理念、内容和形式上进行转变和提升。

自5月1日起，江苏城市频道的著名民生新闻栏目《南京零距离》正式升级为《零距离》。升级后，《零距离》的发展方向确定为“大民生”，关注与百姓生活息息相关的国计民生，从百姓的角度进行解读和探讨。栏目强调“五个

---

① 王彦飞. 央视新闻变脸的蝴蝶效应. 长江商报，2009-08-03.

② 谭天，覃晴. 论“新闻立台”的再现. 南方电视学刊，2009（4）：1.

一”：一个焦点、一个人物、一组评论、一个调查和一个故事。寻求权威性、主流性和市场性三者的统一是《零距离》实现高位突破的核心。以崭新面貌呈现的《零距离》在三个方面实现了升级：

首先，去“碎片化”，加强深度报道比重。《零距离》在版面上提出“五个一”的新做法，即将栏目大量零碎的民生新闻打包进板块，以五个板块《聚焦》、《角色》、《孟非读报》、《调查》、《纪录》的形式，在每期节目中向观众展现一个焦点、一个人物、一组评论、一个调查和一个故事。这种做法不仅使新闻资源得到整合，改变了以前容易陷入低俗化的局面，使节目更有整体感，而且也促使节目取材由传统的动态新闻报道向多种形式拓展，多层次、多侧面地发掘了新闻资源，使新闻报道更显深度和广度。

其次，强化新闻评论，构建电视主流舆论场。民生新闻尽管可以做到贴近、服务本地观众，但是一个电视台要树立自己的品格内涵，还是少不了新闻评论。特别是在网络时代，信息传播格局和社会舆论场的构成都发生了巨大的改变。话语权利开始由精英话语转向大众话语，意见性信息的传播也从“自上而下”向“自下而上”转换，电视媒体更应强化新闻评论，通过电视评论发出时代强音。《零距离》不仅有富于个性的主持人提出建设性意见，摆脱社会情绪宣泄误区，提升节目理性品质，还请来新闻评论员、意见领袖、特邀嘉宾、场外观众参与意见和观点表达，并在特别节目及周末节目中引入场外观众，在注重断面的全面性和平衡性的同时，让各个群体都有话语表达的平台，促使各种社会意见在博弈中达成社会共识，形成和谐舆论。

再次，加大与网络的合作，体现网络特色。通过台网互动，实现与观众的全方位互动，使电视栏目成为多元化意见的表达平台。《零距离》的升级体现了网络时代媒体创新的理念，是民生新闻步入3.0时代寻求突破、完成自我转型的战略之举。

从长远来看，民生新闻应转型为“公民新闻”，发动公共议题讨论，充分汇聚民意，推动公众参与社会公共事务，探寻社会问题的解决之道，构建和谐的公民社会。

2. 南方台：民生新闻外延拓展

由于民生新闻有较高的收视率，不少地方台纷纷加长播出时间，但随之而来的是“注水”带来的品质下降和琐碎化造成的审美疲劳。但广东南方电视台并没有简单地做加长版，而是在理念创新基础上进行外延拓展。

南方电视台经济频道实际上是一个民生新闻综合频道，该频道找准民生频道定位，敢于突破新闻的边界，选择以其品牌民生新闻栏目《今日一线》为立足点，相继打造新闻评论栏目《马后炮》和栏目剧《真实故事》，形成“民生新闻报道＋民生新闻评论＋民生故事演绎”的民生节目集群。“社会转型期电视新闻媒介的传播模式由大众传播转向分众传播，继而转向个性传播。”[①] 多个节目、多种形态的节目集群正是实现分众传播和个性传播的最好方式。

南方台经济频道的这种集群方式，一方面使节目在播出内容上形成了紧密的逻辑关系，大大丰富了民生新闻的内涵；另一方面也使频道在统一定位的调配下，做到了节目资源的最大共享和充分开发以及品牌效应的互相叠加，收视更是做到了一脉相承，并强化了频道的民生特色。节目集群内部因节目之间组合形式灵活多变，既有统一性又有差异性，易于保持集群独特性，对维护节目以及频道品牌生命力有着极大的促进作用。

三、新华社电视：悄然崛起的第三方

谁是中国电视新闻博弈中的第三方？过去是以凤凰卫视、香港无线和亚视为代表的境外新闻媒体，尽管境外媒体有限的落地使其传播力并不大，但由于其先进的新闻理念使之影响力不可低估，成为内地电视新闻纷纷效仿的竞争对手。然而，时至2009年，新华社新闻悄悄地进入传统电视新闻的世袭领地，新华社电视业务全面启动，引起电视新闻界的极大关注。

“近年来，各级电视台在建立新闻交换平台上做过许多尝试，充分显示出各级电视台对建立新闻资源交换平台的强烈需求。”[②] 2009年3月1日，新华社视频专线正式运行，利用通稿系统及时将电视新闻传送给全国各大电视台。正确的政治导向、过硬的质量、独家的采访、崭新的新闻理念，使电视台在播出新闻时有了新的选择，新闻竞争力增强。目前新华社电视新闻主要是提供信息，侧重国际市场，对国内电视媒体冲击不是很大，但也造成了一定的竞争。

中国作为正在崛起的大国，要打造文化软实力，建立良好的国际形象，必须建立一批有规模和竞争力的国际一流媒体，提升舆论影响力和文化传播力。作为世界四大通讯社之一，新华社拥有遍布全球的庞大新闻网络、优秀的驻外记者和先进的技术设备。中国电视新闻争取国际话语权，必须建立独立的新闻采集系统，遵守新闻传播规律。新疆“7·5”事件发生后，新华社第一时间启动应急报道机制，将最新的现场画面以最快的速度传给全球观众，大大压缩了西方媒体的炒作空间。2009年7月1日，新华社英语电视新闻线路开始运行。CNN、BBC、路透社等媒体已成为其用户。英语电视专线的开通，大大增强了新华社的

---

① 杨柳．社会转型期电视媒介的发展及新闻报道价值取向．攀登，2009（4）：119．

② 段鹏．中央与地方双重视角下的中国电视新闻新发展．现代传播，2009（2）：50．

国际传播能力，是中国媒体走向世界的积极尝试。中国国际电视台也于2010年元旦期间开播，目标是建立国际一流媒体。诚然，打造国际化媒体，需要具有国际传播视野和掌握跨媒体经营策略的高素质人才。中国媒体还有一条漫长的路要走。

当今是一个立体化传播时代，新媒体对传统媒体产生了强大的冲击力，新媒体和传统媒体逐渐融合是发展趋势。“新华社电视”通过电视、网络、手机及大屏幕等终端，实现与新媒体的共生共荣。6月16日，新华社电视成为开心网的第一个机构用户。网友们可以加自己为新华社电视的“粉丝”，观看并评论即时发布的电视新闻，提供新闻线索，与主持人和记者进行交流。新华社电视则能够及时掌握网民反应，改进报道质量，并利用社交网站的互动性和高人气，开拓市场，培养目标用户。新华社电视与开心网的合作是媒介融合时代传播理念的一种全新探索。便捷的传播渠道、即时的权威消息、畅通的互动交流，为新华社电视赢得了众多“粉丝”的支持，获得了较大的影响力。

2009年9月1日，新华社手机电视台在中国移动、中国电信和中国联通全面上线，新华社CFC手机财经电视频道开播。手机电视频道运用现场直播、现场连线、演播室访谈、专题片等多种形式，第一时间使新华社的权威声音影响更多的手机受众。随着业务的不断成熟，手机电视台的栏目将更加细化，内容也将更加丰富，为广大用户带来精彩的视听体验。

“羞答答的玫瑰静悄悄地开”，尽管悄然进入电视新闻领域的新华社才刚刚起步，但它或许会起到一种鲶鱼效应，激活中国电视的竞争，加快电视新闻的改革。2009年10月8日至10日，世界媒体峰会在北京举行。主办方新华社与西方媒体巨头路透社、美联社等共同对话，显示出其打造国际强势媒体的雄心。我们高兴地看到中国媒体已不再被动，而正迅速行动起来，积极参与世界新闻竞争。中央台、地方台和新华社的三方博弈，最大的赢家必然是中国电视的新闻改革。

第六节　2010：融合·创新·影响①

2010年的中国电视新闻发展总体上趋于平缓。然而，面对网络、手机、微博等新媒体的围追堵截，各级电视台在“新闻立台”、新闻直播、“评论强台”和对外传播等方面奋力突围，其中不乏创新的亮点。同时，我们必须清醒地认识

① 谭天，邸智泉，丁卯. 融合·创新·影响——2010中国电视新闻发展述评. 新闻记者，2011（1）.

到，如何增强电视新闻传播力、提升主流媒体影响力，仍然是摆在电视新闻工作者面前亟待解决的现实课题。

一、新闻立台，各显神通

2010年各级电视媒体，整体上呈现出对于“新闻立台”理念的不同理解和实践，总体来说是在媒介融合背景下的对主流新闻的回归和对舆论影响力的追求。首先是中央电视台新闻频道，没有像2009年那样大张旗鼓地改版，而是全面发力，整体强化，不断强化“新闻立台”战略，推出一系列新闻改革措施，重组新闻中心，改版新闻节目，创新播报模式，成效卓著。

2010年年底，中央电视台在全国31省市应急报道点全部配齐，而作为一个目标定位国际性的媒体，到目前为止，已经有欧洲、美洲中心记者站和27个其他国家和地区的记者站，并且还要再增加亚太、中东、欧洲、俄罗斯、非洲五个中心记者站，对全球形成有效覆盖。这些举措都使得央视对突发新闻的快速反应能力得到大幅提高。以玉树地震为例，4月14日早上7：49，青海玉树发生7.1级地震。8：26，央视全球首发了来自国家地震局的最新权威信息。8：48，新闻中心地方记者部就快速启动突发新闻报道制度，播出了演播室和震区当地电视台记者的第一次电话连线直播。17：07，央视记者已经跟随第一架飞机进入震区，成为进入震区最早的中央媒体记者。到了4月16日，中央电视台已经在玉树灾区集结了100多名记者，充分体现了央视对新闻的快速反应能力和传播能力，CNN、BBC等不仅直接使用央视的新闻资源，直播的时候还直接切换到央视的新闻频道。

央视的时政新闻优势一直是地方媒体无法超越的，在对上海世博会等重大事件的报道上，他们还作了一些向民生新闻靠拢的有益尝试，力求把新闻做得贴近观众，强化新闻的服务性，对此，观众反响较好。在8月份发生的甘肃舟曲泥石流事件中，新闻频道专门开设了《八方支援》、《救援服务信息》小专栏，对救灾信息的交流起到了非常重要的作用。据央视广告部披露，2010年新闻频道收视份额比上一年提升65%，信息量由改版前的每天270多条增加到了600多条，首播量也由改版前的每天70条增加到每天300条。而在这一切的背后，离不开央视新闻频道强大的新闻报道记者队伍。

在地方电视台，省级卫视的新闻改革仍然举步维艰，地面频道新闻比拼的激烈程度与收视竞争的残酷程度成正比。然而，依靠民生新闻快速拉升收视、聚集人气的时代已经过去，“后民生”时代已经到来。一方面，越来越多的地面频道引入“全时段播送”的新闻理念，力求发掘非传统新闻时段的收视价值，提供给本地观众更丰富的资讯选择。在上海世博会和广州亚运会期间，上海、广东等众多地方电视台无不全力以赴，全时段、全天候、全方位地进行大直播，融合纸质媒体、网络、手机等多种新媒体全力打造全媒体电视新闻。收视比拼也促使更多的地面新闻频道大胆采用新媒体、新技术、新形式。网络、微博等新媒体作为新闻信息来源而日益被重视和采用。

另一方面，由于地方台制作力量和新闻资源相对不足，严重制约了全天候新闻的产量和品质。为了更好地报道亚运会，广东电视台专门打造了水上移动演播室——“广东电视台号”，首次以开放式演播室的形式在珠江游动，第一时间全面报道亚运各个方面的权威资讯。荆州电视台甚至请来金发碧眼的香港卫视的外籍女主播伊丽莎维塔，她那标准的普通话和外貌也成为一抹亮色。动漫、3D、网络视频等多种影像也被各电视台广泛运用到电视新闻节目中。当前我国电视新闻的创新往往是形式大于内容。

电视新闻绝不能为创新而创新，“内容为王”和社会影响永远是创新的主题。在亚运期间，广东电视及其他新闻媒体对广州市的市政建设、交通管理等提出批评意见，促进了当地政府迅速改进工作，推动了亚运各项服务工作，为国内同行所称羡。主持过北京奥运、上海世博等节目的央视主持人白岩松说，过去办大事，尽量都说点悦耳的话，广州天天都能见到批评，令他感到惊讶。2010 年伊始，中共中央政治局常委李长春在全国宣传部长会议上提出：领导干部要适应时代发展要求，努力提高与媒体打交道的能力，切实做到善待媒体、善用媒体、善管媒体，充分发挥媒体凝聚力量、推动工作的积极作用。笔者相信，各级领导干部如能提高媒介素养，建立科学媒介观，我国的电视媒体必定会聚集在“新闻立台”的旗帜下，实现“时政新闻民生化，民生新闻时政化”的新闻理想。

二、直播常态，流程再造

现场直播是最能体现、发挥电视传播特点和优势的新闻报道形式。目前，在我国购置、使用小型移动直播设备的地市台越来越多。将现场直播引入新闻报道，并逐步实现常态化正成为一种趋势。在我国，卫星新闻采访（SNG）的运用大致有三种情况：一是每天固定的新闻节目切入信号，二是重大活动进行直播时切入信号，三是多地进行联播时采用卫星车信号。在以上三种模式中，前两种运用较多，后一种在运作上带来的挑战性更大，因为事件的发展往往使直播的进程很难掌控。电视新闻直播主要有两大类：事件性新闻直播和仪式性新闻直播。长期以来我国电视新闻直播更多用于仪式性新闻直播。抓取事件性新闻，坚持突发事件优先，应该成为我国电视新闻直播发展的主攻方向。

2010 年 8 月 23 日，在第 19 届北京国际广播电影电视设备展览会上，齐鲁电视台携其最新研发的“天骥”全网直播系统，以参展商的身份出现在展会上。而在过去，在这样的广播电视设备展览会上，电视台都是扮演看客的角色。“天骥”全网直播系统是基于多种数据传输方式，将电信网、互联网和广播电视网三网融于一体，借助各网优势，灵活调配资源而研发出的一套音视频直播系统，可单机远程直播、多机组合直播、移动直播，也可完成远程信号传输等工作要求，适用于电视新闻及网络媒体现场直播，以及监控设备的远程控制。“天骥”很符合记者单兵作战的报道方式，特别是在重大突发事件报道时，记者可携带一台装备“天骥”的摄像机，深入到新闻事件的第一现场，并发回实时报道。传统电视新闻直播正走向全媒体视频新闻直播，然而，新闻直播的流程再造不只是技术操作层面，更重要的是新闻业务层面。

目前我国电视新闻直播发展面临两个困惑和难点：一是面临着题材不足的困境，目前中央电视台和地方电视台已经建立了直播联盟，这一突发事件的媒体联动平台实现了直播题材的资源共享。二是面临直播报道浅层化的困扰，由于直播报道须依托一个现场进行，强调现在发生现在看，很难进行多层次、展开式的报道，因此有人讥讽“卫星车现场报道”是“浅度报道”。这一方面需要摆脱单一（台）使用卫星直播车的困境，另一方面需要解决报道选题上的困惑。如何走出琐碎事件的循环报道，真正展现新闻直播的威力与魅力，显然是直播发展面临的最大瓶颈。

形成这一瓶颈的根本因素在于管理体制和新闻理念方面。一是决策预见性的困惑。电视卫星采访车的直播状态使得管理层无法对新闻进行监管审查，目前的操作过程中，从领导到报道组总是处在战战兢兢的状态。因此，新闻管理者必须制定直播应急管理方案，确定突发事件的媒体响应原则，同时还要对电视新闻直播进行风险评估和风险管理。否则，我们很可能会无所作为，而只能陷于日常化的琐碎报道。二是新闻真实性的困惑。卫星采访车直播报道能带给观众一个真实的现场，但不能保证带给观众一个真实的新闻。在追求快和新的同时，怎么样保障新闻事实的完整和新闻有关的查证工作，成了一个难题。《郑州大民生》曾直播过西环路上交通稽查人员拦路查车，引发一场车祸致人死亡的事件，记者第一时间到了现场，然而事情已经发生，人已经死亡，交通稽查人员和受害群众各执一词。现场记者和其他目击者完全站在同一资讯的高度上，他甚至不会比其他目击者了解更多，如何在报道中做得更到位，如何让观众迅速了解事情真相，这不仅是对现场记者素质的考验，也是对卫星采访直播车直播形态和栏目组织水平的考验。因此，必须得到后方团队的支持，专人收集资料提供给前方，告诉前方观众想知道什么。

2010年，山东电视台齐鲁频道以直播常态化作为新闻节目创新的突破口，取得了不错的业内外反响。江苏广播电视总台城市频道打造立体直播网，一线记者全面配置3G设备盒、可视电话、便携电脑、3G无线上网卡等最新设备，在南京长江隧道通车、地铁二号线运营中投入多套3G直播设备。广州电视台新闻频道的《直播广州》是广州亚运催生的一档直播节目，2010年时计划集全台的采编力量打造一个直播频道。问题是经过流程再造之后，就一定会提升新闻的影响力吗?

三、评论强台，台网互动

当今中国电视已进入评论时代，在即时互动和便捷联通不及新媒体的情况下，新闻评论的作用日显重要。中央电视台新闻改革的重点在于新闻频道，新闻频道改革的重点在于新闻评论。2010年，中央电视台在电视新闻深度评论方面做了一些积极尝试，他们提出除了新闻之外，还要对电视事实即时点评。央视组建了一支专职和兼职评论员队伍，每天对8~10条新闻进行评论，也涌现出一批观众认可的评论员，像国内评论员杨禹，国际评论员宋晓军、叶海林。同时，新闻频道的《新闻1+1》和中文国际频道的《今日关注》也对当日重大国内外新闻进行深度分析。过去电视台往往为网络言论所影响，现在越来越多的电视评论在引导网络舆论，而掌握最大话语权的中央电视台无疑是最值得我们期待的。

2010年9月3日，江苏省广播电视总台城市频道《零距离》栏目面向全国招聘新闻评论员。其中400多人通过初审，面试偏重考察应聘者的即时评论和播报能力，通过层层筛选，最终选定两人。这意味着民生新闻3.0时代的《零距离》题材范围更广，与新媒体互动增强，评论色彩更重，也意味着电视新闻在评论方面增强了制作力度，争取以评取胜。

受《焦点访谈》和新闻评奖的影响，长期以来，我国电视新闻的节目形态趋于雷同，基本上是新闻述评类的专题片。近年来电视新闻基本上形成了主持兼评论、插播采访、专家连线的固定模式。2010年，不少电视新闻评论在整合博客、微博客、手机短信等意见性信息方面探索出新路。广东南方电视台的粤语新闻栏目《今日最新闻》改变了以往呆板的新闻播报的节目形态，以“同声同气自己人”为本土特色，用诙谐的语言、尖锐的观点，报道、点评市民身边发生的事情。在《今日最新闻》的《今日最争议》板块中，将近日最具争议性的话题提出来，把观众的短信意见以投票的形式表达出来，让它自始至终贯穿在节目当中，主持人的意见集成和观众短信投票的互动形成了独特的评论风格，从而带动收视率和影响力的提升。此种互动式评论新形式，不仅更加贴近电视受众，还和受众站在同一个视觉角度上，关注国计民生问题，同时又符合了受众希望自身观点得到验证的心理。在时效性上，《今日最新闻》紧跟时代脚步，针对民生及国家政策走向，迅速解答受众疑问，起到电视新闻的舆论引导作用。

2010 年，湖南卫视在新媒体拓展方面又出重拳，在金鹰网上推出了全新 SNS 互动社区“芒果圈”，正式挺进 SNS 市场。如此一来，电视媒体能够与网络媒体互动，发动网民，为电视开辟更大的受众市场。同时通过在线视频，将电视资源整合到网络上，扩大电视节目的传播范围。近年来微博兴起，人们将一部分时事新闻、热点民生话题转移到这一新媒体平台上进行讨论。因此，可以说，微博将会成为下一轮台网互动的重要管道和新闻评论的重要板块。

然而，不论使用什么新媒体新技术，深度报道和观点传播日显重要，中国电视需要更多的优秀电视新闻评论员。他们必须是具备较丰富的阅历和积淀，有独特视角和敏锐思想，有独特风格和主持功力的新闻人。与此同时，电视评论员的培养和管理机制也亟待建立起来。

四、对外传播，整装待发

2010 年是中国提升软实力和取得外宣突破性进展的一年。第 20 届中国新闻奖增设了国际传播奖项，2011 年计划增设国际新闻奖，鼓励从中央到地方媒体积极开展国际新闻报道，以全面提升中国在国际传播中的影响力。以前，国际新闻事件的现场很少出现中国记者的身影，现在，由于驻外记者站的建成，在海地地震、美国撤兵伊拉克、印尼火山喷发、智利被困矿工升井等国际事件中，都有央视记者进行现场报道。

CCTV 英语频道于 2010 年 4 月 26 日全面改版为英语新闻频道，在新闻时效性、信息量、更新率、深度报道和新闻评论等方面都有了长足的进步，目前的覆盖已经到达了全球主要的华人地区。针对全球电视受众，中央电视台英语、法语、西班牙语、俄语、阿拉伯语五大外文频道，形成了我国多语种传播的电视外宣格局。为进一步强化“中国观点、东方视角、国际化表达”，继续突出频道“为你链接亚洲”的定位，中央电视台决定于 11 月中旬对英语新闻频道再次进行全频道调整，着力在优化频道编排、加强“以中国为中心”的新闻报道、集约生产精准投放专题节目等方面进行改进。根据中视国际公司提供的《CCTV－NEWS 在美国大洛杉矶地区收视调查报告（2010 年 6 月 21 日—27 日）》，改版后 CCTV－NEWS 与国际主流频道 CNN、BBC 的差距在缩小，这一周的收视份额数据是：CNN 为 14.48%，FOX 为 13.42%，CCTV－NEWS 为 13.06%，BBC AM 仅为 1.34%，CCTV－NEWS 与 CNN 已经非常接近。

但2010年中国对外传播的主角还是进入电视领域的新华社。继2009年3月1日新华社中文电视线路正式运行以来，2010年1月1日，新华电视网中文新闻台上星开播；7月1日，英文新闻台正式开播，目前已经覆盖了亚太、北美、欧洲、中东、非洲地区，并开始进入香港（新华香港有线台）、澳门（新华澳门有线台）等有线电视频道。中国新华新闻电视网以建设海外电视台为核心业务，目前中英文电视新闻采集量已达日均800分钟，居国际电视新闻行业第一。这是中国政府对在奥运之后制定的对外传播战略的实施，在西方媒体把持的国际新闻媒体格局中发出了中国媒体的声音，有着举足轻重的意义。

2010年11月23日，新华社与美国国家广播公司（NBC）在纽约签署了合作备忘录，确定双方在国际电视新闻领域建立多层次的商业合作关系。这是新华社旗下的中国新华新闻电视网在其成立一周年之际在北美地区最新作出的市场拓展努力。根据备忘录，中国新华新闻电视网和NBC将在电视新闻内容采集、制作和播出以及人员培训等方面进行广泛深入的合作。12月9日，新华新闻电视网宣布于2011年元旦进入欧洲卫星公司的鸥鸟、热鸟、W7卫星，正式面向欧洲、中东、北非播出。这意味着刚刚开播一年的中国新华新闻电视网旗下已拥有新华亚太卫星台、新华北美卫星台、新华泛欧卫星台、新华英欧卫星台、新华非洲卫星台5家卫星电视台。在卫星覆盖的基础上，中国新华新闻电视网大力拓展有线电视入户业务和新媒体业务，并向海内外近300家电视媒体供应电视新闻节目。紧接着的12月10日，增资扩股后的新华视讯手机电视台有限公司正式成立，强势推动手机电视市场业务。

更具象征性意义的是，新华社在纽约时报广场一幢办公楼内租下了近2 000平方米的整层楼面，作为新华社北美总分社的新总部，这一举动被美国媒体称为中国媒体国际化新时代的标志。《华尔街日报》报道说，新华社是中国政府主要的新闻和宣传机构之一，一直在扩大中国以外的业务，并将推出一个全球英语电视频道，此举将挑战西方新闻机构在海外的主导地位，对事件的报道提供一个中国视角，这是中国政府增强海外“软实力”努力的一部分。正如美国加州大学洛杉矶分校亚美研究中心副教授梁志英所说：“新华社入驻纽约时报广场意味着一个新时代的开始。此举表明作为中国官方新闻机构，新华社已经成为全球事务的参与者，这是中国软实力提升的一个重要标志。”

当今电视新闻的竞争已不再是区域传播和传统媒体的概念，数字时代的电视新闻必定是一个国际传播和全球传播的概念。面对全球化、数字化的挑战，可以断言：电视新闻不在媒介融合之中涅槃，就会在媒介融合之中湮没！

第七节　2011：中国电视新闻微创新

回眸2011年，在社会发展和媒介融合的背景下，微博这一新的传播形式对电视新闻的影响进一步显现。众多新闻事件通过微博迅速引起传统主流媒体的关注，与此同时，电视新闻也借力微博，跟进、关注、还原、解析新闻事件，进而发挥引导舆论的作用。在过去的2011年里，电视新闻在传播形式、业务流程、技术应用、新闻评论等方面都有不少创新和探索，可谓于细微处见功力。梳理和审视这些变化有利于我们全面评价当下电视新闻的传播效果和存在问题，有利于电视人思考下一步的新闻改革和创新自觉。

一、微博引领　传播创新

2011年，众多新闻事件通过微博爆料迅速引起传统主流媒体关注，微博的庞大受众使得经微博上爆出的新闻，往往能够迅速成为社会热点话题，牵引着传统媒体的跟进，从2011年热议的郭美美事件和李阳家暴事件可见一斑。

微博作为新兴的自媒体平台，受到网民的强烈推崇，用户数更是呈现爆发式增长，从2010年底的6 311万到2011年上半年的1.95亿，增幅高达208.9%，成为用户增长最快的互联网应用模式，在网民中的使用率也从13.8%迅速提升到40.2%。[①] 面对这种挑战，不少电视媒体积极应对，以一种开放的姿态迎接挑战，在技术和内容方面与新媒体展开多方位合作，主动推进媒介融合，创新节目形式，丰富节目内容，取得了不错的效果。

电视新闻由此借力微博，关注、跟进、还原、解析新闻事件，进而发挥引导舆论的作用。微博这一新的传播形式对电视新闻的影响进一步显现。

2011年1月1日，由江苏广播电视总台新闻中心和搜狐微博共同研发的《夜宴微波炉》正式播出。除了延续《新闻夜宴》“提供公共平台、展示多维视角、多元争鸣”的特色，它呈现出一种新的节目形态，即把电视新闻评论和微博嫁接呈现：一方面，分演播室的嘉宾通过搜狐微博与演播室现场三位主持人同步参与节目；另一方面，网友可以在微博上在线收看同步播放的节目，并可以通过微博和三位实名在线的主持人互动。除此之外，主持人和嘉宾评论的同时，微博网友的评论同步接入电视屏幕，给观众提供一个在看新闻事件、听新闻观点的

---

① 中国互联网络信息中心. 第28次中国互联网发展状况统计报告，2011-07-19.

同时发表观点的途径。微博网友的评论会在第一时间呈现在观众面前，意见的交流和观点的碰撞更激烈。

《夜宴微波炉》和微博的融合体现在技术和内容两个层面。技术上，语音微博开通，微博直播墙同步接入演播室，这从技术层面上保证了节目可以同步在微博上推广；内容上，《微言七日》和《微言大事》两大板块，都是从微博中选取热点事件和话题并汇集微博网友的评论。[①] 这种做法拓展了电视新闻的思维：在网络分流的现状下，扩大电视的影响力并不在于把网络受众拉回电视机面前，而是要把电视节目送到受众更喜欢的渠道上，如网络平台。虽然部分受众是通过微博关注此节目，但是电视节目的影响力不会因为受众观看渠道的不同而削弱。

2011 年，电视新闻栏目官方微博大量涌现。无论是把电视节目的官方微博作为一个爆料平台还是通过官方微博寻找新闻线索、征集网友评论，电视节目的官方微博已成为各级电视台扩展疆土的平台。1 月 4 日，《焦点访谈》开启官方微博，虽然主要用于播报当日的节目内容和征集网友意见，但截至 11 月份其"粉丝"人数已经多达 117 万多人，节目影响力在无形中大增。

官方微博不仅仅是电视新闻节目发布平台，并且是一个和网友实现良好有效互动的平台。早在 2009 年就开通官方微博的《央视新闻周刊》，在 2011 年 11 月 5 日之后更加专业化。它的官方微博内容划分为节目点播、岩松观点、本周导读、网友回声、编导手记和节目点播等几个部分。统一的内容安排、细致的板块规划促成了节目本身与微博的有机统一。其微博内容集中于为《新闻周刊》的节目做推广、发评论或者和网友互动听取网友意见。除去网友回声和编导手记的微博没有图片，剩余部分的微博内容都配有和此期新闻内容相关的图片。部分微博还带有节目视频以及视频链接，这种做法为对节目感兴趣但又无法在固定时间收看节目的观众提供了一条便捷途径。

总览电视新闻节目的官方微博，内容多为在广播即将播出的节目内容概要，利用官方微博的公信力发起各种活动，如给需要帮助的人士捐款、寻找走失的人等活动，在电视新闻节目上传微博等方面也有不俗的表现。但其不足也不可忽视：一些节目的官方微博存在明显私人化的痕迹，除了集中的直播报道，其他时间所发微博，内容分散，甚至包括笑话、搞笑视频等内容，这些与电视新闻节目官方微博应该具有的话语形态和话语方式不相符合。官方微博的定位和专业化仍须进一步提高。

---

① 刘洁. 微博在电视节目中的运用. 视听界，2011 (3).

二、流程再造　评论创新

业务创新是电视新闻创新的主要方面。2011 年，城市台联盟、节目集群化、全频道、全时段、直播常态化……从央视的节目改版到地方台的新闻栏目开办，越来越新的设备、越来越先进的播出手段、越来越时尚的节目包装点缀荧屏，五光十色。在信息时代浪潮中，电视新闻业务正不断调整与更新。

2011 年，在央视、卫视和网络的夹击之下，城市台联盟加大合作力度，试图通过联盟突破地域限制，实现做大做强的目标。2011 年 12 月 17 日，在长春，哈尔滨电视台与北京电视台、上海电视台、广州电视台、成都电视台、武汉电视台、西安电视台、济南电视台、沈阳电视台、贵阳电视台、太原电视台、长春电视台共十二家城市电视台共同签署了战略联盟框架协议。① 该联盟计划通过统一建设库存版权节目资源台际交易和置换机制以及建立大型活动共同直播平台的方式，在节目生产和播出平台上进行联合，提高联盟成员台的竞争力。

对具体的新闻频道来讲，节目集群化成了新闻频道改革的重要选择。集群化是指强化每一类节目的浓度和各类节目之间的关联度，使栏目之间在内涵逻辑上具有黏合性。

浙江经视将整个频道节目划分成了“新闻节目集群”、“财经节目集群”、“高端节目集群”、“生活节目集群”、“大型活动集群”等集群。这些节目在布局上遵循集群化的原则，各集群内部节目间的关联度有所加强。同时集群定位明确，让受众对整个频道的内容一目了然。以晚间节目为例：8 点 30 分到 11 点 30 分，这 3 个小时是最能体现经视频道定位的核心时段，这一时段主要由 5 个栏目构成：8 点 30 分到 9 点 25 分是《经视新闻》；9 点 25 分是《经视说法》；10 点开始是《Hello Money》（一档风格轻松、诙谐的经济类话题节目）；10 点 30 分是《新闻深呼吸》；11 点是《理财大赢家》。5 个栏目不仅都和经济问题相关，而且呈现出由浅入深、由新闻资讯到深度服务的递进趋势。这种整合意识加大了经济类节目的浓度，强化了受众对频道定位和风格的认知度，便于受众选择、接受，形成忠诚度。

同样，集群化也成为央视改革的路径选择。2010 年 5 月，央视新闻频道恢复了曾经试行过的 24 小时全天候直播方案，把原本在 1 点到 6 点 5 个小时的午夜档录播节目变为直播，打通《新闻直播间》，每小时内直播 20 分钟的新闻，

---

①　哈尔滨电视台与 11 家城市电视台共建联盟. 哈尔滨电视台官方网站. http：//www.hrbtv.net/news/gonggao/111230124733052HK.html，2011 - 12 - 30.

实现了全天候直播的目标，在保证观众迅速得到最新资讯的同时也扩大了频道自身的影响力。① 同时，CCTV-1为保证各个时间段均有新闻类栏目，每天上午、下午各增加一档20~30分钟的新闻播报节目。9月5日，《晚间新闻》改版，改版后节目时长为30分钟，新闻播出总量与首播量提升约50%。

在新闻节目流程之外，新闻内容和评论的突破也值得关注。10月5日，在《新闻联播》“文化新气象，文艺作品创作繁荣”的文艺新闻报道中，新闻画面切到电影《爱》剧组现场拍摄的场景，娱乐明星赵薇和台湾导演钮承泽亮相《新闻联播》。有评论说《新闻联播》也“谈情说爱”了。新闻娱乐化是有损新闻品质的，但让娱乐新闻回归新闻队列，则是对新闻本质和传播规律的尊重，也意味着《新闻联播》对新闻受众需求的尊重。

转型期的中国，社会矛盾凸显，随着网络媒体的发展和信息传递及接收渠道的畅通，任何一起社会热点事件都可能成为热议的公共话题。在遭遇突发性灾害和公共安全事故时，权威性、影响力、公信力成了受众选择媒体、获知信息的首要标准。作为强势的主流媒体平台，电视媒体营造的新闻“舆论场”比其他意识形态更直接、更广泛地影响着政府活动、群众情绪和社会舆论。② 在信息技术快速进步、传播渠道多样化的今天，要想在新闻素材、新闻资源方面做到独家，已经很有难度。很多新闻资源可能同时被众多媒体利用，要比素材的原创独家，具有相当难度，只有在寻找自己原创的观点和言论上，发展的空间才是巨大的。③

网络出现以前，媒体评论的尺度是受到相关部门的严格监管的，稍有出格都会面临上级主管部门的批评。而随着网络新闻评论的日益盛行，新闻评论的尺度也逐渐放宽。④ 以“7·23”甬温线动车事故为例。事故发生后，各大电视台在前往现场报道的基础上开始迅速集合团队对事故的原因、救援工作、高铁发展等问题进行评论。值得关注的是，电视媒体一改在突发事件发生时强调救援、渲染煽情的做法，在追问事件真相、问责相关部门上有所作为，并毫不畏惧地作出尖锐评论。7月25日，中央电视台《新闻1+1》节目播出《聚焦“7·23”甬温线特别重大交通事故》，主持人白岩松针对时任铁道部发言人的“中国高铁的技术是先进的，是合格的，我们仍然具有信心”的言论评论道：“我们形容一个人身体非常健康，他心脏功能40岁像20岁……但他弱智，你能说他健康吗?”这段大尺度的尖锐时评引发微博大量转载和热议。

---

① 方芳. 央视新闻频道将再次改革恢复24小时直播. 法制晚报，2011-05-08（A19）.

② 吴茜. 日本大地震中电视媒体的功能解读. 视听界，2011（3）.

③ 韩静. 电视新闻评论的特点. 青年记者，2007（19）.

④ 江涛，逄小艳. 电视评论如何适应网络时代. 新闻前哨，2011（4）.

三、理念先行 技术创新

新闻链、直播常态化、云系统、云媒体……一系列新技术的运用在2011年可圈可点。在电视新闻内容创新的引导下，技术创新也小步前进。

首推的当属“新闻云系统”的亮相。3月22日，在第19届中国国际广播电视信息网络展览会（CCBN）上，山东电视齐鲁频道携带着全新打造的“新闻云系统”参展。“新闻云系统”是齐鲁频道新闻立台理念下技术创新的产物。它将新闻的采集前端、制作终端、播出平台有机地组合成一个一体化的新闻直播系统。这些终端将曾经分别需要在不同地点、时间完成的工作，集成到一处完成，不必再分别进行处理。这些终端的独立运作使得节目制作时间前移，新闻从采集处理到播出的时间更短，新闻时效性进一步提高。①“新闻云”生产不仅在技术层面上实现了新闻业务的无缝对接，方便了日常新闻直播；在新闻内容方面，终端实现了新闻素材资源共享，对新闻内容生产有所帮助。2011年8月，由江苏有线自主研发的“三网融合”业务“云媒体电视”在南京开始使用。“云媒体电视”集视频服务、通信服务、互联网服务于一体。“云媒体电视”呈现给用户的不再是单一的频道节目播放，而是一个交互式的菜单，近百种业务全部容纳其中。用户在看电视时自主选择权利增强。

重大性、突发性新闻事件的现场直播考验着电视新闻，推动着电视新闻推陈出新。2011年，从日本大地震、建党90周年到“7·23”甬温线特别重大铁路交通事故、“神八”发射成功等事件中，电视新闻媒体在报道角度、报道手段、报道形式等方面都有突破和创新。2011年3月11日下午14点04分，在日本大地震发生19分钟之后，央视新闻频道快速反应，在《新闻直播间》通过滚屏字幕播出日本发生大地震的消息。14点05分演播室插播最新消息。14点17分即连线驻日本记者，播出日本地震画面，并报道了中国地震台网正在会商、稍后连线的消息。一直到18点，日本强震的直播窗口始终打开，对地震灾情持续直播。此次中央电视台启动跨国现场直播，从内容和形式上实现了电视新闻直播的进步。

日本大地震发生时正值我国“两会”期间。地震消息传来，央视新闻频道迅速启动应急预案，调整版面，处理好“两会”报道与地震报道之间的关系。“直播开始之际，信息资源极为匮乏，仅地震震级就有几种不同说法，新闻频道前后一共三次对地震震级进行调整。”央视新闻中心迅速调派亚太中心站、东京

---

① 王昊宁.“新闻云”究竟什么样. 青年记者，2011（18）.

站、曼谷站五路记者，前往日本地震灾区，记者来自前方现场的报道为地震的后续报道提供了有力的支持。通过对灾区现场的走访与深入调查，央视记者取得了大量的第一手资料，为后续报道中进行更加详细的解读提供了条件。在直播中，央视不仅采用了本台的新闻内容，还适时使用CNN、NHK等电视机构的直播画面，以多视角让观众更加直观地了解日本当地的受灾和救援情况。

另外，在核电站机组首次爆炸后，央视新闻频道及时制作了三维动画，并辅以PPT图示，生动解读了爆炸原理。《东方时空》、《环球视线》启用灾情全景大屏幕，以主持人与嘉宾共同讲解的方式，清晰、准确地介绍各地区情况。节目中还将重灾区和标志性地区震前、震后的卫星照片进行对比，以较强的视觉冲击反映了地震的破坏程度。视频特效一方面可以填补由于视频资源缺乏对于新闻传播的阻碍，另一方面可以让报道更为生动通俗，易于观众接受，从而达到更好的传播效果。①

由于综合实力的限制，地方台对于电视新闻现场直播的水平难以和央视抗衡。但有地方新闻频道开始尝试联合直播，变个别行动力为集体竞争力。例如，2011年1月7日，广州、佛山、中山、江门、珠海5市电视台携手合作，联合直播穿越5市的广珠城轨开通仪式。直播采用全接力方式，主演播室设在珠海，两套3G直播设备分别放在动车组和直播车上，另在广州南站、顺德、小榄、中山和珠海北站设立5个直播野点。② 经过不断协商论证，直播最终取得了圆满成功。参与这次跨地域的联合直播的城市台之多，采用的直播手段之广，均属罕见。

四、蓄势待发　重在创优

2011年10月25日，国家广电总局官网发布《关于进一步加强电视上星综合频道节目管理的意见》，明确提出从2012年1月1日起，34个电视上星综合频道要提高新闻类节目播出量，而各卫视每周的娱乐节目不能超过两档，每年的选秀节目不得超过10个。10月11日，广电总局下发了《关于进一步加强广播电视广告播出管理的通知》；11月28日又下发《〈广播电视广告播出管理办法〉的补充规定》，决定自2012年1月1日起，全国各电视台播出电视剧时，每集电视剧中间不得再以任何形式插播广告。坊间将此分别称之为“限娱令”和“限广令”，此令一下，各级各地电视台积极应对，增加电视新闻节目时长，增设电

---

① 吴茜．日本大地震中电视媒体的功能解读．视听界，2011（3）．

② 崔建秋，李鸿，龚广平．从直播到联合直播——五台联合直播广珠城轨开通的思考．南方电视学刊，2011（3）．

视新闻栏目，总体上加大了电视新闻节目播出量，电视新闻竞争的战场从黄金时间延伸到非黄金时间，有人认为这对于电视新闻来说是个好消息，会促进我国电视新闻的发展。其实并不尽然，不少电视台是为了便于插播广告而增加新闻节目和播出时长，他们并没有足够的资源和条件来支撑这些新办节目，业界有识之士指出这是“广告绑架节目”。如此，对于电视新闻未必都是福音，反而会导致电视新闻的稀释和注水，电视新闻“量”的增加未必促成新闻“质”的提高。

与此同时，民生新闻的发展也接近天花板。一方面，越来越多的娱乐化和服务性让民生新闻远离新闻性和权威性；另一方面，评论力量和新闻品质的缺失也让它走上远离主流新闻的不归路。因此，在当今复杂多变的媒介环境下，如何遵循新闻传播规律，如何坚持正确的舆论导向，仍然是衡量电视新闻业和考验电视新闻人的重要标准。综观 2011 年，总体来看，中国电视新闻尚无重大变革，尤其是时政新闻和卫视新闻仍无重大突破。更多的创新是在操作层面，是在形式方面，因此，整体上评价 2011 年电视新闻的进步可以称之为“微创新”。目前，我国电视新闻还存在着创新不创优的隐患和障碍，我们期待着源自体制改革和机制创新的双重驱动力，中国电视新闻通过一系列不懈的探索、微调和改进，经过 2011 年的蓄势待发，有望在 2012 年实现从量变到质变的飞跃。

参考文献

［1］孙玉胜．十年——从改变电视的语态开始．北京：三联书店，2003.

［2］谭天．批评与建构——聚焦中国电视．广州：暨南大学出版社，2009.

［3］易前良．美国“电视研究”的学术源流．北京：中国传媒大学出版社，2010.

［4］汪文斌，胡正荣．世界电视前沿．北京：华艺出版社，2001.

［5］谭天等．港澳台广播电视．广州：暨南大学出版社，2010.

［6］黄匡宇．理论电视新闻学．广州：中山大学出版社，1996.

［7］夏骏．十字路口的中国电视．北京：清华大学出版社，2006.

［8］师永刚．解密凤凰．北京：作家出版社，2004.

［9］吕正标，王嘉．电视新闻节目理念、形态与实务．北京：中国广播电视出版社，2004.

［10］郭镇之，展江．守望社会——电视暗访的边界线．北京：中国广播电视出版社，2006.

［11］钱蔚．政治、市场与电视制度——中国电视制度变迁研究．郑州：河南人民出版社，2002.

［12］胡智锋，江逐浪．“真相”与“造像”：电视真实再现探秘．北京：中国广播电视出版社，2006.

［13］刘习良．中国电视史．北京：中国广播电视出版社，2007.

［14］郭镇之．中外广播电视史．上海：复旦大学出版社，2005.

［15］申启武，安治民．中国广播研究 90 年．广州：暨南大学出版社，2010.

［16］欧阳宏生．电视批评：理论·方法·实践．成都：四川大学出版社，2007.

［17］石长顺．电视话语的重构．武汉：华中科技大学出版社，2010.

［18］项仲平．电视栏目与频道策划研究．北京：中国广播电视出版社，2007.

［19］徐立军，袁方．电视播出季——频道编播创新前沿．北京：中国传媒大学出版社，2007.

［20］谭天．电视节目策划实务．广州：暨南大学出版社，2011.

[21]［英］休·迈尔斯．意见与异见——半岛电视台的崛起．上海：学林出版社，2006.

[22]［英］尼古拉斯·阿伯克龙比．电视与社会．南京：南京大学出版社，2001.

[23]［美］柯克·约翰逊．电视与乡村社会变迁：对印度两村庄的民族志调查．北京：中国人民大学出版社，2005.

[24]［英］约翰·塔洛克．电视受众研究——文化理论与方法．北京：商务印书馆，2004.

[25]［美］罗伯特·C. 艾伦．重组话语频道：电视与当代批评．北京：中国社会科学出版社，2000.

[26]［美］约翰·菲斯克．电视文化．北京：商务印书馆，2005.

[27] 郭庆光．传播学教程．北京：中国人民大学出版社，2011.

[28] 陈力丹．新闻理论十讲．上海：复旦大学出版社，2008.

[29] 李良荣．新闻学概论．上海：复旦大学出版社，2011.

[30] 童兵．理论新闻传播学导论．北京：中国人民大学出版社，2011.

[31] 黄旦．传者图像：新闻专业主义的建构与消解．上海：复旦大学出版社，2005.

[32] 杨保军．新闻价值论．北京：中国人民大学出版社，2003.

[33] 杨保军．新闻真实论．北京：中国人民大学出版社，2006.

[34] 李希光．畸变的媒体．上海：复旦大学出版社，2003.

[35] 蔡雯．新闻报道策划与新闻资源开发．北京：中国人民大学出版社，2004.

[36] 陈力丹．舆论学——舆论导向研究．北京：中国广播电视出版社，1999.

[37] 陈学明，吴松，远东．哈贝马斯论交往．昆明：云南人民出版社，1998.

[38]［加］马歇尔·麦克卢汉．理解媒介：论人的延伸．南京：译林出版社，2011.

[39]［美］尼尔·波兹曼．娱乐至死．桂林：广西师范大学出版社，2004.

[40]［美］托马斯·鲍德温．大汇流：整合媒介、咨询与传播．北京：华夏出版社，2000.

[41]［美］约瑟夫·梅洛瓦兹．消失的地域：电子媒介对社会行为的影响．北京：清华大学出版社，2002.

[42]［美］约翰·费斯克．传播研究导论：过程与符号．北京：北京大学

出版社，2008.

［43］［美］沃纳·赛佛林，小詹姆斯·坦卡德. 传播学理论：起源、方法及应用. 北京：华夏出版社，2000.

［44］［美］仙托·艾英戈，唐纳德·R. 金德. 至关重要的新闻——电视与美国民意. 北京：新华出版社，2004.

［45］［美］丹尼尔·戴扬，伊莱休·卡茨. 媒介事件：历史的现场直播. 北京：中国广播学院出版社，2000.

［46］［法］罗兰·巴尔特. 符号学原理. 北京：三联书店，1999.

［47］［美］李普曼. 公众舆论. 上海：上海人民出版社，2002.

［48］［英］丹尼斯·麦奎尔，［瑞典］斯文·温德尔. 大众传播模式论. 上海：上海译文出版社，2008.

［49］林军. 沸腾十五年——中国互联网：1995—2009. 北京：中信出版社，2009.

［50］李永刚. 我们的防火墙：网络时代的表达和监管. 桂林：广西师范大学出版社，2009.

［51］彭兰. 中国网络媒体的第一个十年. 北京：清华大学出版社，2005.

［52］［美］托马斯·库恩. 科学革命的结构. 北京：北京大学出版社，2003.

［53］［美］托马斯·弗里德曼. 世界是平的. 长沙：湖南科学技术出版社，2006.

［54］［美］凯文·凯利. 失控：全人类的最终命运和结局. 北京：新星出版社，2010.

［55］［德］马克斯·韦伯. 社会科学方法论. 北京：中国人民大学出版社，1999.

广播电视新闻研究的主要期刊和网站：

［1］《现代传播》、《国际新闻界》、《新闻记者》、《电视研究》、《视听界》、《南方电视学刊》、《中国广播》、《中国电视》、《中国广播影视》、《中国广播电视学刊》

［2］国家广播电影电视总局：http：//www. sarft. gov. cn/index. html

［3］中国记协（中国新闻奖）：http：//www. xinhuanet. com/zgjx/jiang/zgxwj. htm

［4］传媒学术网：http：//academic. mediachina. net/

［5］中国广播电视协会：http：//www. radio－tv. com. cn/

[6] 谭天论道：http：//blog. sina. com. cn/tianten2007（博客）http：//weibo. com/u/1885610577（微博）

[7] 新媒体研究群：http：//q. weibo. com/350893（微群）

后　记

1986年，我由高校转入媒体，成为一名电台记者，后相继到广电局和电视台工作，从事新闻工作至今已有26个年头。从1995年发表第一篇论文算起，进行新闻传播和广播电视研究也有17个年头。2004年，我以高级记者职称调入暨南大学从教，即主讲《广播电视新闻研究》、《电视节目专题研究》、《网络与新媒体研究》等研究生课程，迄今也有8年。2011年，《广播电视新闻研究》被评为暨南大学研究生精品课程，同年，“广播电视新闻研究”得到学校研究生教材的立项资助，于是便有了这本书的编撰出版。我个人认为研究生是不应该有教材的，此书只可作为参考书，有无阅读学习的必要读者可先看一下以下说明：

一、在我从业界转入学界时，才发现有一个叫“广播电视新闻学”的专业。新闻学能否涵盖广播电视内容生产、传播及运营？“广播电视新闻学”能否成为独立的学科体系？我一直存疑。但是，“广播电视新闻学”是完全可以成为一个专业的，它既是一个极其复杂的传播系统，也是一个多学科多视阈的研究领域，而且它涉及的问题之多堪称一座理论研究的“富矿”。

二、全书共分十章，第一章是宏观论述，第二、三、四章是电视新闻研究，第五、六章是电视节目与传播，第七章是广播新闻研究，第八章论及媒介融合，第九章是研究方法与批评，第十章是综述研究与写作。这些内容大部分为我最近十年的研究成果。然而，它绝不是一部论文集，而是通过整合和重构，展示广播电视新闻研究的各个领域，凸显这些领域不同的研究视点、范式、进路和方法，这在各章的开头都有简述。我希望读者能从中领悟到如何做广播电视新闻研究。

三、传播学是文科里的理科，新闻学是文科里的工科，广播电视新闻研究基本上属于应用性研究，因此，新闻实践和实地考察很重要。“授人以鱼不如授人以渔”，概念是研究的逻辑起点，问题是研究的价值基点。近年来，我十分注重问题意识和创新思维的培养，研究方法和选题讨论成为我教学的重点。不以广电论广电，跳出新闻看新闻。此外，既要有国际视野，也要关注中国问题。广播电视新闻研究一定要接地气，同时也要加强学理性和学术规范。

四、我认为研究生教学与本科教学应该有别，本科教学是 Teaching and Learning，研究生教学是 Studying and Guidance。师生一起研究是最好的教学模式，本书中许多研究是与研究生一起做的，他（她）们是郑爽、于凡奇、马海江、杨晓娟、肖思思、周雅莎、张晓莺、朱烨、刘久荷、孙熙、陈菲、覃晴、陈秀文、陈识、黎亮、刘海霞、叶芳、辛桂娟、杨书兰、邸智泉、丁卯、刘云飞、易钟林、林燕等。有些研究是与张蕾、张潇潇、赵敏等老师合作的成果。我还引用了众多专家学者的研究成果，许多研究也得益于与业界朋友的交流与合作，在此一并致谢。

新世纪以来，在全球化、产业化、网络化的背景下，广播电视与新闻业处在一个充满挑战的转型期，对广播电视新闻及其相关研究提出了更高的要求。为此，需要改进我们的研究。2009 年，我在《批评与建构——聚焦中国电视》一书中用“前瞻、务实、开放、创新”八个字来概括我的研究。2012 年，我在“新媒体研究群”（新浪微博）中道出我的学术追求：“原创性、基础性、前瞻性。”要敢于走前人没有走过的路。

在科学攀登的道路上充满艰难与困苦，但无限风光在险峰。在当下这个浮躁的社会环境中，我认为研究最大的障碍不在于学术不足而在过于功利。我认为理想的研究状态是不要为评职称而写论文，不要为奖学金和拿课题而做研究，学者就该以探索科学未知为人生一大乐趣。以我们对科学的热爱来战胜功利的诱惑，以我们对研究的兴趣来保持心情的愉悦，痛并快乐着。借此，与各位学者、学生和朋友共勉。

谭　天
2012 年 7 月 24 日于暨南园

图书在版编目（CIP）数据

广播电视新闻研究／谭天著．—广州：暨南大学出版社，2012.9
（高等院校新闻传播学研究生教材）
ISBN 978－7－5668－0283－5

Ⅰ．①广…　Ⅱ．①谭…　Ⅲ．①广播新闻—研究—中国②电视新闻—研究—中国　Ⅳ．①G210

中国版本图书馆 CIP 数据核字（2012）第 185380 号

……………………………………………………………………………………

广播电视新闻研究
著　　者　谭　天

出 版 人　徐义雄
策划编辑　杜小陆　史学英
责任编辑　史学英　林芳芳
责任校对　卢凯婷
出版发行　暨南大学出版社（广州暨南大学　邮编：510630）
网　　址　http：//www.jnupress.com　http：//press.jnu.edu.cn
电　　话　总编室（8620）85221601
　　　　　营销部（8620）85225284　85228291　85228292（邮购）
排　　版　弓设计
印　　刷　佛山市浩文彩色印刷有限公司
开　　本　787mm×960mm　1/16
印　　张　18.5
字　　数　361 千
版　　次　2012 年 9 月第 1 版
印　　次　2012 年 9 月第 1 次
印　　数　1—3000 册
定　　价　38.00 元